	Ein neues Weltbild in Europa	5. Europas Weg in die Neuzeit	6. Spuren der Vergangenheit
Vor 1500	4–1436 Bau der Domkuppel von Florenz 5 Erfindung des Buchdrucks durch Johannes Gutenberg in Mainz		
1500	07 Gestaltung der Decken der Sixtinischen Kapelle im Vatikan durch Michelangelo 43 Begründung des heliozentrischen Weltbildes durch Nikolaus Kopernikus 48 Veröffentlichung des ersten wissenschaftlichen Werkes über die Anatomie des Menschen durch Andreas Vesalius in Basel	1517 Veröffentlichung von 95 Thesen gegen den Ablasshandel durch Martin Luther, Beginn der Reformation 1545 Einberufung des Konzils von Trient durch Papst Julius III., Auftakt zur katholischen Erneuerung 1555 Augsburger Religionsfrieden 1556 Abdankung Karls V. als Kaiser des Heiligen Römischen Reichs, Ende der mittelalterlichen Reichsidee	1508 Beginn der spanischen Eroberungen in Mittel- und Lateinamerika 1510 Erster Sklaventransport von Afrika nach Lateinamerika 1517 Landung der Portugiesen an der Küste Chinas 1521 Beginn der Kolonisierung Brasiliens durch Portugal 1526 Beginn der Mogulherrschaft in Indien 1557 Übergabe der Halbinsel Macao von China an die Portugiesen
1600	09 Beschreibung verschiedener Himmelskörper durch Galileo Galilei mit Hilfe des Fernrohrs 09–1619 Beschreibung der Planetenbahnen als Ellipsen durch Johannes Kepler 66 Vollendung des Petersdoms im Vatikan nach 160-jähriger Bauzeit	1618 Prager Fenstersturz, Auftakt zum Dreissigjährigen Krieg 1648 Westfälischer Friede, Neuordnung Europas, offizielle Ablösung der Schweizerischen Eidgenossenschaft vom Deutschen Reich 1661–1715 Herrschaft von Louis XIV. als absolutistischer König Frankreichs 1689 Glorreiche Revolution in England, Bill of Rights, England als konstitutionelle Monarchie	1699 Eintreffen der britischen Ostindien-Kompanie in China und Errichtung eines Handelsstützpunktes in Hongkong
1700		18. Jahrhundert Zeitalter der Aufklärung	1707 Ende der Mogulherrschaft in Indien 1997 Rückgabe Hongkongs an China und Einrichtung einer Sonderverwaltungszone 1999 Rückgabe Macaos an China und Einrichtung einer Sonderverwaltungszone

Bildungs-, Kultur- und Sportdirektion
Kanton Basel-Landschaft

Sekundar-Schule Aesch

Minimalgebrauchsdauer ____________ Jahre

Name der Schülerin oder des Schülers	Erhalten		Zurückgegeben	
	Klasse	Datum	Klasse	Datum
Nadine Marfurt	2a	13.8.12		
Miriam Binggeli	1f	14.8.17		

In jeder Sekundar- und Primarschule wird durch die Schulleitung eine Lehrperson für die Verwaltung der Lehrmittel und Unterrichtshilfen bestimmt. Sie ist für die Bestellung der Lehrmittel und Schulmaterialien bei der Schul- und Büromaterialverwaltung zuständig und zu Handen der Schulleitung informationspflichtig. Sie ist zudem verpflichtet, die vom Bildungsrat festgelegten Normen für die Abgabe der Materialien sowie die Minimalgebrauchsdauer für die Lehrmittel einzuhalten und besorgt die Verteilung an die einzelnen Klassen.

Die Schülerinnen und Schüler sind verpflichtet, zu den ihnen übergebenen Lehrmitteln und Materialien Sorge zu tragen.

Verloren gegangene, beschmutzte oder beschädigte Lehrmittel, die vor Ablauf der Gebrauchsdauer ausgeschaltet werden müssen, sind durch die Schülerin oder den Schüler, respektive durch die gesetzliche Vertretung, auf eigene Kosten zu ersetzen.

Schul- und Büromaterialverwaltung

42-9000-1

MENSCHEN
IN ZEIT
UND RAUM
7

BEGEGNUNGEN

Entdeckungen bis Aufklärung

Manuela Casari, Mischa Gallati, Dominik Sauerländer

LEHRMITTELVERLAG DES KANTONS AARGAU
ilz Interkantonale Lehrmittelzentrale
n|w Fachhochschule Nordwestschweiz Pädagogische Hochschule

Autorin und Autoren	Manuela Casari Mischa Gallati Dominik Sauerländer
Konzept	Felix Boller Peter Gautschi Albert Tanner
Entwicklung	Pädagogische Hochschule der FHNW, Institut Forschung und Entwicklung
Lektorat	Renate Fischer Roman Schurter
Projektleitung	Otto F. Beck Felix Boller Renate Fischer Roman Schurter
Fachberatung	Urs Bitterli Albert Tanner Béatrice Ziegler
Begleitkommission	Ewald Boss Felix Meier Elisabeth Mülchi Anne-Käthi Spielmann Therese Wyder
Gestaltung und Satz	Bernet & Schönenberger, Zürich
Bildbeschaffung	Susanne Borer, MOTIV, Zürich
Karten, Grafiken	CAT Design, Hünenberg
Herstellung	Roland Kromer

ilz Lehrmittel der Interkantonalen Lehrmittelzentrale

1. Auflage 2006. Printed in Switzerland

ISBN-10: 3-906738-59-0
ISBN-13: 978-3-906738-59-8
Bestell-Nr. 11440
www.lmvag.ch

Liebe Schülerin, lieber Schüler

Das Geschichtsbuch «Begegnungen» führt dich in die Zeit von den Entdeckungen bis zur Aufklärung. Es gibt dir einen Einblick in vergangene Ereignisse, die unser Leben heute immer noch stark prägen. Damit du dich darin zurechtfindest, zeigen wir dir zu Beginn, wie die Bände der Reihe «Menschen in Zeit und Raum» aufgebaut sind.

Quellen

Im Buch begegnen dir verschiedene Materialien wie Bilder, Grafiken, Karten und Texte. Diese Spuren der Vergangenheit werden auch Quellen genannt. Sie zeigen dir, wie wir zu unserem Geschichtswissen kommen. Und sie weisen darauf hin, woher die Autorin und die Autoren dieses Buches ihre Informationen bezogen haben. Oft zeigen die Quellen aber auch eine andere Blickrichtung auf als die Texte des Autorenteams. Das führt dich dazu, dir immer wieder die Frage zu stellen, welche Sichtweisen betont und welche weniger stark berücksichtigt sind. Die Textquellen sind farbig gedruckt. Alle Quellen sind kapitelweise nummeriert.

Texte des Autorenteams

Die Texte der Autorin und der Autoren laufen meist über den unteren Teil der Seiten. Du erkennst sie auch an der schwarzen Schrift. Sie verknüpfen die Quellen miteinander und machen aus der Vergangenheit Geschichte. Auch die meisten Bildlegenden sind vom Autorenteam verfasst. Zwar sind alle Aussagen der Verfasser und der Verfasserin wissenschaftlich abgestützt. Dennoch gibt es einen Spielraum für Gewichtungen. Deshalb spiegeln diese Texte auch die persönliche Meinung und den Stil der einzelnen Schreibenden wider.

Sechs Kapitel

Das Autorenteam hat aus dem behandelten Zeitabschnitt sechs wichtige Themen ausgewählt. Du findest je ein Thema in einem Kapitel. Alle Kapitel sind wie folgt aufgebaut:

Inhalt betrachten

Ein Einstiegsbild ermöglicht dir eine erste Begegnung mit dem Inhalt des Kapitels. Anschliessend findest du ausgewählte Materialien, die dich ebenfalls zu einer ersten Betrachtung des Themas einladen.

Methoden erlernen

Diese Seiten zeigen dir, mit welchen Methoden du Materialien der Vergangenheit besser verstehen und daraus sinnvolle Informationen gewinnen kannst.

Wissen erarbeiten

Dann folgt der Hauptteil, in dem du das Wichtigste zum Thema erarbeiten und dir Wissen aneignen kannst.
Er beginnt immer mit einer Seite, die dir einen Überblick verschafft.

Aus den vielen Quellen, die in diesem Teil immer oben auf der Seite stehen, erfährst du etwas über die behandelte Zeit und ihre Menschen.

Die Texte der Autorin und der Autoren, die unten auf der Seite stehen, lassen aus einem Thema ein zusammenhängendes Ganzes entstehen.

Am Ende jedes Abschnitts in diesem Teil findest du leichtere und schwerere **AUFGABEN** zum Gelernten.

Ein Portfolioauftrag **P** am Schluss dieses Teils zeigt dir, wie du dich selbstständig mit dem Thema des Kapitels beschäftigen kannst.

Thema ausweiten

Im letzten Teil des Kapitels findest du zusätzliche Materialien, die das Thema ausweiten. So kannst du dir selber weitere interessante Zusammenhänge erschliessen.

Weitere Informationsmöglichkeiten

Am Schluss des Buches findest du ein Glossar. Dort sind schwierige Begriffe und Fremdwörter erklärt. Die im Glossar aufgeführten Wörter sind im Text mit einem Asterisk (*Sternchen) markiert, wenn sie das erste Mal vorkommen.

Im vorderen Buchdeckel sind die wichtigsten Daten zu den Ereignissen, die in diesem Buch behandelt werden, in einer Zeittafel zusammengestellt. Sie gibt dir einen zeitlichen Überblick. Im hinteren Buchdeckel zeigt eine Weltkarte von 1635, welche Gebiete der Erde damals schon bekannt waren. Sie gibt dir einen räumlichen Überblick.

Wir wünschen dir bei der Beschäftigung mit Vergangenheit, Gegenwart und Zukunft einen grossen Lernerfolg und viel Vergnügen.

Inhalt

4. Ein neues Weltbild in Europa 110

5. Europas Weg in die Neuzeit 140

6. Spuren der Vergangenheit 174

Inhalt betrachten

Methoden erlernen

Wissen erarbeiten

Thema ausweiten

1. Leben um 1500

Wo und wann könnte dieser Markt stattgefunden haben? Woran erkennst du das?

Wie stellst du dir einen Markt in China oder in Spanien vor?

Wann bist du zum letzten Mal auf einem Markt gewesen? Was hast du gekauft?

Zeichne oder fotografiere einen Markt in deinem Wohnort.

Stell dir einen Markt um 1500 vor. Was wurde verkauft, wie hat der Markt ausgesehen? Mach eine Skizze.

Was denken und reden die Menschen auf diesem Bild? Zeichne Denk- und Sprechblasen zu einzelnen Personen.

Spielt die Szene zwischen der Marktfrau und dem Touristenpaar links von der Bildmitte nach.

Du verkaufst auf einem hiesigen Markt Gemüse und eine Inka-Frau kommt an deinen Stand. Spielt die Szene.

Die Touristen auf dem Bild reisen weiter. Was erzählen sie sich gegenseitig?

Welche Bedeutung hat ein Markt heute? Welche Bedeutung hatte er früher?

Vergessene Lebenswelten?

1

Hof in den Anden. Die Fotografie zeigt einen Hof in einem Hochtal der Anden. Vieles an der Landschaft in den Andenhochtälern Perus und Boliviens erinnert noch an die Zeit vor 500 Jahren. Die Felder werden meist nach uralten Methoden von Hand bestellt. Die Häuser sind in *traditioneller Art mit Lehmziegeln oder unbehauenen Steinen gebaut. Nur die Dächer bestehen kaum mehr aus Gras, sondern aus Ziegeln oder Wellblech. Fotografie von Dominik Sauerländer, 1988.

2

Zeugnis vom Leben in den Anden. Bauern tragen auf dieser Darstellung Säcke mit Mais und Kartoffeln in einen Speicher. Als Lasttiere dienen Lamas. Die Menschen benutzen als Traggeräte grosse Wolltücher, die sie vor der Brust verknoten. Zeichnung von Felipe Guamán Poma de Ayala, um 1615.

3

Spuren alter Traditionen

Am dritten Sonntag im März treffen sich die Einwohner des Kallawaya-Dorfes am frühen Vormittag auf der Plaza. Heute ist ein sehr wichtiger Sonntag für die Indianer-Familien, denn heute entscheidet sich, welche Parzellen im nächsten *Agrarjahr von wem genutzt werden dürfen. Alle stehen gespannt auf der Plaza und warten darauf, vor die Dorfältesten gerufen zu werden, die jeder Familie ein Stück Land zuweisen. Es gibt in diesem Dorf noch keinen Privatbesitz – alles Land gehört der Gemeinschaft, der Comunidad. Und die Gemeinschaft entscheidet, wie das Land genutzt und welche Ackerfrucht angebaut werden darf. Die Alten sagen, das sei gut so – denn so werde die Ehrfurcht vor der «Mutter Erde», der Pachamama, gewahrt und die Weisheit der Ahnen weitergelebt.

Oberhalb von 4000 Metern liegen die Feldflächen, auf denen nur die frostvertragenden Bitterkartoffeln gedeihen. [...] Hier gibt es sehr weite Landflächen in der Gemeinde, und jeder kann sich ein Stück reservieren, um dort die Bitterkartoffeln für seine Familie anzubauen.

Fast alle Indianer haben auch einige Lamas und Alpacas, die sich in der *Puna-Zone, wo kein Ackerbau möglich ist, von den spärlich spriessenden Polstergewächsen und Gräsern ernähren. [...] Darunter liegen die sieben Kapanas – diese Landflächen werden streng nach den alten Regeln bebaut. Für jede dieser Kapanas gibt es eigens festgelegte Anbaufolgen, im ersten Jahr zum Beispiel Kartoffeln, im zweiten Jahr Gerste und im dritten Bohnen. Dann muss die Kapana vier Jahre in *Brache bleiben, damit der Boden sich erholt und wieder gute Ernten erbringt.

Durch diese Festlegung auf bestimmte Anbaufrüchte hat jede Familie eine bestimmte Menge an verschiedenen Nahrungsmitteln zur Verfügung. Da in diesem Dorf mehr *Chuño hergestellt werden kann, als verbraucht wird, ziehen die Indianer regelmässig zu den Märkten der Region, um ihren Chuño gegen solche Produkte einzutauschen, die sie nicht selbst anbauen können. Für zwei Pfund Chuño gibt es zum Beispiel zehn Apfelsinen, die die Indianer aus der tiefer gelegenen Waldzone heraufgebracht haben.

Bischöfliches Hilfswerk Misereor (Hrsg.): *Indios in den Anden. Leidenswege – Hoffnungswege.* Misereor-Arbeitsheft, Aachen, 1993.

4 

Enge Wohnverhältnisse herrschten in diesem Haus aus Blatten (VS), das im Freilichtmuseum auf dem Ballenberg bei Brienz zu sehen ist. Die Stube, der einzige beheizbare Wohnraum, in der sich im Winter die Familie und teilweise gar Klein- und Jungtiere aufhielten, hat eine Grundfläche von knapp 3,5 auf 3,5 Meter. Das Haus stammt aus dem Jahr 1567. Fotografie von Marcus Gyger.

5 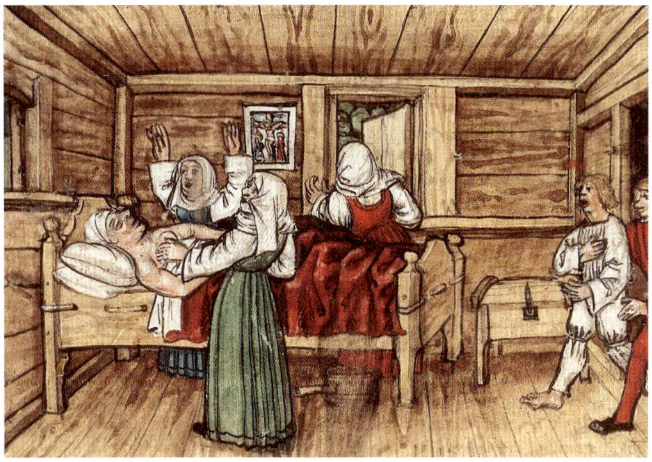

Blick in das Schlafzimmer eines Holzhauses. Darstellungen, die die Inneneinrichtung eines bäuerlichen Schlafzimmers zeigen, sind für die Zeit um 1500 sehr selten. Die Szene zeigt, wie die Nachbarn die Leiche einer Frau finden, die von ihrem Ehemann ermordet wurde. Darüber hinaus zeigt das Bild detailliert, wie die Menschen sich damals kleideten. Der bereits festgenommene Ehemann, der zur Tür hereingeführt wird, hat sich noch nicht ankleiden können. Er erscheint in der Unterwäsche. Aus der Amtlichen Luzerner Chronik des Diebold Schilling, 1513.

6 **Ein Städter besucht eine Bergbauernfamilie im Berner Oberland**

Ich beschloss, meine Sommerferien auf einer Alp zu verbringen. *Pro Juventute vermittelte mir die Adresse einer Bergbauernfamilie [...]. Ich werde von der Familie willkommen geheissen und fühle mich schon bald zu Hause. Wir leben sehr einfach. Da Alphütten wie die «unsere» nur fünf Monate im Jahr bewohnt sind, gibt es weder *sanitäre Installationen noch Elektrizität. [...] Die Bäuerin kocht das Essen für uns acht Personen in einem Kochtopf über dem Holzfeuer. Der Raum, in dem sich die Feuerstelle befindet, ist sehr dunkel, denn er hat keine Fenster. [...]

Die Stube ist der einzige Raum mit einem Fenster. Vor diesem Fenster steht ein Tisch. An der Wand angebracht ist ein einfaches Holzgestell, in das alle Gabeln und Löffel hineingesteckt werden. Gleich hinter dem Tisch steht ein eigenartiges Bett, wie ich es noch nie gesehen habe. Das hölzerne Gestell ist etwa einen Meter hoch. Darauf liegt eine Spreumatratze. Man schläft sehr gut auf einem solchen Spreusack, denn er passt sich genau dem Körper an. [...]

Ich schlafe bald ein, obschon ich es nicht gewohnt bin, so früh schlafen zu gehen. Man richtet sich hier oben nach den Tieren und dem Tageslicht. So geht die Familie um acht Uhr zu Bett. Und ich gehöre ja auch eine Zeit lang zur Familie. Der Bauer ist der Einzige, der sich bei Tagesanbruch, zwischen vier und fünf Uhr, erhebt, die anderen schlafen bis gegen sieben Uhr. Zuerst schaut der Bauer nach den Tieren. Wenn alles in Ordnung ist, beginnt er zu holzen. Man braucht viel Brennholz, denn das Feuer brennt den ganzen Tag. Über dem Feuer wird gekocht oder der Bauer bereitet den Käse zu. Hier kann man nicht einfach den Warmwasserhahn aufdrehen, wenn man warmes Wasser braucht, sondern man muss Wasser mühsam über dem Feuer erwärmen. Die ganze Familie geht deshalb mit dem warmen Wasser sparsam um.

Mario Schenker, RL 3/1976, Theologischer Verlag Zürich AG.

Zeitbilder: Geschichte zeichnen

7

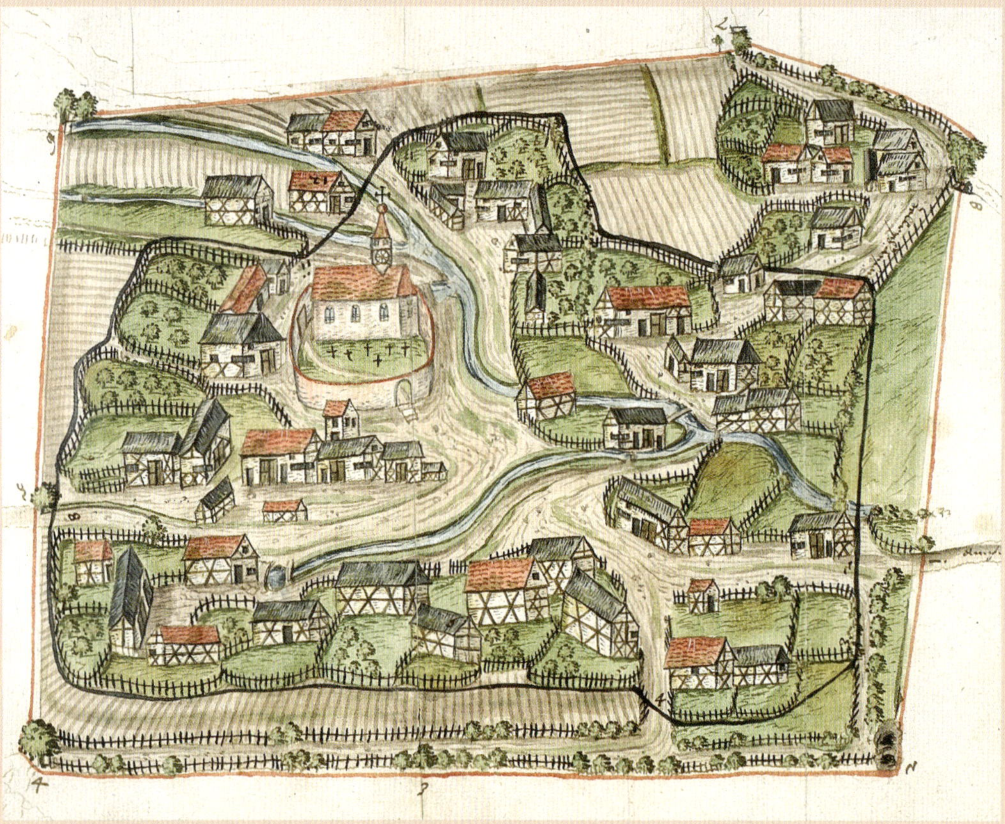

Ansicht des Dorfes Heudorf bei Konstanz in einer Darstellung um 1575.

In diesem Kapitel findest du vier Bilder von Jörg Müller. Sie zeigen jeweils einen Ausschnitt aus dem Alltag der Menschen in vier verschiedenen Regionen der Erde um das Jahr 1500. Wir nennen sie Zeitbilder – sie zeigen die Landschaft, die Siedlungen und die Menschen zu einer bestimmten Zeit. Die Bilder stellen keine wirklich existierenden Dörfer und Städte dar. Vielmehr hat Jörg Müller die Landschaften aufgrund von originalen Bildern und Plänen aus der Zeit um 1500 wieder entstehen lassen. Dazu hat er sich auch aktuelle Fotos von Gebäuden aus jener Zeit angesehen und sich informiert, was Fachleute über das Leben der Menschen um 1500 herausgefunden haben.

Du erinnerst dich vielleicht an Bilderbücher oder an Comics, die du als Kind gerne angeschaut hast. Auch ohne den Text lesen zu können, hast du rasch begriffen, worum es geht. Gute und schlechte Menschen waren klar dargestellt, reiche und arme, mächtige und machtlose ebenfalls. Die Bilder erzählten eine spannende Geschichte.

Unsere Zeitbilder funktionieren ähnlich – mit dem Unterschied, dass sie eine alltägliche Situation darstellen, also keine Geschichte erzählen. Spannend sind sie trotzdem! Du findest eine Menge Details, die alle zusammen ein lebendiges Bild eines ganz normalen Arbeitstages um 1500 ergeben.

Anleitung

Mit den Abbildungen 7 bis 10 kannst du nachvollziehen, wie das Zeitbild eines Bauerndorfes in Süddeutschland entstand (siehe Bilder Nr. 11 und 26). Danach solltest du selber eine solche Zeichnung erstellen können. Am besten gehst du in vier Schritten vor. Mögliche Überlegungen sind jeweils angefügt.

1. Orientierung: Verschaffe dir einen Überblick über das vorhandene Material und beschreibe kurz, was du auf den Bildern siehst.
   Vor mir liegen vier Bilder: eine Fotografie und drei Zeichnungen. Das Bild Nr. 7 zeigt ein Dorf um 1575 im Überblick. Bild Nr. 8 zeigt ein grosses, mehrstöckiges Bauernhaus aus dem deutschen Dorf Altingen. Das Haus stammt aus der Zeit um 1550 und war zumindest 2002, zum Zeitpunkt des Fotos, noch intakt. Bild Nr. 9 zeigt ein einfaches, kleines Bauernhaus mit der Bauernfamilie. Bild Nr. 10 schliesslich zeigt die Menschen an der Arbeit auf dem Feld.
2. Bildkonzept: Überlege dir, was du im Zeitbild genau zeigen willst und woher du die Informationen nehmen

8

Haus eines reichen Bauern oder möglicherweise auch eines Adligen aus dem Dorf Altingen in Süddeutschland. Das Haus wurde um 1550 erbaut. Fotografie von Ulrich Metz, 2002.

9

Haus eines Kleinbauern, dargestellt in der ersten deutschen Übersetzung von Polydorus Vergilius: «De inventoribus rerum» (Von den Erfindern der Dinge). Holzschnitt, 1537.

10

Feld- und Gartenarbeit. Holzschnitt aus einer deutschen Ausgabe von Vergils «Georgica», 1502. Publius Vergilius Maro schrieb das originale «Gedicht vom Landbau» zwischen 37 und 29 v. Chr.

kannst. Achte darauf, dich auf wichtige Elemente zu beschränken.
Ich möchte auf der Grundlage des Bildes von Heudorf ein Dorf um 1500 im Süden von Deutschland zeichnen. Wichtig scheinen mir: die Kirche, der Dorfbach und die Bauweise der Häuser. Ich möchte zudem zeigen, dass sich die Häuser der reichen Bauersleute und der Kleinbauern voneinander unterscheiden. Diejenigen der reichen Bauernfamilien sind mehrstöckig und haben daneben Ställe und Scheunen. Die Häuser der Kleinbauern bestehen oft nur aus einem Raum und einem Stall. Dann möchte ich die Bauern an der Arbeit zeigen. Bild Nr. 10 zeigt die wichtigsten Arbeiten im Weinberg und auf dem Feld. Es zeigt auch, wie die Landschaft um 1500 ausgesehen hat: die Äcker sind mit geflochtenen Zäunen umgeben, ebenso das Dorf. Diese schützen das Dorf vor wilden Tieren und die Äcker vor dem weidenden Vieh. Da ich nicht das ganze Dorf zeigen kann – sonst sieht man ja die Menschen gar nicht – zeichne ich nur einen Teil der Häuser.

3. Bildskizze: Aufgrund des Bildkonzeptes kannst du jetzt eine Skizze anfertigen. Sie zeigt, was dir wichtig ist. Wo soll das Dorf zu liegen kommen? Wo zeige ich die Menschen auf dem Feld?
   Das Dorf soll links von der Bildmitte zu liegen kommen, aber nicht zu weit weg, sonst erkennt man die verschiedenen Hausformen nicht. Die Menschen zeige ich im Vordergrund, dann erscheinen sie gross und ich kann sie detailliert zeichnen.
4. Fertigstellung: Am besten zeigst du deine Skizze deinem Banknachbarn oder deiner Banknachbarin. Sie sollen dir eine kurze Beurteilung abgeben. Wenn diese zufriedenstellend ausgefallen ist, kannst du das Bild jetzt mit Farbstiften zeichnen.

Du sollst nun auf dieselbe Weise wie Jörg Müller eine Skizze eines Zeitbildes anfertigen. Wenn du Zeit hast, kannst du das Bild auch fertig ausmalen.
Als Informationsmaterial benutzt du die Bilder 7 bis 10. Im Gegensatz zu Jörg Müller sollen bei deinem Bild aber nicht die Arbeiten auf dem Feld im Zentrum stehen, sondern das Leben im Dorf. Du findest dazu drei weitere Bilder (12 bis 14) aus dem 16. und 17. Jahrhundert.

11

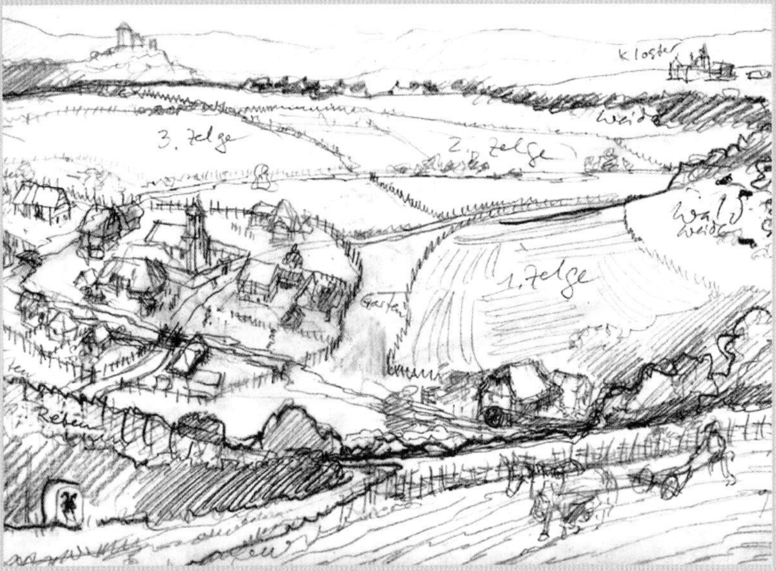

Skizze zum Zeitbild «Süddeutschland». Der Künstler Jörg Müller ist ebenfalls den geschilderten Arbeitsschritten gefolgt. In seiner Skizze hat er Notizen angebracht. Beispielsweise hat er die drei Zelgen in der Feldflur bezeichnet.

12

Eine Hochzeit im Dorf. Im 16. Jahrhundert fanden Hochzeiten nicht in, sondern vor der Kirche statt. Holzschnitt von Hans Sebald Beham, 1535.

13

Ein Fest in einem Bauerndorf. Die meisten Menschen im 16. Jahrhundert lebten sehr bescheiden. Die seltenen Feste wie Hochzeiten, Fasnacht oder Kirchweih wurden deshalb ausgiebig gefeiert. Dabei wurde sehr viel gegessen und getrunken und auch getanzt. Kupferstich von Daniel Hopfer, um 1500.

14

Alltagsszene in einem süddeutschen Dorf im 17. Jahrhundert. Im Vordergrund brechen zwei Frauen die Stängel von Flachspflanzen. Deren Fasern wurden zu Fäden gesponnen und dienten als Ausgangsmaterial für Stoffe, Schnüre und Seile. Kupferstich von Hans Merian, um 1600.

Leben um 1500

In diesem Kapitel zeigen vier Bilder des Künstlers Jörg Müller Landschaften und Menschen aus vier verschiedenen Gegenden der Erde um 1500. Auf dem ersten Bild findet sich ein *Ayllu in einem Hochtal der Anden. Diese Region gehörte damals zum Reich der Inkaherrscher. Das zweite Zeitbild zeigt das Leben auf der kargen Hochebene der *Meseta in Nordspanien. Auf dem dritten Zeitbild ist das Leben der Menschen in einem Dorf im Gebiet der Herzöge von Württemberg, im heutigen Bundesland Baden-Württemberg, zu sehen. Das vierte Zeitbild ist in einer fruchtbaren Ebene angesiedelt, im Süden des Reiches der chinesischen *Ming-Kaiser. Die begleitenden Texte zeigen, wie die Menschen um die Mitte des 16. Jahrhunderts arbeiteten, sich organisierten und unter welcher Herrschaft sie lebten.

LERNZIELE

1. Du weisst, wie eine Dorfgemeinschaft in den Anden organisiert war, bevor die Spanier das Inkareich eroberten.
2. Du kannst den Konflikt zwischen Stadtbürgern, Adligen und Bauern in Kastilien beschreiben.
3. Du kannst die Auswirkungen der *Reformation auf ein Dorf in Württemberg aus der Sicht eines Bauern schildern.
4. Du kennst die Bedeutung der Dorfgemeinschaft für die Bestellung der Reisfelder und das Einbringen der Reisernte in China.
5. Du kennst Methoden, mit denen man das Alltagsleben der Menschen aus früherer Zeit darstellen kann.
6. Du weisst, wie man einen Geschichtsaufsatz verfasst, und hast dies an einem Thema aus diesem Kapitel geübt.

ZEITLICHE ÜBERSICHT

1479	Vereinigung der beiden Königreiche Kastilien und Aragón
1481–1492	Eroberung von Granada durch die vereinigten Königreiche
1492	Entdeckung des amerikanischen Kontinents durch Kolumbus
1497–1499	Entdeckung des Seewegs nach Indien durch Vasco da Gama
1501	Landung des Portugiesen Cabral in Brasilien
1517–1520	Beginn der Reformationsbewegung in Europa
1522–1525	Verschiedene erfolglose Aufstände der Bauern gegen die Fürsten in Mitteleuropa
1519	Ernennung von Karl V. zum Kaiser des Heiligen Römischen Reichs Deutscher Nation
1531–1533	Eroberung des Inkareichs durch die Spanier
1555	Augsburger Religionsfrieden
1556	*Abdankung von Kaiser Karl V. als Kaiser
1559	Ernennung von Elisabeth I. zur Königin von England

RÄUMLICHE ÜBERSICHT

15

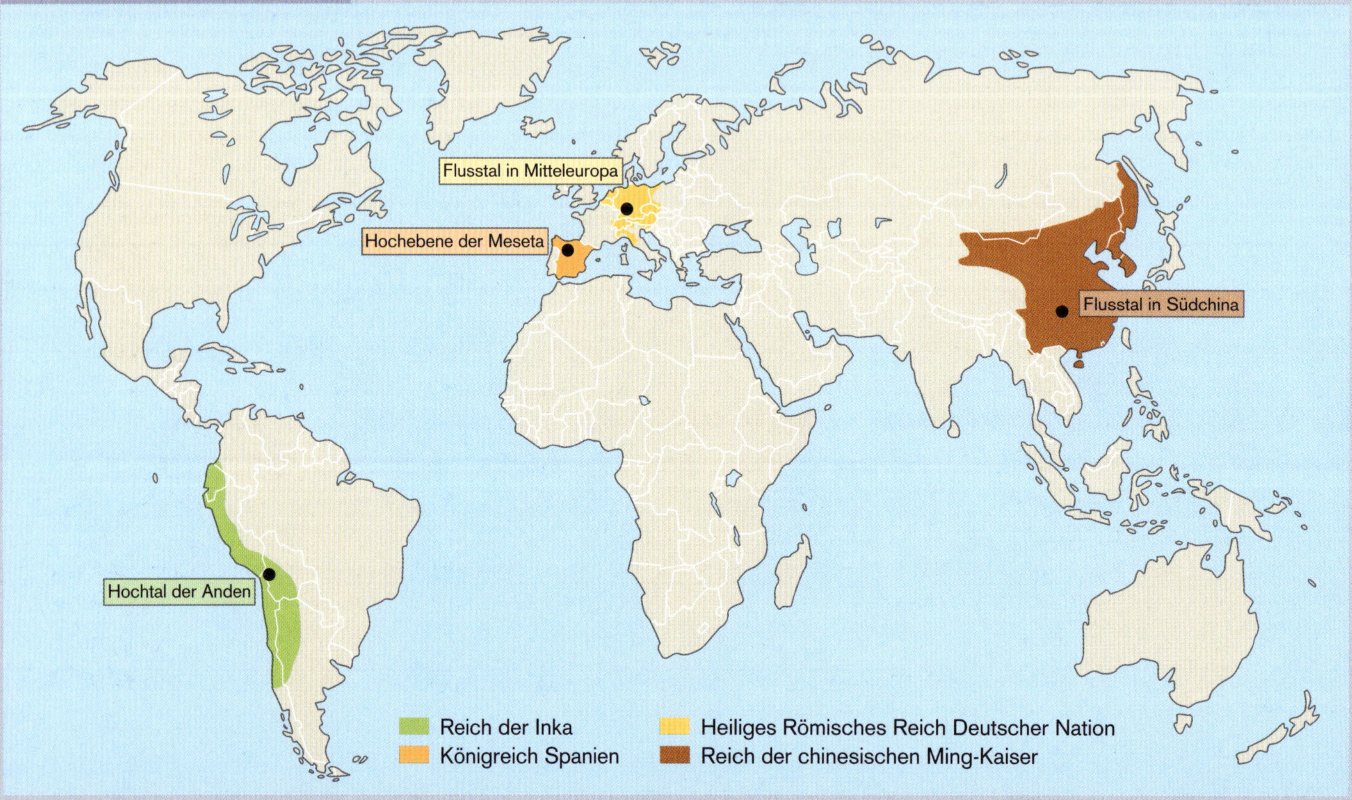

Die Regionen der vier Zeitbilder um 1500. Die Farbe zeigt an, zu welchem Herrschaftsbereich die Region gehörte.

Organisation im Reich der Inkas. Die Inkaherrscher hatten ihr Reich gut organisiert. In der linken Abbildung kontrollieren Beamte mit einer Rechenschnur die in den staatlichen Speichern eingelagerte Ernte. Rechts ist ein Meldeläufer dargestellt. Mit einem Muschelhorn kündigte er seine Ankunft an. Zeichnungen von Felipe Guamán Poma de Ayala, um 1615.

Ein Ayllu in den Anden

Auf dem amerikanischen Kontinent hatten sich um 1500 drei Volksgruppen Reiche geschaffen: die Azteken und die Maya in Mittelamerika, die Inkas entlang der Westküste von Südamerika. Der grösste dieser Herrschaftsbereiche war das Reich der Inkas. Dem Sapan Inca, ihrem allmächtigen Herrscher, standen Gouverneure, Priester, Soldaten und Beamte zur Verfügung, um sein Einflussgebiet zu kontrollieren. Die Inkas verlangten von den unterworfenen indianischen Gemeinschaften Abgaben und Hilfeleistungen. Mit diesen bezahlten sie die teure Verwaltung ihrer Herrschaft, aber auch neue Eroberungskriege, die ihren Einflussbereich vergrössern sollten.

Die Inkas waren ursprünglich eine Volksgruppe, die in den Anden lebte. Ihre Hauptstadt war Cuzco, ihre Sprache Quechua, das auch im 21. Jahrhundert von den Indios in Peru noch gesprochen wird. An ihrer Spitze stand als König der Sapan Inca, der «einzige Inka». Er war nicht nur Herrscher, er wurde auch als Sohn des Sonnengottes verehrt. Um 1438 begannen die Inkas, die Gebiete anderer Völker zu erobern. Sie schufen sich innerhalb von einigen Jahrzehnten ein Herrschaftsgebiet, das vom heutigen Ecuador über Peru und Bolivien bis nach Chile und Nordargentinien reichte. Dieses Herrschaftsgebiet war streng *hierarchisch organisiert.

Das grosse Reich war in verschiedene Provinzen aufgeteilt, denen jeweils ein Gouverneur vorstand. Dieser kontrollierte mit Hilfe zahlreicher Beamter, ob die Bevölkerung ihre Pflichten gegenüber dem Sapan Inca einhielt und die vorgeschriebenen Abgaben leistete. Das Amt eines Gouverneurs wurde nur von Angehörigen der adligen Inkafamilien ausgeübt.

Ländliche Dorfgemeinschaften

Grundlage des Lebens war die Landwirtschaft. Die meisten Bauernfamilien lebten in grösseren Gemeinschaften, den Ayllu. Die Angehörigen eines Ayllu betrachteten sich als *Sippe, auch wenn längst nicht alle miteinander verwandt waren. Die Arbeiten auf den Feldern und die Beaufsichtigung der Tiere wurden durch die Genossenschaft des Ayllu organisiert und waren streng reglementiert.

Seit der Eroberung durch die Inkas gehörte alles Land dem Sonnengott oder – als dessen Vertreter – dem Sapan Inca. Dieses Land stand den Bauernfamilien des Ayllu zum Anbau zur Verfügung. Als Preis dafür musste ein Teil der Ernte dem Sonnengott und dem Sapan Inca abgegeben werden. Beamte achteten darauf, dass dieser Anteil in den staatlichen Speicherhäusern eingelagert wurde. Diese Vorräte waren aber nicht nur für den Bedarf des Herrschers und der Priester des Sonnengottes vorgesehen. Drohte eine Hungersnot, verteilten die Beamten aus diesen Speichern Nahrungsmittel an die Bevölkerung.

Das Ackerland eines Ayllu wurde unter den Familien anteilmässig verteilt. Ebenso hatte jede Familie Anteil an den Weidegebieten und am Wald. Lediglich das Haus war privates Eigentum. Die Genossenschaft sorgte dafür, dass auch die Felder der Witwen, der Kranken und der Gebrechlichen bestellt wurden.

Als Nutztiere dienten die Lamas und Alpakas, die mit den Kamelen verwandt sind. Jeder Ayllu besass eine eigene Herde, die allen Familien gemeinsam gehörte. Daneben besass der Sapan Inca eigene Herden, die aber auf den Weiden der Ayllu grasten.

17

Landwirtschaft in den Anden. Im linken Bild öffnet eine Frau den Kanal zur Bewässerung der Felder. Im mittleren Bild ernten Männer und Frauen Kartoffeln mit einfachen Hacken und dem Pflanzstock. Im rechten Bild begleitet ein Hirte die Lamaherde des Dorfes. Gleichzeitig sammelt er Brennholz und spinnt Lamawolle. Zeichnungen von Felipe Guamán Poma de Ayala, um 1615.

Unter Aufsicht des Curaca

An der Spitze eines Ayllu stand der Curaca. Dieser galt aufgrund seiner Herkunft und seines vornehmen Ranges als Vorsteher. Curacas wurden also nicht gewählt. Aufgrund seiner Stellung arbeitete er nicht selber, sondern liess seinen Besitz von den Mitgliedern des Ayllu bewirtschaften.

Der Curaca war dafür verantwortlich, dass die Dorfbewohner die verlangten unentgeltlichen Dienste erbrachten. Dazu gehörten der Bau von Strassen und Brücken sowie der Kriegsdienst. Überhaupt war das Leben streng reglementiert und recht eingeschränkt. Niemand durfte aus seinem Wohnort wegziehen oder sich den gemeinsamen Arbeiten entziehen. Auf Lüge und Diebstahl standen hohe Körperstrafen. Geschützt durch dieses System gegenseitiger Kontrolle und Hilfe konnten die Menschen aber in relativ grosser Sicherheit leben.

Ackerbau und Viehwirtschaft

Viele Ayllu lagen auf 3000 bis 4000 Meter über Meereshöhe. In diesen Gegenden gibt es nur zwei Jahreszeiten. Die Zeit von Mai bis September ist sonnig und trocken. In der Zeit von November bis März ist das Wetter oft bewölkt und regnerisch. Die Temperaturen schwanken über die Monate kaum, hingegen wechseln sie stark zwischen Tag und Nacht. Am Tag steigen die Temperaturen auf 16 bis 20 Grad, in der Nacht kann es je nach Höhenlage sehr kalt werden.

Die Dorfbewohner lebten vom Ackerbau. Um möglichst viel Boden auch an Steilhängen nutzen zu können, legten sie Terrassen an. Hauptnahrungsmittel waren Mais und verschiedene Sorten von Kartoffeln, daneben Bohnen, Kürbisse, roter Pfeffer und auch Quinua, eine spezielle Sorte der Hirse. Die Arbeit auf den Feldern war ausschliesslich Handarbeit. Der Pflug war unbekannt. Für die Feldarbeit dienten einfache Hacken und der Pflanzstock, eine Art schmaler Spaten. Wo immer möglich, legten die Bauern Bewässerungsgräben an und leiteten das Wasser der Flüsse und Bäche auf ihre Felder, um so die Erträge zu verbessern.

Die Ernte wurde in Speichern aufbewahrt. Zunächst mussten die Nahrungsmittel aber haltbar gemacht werden. Mais und Hirse wurden getrocknet. Die Kartoffeln, die viel Wasser enthalten, wurden durch eine Art *Gefriertrocknung* konserviert. Dabei machten sich die Bauernfamilien die Temperaturunterschiede zwischen Tag und Nacht zu Nutze. Sie legten die Kartoffeln bei Nachtfrost ins Freie, zerstiessen sie am Morgen zu einem Brei und liessen die Masse tagsüber zugedeckt unter der heissen Sonne trocknen. Diesen Vorgang wiederholten sie während zweier Wochen. So erhielten sie eine bis zu zehn Jahre haltbare Masse, die sie zu Brei verkochen konnten. Mit dieser Konservierungsmethode konnten auch Bitterkartoffeln, eine spezielle Sorte, die in grosser Höhe gut wächst, geniessbar gemacht werden. Diejenigen Ernteanteile, die für den Sonnengott und den Sapan Inca bestimmt waren,

19

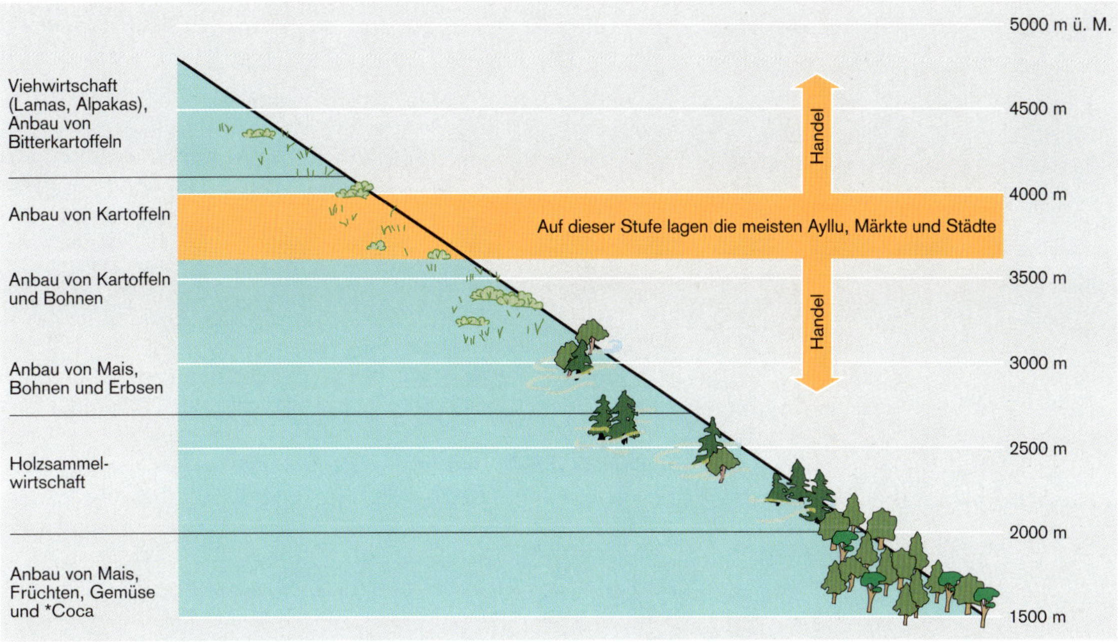

Nutzungsstufen in einem Hochtal der Anden. Die Bauern im Inkareich nutzten alle Höhenstufen der Andentäler aus. Was auf einer Stufe nicht produziert werden konnte, besorgte man sich im Tauschhandel mit Regionen einer anderen Höhenstufe.

mussten in speziellen Vorratshäusern gelagert werden, die oft an den Hauptstrassen lagen.

Pferde, Esel, Schafe oder Kühe waren unbekannt. Als Nutztiere dienten Lamas und Alpakas. Aus ihrem Fell gewannen die Frauen Wolle, die sie kunstvoll zu Kleidern verarbeiteten. Das Fleisch der Lamas und Alpakas diente als Zusatznahrung. Es wurde getrocknet und hielt sich so sehr lange. Die Tiere weideten an den Berghängen oberhalb der Siedlungen. Die tägliche Nahrung der Indios bestand aus scharf gewürzten Gemüseeintöpfen. Ein beliebtes Getränk war aus Mais gebrautes Bier.

Handel und Verkehr

Zwischen den verschiedenen Ayllu fand reger Tauschhandel statt. Nicht immer konnten sich die Menschen innerhalb ihres Ayllu mit allem Lebensnotwendigen versorgen. So tauschte man eben: Fisch gegen Kartoffeln, Wolle gegen Metall, Fleisch gegen Hirse, Töpferwaren gegen Holz und Früchte gegen Salz.

Die runden oder rechteckigen Wohnhäuser waren meist einstöckige Bauten. Je nach Region bestanden die Mauern aus Steinen, die mit Lehm verputzt wurden, oder aus luftgetrockneten Lehmziegeln. Die Häuser bestanden aus mehreren Räumen, die jeweils nur von aussen zugänglich waren. Das Dach wurde mit dicken Lagen aus Gras oder Stroh gedeckt. Häuser von reicheren Dorfmitgliedern oder vornehmen Dorfvorstehern waren gleich gebaut, nur grösser. Manchmal waren sie auch mit farbigen Wandzeichnungen ausgeschmückt.

Führte durch das Dorfgebiet eine der grossen Strassen, die im Auftrag des Sapan Inca angelegt worden waren, kamen noch weitere Bauten hinzu, zum Beispiel ein Tambo, eine Art Hotel für Reisende. An den Strassen standen auch kleine Häuschen, in denen die königlichen Meldeläufer auf ihren Einsatz warteten. Auf den weit verzweigten Reichsstrassen verkehrten die Meldeläufer immer zwischen zwei solchen Häuschen, die in regelmässigen Abständen die Strassen säumten. So konnten die Befehle der Zentralverwaltung aus Cuzco rasch in die Provinzen gelangen, umgekehrt erfuhren die Beamten in der Hauptstadt rasch von Unruhen oder Hungersnöten auch aus weit entfernten Teilen des Reiches.

AUFGABEN

1 *Wie versorgten sich die Indios in den Ayllu mit den notwendigen Nahrungsmitteln? Welche Arbeiten verrichteten dabei Frauen und Männer?*
2 *Schildere den Aufbau der Herrschaft im Inkareich.*
3 *Welche Aufgaben und Pflichten hatte ein Curaca?*
4 *Beschreibe das Leben in einem Ayllu.*
5 *Liste die Vor- und Nachteile des Lebens unter der Herrschaft des Sapan Inca auf.*

20

Plan der Stadt Aranda de Duero von 1503. Aranda de Duero stellt den Typ einer vorausgeplanten und gezielt an einer bestimmten Stelle gegründeten Stadt im nördlichen Spanien aus der Zeit vom 12. bis ins 15. Jahrhundert dar.

Eine Stadt in Kastilien

Nach der Vertreibung der arabischen Herrscher von der iberischen Halbinsel entwickelten sich mehrere blühende Königreiche. Kastilien war das bedeutendste. Um 1490 übernahmen zusehends adlige Stadtbürger die Kontrolle über das Leben der ländlichen Bauernbevölkerung.

Stadt und Land

Kastilien ist ein Land mit zahlreichen Städten. Sie sind ab dem 13. Jahrhundert im Zuge der Reconquista entstanden, der Rückeroberung Spaniens aus den Händen der arabischen *Kalifen. Diese hatten Teile Spaniens seit dem 8. Jahrhundert beherrscht. Die Rückeroberung war das Werk der christlich gebliebenen Königreiche León, Kastilien, Aragón und Navarra. Die eroberten Gebiete sollten nun durch den Bau von befestigten Städten gesichert werden. Die Städte dienten als militärische Stützpunkte und als geschützte Orte, wo Märkte abgehalten werden konnten. Abgeschlossen wurde die Reconquista erst 1492. In diesem Jahr liessen die Königin von Kastilien und der König von Aragón das islamische Königreich Granada erobern. Damit war der letzte Rest eines einst grossen islamischen Reiches in Spanien verschwunden.

Jede Stadt war nach einem bestimmten Muster gebaut. Sie musste zunächst über eine starke Mauer mit Türmen und Toren verfügen. Das Bild 20 zeigt, wie eine kastilische Stadt und ihr Umland um 1500 ausgesehen haben könnten. In der Mitte jeder Stadt lag ein grosser Platz. Hier standen die Kirche, die Stadtpaläste der reichsten Adligen und das Rathaus. Der Markt, der auf diesem Platz regelmässig abgehalten wurde, war sehr wichtig. Hier konnten die Bäuerinnen und Bauern aus den Dörfern und die Händler von weither ihre Produkte verkaufen. Die Stadtbewohner waren meist Händler, Handwerker, Textilarbeiterinnen und Bäuerinnen und Bauern. Adlige Stadtbewohner lebten vom Einkommen ihrer Landgüter oder Schafherden.

Die Häuser in den Städten und den Dörfern unterschieden sich kaum voneinander. Es handelte sich um *Fachwerkbauten, die oft mit Lehm verputzt und mit Kalk geweisselt waren. Auch in den Städten standen einfache Häuser, Scheunen und Ställe. Viele Stadtfamilien lebten wie die Dorfbewohner von der Landwirtschaft, ihre Felder lagen ausserhalb der Befestigungsmauern. Dagegen leistete sich manche reiche Bauernfamilie ein stattliches Haus, wenn sie im Auftrag eines Adligen dessen Güter verwaltete und dabei zu Vermögen kam.

Neben den Städten und Dörfern prägen bis in die Gegenwart auch Burgen und einige Klöster die Landschaft. Manche Burgen waren aber bereits im 16. Jahrhundert verlassen oder dienten höchstens noch als militärische Stützpunkte. Die erfolgreichen Adelsfamilien wohnten mittlerweile in den bequemeren Stadthäusern.

Schafe brauchen Platz

Die weite, hügelige Landschaft Kastiliens ist heute wie damals von Weizenfeldern geprägt. Dazwischen finden sich von Hecken umsäumte Weiden und Wiesen. An den Hängen sind oft Terrassen zu sehen, auf denen Gemüse oder Wein gedeiht. Rund um die Dörfer und Städtchen breiten sich Gemüsegärten aus, dazwischen sieht man immer wieder Baumgärten. Dichter Wald ist relativ selten. Meist findet man auf den Hügelrücken lichten Eichenwald, in dem das Vieh weidet.

21

Peñaranda de Duero. Die ursprüngliche Anordnung des Hauptplatzes mit Kirche und vornehmen Häusern hat sich hier erhalten. Fotografie von Felix Boller, 1997.

22

Kastilisches Dorf. Traditionelles kastilisches Fachwerkhaus mit Resten von Verputz, links daneben verputzte Häuser. Fotografie von Felix Boller, 1999.

Die Flüsse sind für die Landschaft sehr wichtig, da nur im Frühjahr und im Winter ausgiebig Regen fällt. Ihre Ufer sind auch im Hochsommer grün. Wo immer möglich, nutzt man ihr Wasser zum Bewässern von Feldern, Gärten und Wiesen.

Kastilien war um 1500 weniger stark besiedelt als im 21. Jahrhundert. Um 1350 hatte die Pest Tausende Menschen hinweggerafft. Um die frei werdenden Betriebe wurde hart gekämpft. Auf der einen Seite standen die Bauernfamilien, die um den Erhalt ihrer Bauernbetriebe fürchteten. Auf der anderen Seite standen die Adligen, die ihr Geld in Schafherden *investierten. Die Wolle von Merinoschafen liess sich in ganz Europa teuer verkaufen. Zahlreiche Adlige hatten sich riesige Schafherden gekauft und liessen sie von Hirten quer durch Kastilien treiben.

Die Herdenbesitzer hatten sich in einer mächtigen Genossenschaft, der Mesta, zusammengefunden, die bei den Königen zahlreiche Vorrechte erreichen konnte. Die Schafherden durften zum Beispiel auf eigens für sie angelegten breiten Wegen ungehindert wandern und auf für sie reservierten Weiden grasen. Dafür verdienten die Könige von Kastilien und Aragón am Erlös der verkauften Wolle mit, denn sie erhoben darauf Steuern. Das Zeitbild zeigt einen breiten, für Schafherden reservierten Weg, der sich quer durch die Landschaft zieht.

Grossbetriebe

Die Landwirtschaft in Kastilien geriet immer stärker unter den Einfluss der Mesta. Die Schafherden wanderten im 16. Jahrhundert quer durch Zentralspanien. Im April begann ihre Wanderschaft im Süden, im September waren sie in Zentralspanien angekommen und machten sich dann wieder auf den Rückmarsch ins Winterquartier.

Die Adligen erwarben vermehrt ganze Bauernhöfe samt den dort arbeitenden Menschen. Sie fassten die Höfe zu grossen Betrieben zusammen und erzielten damit gute Gewinne. Zudem erreichten sie, dass es immer weniger selbstständige Bauernfamilien gab, die sich gegen die Mesta zur Wehr setzten. Viele Bauernfamilien arbeiteten nun als Pächter oder Landarbeiterinnen und Landarbeiter auf den grossen Bauernbetrieben.

Hinzu kam, dass viele landwirtschaftliche Produkte immer höher besteuert wurden. Philipp II., der von 1556 bis 1598 als spanischer König regierte, brauchte Geld für Kriege gegen Frankreich und England. Die Dörfer begannen sich zu leeren. Immer mehr Bauernfamilien verliessen das Land und zogen in die grösseren Städte, wo Handel und Handwerk Arbeit versprachen. Viele wanderten nach Italien oder Frankreich aus, Männer zog es als Soldaten in die spanischen *Söldnerheere. Schliesslich traten manche als Matrosen oder Soldaten in den Dienst der Eroberer, die in Südamerika riesige Gebiete im Namen der spanischen Krone besetzten.

AUFGABEN

6 *Suche in einem Atlas oder im Internet eine Karte von Spanien und beschreibe die Lage und Ausdehnung von Kastilien.*

7 *Suche auf dem Zeitbild nach Hinweisen auf die Schafhaltung und den Ackerbau.*

8 *Notiere dir einige Argumente der Bauern und der adligen Herdenbesitzer im Streit um die Ausdehnung der Schafhaltung.*

9 *Suche Unterschiede und Gemeinsamkeiten zwischen dem Leben in der Stadt und dem Leben auf dem Land in Kastilien.*

23

24

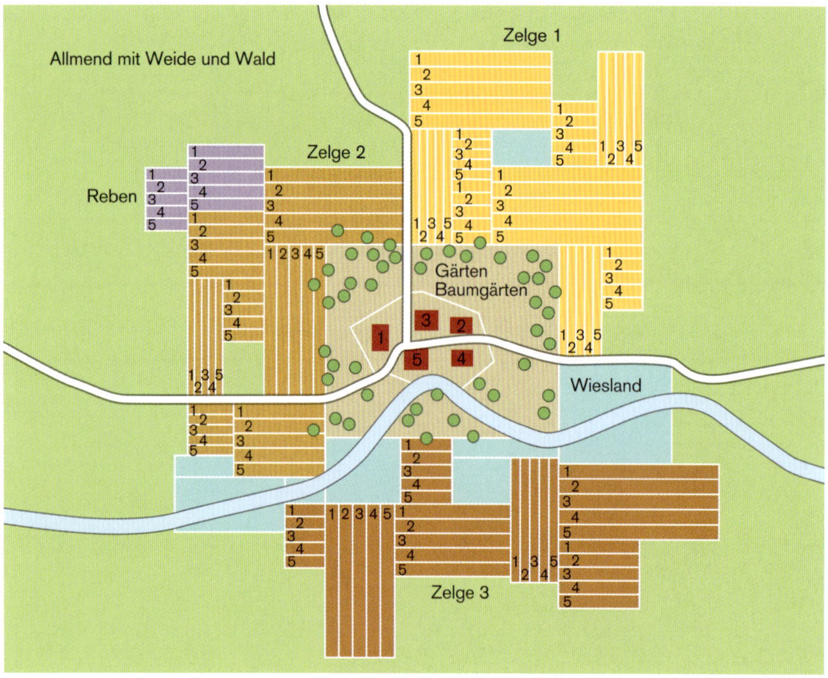

***Modell eines Dorfes in Mitteleuropa um 1550.** Rund um das Dorf mit den Häusern und Gärten lagen die Äcker. Sie waren aufgeteilt in die drei Zelgen. Diese wiederum waren aufgeteilt in Ackergruppen, sogenannte «Gewanne». Jede Bauernfamilie (1 bis 5) hatte Äcker in jedem Gewann. So war zwar sichergestellt, dass alle Anteil an guten und schlechteren Anbaulagen hatten. Umgekehrt war dieses Anbausystem aber so kompliziert, dass keine Bauernfamilie ihre Äcker nach eigener Vorstellung anbauen konnte. Viele Äcker waren nur über die Landstücke anderer Familien zu erreichen. War die Zelge angesät, so war der Zutritt bis nach der Ernte nicht mehr möglich.

Ein Dorf in Süddeutschland

Bauernfamilien in Süddeutschland lebten in einer fruchtbaren Gegend. Grosse Getreidefelder, Weinberge, Wiesen und lichte Wälder prägten um 1550 das Landschaftsbild. Die Dorfgemeinschaften regelten ihr Alltagsleben selber. Weitergehende Rechte besassen sie aber nicht. Die meisten Höfe gehörten nicht den Bauernfamilien selbst, sondern Adligen, Klöstern oder Stadtbürgern. Diese besassen aber nicht nur Grund und Boden, sondern auch weitere Rechte, zum Beispiel Gerichtsrechte. Man nennt dieses System Grundherrschaft. Neben den Grundherren hatten auch die Landesherren Einfluss auf das Leben der Menschen. Sie bestimmten zum Beispiel die Glaubenszugehörigkeit ihrer Untertanen.

Das Herrschaftssystem

Im ausgehenden Mittelalter lebten die Bauern in Süddeutschland in einem strengen Herrschaftssystem. Der Boden, den sie bebauten, gehörte nicht ihnen, sondern dem Grundherrn. Diesem bezahlten die Bauern Abgaben für das Recht, die Höfe zu bewirtschaften. Die Abgaben bestanden aus Getreide, Vieh und Geld. Zudem unterstanden die Bauern der Gerichtsbarkeit ihres Grundherrn. Sie durften ihre Höfe nur mit Erlaubnis der Herrschaft verlassen oder verkaufen.

Das wichtigste Amt im Dorf war das Meieramt. Der Meier kontrollierte als Beauftragter eines Grundherrn die Ablieferung der Pachtzinsen und anderer Abgaben. Gut organisierte Landbesitzer bauten für ihre Meier-Familien prächtige Wirtschaftshöfe, die sich vom Rest des Dorfes abhoben.

Der Meier vertrat den Grundherrn im Dorfgericht. Zusammen mit einigen angesehenen Bauern des Dorfes, die als Richter amteten, schlichtete er Streitfälle und bestrafte kleinere Vergehen mit Bussen. Der Meier und die Richter wurden vom Grundherrn auf Vorschlag der Dorfgemeinde eingesetzt.

Neben dem Grundherrn beeinflusste auch der Landesherr das Leben in den Dörfern. Der Landesherr war für die Verwaltung der Dörfer zuständig und übte die politische Gewalt über die Bauern aus. Es war seine Pflicht, die Ordnung aufrechtzuerhalten. Deshalb konnte er über Verbrecher richten und dabei auch die Todesstrafe aussprechen. Der Landesherr konnte Bauern und Stadtbürger zum Kriegsdienst aufbieten und von ihnen Steuern verlangen. Daneben bestimmte der Landesherr die Glaubenszugehörigkeit seiner Untertanen. In grösseren Regionen wurde der Landesherr durch Vögte vertreten.

Dreizelgensystem

An Gerichtstagen wurden auch gemeinsame Angelegenheiten des Dorfes geregelt, zum Beispiel der Zeitpunkt der Aussaat oder des Pflügens. Die ganze Arbeit auf den Feldern musste gemeinsam geplant werden. Die Bauernfamilien bauten

25

	1. Jahr	2. Jahr	3. Jahr
1. Zelge	Brache	Wintergetreide	Sommergetreide
2. Zelge	Sommergetreide	Brache	Wintergetreide
3. Zelge	Wintergetreide	Sommergetreide	Brache

Dreizelgenwirtschaft. Schema des dreijährigen Anbausystems. Zwischen jedem Wechsel des Anbaus wurde gepflügt. Zwischen der Ernte des Wintergetreides im Juli und der Aussaat des Sommergetreides im April des nächsten Jahres diente die abgeerntete Zelge jeweils als Weide für das Vieh.

ihre Getreidefelder im Dreizelgensystem an. Dabei wurde das Ackerland eines Dorfes in drei gleich grosse Zelgen eingeteilt. Auf der einen säte man im Herbst Wintergetreide wie Dinkel, Roggen oder Weizen aus. Dieses konnte im nächsten Frühsommer geerntet werden. Auf der zweiten Zelge wurde im Frühjahr das Sommergetreide – Hafer oder Gerste – angesät, das im Herbst reif war. Die dritte Zelge blieb ungenutzt (brach), damit sich der Boden erholen konnte.

Unmittelbar neben den Häusern des Dorfes lagen die Gemüse- und Baumgärten, die vor allem von den Frauen bewirtschaftet wurden. Neben Getreidebrei brachten die Frauen im Sommer Gemüse und Obst auf den Tisch. Im Winter lebte man von den Vorräten: Getreide, getrocknete Äpfel, Birnen und Kirschen, selten geräuchertes Fleisch.

Im Gegensatz zu den Äckern teilten sich alle Familien des Dorfes die Allmend und Teile des Waldes. Hier weidete im Sommer das Vieh. Der Übergang von der Allmend zum Wald war fliessend. Der Wald war nicht sehr dicht. Die Dorfbewohner brauchten viel Holz als Brennmaterial zum Kochen und Heizen. Die Bäume wurden deshalb nicht alt.

Platz und Futter fürs Vieh gab es eigentlich nur im Sommer. Nur wenige Wiesen waren für die Gewinnung von Heu als Winterfutter vorgesehen. Sonst brauchte man das Land für den Getreideanbau. Deshalb wurde relativ wenig Vieh gehalten. Um den Ertrag der Heuwiesen zu steigern, legte man sie in der Nähe des Dorfbaches an und bewässerte sie. So wurden Schädlinge ertränkt und das Gras gleichzeitig gedüngt.

Das Dreizelgensystem hatte den Vorteil, dass man nur wenig Dünger brauchte, da sich der Boden immer wieder erholte. Der Nachteil war aber, dass das System nicht verändert werden konnte. Die Bauernfamilien mussten auf jedem Landstück das vorgeschriebene Getreide anbauen. Sie durften auch kein Ackerland zu Heuwiesen oder Viehweiden umwandeln, obwohl die Viehzucht guten Gewinn versprach. Die zahlreichen Städte in der Gegend waren dankbare Abnehmer von Schlachtvieh. Die Grundherren jedoch wünschten keine Änderungen, weil sie um ihre Pachtzinsen fürchteten. Eine Änderung im Anbau hätte neue Verhandlungen um die Festlegung der Zinsen bedeutet. Die Grundherren scheuten nicht nur den Aufwand dafür, sondern fürchteten auch den Widerstand der Bauern.

Höhere Erträge

Mehr Vieh hätte auch mehr Dünger bedeutet – und damit eine Steigerung des Ernteertrages. Um trotzdem mehr ernten zu können, pflanzten die Bauernfamilien auf den Brachfeldern Bohnen und Erbsen. Die Steigerung der Ernten war dringend nötig, denn die Bevölkerungszahl stieg im 16. Jahrhundert an. 1525 dürften im heutigen Landkreis Tübingen zwischen 15 000 und 20 000 Menschen gelebt haben. Um 1600 waren es bereits etwa 30 000.

In den Dörfern stieg vor allem die Zahl der armen Familien. Immer weniger Dorfbewohner besassen einen Hof, von dem sie leben konnten. Sie mussten als *Tagelöhnerinnen und

26

27

Wappen als Herrschaftszeichen. Wappenfries von 1523 über dem Eingang zum Rathaus von Ofterdingen. In der Mitte das Wappen der Landesherren, der Herzöge von Württemberg. Rechts das Wappen des Klosters Bebenhausen, als Zeichen der Grundherrschaft. Links vermutlich das Dorfwappen. Fotografie von Gerhard Hepper.

Tagelöhner bei den reichen Bauern arbeiten. Selbst besassen sie nur ein kleines Haus, ein Stück Garten und ein paar Ziegen, vielleicht auch eine Kuh oder ein Schwein. Viele waren froh, mit Spinnen, Weben oder Stricken etwas dazuverdienen zu können.

Die Abgaben an den Grund- und den Landesherrn bedeuteten für die Bauern eine hohe Belastung. In schlechten Erntejahren gerieten deshalb viele Bauernbetriebe rasch in Not. In Bauernaufständen wie demjenigen von 1525 versuchte die Bauernbevölkerung vergeblich, sich mit Gewalt gegen die hohen Abgaben und die Abhängigkeit von den Herren zu wehren.

Komplizierte Herrschaftsverhältnisse

Das Gebiet des heutigen Landkreises Tübingen war Grenzgebiet zwischen den Einflussbereichen zweier mächtiger Landesherren: der Herzöge von Württemberg und der Herzöge von Habsburg-Österreich. Daneben verfügten auch die Stadt Reutlingen und verschiedene adlige Ritterfamilien über landesherrliche Herrschaftsrechte. So hatte sich in Süddeutschland im Laufe des Mittelalters ein eigentlicher «Flickenteppich» verschiedener Landesherrschaften gebildet.

Die Herzöge von Württemberg traten 1534 zum reformierten Glauben über, und alle ihre Untertanen mussten ihnen folgen. Die Habsburger blieben jedoch beim katholischen Glauben und verboten ihren Untertanen, reformiert zu werden. Einige der Ritter traten mit ihren Untertanen zum neuen Glauben über, andere blieben katholisch. Klöster, die auf reformiertem Gebiet lagen, wurden aufgehoben.

Als Grenzgebiet im Einflussbereich der mächtigen Württemberger und Habsburger hatte Süddeutschland im 16. und 17. Jahrhundert unter verschiedenen kriegerischen Auseinandersetzungen zu leiden. Dabei fiel ins Gewicht, dass der deutsche Kaiser Karl V. gleichzeitig Oberhaupt der streng katholischen Habsburger war. Er wollte mit allen Mitteln erreichen, dass die Menschen der reformierten Gebiete wieder zum katholischen Glauben übertreten. Die Anstrengungen waren vergeblich. Auf dem *Reichstag in Augsburg wurde 1555 den reformierten Fürsten das Recht zugesprochen, bei ihrem Glauben zu bleiben.

AUFGABEN

10 *Beschreibe die Landschaft im Zeitbild und vergleiche sie mit Abbildung 24. Wo befinden sich die verschiedenen Nutzungszonen auf dem Bild? Welches war ihre Funktion?*

11 *Betrachte auf dem Zeitbild den Grenzstein. Was könnte das Wappen darstellen?*

12 *Was bedeutete eine Grenze zwischen zwei Herrschaftsbereichen für die damaligen Menschen?*

13 *Wie war der Getreideanbau im Dorf organisiert? Wem nützte dieses System?*

14 *Schildere das Leben von Frauen und Männern nach der Reformation im dargestellten Dorf aus deiner Sicht. Hättest du gerne hier gelebt?*

Arbeiten beim Reisanbau. Bilder aus einer chinesischen Handschrift von 1808.

Ein Dorf im Süden Chinas

Das chinesische Reich umfasste eine Vielzahl von Völkern. Alle hatten ihre eigene Kultur und ihre eigenen Bräuche. Um 1550 regierten die Kaiser der *Ming-*Dynastie das *Vielvölkerreich. Sie stützten ihre Macht auf zwei Pfeiler: ein gut ausgebildetes Verwaltungssystem und eine ergebene Beamtenschaft. Das Leben in den Dörfern kontrollierten aber vor allem die lokalen Adligen. Sie besassen oft zahlreiche Bauerngüter, die sie an Bauernfamilien verpachteten. Die Dorfbevölkerung organisierte ihren Alltag selbst, bezahlte aber den kaiserlichen Beamten und den Adligen Abgaben.

Reisanbau

Die Täler der beiden grossen chinesischen Flüsse Huang He und Yangtse bieten sehr gute Bedingungen für die Landwirtschaft. Hier drängten sich denn auch schon im 16. Jahrhundert die Dörfer und Städte, hier breiteten sich die Getreide- und Reisfelder aus. Beide Ströme entspringen den ausgedehnten Gebirgen im Westen des Landes, durchfliessen die Tiefebenen im Süden und Osten und münden in den Pazifik.

China ist in zwei grosse Klimazonen geteilt: den trockenen Norden und den feuchten Süden. Während im Norden die Menschen vom Getreideanbau lebten, pflanzten sie im Süden Reis als Hauptnahrungsmittel an. Daneben bauten sie Bohnen und Gemüse an. Maulbeerbäume lieferten Nahrung für die Seidenraupen, die gezüchtet wurden, um kostbare Seidenfäden zu liefern. Aus Seide bestanden die teuren Kleider der adligen und reichen Chinesen. Baumwolle verwendete man für einfache Kleider und Stoffe. Das Klima im Süden ist sehr feucht und warm. Die Winter sind sehr mild, sodass alle diese Pflanzen das ganze Jahr über wachsen.

Das Zeitbild auf der folgenden Doppelseite zeigt ein Reisbauerndorf im Süden Chinas um 1550. Gerade sind die Dorfbewohnerinnen und -bewohner daran, Reis anzupflanzen. Vor dem Anbau wurde das überflutete Feld mit einfachen Pflügen aufgelockert. Dann wurden die Reispflanzen von Hand eingesetzt.

Um auch den letzten Quadratmeter Boden zu nutzen, hatten die Bäuerinnen und Bauern an den Hängen Terrassen angelegt. Weil der Reis aber ständig frisches Wasser braucht, mussten alle Felder bewässert werden. Die Terrassen an den Hängen wurden von umgeleiteten Bergbächen gespeist. In den Flusstälern diente dazu ein Kanalsystem. Über unterschiedliche Höhenstufen musste das Wasser der Flüsse durch Pump- und Schöpfwerke weitergeleitet werden.

Reis ist anspruchsvoll. Die Sumpfpflanze gedeiht nur in nassem Untergrund und bei genügender Frischwasserzufuhr. Dafür konnten die Bauernfamilien zwei- bis dreimal pro Jahr ernten. Auch in der modernen Landwirtschaft gibt der Boden mehrere Ernten pro Jahr her. Dies verdanken die Chinesen ihren Vorfahren, die ihre Reisfelder ständig mit den Abwässern ihrer Dörfer gedüngt und so ihre Fruchtbarkeit erhalten hatten.

Die Pflege der Reispflanzen war reine Handarbeit. Um bessere Erträge zu erhalten, mussten die Setzlinge zuerst in einem Saatfeld angezogen werden. Auch der Schlamm und Dung von Mensch und Tier wurden von Hand ausgebracht. Die Bewässerung sorgte zudem für eine Versorgung der Reispflanzen mit Mineralstoffen.

29

30

Enge Verhältnisse. Dorf mit Steinhäusern im Osten der heutigen Provinz Guizhou. Fotografie von Johannes Müller.

31

Traditionelle Bauweise. Dorf mit Holzhäusern im Osten der heutigen Provinz Guizhou. Fotografie von Johannes Müller.

Leben in den Dörfern

Die Häuser der Dörfer lagen eng beieinander, um möglichst viel Platz für den Reisanbau zu lassen. Zu jedem Dorf gehörten Gärten, in denen Frauen verschiedene Gemüse zogen. Sie wurden als Beilage zum Reis gegessen. Die Wasserbüffel brauchte man zum Ziehen des Pfluges, sonst traf man im Dorf vor allem auf Geflügel und Schweine. Hühner und Enten fanden in den Reisfeldern genügend Nahrung, Schweine lebten von den Hausabfällen. Für Grossvieh fehlten das Futter und die Weidemöglichkeiten.

Die Häuser im 16. Jahrhundert waren kunstvoll gebaute, mit Rundziegeln gedeckte Gebäude. Je nach Region wurden sie aus Holz, Stein oder Lehmziegeln errichtet. Die einfacheren Häuser besassen nur ein Geschoss. Speicher waren oft mehrstöckig. In jedem Haus lebte eine Grossfamilie auf engstem Raum zusammen. Dies ist teilweise auch im modernen China noch so.

Die Häuser im alten China waren alle nach diesem Prinzip gebaut. Dabei waren die Häuser der adligen Grundbesitzer und der Kaufleute in den Städten grösser und oft kunstvoll konstruiert. Höfe von reichen Grossfamilien waren durch eine Mauer von der Aussenwelt getrennt. Oft lagen die Gärten dann innerhalb der Hofmauern. Zum Hof gehörten das Wohnhaus, der Speicher, Stallungen und Toiletten.

Die lokalen Adligen waren für den Schutz der Dörfer verantwortlich. Sie zogen von allen Familien im Dorf dafür Steuern ein und von ihren Pächtern auch Pachtzinsen. Dem Kaiser stand etwa der zehnte Teil der gesamten Ernte zu. Über die korrekte Abgabe wachten die kaiserlichen Beamten. Mit den Steuern und Abgaben bezahlte der Kaiser den Unterhalt der Soldaten und Beamten des Reiches. Zudem konnten die Bauern jederzeit als Soldaten in den Krieg aufgeboten werden. Der Kaiser verpflichtete sie auch zur Mithilfe beim Bau neuer Strassen oder Brücken.

Im 15. und 16. Jahrhundert schlossen sich in verschiedenen Regionen Grossbauern zu Sippenverbänden zusammen. Diese Verbände übernahmen viele Funktionen des Adels. Sie konnten ganze Dörfer beherrschen und organisierten auch die religiösen Feste und Verrichtungen.

Es gab in den chinesischen Dörfern arme und reiche Bauern. Wer zu wenig Land besass, um davon leben zu können, musste für Zusatzverdienst sorgen. Da die Bevölkerung in China im 15. und 16. Jahrhundert stark wuchs, gab es immer mehr kleine Bauerngüter. Diese konnten keine Familie mehr ernähren. Die Männer arbeiteten folglich für andere Bauern, die Frauen webten Stoffe aus Baumwolle, die sie auf dem Markt in der nächsten Stadt verkaufen konnten.

AUFGABEN

15 *Beschreibe das Zeitbild. Benutze dazu auch den Text auf Seite 29. Versuche, die verschiedenen Felder zu bestimmen.*

16 *Beschreibe die Arbeiten des Reisanbaus mit Hilfe des Textes und der Bilder.*

17 *Betrachte die Bilder auf Seite 29 genau. Beschreibe die Kleidung der Bäuerinnen und Bauern. Was sagen sie über die Arbeit und Stellung der Menschen aus?*

18 *Betrachte die Abbildungen 30 und 31 genau: Aus welcher Zeit stammen die Aufnahmen? Wie kannst du sie datieren? Was ist neu, was könnte auch vor 500 Jahren schon so ausgesehen haben?*

19 *Was möchtest du über das Leben in China um 1550 noch weiter wissen? Notiere dir drei Fragen.*

Geschichtsaufsatz

Du erinnerst dich später besser an einmal Gelerntes, wenn du es aufgeschrieben hast. Das kann in Form eines Aufsatzes geschehen. Du hast in diesem ersten Kapitel des Buches vier Beispiele von Lebenswelten um 1500 erkundet. Was du dabei erfahren hast, sollst du in einem Aufsatz zusammenfassen. In diesem Aufsatz beantwortest du also Fragen zur Geschichte. Jeder Aufsatz will gut vorbereitet sein. Wie das geht, liest du auf dieser Seite.

Portfolioauftrag

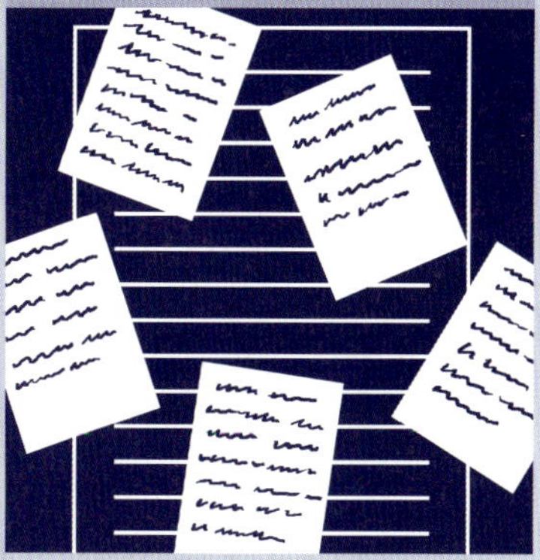

Aufgabe

Schreibe einen Aufsatz zu einer der vier regionalen Lebenswelten aus dem Kapitel «Leben um 1500». Lass dich dabei von den Texten und vor allem von den Zeitbildern leiten. Widme dich in deinem Aufsatz vor allem den Landschaften und den darin lebenden Menschen. Dein Aufsatz soll etwa zwei bis vier A4-Seiten umfassen. Er soll sorgfältig formuliert und sauber geschrieben sein.

Vorgehen

1. Wähle eine der vier Lebenswelten aus diesem Kapitel aus, zu der du etwas schreiben möchtest.
2. Lies den Text zum entsprechenden Zeitbild nochmals gut durch.
3. Überlege dir eine oder zwei wichtige Fragen, denen du in deinem Aufsatz speziell nachgehen möchtest.
   Zum Beispiel kannst du dir die Frage stellen, warum die Landschaft in Spanien im 17. Jahrhundert wieder so wenig bevölkert war wie um 1350. Oder du kannst dir die Frage stellen, wie eine reiche und eine arme Bauernfamilie in Deutschland um 1500 gelebt haben.
4. Am besten machst du dir beim Durchlesen des Textes Notizen auf einzelne Zettel. Diese kannst du nachher ordnen.
5. Bevor du zu schreiben beginnst, machst du einen Entwurf. Dieser muss nicht schön ausformuliert sein. Du kannst dir auch nur Stichworte oder kurze Merksätze aufschreiben. Wichtig ist, dass du im Entwurf zeigen kannst, wie dein Aufsatz nachher aussehen wird.
6. Schreibe nun den Aufsatz ins Reine und lies ihn sorgfältig durch.

Hinweise

- Erstelle eine Stichwortliste, bevor du mit dem Ausformulieren beginnst. Verzichte dabei noch auf Sätze oder Satzteile, von denen du nachher nicht mehr loskommst.
- Wichtig in einem Aufsatz ist, dass du deine eigenen Worte verwendest. Schreibe also keine Texte aus dem Buch ab. Verwende deine eigenen Notizen.
- Jeder Aufsatz besteht aus drei Teilen: Einleitung, Hauptteil und Schlusswort. In der Einleitung schreibst du, welcher Frage du nachgehen möchtest. Im Hauptteil schreibst du, wie du die Frage beantworten kannst. Im Schlusswort beantwortest du die Frage dann nochmals kurz und bündig als Zusammenfassung.
  Es lohnt sich also, wenn du dir zuerst das Schlusswort überlegst und erst nachher den Hauptteil entwirfst und schreibst.

Kaiser Karl V. – mächtig, aber nicht allmächtig

32

Bildnis Karls V. als älterer Mann.
Ölgemälde von Tizian, 1548

33

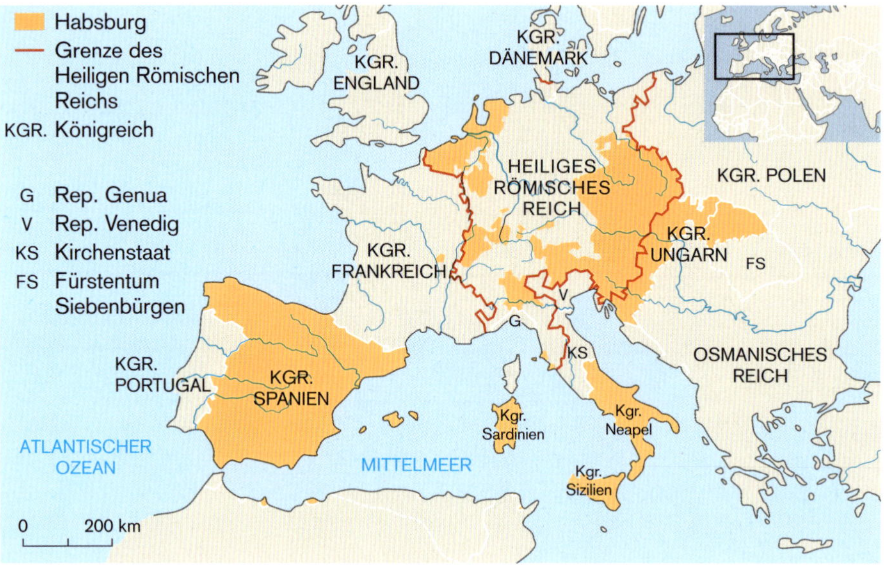

Die Herrschaftsbereiche Habsburgs im 16. Jahrhundert in Europa.

Karl wurde als ältester Sohn von Philipp I. und Johanna von Kastilien am 24. Februar 1500 in Gent geboren. 1506 erbte der Sechsjährige von seinem Vater die Herrschaft über die Niederlande und das Burgund. 1516 erhielt er von Ferdinand, seinem Grossvater mütterlicherseits, die Königswürde von Kastilien, Aragón, Navarra, Granada, Neapel, Sizilien und Sardinien. Nach dem Tode Maximilians, seines Grossvaters väterlicherseits, fielen ihm auch die Besitzungen der Habsburger in Österreich zu. Nach der Eroberung Südamerikas herrschte Karl als spanischer König auch über diesen weit entfernten Kontinent. Nun war sein Reich so gross, dass die Sonne darin nicht mehr untergehen konnte. 1520 wählten ihn die deutschen Kurfürsten zum König des Heiligen Römischen Reiches. 1530 schliesslich krönte ihn Papst Clemens VII. zum Kaiser. Damit war er auch Schutzherr der katholischen Kirche.

Karl wollte diese Machtfülle für die habsburgische Fürstenfamilie nutzen und die andere europäische Grossmacht Frankreich überflügeln. In insgesamt fünf Kriegen trugen er und der französische König ihren Kampf um die politische Vorherrschaft in Europa aus. Keinem gelang es jedoch, den anderen zu besiegen, die Rivalitäten blieben bestehen. Ebenso wenig vermochte Karl als Kaiser das Heilige Römische Reich Deutscher Nation zu beherrschen. Seine Machtfülle existierte nur in der Theorie. In Wahrheit war er abhängig vom Willen der deutschen Fürsten, die durch die Reformation gespalten waren.

Karl versuchte, die Fürsten zu einigen, indem er zwischen Reformierten und Katholiken vermittelte. Die reformierten Fürsten misstrauten aber der Vermittlerrolle des streng katholischen Kaisers. Zudem war ihnen klar, dass ein Erfolg der Bemühungen Karls die Position Habsburgs stärken würde. Dann, so befürchteten sie, würde er jeden Kompromiss wieder umstossen und sie zur Rückkehr zum alten Glauben zwingen. Auch die katholischen Fürsten hatten kein Interesse an einem starken Kaiser. So weitete sich der Religionsstreit zu einem Streit um die Verteilung der Macht zwischen Kaiser und Fürsten aus. 1546 versuchte Karl, ähnlich wie der französische König, die Reformierten militärisch zu besiegen und damit endlich eine Vormachtstellung zu erreichen. Zwar gelang ihm tatsächlich ein militärischer Sieg. Die Reformierten verbündeten sich daraufhin aber mit dem französischen König und vermochten Karl so unter Druck zu setzen. Auf dem Augsburger Reichstag einigten sich die Fürsten 1555 auf die Tolerierung der Glaubensspaltung im Reich – gegen den Willen des Kaisers. Fortan entschieden die Fürsten alleine über die Religion ihrer Untertanen. Daraufhin legte Karl V. die Kaiserkrone nieder und zog sich nach Spanien in das Kloster von Yuste zurück, wo er am 21. September 1558 starb.

Felipe Guamán Poma de Ayala, der Chronist der Inkas

34

Felipe Guamán Poma de Ayala inmitten von Indios. Im Gegensatz zu ihnen trägt er spanische Kleidung. Darstellung aus seiner Chronik, um 1615.

Felipe Guamán Poma de Ayala wurde um 1535 als Sohn eines Inka-Adligen vom Stamm der Huanco geboren. Seine Eltern konnten auch unter den neuen spanischen Herren ihre Stellung behalten. Neben seiner Muttersprache Quechua beherrschte er auch Spanisch in Wort und Schrift. Damit war er besser ausgebildet als mancher spanische Adlige. Er arbeitete zunächst als Übersetzer und Unterhändler bei zahlreichen Verhandlungen zwischen den Spaniern und den Indios. Als treuer Untertan des spanischen Königs wirkte er an der blutigen Zerschlagung eines Indio-Aufstandes mit. Er reiste als königlicher Beamter zusammen mit anderen Inspektoren durch das ganze Reich, um die Indiodörfer zu kontrollieren. Um 1590 war er beteiligt an der Landverteilung an spanische Siedler. Er nahm den Indios Land weg und teilte es spanischen Grossgrundbesitzern zu. Die Indios verloren damit ihre Lebensgrundlage. Sie mussten sich nun den Spaniern als Arbeitskräfte in den Zinn- und Silberminen zur Verfügung stellen, wo sie unter der harten Arbeit litten und oft daran starben.

Allmählich begann Felipe Guamán am Willen und der Fähigkeit der Spanier zu zweifeln, das Land gerecht zu verwalten. Er bereute seine bedingungslose Unterstützung der Eroberer und begann, den Indios das Lesen und Schreiben der spanischen Sprache beizubringen. Er hoffte, dass sie sich damit bei den Spaniern mehr Gehör verschaffen könnten.

1615 begann er mit der Niederschrift seines Buches. Er zeigte darin die alte Kultur der Inkas in jedem Detail. Landbau, Verwaltung, Religion, alles beschrieb er ausführlich. Er zeichnete die einfachen Bauern bei ihrer Arbeit genauso sorgfältig wie den Sapan Inca in seinen prächtigen Kleidern. Er stellte die Übergriffe der Spanier gegenüber den Indios drastisch dar.

Felipe Guamán gab seinem Buch den Titel «Die erste neue Chronik und gute Regierung». Dieser Titel umschrieb den Zweck des Buches. Es sollte zunächst seine Person als Adliger und Schriftsteller bekannt machen. Es sollte aber auch zeigen, wie er sich eine gerechte Herrschaft über die Indios vorstellte. Er verfasste sogar einen Entwurf für eine Verwaltungsreform. Das Buch war für einen prominenten Leser geschrieben: für den spanischen König Philipp II. Ob dieser das Buch je zu Gesicht bekam, ist allerdings nicht bekannt.

Felipe Guamán Pomas 1200 Seiten dickes Lebenswerk ist eine der wichtigsten Quellen über das Leben im Inkareich. Dies auch deshalb, weil es rund 400 Zeichnungen enthält. In diesem Buch finden sich einige davon.

Elisabeth I. – am Beginn eines Weltreiches

35

Elisabeth I., Königin von England. *Anonymer Kupferstich, vor 1596.

36

Elisabeth I. Als Zeichen des weltweiten Handelsnetzes Englands ruht ihre rechte Hand auf der Weltkugel. Das «Armada-Porträt» genannte Ölgemälde entstand um 1588 und wird George Gower zugeschrieben.

Elisabeth I. wurde 1533 in Greenwich bei London geboren und starb 1603 in Richmond. Sie war die Tochter des Königs Heinrich VIII. und seiner zweiten Frau Anne Boleyn.

Um die Mitte des 16. Jahrhunderts war die Lage für die englischen Herrscher sehr angespannt. Spanien beherrschte die Weltmeere und baute ein Kolonialreich in Südamerika auf. England fürchtete diese Konkurrenz sehr. Daneben schwelte der Konflikt zwischen Katholiken und Reformierten. Und schliesslich unterstützte England Spanien im Krieg gegen Frankreich, was viel Geld kostete.

1558 trat Elisabeth die Thronfolge an. Bereits in ihrem ersten Regierungsjahr schlossen Spanien und Frankreich Frieden. Nun konnte die englische Regierung die horrenden Staatsschulden abtragen, und die Wirtschaft erholte sich wieder. 1566 wurde die erste *Börse der Welt in London eröffnet. Die Handels- und Kriegsmarine wurde modernisiert und ausgebaut.

In Glaubensfragen bemühte sich Elisabeth um eine Beendigung der Konflikte. Sie verzichtete auf die Durchsetzung der katholischen Lehre und sprach sich für eine andere Lösung aus. 1563 schuf sie die neue anglikanische Kirche als eine Art Kompromiss zwischen reformiertem und katholischem Glauben. Oberhaupt dieser Kirche war die Königin selber.

Elisabeth setzte eine Regierung von sachkundigen *Ministern ein. Neben der Regierung und der Königin entschied das *Parlament über die Geschicke des Landes. Dieses Parlament bestand aus Adligen, hohen kirchlichen Würdenträgern sowie aus gewählten, nicht adligen Abgeordneten. Die Königin konnte nicht ohne Rücksicht auf Regierung und Parlament regieren, sondern war auf deren Rat und Zustimmung angewiesen.

Lange Zeit versuchte England, einem Konflikt mit Spanien auszuweichen. Ein offener Krieg hätte die wirtschaftliche Entwicklung gefährdet. Trotzdem versuchte man, die spanische Vorherrschaft im Welthandel zu schwächen. Englische Seeräuber raubten mit königlicher Erlaubnis spanische Handelsschiffe aus. Spanien musste reagieren. Philipp II. sandte 1588 eine riesige Flotte, die Armada, gegen England. Doch die schwerfälligen Kriegsschiffe unterlagen im Ärmelkanal den Engländern unter Sir Francis Drake. Der Krieg ging unvermindert weiter und konnte erst nach Elisabeths Tod 1604 beendet werden. Die englische Regierung hatte inzwischen eine schlagkräftige Flotte aufgebaut, die künftig die Weltmeere beherrschen sollte.

In den 44 Jahren ihrer Herrschaft hatte die Königin auch das kulturelle Leben in England gefördert. So schrieb zum Beispiel William Shakespeare seine weltberühmten Texte unter ihrer Herrschaft. Elisabeth heiratete nie. Obwohl sie zahlreiche Liebhaber hatte, behauptete sie stets, ihr alleiniger Liebhaber sei England. Und am Ende ihrer Herrschaft konnte sie, sicher zu Recht, feststellen, dass die Liebe ihrer Untertanen ihr die Bürde des Regierens leicht gemacht habe.

Philipp II. von Spanien – ein Leben für Diplomatie und Krieg

37

Philipp II. von Spanien in seiner Prachtrüstung. Ölgemälde von Tizian, 1551.

38

Philipp II. in seiner Alltagskleidung. Einfach und immer schwarz gekleidet lebte er zurückgezogen im Palast El Escorial bei Madrid. Gemälde von Alonso Sánchez Coello.

Philipp wurde 1527 als Sohn von Kaiser Karl V. und Isabella von Portugal in Valladolid geboren. Von seinem Vater erbte er das spanische Weltreich, die Niederlande, die Freigrafschaft Burgund, das Königreich Sizilien und das Herzogtum Lombardei. Als Habsburger stand Philipp mitten in den Auseinandersetzungen um die Vorherrschaft in Europa.

Philipp war viermal verheiratet. Jede seiner Ehen diente *diplomatischen Zielen. Seine Ehe mit Maria von Portugal führte 1580 zur Vereinigung von Portugal und Spanien, die erst 1640 wieder aufgehoben wurde. Nachdem Isabella gestorben war, heiratete er Maria I., Königin von England. Damit konnte er im Krieg gegen den französischen König auf die Unterstützung Englands zählen. Nach dem Tode Marias heiratete Philipp die französische Prinzessin Elisabeth von Valois. Damit sollte der Friedensschluss zwischen Spanien und Frankreich abgesichert werden. Nach dem Tode Elisabeths heiratete Philipp schliesslich eine enge Verwandte aus dem Hause Habsburg: seine Nichte Anna. Mit dieser Heirat blieben Spanien und seine Besitzungen ganz in den Händen der habsburgischen Fürstenfamilie. Insgesamt aber war Philipp mit seiner Heiratspolitik gescheitert. Keine seiner ersten drei Ehefrauen hinterliess ihm einen Sohn als Thronfolger. So konnte weder in England noch in Frankreich ein habsburgischer König den Thron besteigen.

Auch militärisch blieb Spanien letztlich ohne Erfolg. Ein jahrzehntelanger Krieg gegen Frankreich endete 1559 zwar mit einem Friedensschluss. Die Machtverhältnisse zwischen den beiden rivalisierenden Fürstenstaaten blieben aber unverändert. Beide Könige hatten in diesem Konflikt ihre Länder wirtschaftlich ruiniert. Spanien überlebte nur dank den Silberlieferungen aus den südamerikanischen Kolonien.

England machte Spanien seine Vormacht im Welthandel streitig. Um Philipps Position zu schwächen, unterstützte die englische Königin Elisabeth I. zunächst die niederländischen Adligen in ihrem Kampf gegen die spanische Herrschaft. 1588 versuchte eine grosse spanische Flotte, die Armada, England anzugreifen. Sie wurde aber vernichtend geschlagen. 1609 musste Spanien faktisch die Unabhängigkeit der nördlichen niederländischen Provinzen – der heutigen Niederlande – anerkennen. Lediglich der Süden – heute Belgien und Luxemburg – blieb unter spanischer Herrschaft.

Spanien hatte zunehmend Mühe, seine Vormachtsstellung im europäischen Handel zu halten. Als Philipp 1598 starb, stand Spanien schlechter da als zu Beginn seiner Herrschaft. Die Wirtschaft war durch die jahrzehntelangen Kriege ruiniert, Spaniens Rolle als Grossmacht war nicht mehr aufrechtzuerhalten.

2. Grossreiche in Asien

Wo könnte sich die *Zeremonie – es handelt sich um eine Hochzeitszeremonie – abspielen? Woran erkennst du das?

Finden solche Zeremonien auch bei uns statt? Zu welchem Anlass?

Wie haben deine Eltern Hochzeit gefeiert?

Wie stellst du dir deine eigene Hochzeit vor?

Zeichne das Brautpaar. Wie könnte es aussehen?

Suche dir eine der dargestellten Personen aus und zeichne sie gross.

Spielt in der Klasse einen Ausschnitt der Szene nach. Lasst einen «Kaiser» durch die Reihen schreiten. Was empfindet ihr dabei?

Stell dir vor, du bist Fernsehreporterin oder -reporter: Kommentiere die Zeremonie.

Wie könnte sich die dargestellte Hochzeitszeremonie abspielen? Entwerft ein Drehbuch.

Konfuzianismus

1

Konfuzius (Kung-fu-tse = «Meister aus dem Geschlechte Kung») war einer der bedeutendsten Weisheitslehrer Chinas. Er lebte von 551 v. Chr. bis 479 v. Chr. in einer Zeit des Umbruchs. Unter den verschiedenen Königreichen im damaligen China herrschte Krieg um die Vormachtstellung; im Leben der Menschen verloren die alten Traditionen immer mehr an Bedeutung. In dieser chaotischen Zeit versuchten viele Denker, den Menschen wieder einen Halt zu geben und ihnen mit ihren Lehren den richtigen Weg zu weisen. Auch Konfuzius hatte Vorstellungen vom idealen Zusammenleben. Konfuzius legte keinen grossen Wert auf die Herkunft eines Menschen. Es war ihm nicht wichtig, ob ein Mensch aus der adeligen Schicht oder aus einer Bauernfamilie stammte. Als entscheidend erachtete Konfuzius dessen Bildung und was er im Leben bereits geleistet hatte. Konfuzius befasste sich auch mit politischen Fragen. Er war der Meinung, dass ein Staat nur gut funktionieren kann, wenn der Herrscher gegenüber seinem Volk korrekt und aufrichtig ist. Federzeichnung aus dem 17. Jahrhundert.

2

Die Lehre des Konfuzius. Konfuzius sah den Grundstein für die Ordnung der Welt in der Einbettung des Einzelnen in die Familie und in den Staat. Nach Ansicht der konfuzianischen Lehre bestimmen fünf Beziehungen das Leben des Menschen: die Beziehung zwischen Fürst und Staatsdiener, Vater und Sohn, Mann und Frau, älterem und jüngerem Bruder sowie die Beziehung zwischen Freunden. In diesen fünf Beziehungen spielen Menschenliebe, Gerechtigkeit und Ehrerbietung eine wichtige Rolle. Die Menschen sollen einander achten und die Verstorbenen ehren. Ein geordnetes und friedliches Zusammenleben der Menschen ist nur dann möglich, wenn jeder seinen Aufgaben und Pflichten gewissenhaft nachkommt. Die Abbildung zeigt den Umschlag des Buches «Kung-Futse – Gespräche (Lun Yü)» von Wilhelm Richard, das 1921 erschienen ist.

3 **Konfuzius sprach:**

- Was man selbst nicht wünscht, das tue man anderen nicht an.
- Worauf es ankommt, ist, «auf die Worte der Menschen zu hören und ihre Taten zu beobachten».
- Wer den Würdigen so würdigt, dass er sein Betragen ändert, wer Vater und Mutter so dient, dass er dabei seine ganze Kraft aufbietet, wer dem Fürsten so dient, dass er seine ganze Person drangibt, wer im Verkehr mit Freunden so redet, dass er zu seinem Worte steht: Wenn es von einem solchen heisst, er habe noch keine Bildung, so glaube ich doch fest, dass er Bildung hat.
- Solange der Vater lebt, beachte seinen Willen. Ist er gestorben, beachte seine früheren Taten und weiche für einige Jahre nicht von seinem Weg ab. Dies kann man schon *Pietät nennen.
- Herzog Jing von Qi befragte Konfuzius über das Regieren. Konfuzius antwortete: «Der Fürst sei der Fürst, der Untertan der Untertan, der Vater der Vater, der Sohn der Sohn.»
- Regieren heisst recht machen. Wenn eure Hoheit die Führung übernimmt im Rechtsein, wer sollte es wagen, nicht recht zu sein?
- Wer sich das Alte noch einmal vor Augen führt, um das Neue zu verstehen, der kann anderen ein Lehrer sein.

Zitate aus: Wilhelm Richard: *Kung-Futse – Gespräche (Lun Yü)*. Jena: Eugen Diederichs Verlag, 1921.

4

Konfuziustempel in Qufu. Die Stadt gilt als Zentrum der Konfuzianer. Hier lebte und wirkte Konfuzius. Der von ihm begründete Konfuzianismus ist die Weltanschauung, die in China die grösste Bedeutung besitzt. Fast jeder vierte Qufuer ist ein Nachfahre von Konfuzius. Eine der wichtigsten Sehenswürdigkeiten in Qufu ist der 22 ha große Konfuziustempel, der an der Stelle errichtet wurde, wo zuvor das Geburtshaus von Konfuzius stand. Die gesamte Anlage umfasst neun Höfe, um die sich 466 Gebäude unterschiedlicher Art gruppieren.

5
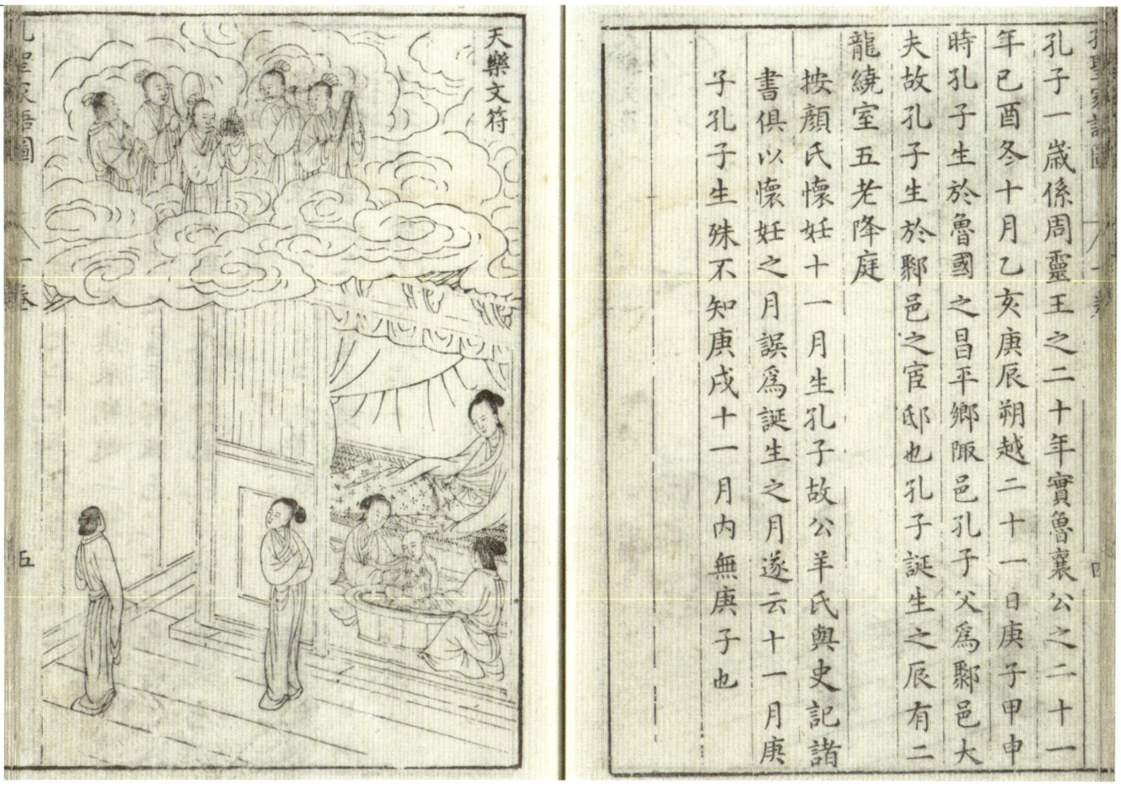

Die Geburt des Konfuzius. Das Bild wird von einem Text begleitet, der in alten chinesischen Schriftzeichen verfasst ist. Die Zeichen werden von oben nach unten gelesen und stehen nicht für einzelne Buchstaben, sondern für einzelne Spracheinheiten.

Hinduismus

6

Göttin Durga. Die *Hindus verehren verschiedene Götter, die Ausdruck der Natur oder *kosmischer Kräfte sind. Vor allem die Göttinnen haben im Hinduismus einen grossen Stellenwert. Die Göttin Durga wird als eine tapfere, zehnarmige Kriegerin dargestellt, die auf einem Löwen reitet. Sie wird wegen ihrer gleichzeitig zerstörerischen wie auch lebensspendenden Kraft verehrt. Auf dem Bild zerstört sie einen mächtigen *Dämon als Symbol für alles Schlechte auf der Erde.

7

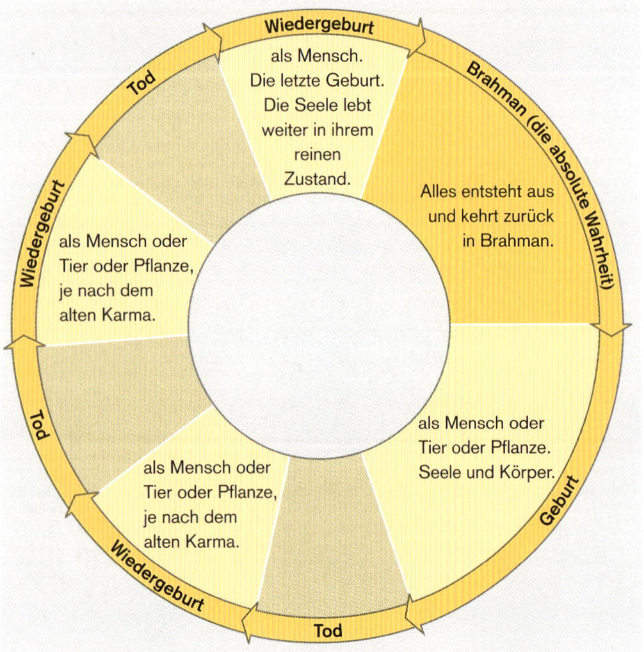

Die Reise der Seele. Ein zentraler Aspekt des Hinduismus ist der Glaube an die Wiedergeburt. Wenn man im früheren Leben gute Taten vollbracht hat, wird einem ein einfaches, angenehmes Leben geschenkt; für schlechte Taten erhält man ein Leben in Armut. Jede Person kann also ihr nächstes Leben durch eine gute Lebensführung im jetzigen Leben beeinflussen. Die Hindus nennen dies Karma.

8

Arjuna und sein Wagenlenker Krishna. Die wichtigsten Aussagen des Hinduismus sind in den Heiligen Schriften niedergeschrieben. Das *Epos Mahabharata enthält auch die Bhagavadgita, die beliebteste Heilige Schrift der Hindus. Das Mahabharata handelt von einem grossen Krieg zwischen zwei Brüdern und ihren Familien. Der ältere Bruder war ein blinder König namens Dhritarashtra. Er bildete mit seinen 100 Söhnen das Lager der Kaurava. Der jüngere Bruder Pandu starb früh und hinterliess fünf Söhne. Diese bildeten das Lager der Pandava. Streitigkeiten um die Herrschaft über das Königreich führten zum Krieg zwischen den beiden Familien.

9

Arjuna hält Zwiesprache mit Krishna

[Als sich die beiden Heere zum Kampf bereit gegenüber standen, wollte Arjuna, das Oberhaupt der Pandavas, vor der entscheidenden Schlacht das Heer der Kauravas nochmals betrachten.]

Als er alle diese Verwandten kampfbereit dastehen sah, wurde Arjuna von tiefem Mitleid ergriffen. Traurig und niedergeschlagen äusserte er sich wie folgt: «Wenn ich hier meine eigenen Verwandten in Schlachtordnung vor mir sehe, o Krishna, werden meine Glieder schwach, mein Mund dörrt mir aus, mein Leib erzittert, und meine Haare sträuben sich. Der Bogen entgleitet meiner Hand, und meine ganze Haut scheint zu brennen.

Ich kann nicht mehr aufrecht stehen, und mir dreht sich der Kopf. [...]

Nichts Gutes erkenne ich darin, dass ich meine Verwandten in der Schlacht töte, o Krishna. Ich begehre weder Sieg, noch Herrschaft, noch Freuden.» [...]

Der Erhabene sprach [...]: «So wie die Seele körperlich durch Kindheit, Jugend und Alter hindurchgeht, so geht sie auch weiter zum Wechsel des Körpers. Der gelassen in seinem Selbst gegründete Mensch erlaubt es sich nicht, hierdurch verwirrt und geblendet zu werden.

Vergänglich sind die materiellen Berührungen von Kälte und Hitze, von Freude und Leid. Sie kommen und gehen. Lerne dies zu ertragen! [...]

Die Seele wird nicht geboren und stirbt auch nicht. Sie ist auch kein Ding, das nur ein einziges Mal ins Sein eintritt und, wenn sie abgeschieden ist, nie mehr ins Sein kommen wird. Die Seele ist ungeboren, uralt, immer dauernd. Sie wird nicht erschlagen, wenn der Körper erschlagen wird.

Wer sie erkennt als ein unsterbliches, ewiges, unzerstörbares, geistiges Sein, wie kann dieser töten oder Ursache des Tötens sein?

Die verkörperte Seele wirft ihre alt gewordenen Körper ab und geht in neue Körper ein, so wie ein Mensch zerschlissene Kleider gegen neue wechselt.

Waffen können die Seele nicht zerschmettern, Feuer kann sie nicht verbrennen, noch Wasser sie durchnässen oder der Wind sie ausdörren. [...]

Dieser Bewohner im Körper eines jeden Menschen ist ewig und unzerstörbar. Darum solltest du um keiner Kreatur willen Kummer empfinden.»

[Um Arjuna doch noch zum Kampf zu bewegen, offenbart sich Krishna, der Lenker seines Streitwagens, schliesslich als Gott.]

[...] So hell strahlt das Licht dieses göttlichen Körpers, als ob tausend Sonnen zugleich am Himmel aufgegangen wären. Die ganze Welt, in ihre Vielfalt zerteilt und doch eine Einheit, wird sichtbar im Körper des Gottes der Götter. Arjuna erblickte ihn [...]. Und überwältigt von Erstaunen, von Freude und von Furcht, beugt er sich tief zu Boden und huldigt dieser erschütternden Erscheinung mit ehrfurchtsvollen Worten und mit gefalteten Händen. [...]

Arjuna sprach: «Beseitigt ist meine Verblendung. Durch Deine Gnade, o Unfehlbarer, habe ich meine Erinnerung wiedergewonnen. Nun bin ich stark, und meine Zweifel sind zerstreut. Ich werde nach deinen Worten handeln.»

[Und Arjuna zog gestärkt und ermutigt gegen die Kauravas in den Kampf.]

Aus dem *Sanskrit übersetzt von Sri Aurobindo: *Bhagavadgita*. Gladenbach: Verlag Hinder + Deelmann, 2005.

Karte: Die Grösse der Stadt Beijing

10

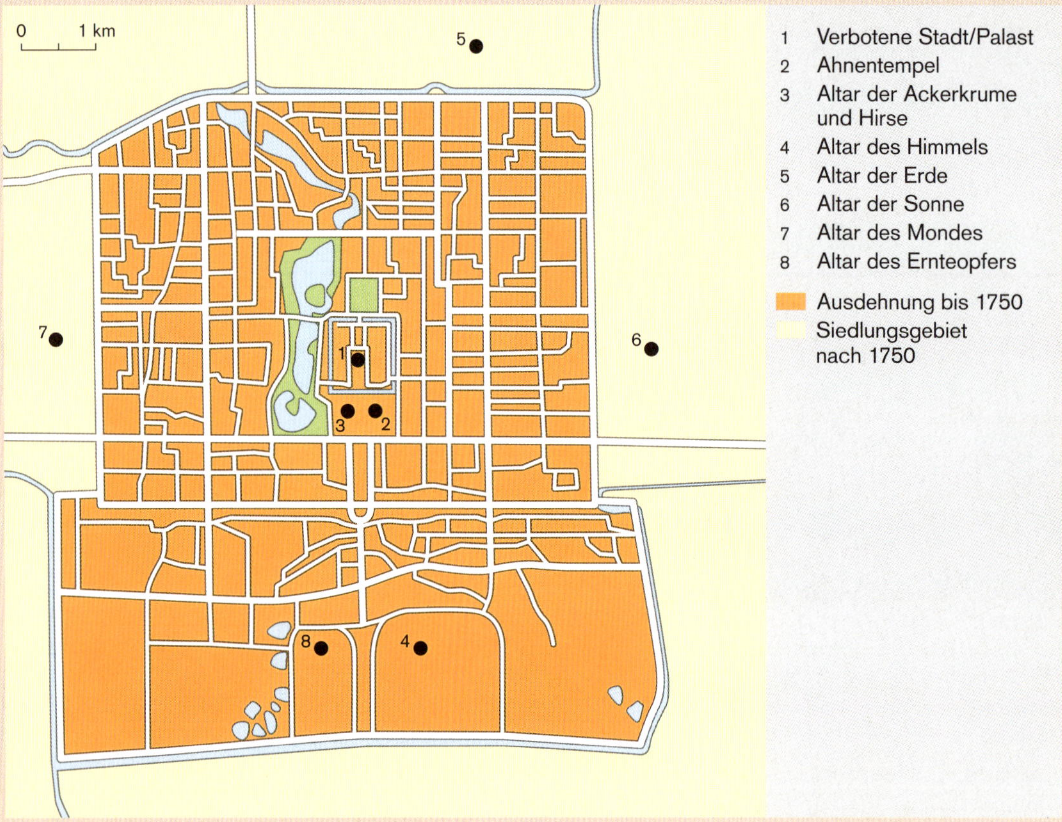

Beijing zur Zeit der Ming- und Qing-Dynastie (1553–1750).

Das *Mogulreich in Indien und das chinesische Kaiserreich waren in ihrer Ausdehnung grösser als oft angenommen. Die Städte der beiden Grossreiche entsprachen in ihrer Grösse durchaus den europäischen Städten. Wir vergleichen die damalige chinesische Hauptstadt Beijing (Peking) mit dem damaligen Paris.

Wenn zwei Karten miteinander verglichen werden sollen, ist es wichtig, dass sie im gleichen Grössenverhältnis gezeichnet sind. Ein Kilometer in der Wirklichkeit muss auf beiden Karten der gleichen Strecke entsprechen. Damit man weiss, wie lang eine auf der Karte dargestellte Strecke in Wirklichkeit ist, wird der Massstab angegeben. Ein Massstab von 1 : 100 000 bedeutet zum Beispiel, dass 1 cm auf der Karte in der Wirklichkeit 100 000 cm, also 1 km, lang ist. Manchmal ist der Massstab auch eingezeichnet, wie auf der Karte von Beijing.

Eine Karte enthält unterschiedliche Informationen. Beim Stadtplan von Beijing sind die in der Karte angebrachten Nummern in einer Legende erklärt. Die Karte der Stadt Paris hingegen zeigt anhand von verschiedenen Farben, wie die Stadt im Laufe der Zeit gewachsen ist. In der Legende werden die unterschiedlichen Farben verschiedenen Zeiträumen zugeordnet.

Anleitung

Damit du die Grösse der Hauptstadt des chinesischen Reiches im 18. Jahrhundert mit dem alten Paris vergleichen kannst, solltest du nach den folgenden Schritten vorgehen (mögliche Antworten sind jeweils angefügt):

1. Überprüfe, ob die beiden Karten im gleichen Massstab gezeichnet sind.
   Das Ausmessen der beiden Kilometerangaben in den linken oberen Bildecken ergibt, dass beide Karten im gleichen Massstab gezeichnet sind.

11

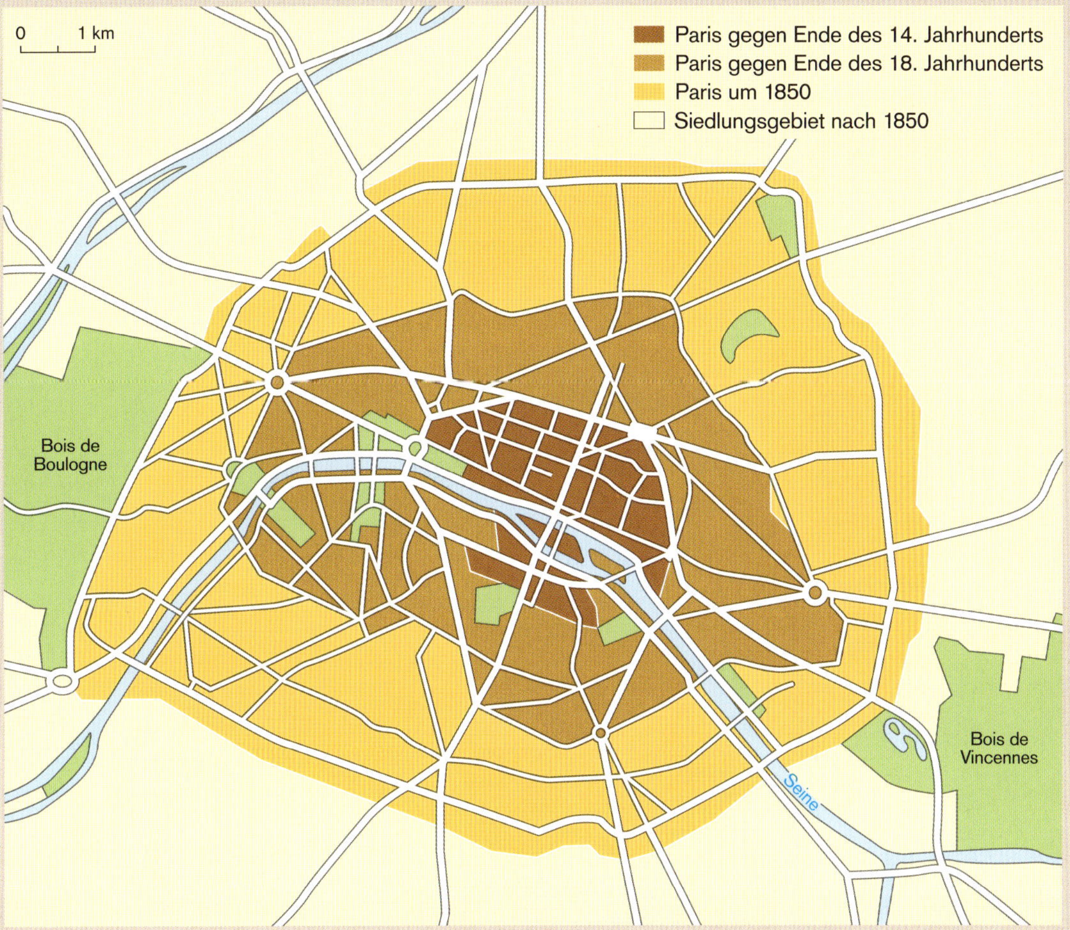

Paris. Entwicklung der Stadt zwischen dem Ende des 14. Jahrhunderts und 1850. Massstab 1: 100 000.
Aus: Ernst Spiess: Schweizer Weltatlas. Zürich: Lehrmittelverlag des Kantons Zürich, 2002.

2. Wie gross ist der Massstab?
   Beide Karten sind im Massstab 1: 100 000 gezeichnet. 1 cm auf der Karte entspricht somit 100 000 cm, also 1 Kilometer in der Wirklichkeit.
3. Nimm eine Folie und lege sie auf die Karte der Stadt Beijing. Zeichne mit einem Folienstift die Umrisse der Stadt nach. Bezeichne mit einem kleinen Kreuz das Zentrum des Palastes.
   Der Palast/die Verbotene Stadt ist in der Karte mit der Nummer 1 bezeichnet.
4. Lege die Folie mit den Umrissen der Stadt Beijing nun auf die Karte der Stadt Paris, sodass das Zentrum des Palastes auf das Zentrum von Paris zu liegen kommt.
   Als Mittelpunkt kann die nördlichere Brücke über die Seine im Zentrum von Paris angenommen werden.
5. Stelle fest, ob Beijing grösser oder kleiner war als Paris. Zu welcher Zeit war Beijing etwa gleich gross wie Paris?
   Beijing war zwischen 1553 und 1750 viel grösser als Paris gegen Ende des 14. Jahrhunderts. Gegen 1850 war Beijing etwa gleich gross wie Paris.

Nun sollst Du die Grösse von Beijing mit der Grösse Deines Wohnortes vergleichen. Suche dazu auf der Landeskarte 1: 100 000 deinen Wohnort und markiere das Zentrum mit einem kleinen Kreuz. Lege nun die Folie mit den Umrissen der Stadt Beijing auf die Karte. Wie gross war Beijing zwischen 1553 und 1750 im Vergleich zu deinem aktuellen Wohnort?

Grossreiche in Asien

Bis zum Beginn des 18. Jahrhunderts herrschten in Asien verschiedene Kaiser über zwei mächtige Reiche: die chinesischen Kaiser über ihr Reich in China, die Grossmoguln über ihr Reich in Indien. Dank den Steuerabgaben der ländlichen Bevölkerung floss grosser Reichtum in die Schatzkammern der kaiserlichen Familien. An den Höfen der Kaiser entfaltete sich eine unvorstellbare Pracht. Monumentale Bauwerke entstanden. In China liess der Kaiser die Verbotene Stadt und die Grosse Mauer errichten. In Indien baute der Grossmogul das Grabmal Tadsch Mahal.

LERNZIELE

1. Du kennst die beiden wichtigsten Grossreiche in Asien vom 14. bis zum Beginn des 18. Jahrhunderts.
2. Du weisst, was die ländliche Bevölkerung zum Reichtum der Kaiser beigetragen hat.
3. Du weisst, wie die beiden asiatischen Grossreiche organisiert waren, und verstehst die Herrschaftsstrukturen.
4. Du kannst erklären, wie in China die Kaiser an die Macht gekommen sind, wie sie die Macht aufrechterhalten und wieder verloren haben.
5. Du verstehst, warum die Chinesen nicht das Kap der Guten Hoffnung umsegelt haben und in die Häfen Europas eingefahren sind.
6. Du kennst einen Teil der Rolle der Frauen am kaiserlichen Hof der Mogulherrscher.

ZEITLICHE ÜBERSICHT

	Indischer Subkontinent		China
		1368–1644	**Ming-Dynastie**
		1368–1399	Kaiser Hongwu
		1403–1424	Kaiser Yongle
1526–1707	**Mogulreich**		
1526–1530	Grossmogul Babur		
1530–1556	Grossmogul Humayun		
1556–1605	Grossmogul Akbar		
1605–1627	Grossmogul Dschahangir		
1628–1658	Grossmogul Schah Dschahan	**1644–1911**	**Qing-Dynastie**
1658–1707	Grossmogul Aurangseb	**1644–1661**	Kaiser Shunzhi
		1661–1722	Kaiser Kangxi

RÄUMLICHE ÜBERSICHT

12

Das Mogulreich und die Machtbereiche der Ming- und der Qing-Dynastien.

13

Teller mit einer Reisanbauszene (um etwa 1730). Die Bauernfamilien spielten in der chinesischen Gesellschaft eine wichtige Rolle. Sie sorgten für die Ernährung des ganzen Volkes und verhalfen der Herrscherschicht durch ihre Abgaben zu grossem Reichtum. Der Teller zeigt in beschönigender Weise das harte Leben der Bauernfamilien.

Reich der Mitte

Ursprünglich bewohnten unterschiedliche Gemeinschaften das grosse Gebiet des späteren Chinas. Mit der Zeit vereinigten die chinesischen Kaiser diese Gemeinschaften zu einem Reich. Die Chinesen betrachteten ihr Reich als Zentrum der Welt. So entstand der Ausdruck «Reich der Mitte».

Das Zentrum der Welt

Vor rund 8000 Jahren entstanden im Nordosten des heutigen Chinas die ersten Gemeinschaften, deren Bewohnerinnen und Bewohner als Jäger und Sammler umherzogen. Allmählich entwickelten sie sich zu Ackerbauern. Da sie nun viele Nahrungsmittel selber herstellen und Vorräte anlegen konnten, waren sie nicht mehr gezwungen, über grosse Distanzen auf Nahrungssuche zu gehen. Ein sesshaftes Leben in Dörfern wurde möglich. Die Dörfer umfassten einige hundert Einwohnerinnen und Einwohner, die begannen, den Boden zu bebauen. Die Dorfbewohner und -bewohnerinnen waren auch handwerklich tätig. Sie stellten Tonkrüge her, die sie für den Transport von Wasser oder für die Lagerung von Getreide benutzten. Die Frauen verarbeiteten gewobene Tücher zu Kleidern und Decken.

Im Süden Chinas bauten die Menschen vor allem Reis an. In Nordchina hingegen war es für den Reisanbau viel zu trocken und zu kalt. So ernährten sich die Menschen im Norden hauptsächlich von Hirse. Bereits sehr früh wurden in China Hunde und Schweine gezüchtet, später auch Schafe, Rinder und Wasserbüffel.

Nördlich des von den Chinesen bewohnten Gebietes liegt die Steppe Innerasiens. Da es in diesen Regionen für den Ackerbau zu kalt und zu trocken war, lebten die Menschen vor allem von der Viehzucht. Sie zogen als Nomaden mit ihrem Vieh von Weideplatz zu Weideplatz, ohne jemals dauerhaft an einem Ort zu bleiben. Auch westlich von Zentralchina war an Ackerbau nicht zu denken. Die hohen Berge Tibets verunmöglichten ein bäuerliches Leben, wie es die Chinesen kannten.

Die Chinesen waren sesshaft; sie kannten sich aus in der Bewirtschaftung des Bodens, in der Töpferei und in der Weberei. Somit unterschieden sie sich deutlich von den angrenzenden Völkern. Diese wurden von der chinesischen Bevölkerung wegen ihrer einfacheren Lebensweise geradezu verachtet. Sie nannten die nomadisierenden Völker *Barbaren. Sich selbst betrachteten sie als einzige *Zivilisation der Welt, das heisst als einzige Bevölkerungsgruppe, die ihre Lebensbedingungen durch hoch entwickelte Techniken der Landwirtschaft und durch handwerkliches Wissen verbessern konnte.

Den Chinesen jener Zeit erschien das von ihnen bewohnte Gebiet so riesig, dass sie meinten, ihr Lebensraum sei das Zentrum der Welt. Sie sahen sich von gefährlichen und unzivili-

14

China als «Reich der Mitte». Die Karte zeigt China in der Mitte, Nordostasien und das westliche Japan. Die vier kreisförmigen Abbildungen in den Ecken der Karte bilden zeitgenössische chinesische und japanische Szenen ab. Die handkolorierte Karte von Cornelis de Jode, Antwerpen, stammt aus dem Jahr 1593.

sierten Regionen umgeben. Im Osten lagen die weiten Meere, im Norden die unendlichen Wüsten und im Westen karge Gebirgsregionen. Diese Sichtweise erklärt auch, warum die Chinesen ihr Land als das «Reich der Mitte» bezeichneten.

Der heutige Name «China» entstand unter den Europäern, die ihn vom Namen des Qin-Reiches ableiteten. Dem König der Qin-Dynastie gelang es rund 200 Jahre vor Christus, sich gegen die zahlreichen Königreiche, die in China um die Macht kämpften, durchzusetzen und sie unter seiner Herrschaft zu vereinen. Er nannte sich fortan «Qin Shi Huangdi», was sinngemäss «Erster Kaiser und göttlicher Herrscher» heisst. Der erste Kaiser Chinas war sehr bedeutend, denn er einigte das alte China. Er liess bereits bestehende Mauerabschnitte zur berühmten Grossen Mauer ausbauen, um sein Reich vor Übergriffen der Nomadenvölker aus dem Norden zu schützen. Er erliess strenge Gesetze, verpflichtete sein Volk zur Abgabe von Steuern und vereinheitlichte die Schrift, das Münzwesen, die Masse und Gewichte. Mit diesen Massnahmen schuf er einen einheitlichen Wirtschaftsraum, der für ein Reich dieser Grösse notwendig war.

Dem Kaiser kam in China eine besondere Bedeutung zu. Er herrschte nicht nur über China, sondern über «alles unter dem Himmel», wie es die Chinesen ausdrücken. Da sie sich als einzige Zivilisation der Welt betrachteten, hatte der Kaiser zweierlei Aufgaben zu erfüllen. Einerseits regierte Qin Shi Huangdi über das chinesische Reich und andererseits war es seine Pflicht, alle barbarischen Völker von der Macht des Kaisers und der überlegenen chinesischen Kultur zu überzeugen.

AUFGABEN

1 *Welche Umstände ermöglichten im Nordosten des heutigen Chinas die Entwicklung zu einer sesshaften Lebensweise?*

2 *Worin unterschied sich die Lebensweise der Bewohnerinnen und Bewohner der umliegenden Gebiete von jener der Menschen im damaligen China?*

3 *Warum bezeichneten die Chinesen ihr Land als «Reich der Mitte»?*

4 *In welchen Gebieten der Welt haben wohl die Bewohnerinnen und Bewohner auch den Eindruck gehabt, ihr Land sei das Zentrum der Welt?*

15

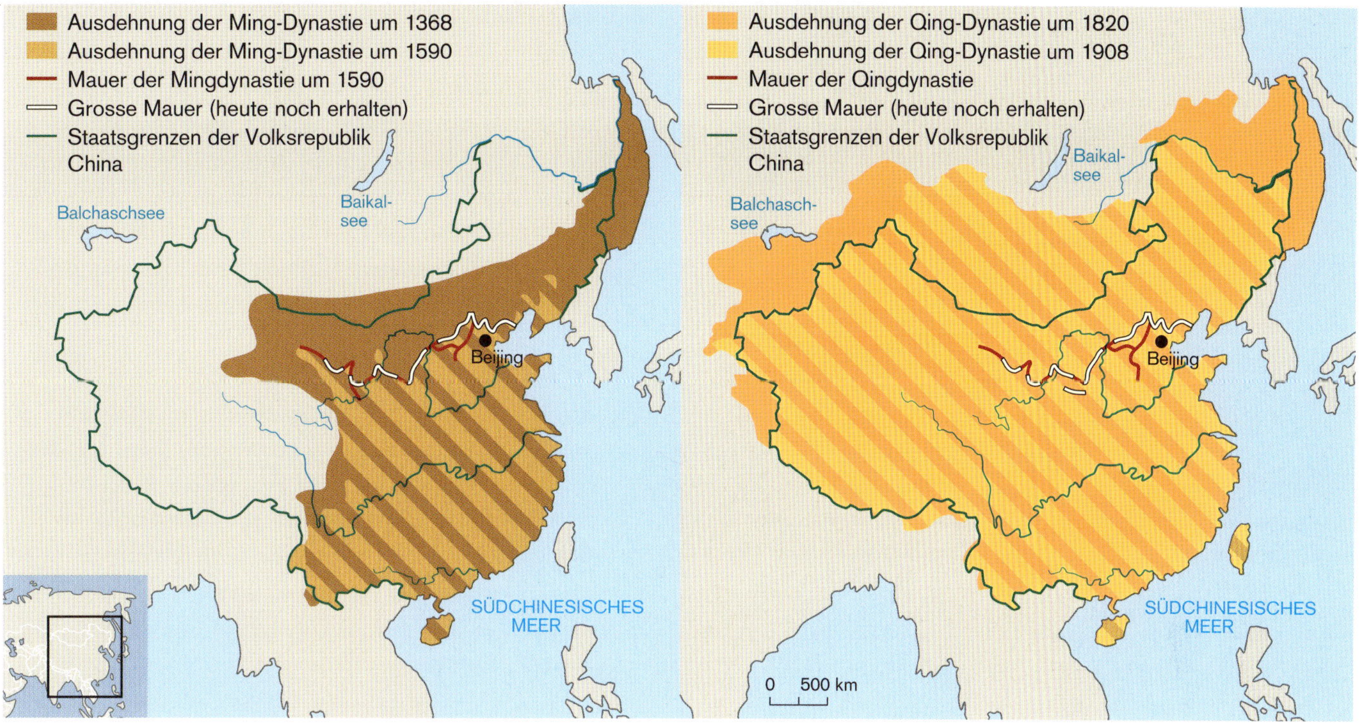

China zur Zeit der Ming- und der Qing-Dynastie.

Die Ming-Dynastie

Der Begründer der Ming-Dynastie, Kaiser Hongwu, war ursprünglich der Sohn einer armen Bauernfamilie. Er förderte als Kaiser Landwirtschaft und Gewerbe. China wurde unter ihm wohlhabend. Der Bau prächtiger Palastanlagen und grosse Schiffsexpeditionen bildeten die Höhepunkte seiner Regierungszeit. Spätere Kaiser schotteten das chinesische Reich zusehends von der Aussenwelt ab.

Der Anfang der Ming-Dynastie

China wurde über 2000 Jahre lang von verschiedenen Kaiserfamilien regiert. Der Kaisertitel ging dabei immer von den Eltern auf die Kinder über, bis ein Herrscher einer anderen Familie an die Macht kam. Eine Herrscherfamilie wird als Dynastie bezeichnet.

Der Gründer der Ming-Dynastie, Zhu Yuanzhang, war der Sohn einer armen Bauernfamilie. Er wuchs in ärmlichen Verhältnissen auf und verlor seine Eltern sehr früh. So wie ihm und seiner Familie erging es in der ersten Hälfte des 14. Jahrhunderts grossen Teilen der Bevölkerung.

Als im Jahre 1351 der Gelbe Fluss (Huang He) wegen eines Dammbruchs enorme Überschwemmungen verursachte, verschlimmerte sich die Lage des chinesischen Volkes zusehends. Da grosse Anbauflächen überflutet wurden, brachen in weiten Teilen des Landes Hungersnöte aus. Viele Menschen aus den verschiedensten Bevölkerungsschichten zogen in Gruppen los, um gegen den herrschenden Kaiser zu rebellieren.

Auch Zhu Yuanzhang schloss sich einer Rebellengruppe an, die schon bald die bedeutende Stadt Nanjing im Südosten Chinas eroberte. Im Jahr 1368 gelang es Zhu Yuanzhang, mit seiner Armee in die Hauptstadt Beijing einzumarschieren und die Kontrolle über die Stadt zu gewinnen. Dem regierenden mongolischen Kaiser blieb nichts anderes übrig, als mit seinem gesamten Hofstaat in die Mongolei zu flüchten. Zhu Yuanzhang rief die Ming-Dynastie aus und bestieg als Kaiser unter dem Namen Hongwu den Thron.

16

Spickhemd. Im chinesischen Reich mussten angehende Beamte eine äusserst schwierige Prüfung ablegen. Nur wer alle Fragen über die konfuzianischen Werke ausnahmslos richtig beantworten konnte, wurde als Beamter in den kaiserlichen Dienst aufgenommen. Gegen Ende der Kaiserzeit bestand nur noch ein Einziger von 3000 Anwärtern die Palastprüfung. «Spicken» war eine beliebte Methode, um die eigenen Chancen zu verbessern, aber auch eine sehr gefährliche. Der Kaiser konnte die Betrüger und die verantwortlichen Aufseher zur Strafe verbannen oder sogar enthaupten lassen. Dieses Unterhemd ist vollgeschrieben mit chinesischen Schriftzeichen. Es sind Auszüge aus den klassischen Werken des Konfuzius. Ob der Prüfling diesen Spick wohl brauchen konnte?

17 Der Stand der Mandarine

Auf der ganzen Insel [Chongming] sind die Menschen in vier Kategorien eingeteilt. Der erste Stand ist derjenige der Mandarine; er umfasst sowohl die Armeemandarine als auch die Zivilmandarine. Der erste Armeemandarin hat etwa den gleichen Rang und die gleiche Funktion wie ein Oberst in Europa. [...] Der erste der zivilen Mandarine ist der *Statthalter der Stadt und der ganzen Insel. Er sorgt für Recht und nimmt den *Tribut entgegen, den jede Familie dem Kaiser entrichtet. Er muss persönlich die Leichen derjenigen Personen inspizieren, die in irgendwelchen Gemetzeln getötet worden sind oder welche die Verzweiflung dazu getrieben hat, sich selber den Tod zu geben. [...] Alle Prozesse kommen vor sein Gericht; er lässt den Beteiligten, der ihm schuldig erscheint, mit schweren Stockschlägen bestrafen. Schliesslich ist er es auch, der die Verbrecher zum Tode verurteilt, aber sein Urteil [...] kann nur vollstreckt werden, wenn es vom Kaiser genehmigt wird. Es gibt noch einige weitere Zivilmandarine, die jedoch über das Volk gar keine Gewalt haben. Sie wachen nur über die Einhaltung der Regeln für die Beamtengrade, und dies nur, was die Prüfungen und Ränge anbelangt.

Brief von Pater Jaquemin an den Pater Verwalter der *Mission in Indien und China; Insel Tson-Ming (Chongming), Provinz Nanking, 1. September 1712; Bd. 18, Brief 11. In: Jean-Pierre Voiret (Hrsg.): *Gespräch mit dem Kaiser und andere Geschichten.* Schweizer Asiatische Studien, Monographien, Band 25. Bern: Peter Lang, Europäischer Verlag der Wissenschaften, 1996. Copyright: Jean-Pierre Voiret, Calw-Alzenberg.

Kaiser Hongwu

Die grösste Aufgabe des Kaisers Hongwu bestand darin, das Reich nach der Zeit der Kriege wieder aufzubauen. Zahlreiche Felder, Dämme und Kanäle waren verwahrlost und mussten repariert werden. Die Landwirtschaft wurde vom Kaiser stark gefördert. Die Bäuerinnen und Bauern begannen, die Felder ständig zu nutzen und abwechselnd Weizen und Baumwolle anzupflanzen. Der Anbau von Baumwolle führte zur Entwicklung von Textilverarbeitungszentren. Zudem wurden vermehrt auch Erdnüsse, Mais und Süsskartoffeln angepflanzt, und eine aus Indien eingeführte Reissorte erlaubte zwei Reisernten pro Jahr. Die chinesische Bevölkerung sollte nicht mehr durch Handelsgüter der umliegenden Länder ernährt werden, sondern durch landwirtschaftliche Erzeugnisse der chinesischen Bäuerinnen und Bauern.

Die Landwirtschaft erfuhr einen wahren Aufschwung. Das wirkte sich auch positiv auf die Steuereinnahmen aus. Unter grossen Anstrengungen und Entbehrungen vonseiten der Bevölkerung gelang es, den Wohlstand im chinesischen Reich wieder herzustellen.

Die Ausdehnung des chinesischen Reiches

In der Ming-Zeit wurde das chinesische Reich sowohl in nördlicher als auch in südwestlicher Richtung ausgedehnt. Die südwestlichen Regionen wurden dem Reich im Jahre 1381 ganz einverleibt. Im 15. und 16. Jahrhundert förderten die Ming-Herrscher die Umsiedlung von mindestens einer halben Million Bauernfamilien aus weit entfernten Regionen des Reiches. Im Südwesten trafen so Bäuerinnen und Bauern aus ganz verschiedenen Teilen Chinas mit unterschiedlichen Dialekten, Sitten und Bräuchen aufeinander. Der enge Kontakt der zugewanderten Bauernfamilien und der ursprünglichen Bevölkerung führte zu einem wichtigen kulturellen Austausch und zur Entstehung einer gemeinsamen chinesischen Kultur. Diese Entwicklung erstreckte sich über viele Jahrzehnte und ging nicht reibungslos vor sich. Heftige Zusammenstösse zwischen der neu angesiedelten und der ursprünglichen Bevölkerung waren nichts Ungewöhnliches. Um die Konflikte zu entschärfen, wurde versucht, die Regionen gemeinsam von einem Vertreter der einheimischen Bevölkerung und einem chinesischen Beamten verwalten zu

18

Die Grosse Mauer ist das Symbol für das mächtige chinesische Reich. Die Türme dienten als Signalstationen, um bei einem Angriff der Mongolen schnell Alarm schlagen zu können. Mit Signalfeuern, Rauch- oder Flaggensignalen konnten die Informationen in wenigen Stunden mehr als 500 Kilometer weit übermittelt werden.

19

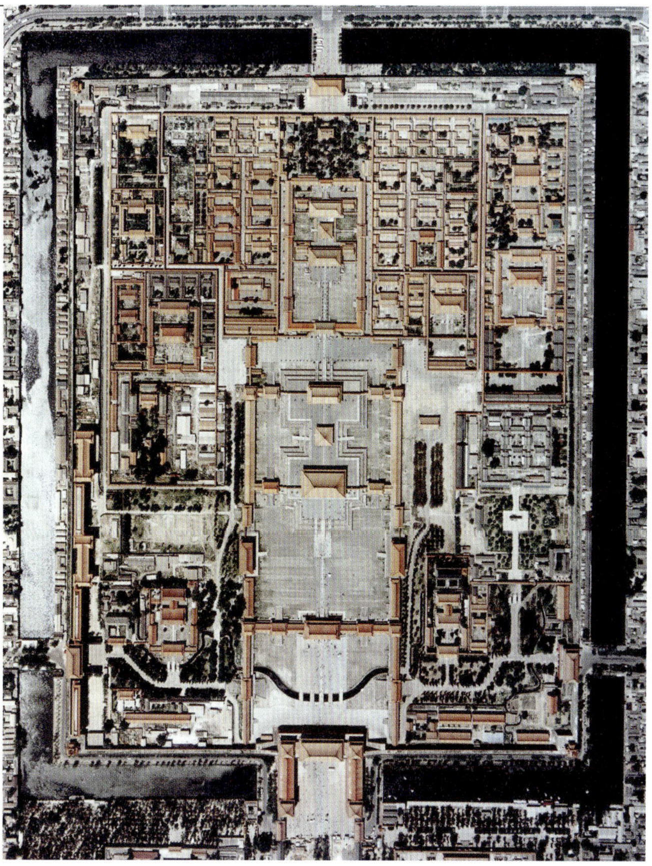

Die Verbotene Stadt von oben. In der Mitte Pekings befindet sich, von einem Wassergraben und hohen Mauern umgeben, die Verbotene Stadt. In deren Zentrum lässt sich die Halle der Höchsten Harmonie und nördlich davon der Palast der Himmlischen Reinheit erkennen.

lassen. Auf diese Weise bildete sich nicht nur unter den einfachen Bäuerinnen und Bauern, sondern auch innerhalb der gebildeten Schichten eine überregionale chinesische Identität.

Kaiserliche Beamte

Kaiser Hongwu erwies sich als schlauer, ausserordentlich fleissiger, aber auch als sehr misstrauischer Kaiser, der alle Entscheidungen selber traf. Er schuf sechs Ministerien, die ihm direkt unterstanden. Sie waren für die Bereiche *Justiz, *Finanzen, allgemeine Verwaltung, öffentliche Arbeiten, Zeremonien und Kriegswesen verantwortlich. Zudem rief der Kaiser eine Geheimpolizei ins Leben, die die Angestellten des Kaisers überwachte. Um das riesige Reich verwalten und unter Kontrolle halten zu können, wurde es in 16 Provinzen unterteilt. In diesen Provinzen waren Beamte für die Erfüllung der Verwaltungsarbeiten verantwortlich. Es gab auch Beamte, die in einer Gemeinde oder im kaiserlichen Palast solche Verwaltungsarbeiten verrichteten. Ein Gemeindebeamter war für eine Stadt sowie die umliegenden Dörfer und Ländereien zuständig. Er sorgte für Recht und Ordnung, erfasste Personen und Besitz, trieb die Steuern ein, legte Getreidespeicher für Notzeiten an und beaufsichtigte die Schule.

Die Grosse Mauer

Eine der wichtigsten Aufgaben von Kaiser Yongle, dem Nachfolger Kaiser Hongwus, bestand darin, das chinesische Reich vor den Angriffen der mongolischen Truppen nördlich des Reiches zu schützen. Aus diesem Grund liess der Kaiser die Grosse Mauer nach einer langen Zeit des Zerfalls wieder reparieren und mit Wachtürmen versehen. Dank der 20 000 Tore, Signal- und Wachtürme, die in regelmässigen Abständen entlang der Mauer errichtet wurden, gelangten die Warnungen vor feindlichen Angriffen rasch nach Beijing.

Die Mauer selbst ist etwa acht Meter hoch (teilweise sogar bis 16 Meter) und ungefähr sechs Meter breit. Die Chinesen bezeichnen die Grosse Mauer auch als versteinerten chinesischen Drachen. Vom Kopf des Drachen am Gelben Meer bis zum Schwanz in der Wüste Gobi misst die noch vorhandene Mauer 6350 Kilometer.

20

Blick über den Kaiserpalast in Peking. Der Kaiserpalast besteht aus vielen einzelnen Gebäuden und Hofanlagen und bedeckt eine Fläche von etwa 720 000 m^2. Er wurde in 13 Jahren Bauzeit von mehr als 200 000 Arbeitskräften errichtet. Fotografie von Jose Fuste Raga, 2005.

Die Verbotene Stadt

Neben der Grossen Mauer zählt auch die Verbotene Stadt zu den monumentalen Bauwerken des chinesischen Reiches. Sie zeugt vom unermesslichen Reichtum und der Macht der chinesischen Kaiser. Kaiser Yongle liess in Beijing 768 neue Paläste, Tempel, Brücken, Verwaltungsgebäude, Pavillons und Opferaltäre errichten. Die Hauptstadt bekam ein gänzlich neues Gesicht. In der Stadtmitte befand sich der Kaiserpalast, die sogenannte Verbotene Stadt. Niemand ausser der kaiserlichen Familie und den hohen Beamten durfte die Verbotene Stadt betreten.

In der besonders prachtvollen «Halle der Höchsten Harmonie» befindet sich der «Drachenthron» der Kaisers. Er ist mit goldenen Drachen- und Wolkenmustern verziert. In dieser damals grössten und höchsten Halle Chinas wurden die wichtigsten Staatsgeschäfte getätigt. Auch bedeutende Anlässe wie die Thronbesteigung, die Feier des kaiserlichen Geburtstags und die kaiserliche Hochzeit fanden in diesem Gebäude statt. Die «Halle der Höchsten Harmonie» ist mit rund 2000 m^2 der grösste noch erhaltene Holzbau aus dem kaiserlichen China.

Die Verbotene Stadt war mehr als nur ein Kaiserpalast. Sie war für die Chinesen das Zentrum des Reichs der Mitte und somit das Zentrum der gesamten Welt. Das Palastgelände, das von einer zehn Meter hohen Mauer und einem 50 Meter breiten Wassergraben umgeben war, lag wie eine Stadt innerhalb der Stadt Beijing. Im Jahr 1421 zog Kaiser Yongle als erster Kaiser in die Verbotene Stadt. Insgesamt regierten 14 Kaiser der Ming-Dynastie und zehn Kaiser der nachfolgenden Qing-Dynastie in dieser Palaststadt.

21 Brief eines Angestellten (1743)

Ausnehmen muss man jedoch den Kaiserpalast in Peking und seine Lustschlösser, denn hier ist alles grossartig und wirklich schön, sei es wegen der Anlage oder wegen der Ausführung, und ich bin umso erstaunter, als sich sonst nichts Vergleichbares meinem Blick dargeboten hat. [...] Dieser Palast [gemeint ist die Verbotene Stadt in Beijing] hat etwa die gleiche Grösse wie Dijon [...]. Er besteht als Gesamtes gesehen aus zahlreichen Haupttrakten, die voneinander getrennt sind, jedoch eine hübsche Symmetrie aufweisen.

Dazwischen gibt es ausgedehnte Plätze, Gärten und Blumenterrassen. Die Fassaden aller Hauptgebäude glänzen von der Vergoldung, dem Lack und den Malereien. Das Innere ist ausgeschmückt und möbliert mit allem, was China, Indien und Europa an schönsten und wertvollsten Gegenständen zu bieten haben.

Auszug aus einem Brief des Bruders Attiret, Gesellschaft Jesu, Maler im Dienste des chinesischen Kaisers, an Herrn D'Assaut; Bd. 22, Brief 17. In: Jean-Pierre Voiret (Hrsg.): *Gespräch mit dem Kaiser und andere Geschichten.* Schweizer Asiatische Studien, Monographien, Band 25. Bern: Peter Lang, Europäischer Verlag der Wissenschaften, 1996. Copyright: Jean-Pierre Voiret, Calw-Alzenberg.

22

Das Thronpodest im Palast der Himmlischen Reinheit. Im Palast der Himmlischen Reinheit standen der Thronsessel und der Arbeitstisch des Kaisers. Vor allem während der Qing-Dynastie fanden hier wichtige Feierlichkeiten und Zeremonien statt.

Schiffsexpeditionen

Kaiser Yongle demonstrierte seine Macht und seinen Reichtum nicht nur an Land mit prächtigen Palastanlagen und gewaltigen Mauerbauten, sondern auch auf See. Er veranlasste sechs eindrückliche Schiffsexpeditionen, die die Chinesen bis nach Ostafrika führten.

Im Jahr 1405 lief unter dem Befehl des Admirals Zheng He eine Flotte von 317 Schiffen in das Südchinesische Meer aus. Zheng He hatte den Auftrag, die Thronbesteigung des Kaisers Yongle in aller Welt zu verkünden und die Macht des Kaisers zu demonstrieren. In der Mitte der Flotte segelten 62 der grössten jemals aus Holz gebauten Schiffe der Welt. Die neunmastigen Schatzschiffe waren bis zu 135 Meter lang und 55 Meter breit. Auf der Hinfahrt transportierten die mehrstöckigen Schiffe kostbare Geschenke für die fremden Fürsten, die man besuchen wollte.

Auf der Rückfahrt waren die Schiffe mit Kostbarkeiten für den chinesischen Kaiser beladen. Oft befanden sich auch die Herrscher der besuchten Länder an Bord, die dann in der chinesischen Hauptstadt vom Kaiser empfangen wurden. Um diese hohen Gäste würdig unterbringen zu können, waren die Schatzschiffe mit Luxuskabinen und Empfangshallen ausgestattet. Über 250 Begleitschiffe scharten sich um die Schatzschiffe. Für den Transport von Pferden nach Südostasien und den Rücktransport von exotischen Tieren wurden achtmastige Pferdeschiffe gebaut. Fünfmastige Kriegsschiffe sowie schnellere Kriegsboote für die Verfolgung von Piraten garantierten die Sicherheit der kostbaren Fracht.

Die Abschottung

In der ersten Hälfte des 15. Jahrhunderts befand sich China auf einem Höhepunkt seiner Macht. Staaten und Handels-

23

Das Ming-Reich und die Hauptreiserouten Zheng Hes (1405–1433). Die ersten chinesischen Schiffsexpeditionen führten nach Java und Sumatra, später nach Sri Lanka (Ceylon), Dschidda am Roten Meer und zuletzt sogar bis an die Küste Ostafrikas.

24

Admiral Zheng He. Das Bild zeigt ein Porträt des grossen chinesischen Admirals. Im Hintergrund sind Eindrücke von seinen Expeditionen abgebildet. In der Flotte fuhren grosse, neunmastige Schiffe mit, in welchen man die erworbenen Schätze nach China zurück transportierte. Bild von Dennis Cox, 2006.

stätten in Japan, Korea, Südostasien, Südindien, am Persischen Golf und an der ostafrikanischen Küste anerkannten den chinesischen Kaiser als mächtigsten Herrscher der Welt. Ausländische Herrscher zeigten vor dem Kaiser ihre Ehrfurcht und Unterwürfigkeit, indem sie den rituellen «Kotau» machten: Sie fielen vor dem Kaiser dreimal auf die Knie und warfen sich dabei jeweils dreimal zur Erde. Dann überreichten sie ihm die Geschenke aus ihrem Land. Im Gegenzug empfingen sie grosszügige Geschenke vom chinesischen Kaiser und das Recht, mit China Handel zu treiben.

China beherrschte die Meere. Es schien nur noch eine Frage der Zeit, bis die Chinesen Afrika umschiffen und nach Europa segeln würden. Doch so weit kam es nicht. Kaiser Yongle starb im Jahr 1424. Sein Nachfolger liess den Bau aller Hochseeschiffe stoppen. Alle Baupläne wurden vernichtet und damit auch das Wissen, wie man solche Schatzschiffe konstruiert.

Für diese *radikale Abkehr von der Hochseeschifffahrt gab es verschiedene Gründe. Die Schiffsexpeditionen, der Bau der Palastanlage in Beijing, die Abwehr der Mongolen an der nördlichen Grenze und verschiedene Kriegszüge verschlangen Unmengen von Geld. Vor allem aber hielten sich die meisten Kaiser, die auf Kaiser Yongle folgten, streng an die konfuzianische Lehre. Die Anhänger von Konfuzius waren überzeugt, dass China alles, was das Volk brauchte, selbst in Überfülle besass. So wandten sich die Chinesen vermehrt dem eigenen Reich zu und schotteten sich von der Welt ab.

AUFGABEN

5 *Was war speziell an Kaiser Hongwus Herkunft? Mit Hilfe welcher Reformen konnte er dem Reich wieder zu Wohlstand verhelfen?*

6 *Nenne ein Beispiel für die Entstehung der überregionalen chinesischen Identität.*

7 *Aus welchen Gründen unternahm Kaiser Yongle die Schiffsexpeditionen und wieso wurden sie von seinen Nachfolgern wieder eingestellt?*

8 *Was wären möglicherweise die Folgen gewesen, wenn die Chinesen die Hochseeschifffahrt nicht abgebrochen hätten, sondern in die Häfen Europas gesegelt wären?*

25

Chinesisches Porzellan. Die Vasen und Teller aus Porzellan wurden mit fantasievollen Mustern und Motiven verziert. Die abgebildeten Stücke aus dem 14. bis 17. Jahrhundert zeigen Bilder von Drachen, Vögeln, Fischen und spielenden Kindern.

Die Qing-Dynastie

Gegen Ende der Ming-Dynastie stiegen die Ausgaben für militärische Unternehmungen und Bauvorhaben immer stärker an. Die hohen Steuerabgaben und verheerende Naturkatastrophen liessen die bäuerliche Bevölkerung verelenden. Die Bauernfamilien reagierten mit Aufständen gegen den Kaiser. Schliesslich wurde die Macht von den Mandschuren übernommen, einem Volk, das nördlich von China zu Hause war. Sie errichteten die Qing-Dynastie. Mit den neuen Herrschern wurde das Volk allmählich wieder etwas wohlhabender.

Eine neue Kaiserdynastie entsteht

Während der Ming-Dynastie wuchs die Bevölkerung beachtlich an. Gleichzeitig stand es um die Finanzen der Regierung immer schlechter. Die Ausgaben für den Unterhalt der kaiserlichen Familie waren so hoch, dass der Kaiser im frühen 17. Jahrhundert fast kein Geld mehr zur Verfügung hatte. Zeitweise umfasste die kaiserliche Verwandtschaft 23 000 Personen, die alle von den Steuerabgaben des chinesischen Volkes lebten.

Verheerend wirkte sich die schlechte finanzielle Lage vor allem bei Naturkatastrophen aus. Zu Beginn des 17. Jahrhunderts häuften sich Hungersnöte, Überschwemmungen, Dürren und Heuschreckenplagen. Im ganzen Land rebellierte das chinesische Volk gegen die unhaltbaren Zustände im Reich der Ming-Kaiser. Zahlreiche verelendete Bauern, Landarbeiter und ehemalige Soldaten schlossen sich zu Banden zusammen und plünderten ganze Dörfer. Die Ming-Regierung war nicht mehr fähig, die Armen zu unterstützen oder wirksam gegen die Rebellengruppen vorzugehen. So begann sich das Ende der Ming-Dynastie abzuzeichnen.

Die mandschurische Herrschaft

Nachdem sich der letzte Ming-Kaiser aus Verzweiflung erhängt hatte, sahen seine Generäle keinen anderen Ausweg mehr, als die Grosse Mauer zu öffnen und die Mandschuren um Hilfe zu bitten. Die Mandschuren lebten nordöstlich der Grossen Mauer in der Inneren Mandschurei. Sie hatten schon seit einiger Zeit versucht, ihr Machtgebiet gegen Süden hin zu erweitern. Die fremden Herrscher übernahmen bald die Macht über das chinesische Reich. Im Jahr 1644 riefen die Mandschuren die Herrschaft der Qing-Dynastie in China aus.

China wurde nun nicht mehr von Chinesen, sondern von deren mandschurischen Nachbarn regiert. Die chinesische Oberschicht unterstützte die fremden Herrscher, denn sie fürchtete weitere Aufstände des chinesischen Volkes. Die Mandschuren traten als Herrscher über das chinesische Volk

26

Die Südreise des Kaisers Kangxi. In einem Set von insgesamt 12 Querrollen ist die künstlerische Darstellung der zweiten Südreise des Kaisers Kangxi im Jahre 1698 erhalten. Die heute noch existierenden neun Rollen sind insgesamt 177,95 m lang. Die ganze Serie muss daher an die 230 m lang gewesen sein und war damit das längste Serienbild der Welt.

auf. Sie versuchten die chinesische Bevölkerung mit verschiedenen Mitteln zu demütigen. So zwangen sie die Chinesen, sich nach ihrer Art zu kleiden. Zudem mussten sich alle Chinesen den Vorderkopf rasieren und einen langen Zopf tragen. Die mandschurische und die chinesische Bevölkerung wurden streng voneinander getrennt. Diese Trennung spiegelte sich auch in der Hauptstadt Beijing wider: Im Norden der Stadt lebten die Mandschuren, im Süden die Chinesen.

Damit die chinesische Oberschicht die neue Qing-Dynastie weiterhin unterstützte, passten die Mandschuren sich der chinesischen Kultur jedoch auch an. Die Organisation des Reiches, die religiösen *Rituale und Praktiken der untergegangenen Ming-Dynastie wurden deshalb beibehalten. Die wichtigsten Ämter besetzte der neue Kaiser mit je einem Mandschu und einem Chinesen.

Langsam erholte sich das chinesische Reich politisch und wirtschaftlich von den Wirren der späten Ming-Zeit. Landlose Bäuerinnen und Bauern sowie vom Krieg zerstörte Regionen wurden von den Steuerabgaben befreit. So blühte neben der Landwirtschaft auch die gewerbliche Produktion wieder auf. Die Herstellung von Textilien, Metallen und Porzellan erlebte einen speziell grossen Aufschwung. Durch diese positive Entwicklung erlangte die breite Bevölkerung wieder einen gewissen Wohlstand.

Kaiser Kangxi

Einer der bedeutendsten Qing-Kaiser war Kangxi, der sechzig Jahre lang das chinesische Reich regierte. Er war erst 15 Jahre alt, als er 1661 den Thron bestieg. Unter seiner Herrschaft erreichte die Qing-Dynastie ihren politischen und wirtschaftlichen Höhepunkt. Er war ein tatkräftiger und kluger Herrscher. Um das Leben seines Volkes kennen zu lernen, begab er sich auf sechs Reisen ins südliche China. Auf diesen Reisen wurde der Kaiser von einem riesigen Gefolge begleitet. Der prunkvolle Aufmarsch des Kaisers war für die Bevölkerung oft die einzige Gelegenheit, einen Blick auf den Reichtum ihres Kaisers zu erhaschen.

Kaiser Kangxi war auch ein ehrgeiziger Herrscher. Die Ausdehnung des chinesischen Reiches der Ming-Dynastie genügte ihm nicht. Unter seiner Herrschaft wurden weite Gebiete im Norden und Westen Chinas erobert. Bis zum Jahr 1696 erweiterte er das chinesische Reich um die gesamten Steppengebiete der nördlichen und westlichen Mongolen. Es war für die mit Kanonen und anderen modernen Waffen ausgerüsteten Mandschuren ein leichtes Spiel, die mit Pfeil und Bogen kämpfenden Mongolen zu unterwerfen. Auch in Tibet marschierten die Qing-Truppen ein und eroberten 1720 die Hauptstadt Lhasa. Die bisher grösste Ausdehnung des chinesischen Reiches war somit erreicht. Kaiser Kangxi ging jedoch nicht nur politischen Geschäften nach, sondern interessierte

27

Der *Jesuit Matteo Ricci (1552–1610) beherrschte die chinesische Sprache in Wort und Schrift und lebte als Gelehrter am Hof des Kaisers in Beijing. Kupferstich, um 1602.

28 **Bericht des *Philosophen Li Zhi über den Jesuiten Ricci**

[Ricci] ist ein Mann aus dem fernen Westen. [Von dort] bis nach China sind es mehr als hunderttausend *Meilen. Über den Seeweg war er zuerst nach Indien gekommen und hatte schon über vierzigtausend Meilen hinter sich, als er zum ersten Mal von der Existenz des *Buddha erfuhr; nachdem er dann anschliessend in Kanton angekommen war, erfuhr er, dass im Lande unserer grossen Ming-Dynastie einstmals [...] Konfuzius gelebt hatte. Er verbrachte fast zwanzig Jahre in Zhao-Qing und hat dort sämtliche Literatur unseres Landes studiert. Er wandte sich an Gelehrte, damit sie ihm die Zeichen vorlesen konnten [...]. Im Innern ist er klar, äusserlich hingegen bescheiden und einfach. [...] Unter den Menschen, die ich gesehen habe, ist keiner ihm vergleichbar. Alle, selbst wenn sie nicht zu hartnäckig, zu schmeichlerisch sind, nicht ihre Klugheit zur Schau stellen, zu borniert und verständnislos sind, stehen hinter ihm zurück. Aber ich weiss nicht, wieso er hierher gekommen ist. Ich bin schon dreimal mit ihm zusammen gewesen und weiss schliesslich doch nicht, wozu er hierher gekommen ist.

O. Franke: *Li Tschi und Matteo Ricci.* Abhandlungen der Preussischen Akademie der Wissenschaften, Jahrgang 1938, Phil. Hist. Klasse Nr. 5, Berlin, 1939.

sich auch für die Musik, die Malerei und die Literatur. Auch mit der westlichen Mathematik und Naturwissenschaft kam er in Kontakt. Besonders wichtig für die chinesische Kultur ist das Kangxi-Wörterbuch, das rund 47 000 teils kaum gebräuchliche Schriftzeichen enthält. Es wurde während der Herrschaft Kangxis erstellt und gilt noch heute als eine der wichtigsten Grundlagen der chinesischen Schrift.

Chinas Kontakte mit Europa

Im Jahr 1557 gründeten die Portugiesen eine kleine Handelsniederlassung in Macao an der Küste Südchinas. Sie waren sehr darum bemüht, alle Konkurrenten vom gewinnbringenden Chinahandel fernzuhalten. Doch trotz dieser direkten Verbindung zwischen Europa und China, die sich durch die Anwesenheit der Portugiesen ergab, beschränkten sich die Kontakte auf die Handelstätigkeit in Macao. Das Landesinnere blieb den Portugiesen weitgehend verschlossen.

Erst im 17. und 18. Jahrhundert fand ein umfassender Austausch von Informationen zwischen China und Europa statt. Berichte über kulturelle Eigenheiten, geografische und politische Verhältnisse, den Handel, die Kunst, die Technik und die Religion lösten auf beiden Seiten grosses Interesse aus. Als Vermittler in diesem Prozess des gegenseitigen Kennenlernens traten zunächst die Jesuiten auf. Die Jesuiten bildeten eine klösterliche Glaubensgemeinschaft, die in Europa vor allem durch die Einrichtung von Schulen einen besonderen Einfluss gewann. Die Jesuiten, die nach China entsandt wurden, waren hoch gebildete Leute. Ende des 16. Jahrhunderts brachte der Jesuitenpater Matteo Ricci neue wissenschaftliche und technologische Erkenntnisse nach China. Matteo Ricci hatte zunächst Mühe, als abendländischer Mönch an den kaiserlichen Hof zu gelangen. Erst als er sich wie ein chinesischer Gelehrter kleidete und die chinesische Sprache und Schrift perfekt beherrschte, wurde er zum Kaiser vorgelassen. Er gewann die Gunst des Kaisers vor allem durch seine Kenntnisse in der *Astronomie.

AUFGABEN

9 *Nenne drei Gründe für das Ende der Ming-Dynastie.*

10 *Mit welchen Mitteln versuchten die Mandschuren, ihre Herrschaft über die chinesische Bevölkerung zu stärken?*

11 *Vergleiche mit Hilfe der Karte auf Seite 49 die Grenzen Chinas zur Zeit der Qing-Dynastie mit dem heutigen China.*

12 *Welche Bedingungen musste der Jesuitenpater Matteo Ricci erfüllen, um an den kaiserlichen Hof vorgelassen zu werden?*

29

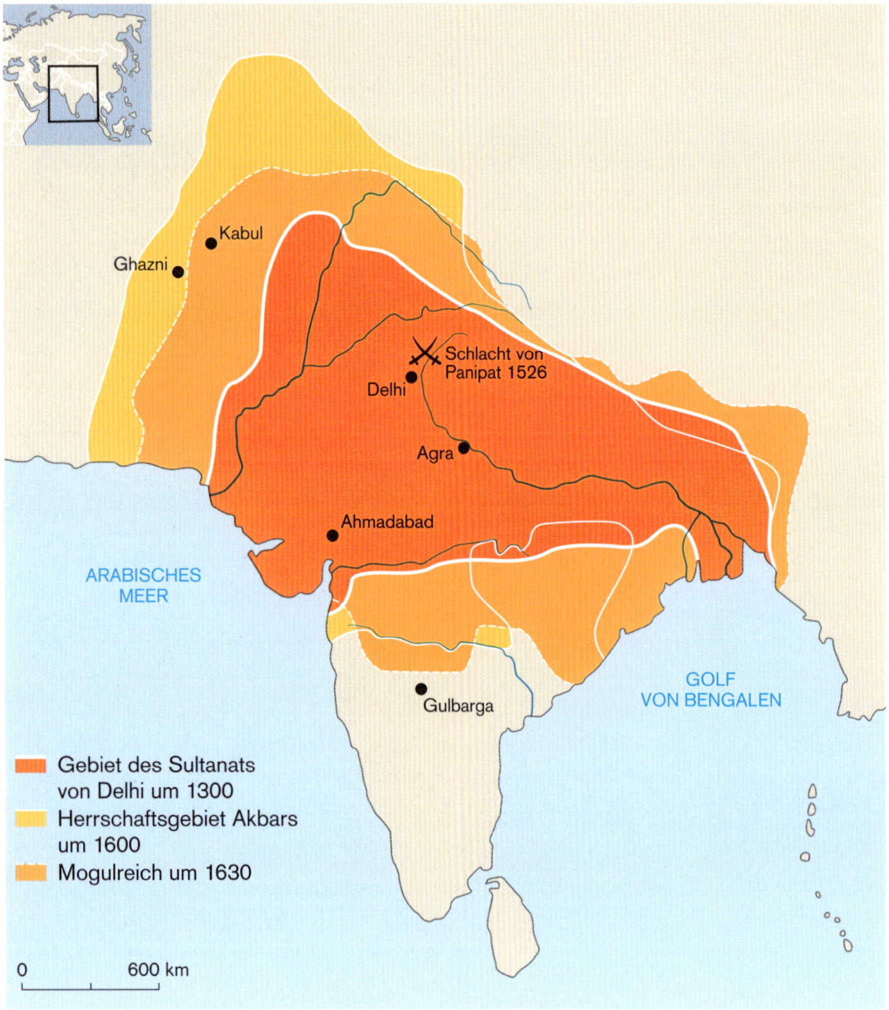

Die Herrschaftsgebiete auf dem indischen Subkontinent. Der Sultan von Delhi herrschte über das Gebiet, das auf der Karte rot eingefärbt ist. Dem Mogulherrscher Akbar gelang es, das Reich erheblich zu vergrössern. Sein Herrschaftsgebiet umfasste zusätzlich die auf der Karte dunkelgelb eingefärbten Gebiete. Unter der Regierung Schah Dschahans verlagerte sich das Einflussgebiet des Mogulreichs gegen Süden und weitete sich vor allem gegen Osten aus. Auf der Karte ist dies orange eingefärbt.

Das Mogulreich entsteht

Das Mogulreich war eines der grössten Reiche der *Frühen Neuzeit. Der Dynastiename «Mogul» stammt von der arabischen und persischen Bezeichnung für die Mongolen. Das Reich der Moguln umfasste um 1700 fast den ganzen indischen Subkontinent. Über 100 Millionen Menschen gehörten dem Reich an. Nur die Kaiser der Ming-Dynastie in China herrschten über ein ähnlich grosses Volk. Im Vergleich zu diesen beiden asiatischen Grossreichen waren die europäischen Staaten sehr klein.

Vorgeschichte

Der riesige Subkontinent Indien lässt sich in verschiedene Regionen einteilen. Jede dieser Regionen hat ihre eigene Geschichte, Kultur und Tradition. Konflikte und Verhandlungen zwischen den verschiedenen Landesteilen waren an der Tagesordnung. Manchmal gelang es dem Herrscher einer Region, ein anderes Herrschaftsgebiet einzunehmen und so sein Reich zu vergrössern. Im Gegensatz zu China bildeten Grossreiche in Indien jedoch die Ausnahme.

Seit dem 7. Jahrhundert bedrängten *islamische Eroberer aus Zentralasien und dem Mittleren Osten die Königreiche an der nördlichen Grenze Indiens. Langsam, über Jahrzehnte und Jahrhunderte, gelang es den Eroberern, ihre Herrschaft auszudehnen. Um 1200 stand ganz Nordindien unter der Macht eines islamischen Sultans. Einige Jahrzehnte lang machte es den Anschein, als gelinge es dem Sultan von Delhi, den ganzen Subkontinent zu kontrollieren. Um 1400 zerfiel sein Herrschaftsgebiet jedoch wieder in kleinere regionale Reiche. Erst unter der afghanischen Lodi-Dynastie blühte das *Sultanat von Delhi nochmals auf.

Die islamische Herrschaft im mehrheitlich hinduistischen Indien wurde weitgehend akzeptiert. Generationen von hinduistischen Kriegern, Priestern, Händlern und Bauern hatten gelernt, mit den fremden Herrschern und ihrer Kultur umzugehen. Unter diesen günstigen Voraussetzungen entstand das Mogulreich, eines der grössten Reiche der Frühen Neuzeit.

Babur

Babur, der Herrscher von Kabul in Afghanistan, plante Anfang des 16. Jahrhunderts, sein Herrschaftsgebiet nach Südosten hin zu erweitern. Die nordindische Ebene zeichnete sich aus

30 **In einem halben Tag**

Mustafa der Kanonier schoss vom linken Arm des Zentrums ein paar gute Schüsse mit den leichten Kanonen, die auf den Karren festgebunden waren. Der rechte und der linke Flügel und das Zentrum kreisten alle den Feind ein, schossen einen wahren Hagel von Pfeilen ab und griffen unablässig an. Die rechte und die linke Seite des Feindes waren nun so eng zusammengedrängt, dass er weder vorrücken, noch einen Weg zur Flucht finden konnte.

Die Sonne hatte auf Höhe einer Lanze gestanden, als der Kampf begonnen hatte. Es dauerte bis zum Mittag, bis die Feinde geschlagen und unterworfen waren und wir vor Glück und Freude jubelten. Gott, er sei gepriesen in seiner Güte und Milde, hatte uns diese schwere Aufgabe leicht gemacht! In nur einem halben Tag hatten wir ein so mächtiges Heer dem Erdboden gleichgemacht.

Fünf- oder sechstausend Männer waren an einer einzigen Stelle neben Ibrahim niedergemetzelt worden. Auf dem übrigen Schlachtfeld wurde die Zahl der Toten auf fünfzehn oder sechzehntausend geschätzt. Als wir später nach Agra kamen, erfuhren wir, dass nach den Schätzungen der Inder vierzig- oder fünfzigtausend Männer auf dem Schlachtfeld getötet worden waren.

Zahirruddin Muhammad Babur: *Die Erinnerungen des ersten Grossmoguls von Indien. Das Baburnama.* Reihe «Collection Unesco d'Œuvres Représentatives, série Asie Centrale.» Übersetzung: Wolfgang Stammler. Zürich: Manesse, 1980.

31

Die Schlacht von Panipat im Jahr 1526. Diese *Miniatur aus dem Baburnama, dem Tagebuch Baburs, das 1597/ 98 in Lahore erschien, dokumentiert die Schlacht von Panipat. Babur, in der Mitte des Bildes, geht aus dieser *historischen Schlacht als Sieger hervor.

durch ertragreiche Landwirtschaft, blühenden Handel und eine enorme Bevölkerungszahl. Das Land stand zu diesem Zeitpunkt unter der Herrschaft des Sultans von Delhi. Nach mehreren Plünderungen nordindischer Dörfer und Städte zog Babur schliesslich zu seinem grossen Eroberungsfeldzug aus. Im Jahre 1526 standen die Heere Baburs denjenigen des Sultans von Delhi gegenüber; es kam zur entscheidenden Schlacht von Panipat. Das Reiterheer des Sultans, das um ein Vielfaches grösser war, wurde in wenigen Stunden besiegt. Der Sultan starb noch auf dem Schlachtfeld. Babur konnte so die Stadt Delhi kampflos einnehmen. Er nahm von den königlichen Palästen und Schätzen Besitz und rief die Mogulherrschaft über das Gebiet aus.

Das Reich der Moguln

Während der Mogulherrschaft gehörten zwischen 100 und 125 Millionen Menschen dem Reich an. Grosse Städte und weite Flächen prägten das Bild des Landes. Die Städte konnten durchaus mit den grössten Städten Europas verglichen werden. Agra war grösser als London und Delhi nur wenig kleiner als Paris.

Das Reich war in verschiedene Provinzen eingeteilt, die ihrerseits wiederum in Distrikte unterteilt wurden. Jede Verwaltungseinheit war verpflichtet, Steuern einzuziehen. Durch die Besteuerung der Landbevölkerung häufte sich in den kaiserlichen Schatzkammern ein grosser Reichtum an. Nur ein kleiner Teil des Geldes wurde für landwirtschaftliche Verbesserungen aufgewendet. Zur Hauptsache wurden die Steuereinnahmen für den Hofstaat und die adligen Haushalte ausgegeben.

Die Landwirtschaft war stets der bedeutendste Wirtschaftszweig im Reich der Moguln. Durch die strenge Besteuerung leistete die ländliche Bevölkerung den grössten Anteil am Reichtum des Mogulreichs.

AUFGABEN

13 *Was war speziell an der islamischen Herrschaft im mehrheitlich hinduistischen Indien?*

14 *Welche Voraussetzungen erleichterten es Babur, in Nordindien eine islamische Herrschaft zu errichten?*

15 *Kann die damalige Grösse indischer Städte mit derjenigen europäischer Städte verglichen werden?*

16 *Welche Bevölkerungsteile kamen für den prunkvollen Lebensstil des Mogulhofes auf?*

32

Akbar, Dschahangir und Schah Dschahan. Akbar sitzt auf der linken Seite und berät sich mit seinem Sohn Dschahangir, seinem Enkel Schah Dschahan und den Ministern. Miniatur von Bichitr aus dem Minto-Album, 1630.

Akbars Politik der religiösen *Toleranz

Baburs Enkel Akbar war einer der herausragendsten Herrscher der Moguldynastie. Er war zum einen ein bedeutender Feldherr, der das Mogulreich entscheidend vergrösserte. Zum anderen gelang es ihm, die vielen unterschiedlichen Völker und Religionsgemeinschaften unter seiner Herrschaft zu vereinen. Er brachte allen Religionen Interesse und Respekt entgegen. So konnte er den Frieden zwischen den Angehörigen verschiedener Religionen wahren.

Akbar

Akbar entwickelte sich zu einem der erfolgreichsten Eroberer Indiens. Im Jahr 1562 begann er mit seinen kriegerischen Feldzügen. Sein Herrschaftsgebiet dehnte sich so rasch aus, dass er im Alter von nur 34 Jahren über ganz Nordindien regierte. Der Hauptgrund für seinen Erfolg lag in seiner ausserordentlichen Fähigkeit, zu führen und zu organisieren. Zudem scharte Akbar stets vertrauenswürdige Berater um sich, mit deren Hilfe er wichtige Entscheidungen traf.

Der religiöse Friede

Akbars Erfolge als Mogulherrscher hingen eng mit seinem Interesse zusammen, den religiösen Frieden in Indien zu wahren. Voraussetzung für den erfolgreichen Aufbau eines so grossen Reiches war die Zusammenarbeit aller indischen Völker und Religionsgemeinschaften. Akbar regierte als muslimischer Machthaber über ein mehrheitlich von Hindus bewohntes Gebiet. Er war also nicht nur auf die Unterstützung von Muslimen, sondern auch von Menschen anderer Religionen angewiesen. Zudem war es ihm ein Anliegen zu beweisen, dass ein friedliches Zusammenleben von Angehörigen aller Religionen möglich ist.

Um dies zu erreichen, musste Akbar den Wert und die Bedeutung anderer Religionen anerkennen. In diesem Punkt war Akbar einzigartig. Fünfhundert Jahre lang hatten die muslimischen Herrscher in Indien den Islam als die einzig wahre Religion angesehen. Nun brach Akbar mit dieser Tradition seiner muslimischen Vorgänger. Er trug auf verschiedene Weise zum Zusammenhalt aller Glaubensrichtungen bei. So schaffte er zum Beispiel im Jahr 1564 die verhasste Steuer ab, die Nichtmuslime entrichten mussten. Hindus, Christen, Juden und andere nichtislamische Religions-

33

Das Ibadat Kahne. Akbar liess ein spezielles Gebäude errichten, das als Treffpunkt für Angehörige verschiedener Glaubensrichtungen diente. Darin leitete er oft selbst hitzige Diskussionen zwischen Muslimen, Hindus, Jesuiten und anderen Religionsangehörigen. Miniatur von Nar Singh in einer Ausgabe des Akbarnama, um 1604.

34

Akbar spricht zu seinem Volk. Akbar sitzt auf einem weissen Pferd und hört sich die Klagen seines Volkes an, während das Heer aus einiger Entfernung zuschaut. Mit diesem Bild wird Akbars guter Kontakt zu seinem Volk demonstriert. Miniatur aus dem Akbarnama des Abu l'Fadl, 17. Jahrhundert.

angehörige mussten nämlich eine Kopfsteuer zahlen. Sie durften nun ihre Religion ungehindert ausüben und die Männer wurden vom Militärdienst befreit. Akbar verzichtete mit diesem Schritt auf beträchtliche Steuereinnahmen, wurde dafür aber auch von weiten Teilen der Bevölkerung unterstützt. Unter seiner Herrschaft besetzten erstmals auch Hindus wichtige Ämter. So ernannte er etwa einen Hindu zum Finanzminister.

Akbar versuchte den Zusammenhalt der beiden Glaubensrichtungen Islam und Hinduismus zu stärken. Er selber heiratete mehrere Frauen hinduistischen Glaubens. Damit knüpfte Akbar auch Hindufamilien an seine Herrschaft.

Die Muriden

Akbar selber entwickelte seine eigene Art von Religion, die von verschiedenen Glaubensrichtungen beeinflusst wurde. Er begann, die Religionen, über die er sich informieren konnte, miteinander zu vergleichen und einzelne *Riten zu übernehmen. Auch die Sonne, die er mit bestimmten Ritualen jeden Tag anbetete, war für Akbars Glauben sehr wichtig.

Zu Beginn des Jahres 1582 gründete er einen eigenen Religionsorden, in dessen Kreis nur ausgewählte Mitglieder aufgenommen wurden. Die vertrauten Beamten Akbars, die diesem Orden angehörten, wurden Muriden genannt. Dabei wurde zwischen den einfachen und den höhergestellten Muriden unterschieden. Die einfachen Muriden wurden als Beamte angestellt, wenn ihre *Loyalität Akbar gegenüber als gesichert galt. Die höhergestellten Muriden, von denen es nur wenige gab, mussten Akbar versprechen, dass ihre Treue zum Kaiser für sie wichtiger sei als Vermögen, Leben, Ehre und Religion. Auf diese Weise konnte der Orden eine verbindliche Loyalität zwischen dem Kaiser und seinen Gefolgsleuten schaffen. Akbar war überzeugt, dass keine Religion als falsch bezeichnet und ausgeschlossen werden könne.

AUFGABEN

17 *Worin unterschied sich Akbar deutlich von seinen Vorgängern?*

18 *Inwiefern trug Akbar zum gegenseitigen Respekt der Angehörigen verschiedener Religionen bei?*

19 *Inwiefern profitierte Akbar von seiner Politik der religiösen Toleranz?*

20 *Wie steht es um die aktuellen Beziehungen zwischen Muslimen und Hindus in Indien?*

35

Schah Dschahan regiert über den Globus. Schah Dschahan steht auf dem Globus mit einem Schwert und einem Amulett in der Hand. Dieses Bild hatte den Zweck, die Macht des Mogulreichs und insbesondere Schah Dschahans symbolisch auszudrücken. Das Schaf und der Löwe symbolisieren den Frieden, der durch die gerechte Herrschaft des Monguls ermöglicht wird. Miniatur von Hashim, aus dem Kevorkian-Album, 1629.

36

Schah Dschahan auf dem Pfauenthron. Auf diesem Bild wird Schah Dschahan stark idealisiert dargestellt. Der prächtige Pfauenthron wurde erstmals 1635 bei den Neujahrsfeierlichkeiten in der Festung in Agra gezeigt. Für Schah Dschahan besassen Zeremonien und die Symbole in der Kunst eine grosse Bedeutung. Gemälde von Gowardhan im Mogulstil, um 1635.

Prunk und Glanz am Hofe Schah Dschahans

Akbars Sohn Dschahangir war weit weniger erfolgreich als sein Vater und sein Urgrossvater Babur. Während seiner Regierungszeit führte vor allem seine Frau Nur Dschahan die Geschicke des Reiches. Unter Dschahangirs Sohn Schah Dschahan erlebte die Mogulherrschaft dann ihren Höhepunkt. Schah Dschahans Sinn für Kunst und seine ausgeprägte Liebe zur Architektur liessen den Hof in seinem schönsten Glanz erstrahlen. Das Volk dagegen verarmte zusehends.

Schah Dschahan

Im Jahr 1628 übernahm Akbars Enkel Schah Dschahan die Macht über das Mogulreich. Zu Beginn seiner Regierungszeit führte Schah Dschahan vor allem Kriege. Seine erste militärische Unternehmung als Herrscher führte ihn mit einer Armee in den Süden, um ein Gebiet zu besetzen, das seit langem ein *Zankapfel zwischen ihm und den dortigen Fürsten war. Obwohl er eine Reihe von kriegerischen Erfolgen für sich verbuchen konnte, wurde der Aufenthalt in Südindien von einem traurigen Ereignis überschattet. Im Jahr 1631 starb seine Gemahlin Mumtas Mahal, die ihn auf diesem Feldzug begleitet hatte, bei der komplizierten Geburt ihres 14. Kindes. Schah Dschahan war untröstlich und zog sich in der Folge immer mehr von den Staatsgeschäften zurück. Bei militärischen Vorstössen überliess er das Kommando immer mehr seinen Söhnen; er hielt sich zunehmend in den Residenzstädten Lahore, Agra oder Delhi auf, wo er sich der Architektur widmete. Am Hof entfaltete sich damit eine unvorstellbare Pracht. Als ausgesprochen tatkräftiger Bauherr liess Schah Dschahan monumentale Paläste, Moscheen und Grabmäler errichten.

Tadsch Mahal

Das vollkommenste Bauwerk des Grossmoguls Schah Dschahan, der Tadsch Mahal, ist eines der berühmtesten Grabmale der Welt. Es steht in Agra, der Hauptstadt des damaligen Reiches. Der Name bedeutet im eigentlichen Sinn «königliche Residenz». Es ist eine gewaltige Anlage, in der alles auf das

37

Tadsch Mahal. Das wohl berühmteste Grabmal der Welt gilt als Sinnbild für die wahre Liebe, die auch nach dem Tod noch weiterlebt. Schah Dschahan liess es für seine geliebte Frau Mumtas Mahal erbauen, die bei der Geburt eines Kindes starb. Fotografie von Thomas Dix.

38

Veranda in der Festung Agra. Schah Dschahan verbrachte die letzten Jahre seines Lebens eingesperrt in diesem Wohnflügel des Palastes mit Blick auf den Tadsch Mahal. Es gehört zu den prachtvollsten Bauwerken, die Schah Dschahan errichten liess.
Als Material benutzte Schah Dschahan bevorzugt weissen Marmor. Die Reliefs auf den unteren Wandteilen zeigen Pflanzenmotive, die durch mit *Halbedelsteinen besetzte Bänder begrenzt werden.

Grabmal ausgerichtet ist: eine Moschee, Wasserbecken, eine Palasthalle für den Empfang von Gästen sowie Grabbauten für Schah Dschahans weitere Frauen.

Zum Todestag von Mumtas Mahal fanden jedes Jahr genau festgelegte Feierlichkeiten statt. Adlige, Gelehrte, religiöse Führer, aber auch das gewöhnliche Volk verbrachten einen Tag und eine Nacht mit Gebeten. Anschliessend folgte ein Festessen, zu dem nicht nur die Adligen des Hofes geladen waren. Auch die Bedürftigen durften daran teilhaben und Spenden entgegennehmen. Am folgenden Tag wurde die Feier mit gleicher Pracht nochmals für die Frauen des Palastes durchgeführt.

Die finanzielle Lage des Mogulreichs

Der Luxus, der am Hof des Grossmoguls Schah Dschahan herrschte, war unübertroffen. Während der Tadsch Mahal und die Palastanlagen im Glanz erstrahlten, verminderte sich der Schatz des Reiches ständig. Unter Schah Dschahan waren die Ausgaben rund viermal höher als während der Regierungszeit seines Grossvaters Akbar. Der unvorstellbare Luxus am Hof, die Kriege und die ehrgeizigen Bauvorhaben wurden mit Steuern finanziert, die die Bevölkerung zahlen musste. Schah Dschahan ordnete Steuererhöhungen an und liess die Gelder erbarmungslos eintreiben.

Die Moguln betrachteten das Volk allmählich nur noch als Finanzquelle und als Arbeitskräfte. Die Lage der Bauern verschlechterte sich zusehends. Ausbleibender Regen führte zudem zu schweren Hungersnöten, die grosses Elend über die Bevölkerung brachten. Diejenigen, welche die Möglichkeit hatten, der Landwirtschaft den Rücken zu kehren, versuchten sich in den Städten ein neues Leben aufzubauen. Das 17. Jahrhundert wurde durch die anhaltende Landflucht geprägt.

AUFGABEN

21 *Wodurch wurde Schah Dschahan berühmt?*
22 *Welche Folgen hatte der Tod Mumtas Mahals?*
23 *Wofür ist der Tadsch Mahal zum Symbol geworden?*
24 *Woher stammten die finanziellen Mittel, die für den Prunk am Hof und die grossen Bauvorhaben nötig waren?*

39

Frauen halten ein Festmahl ab. Den Frauen am Hof fehlte es nicht an Luxus. Edelste Speisen aus dem ganzen Reich standen für sie bereit. Federzeichnung aus der Mughal Schule.

40

Eine Prinzessin spaziert durch den Garten. Den Frauen am Hofe standen prächtige Räumlichkeiten und Parkanlagen zur Verfügung, sodass sie den Palast nicht zu verlassen brauchten. Miniatur aus der Indischen Schule, 18. Jahrhundert.

Die Frauen am Mogulhof

In den Palästen der Mogulherrscher wohnten jeweils mehrere tausend weibliche Verwandte der kaiserlichen Familie. Sie spielten im Leben des Kaisers eine wichtige Rolle und beeinflussten das Geschehen in der Politik des Mogulreiches zum Teil beträchtlich. Mütter, Grossmütter, Ehefrauen, Töchter, Schwestern, Tanten und andere Frauen lebten in eigens für sie bestimmten Teilen der Paläste.

Das Leben am Hof

Das Leben im Frauenteil des Palastes war – zumindest für die hochrangigen Frauen – sehr luxuriös. Die Prinzessinnen erhielten regelmässig einen hohen Geldbetrag, über den sie frei verfügen konnten. Viele Frauen nutzten die finanziellen Mittel, um Handel zu treiben oder Ländereien zu kaufen. Die Frauen wurden auch reich beschenkt, vor allem von den Handelsleuten, die sich davon ein gutes Geschäft versprachen. Weibliche Wachen sorgten dafür, dass keine Frau den Palastteil ohne Erlaubnis verliess. Abgesehen vom Grossmogul und engen Verwandten wie Ehemännern und Söhnen der Frauen hatte kein männlicher Besucher Zutritt. Sekretärinnen hielten alle Vorkommnisse schriftlich fest. Diese Berichte und die Wünsche der Frauen wurden dem Herrscher bei seinen abendlichen Besuchen vorgetragen.

Zur Regierungszeit Akbars genossen die hochrangigen Frauen zeitweise auch Unterricht in Literatur und Religion. Für Ausflüge oder Besuche bei anderen adligen Frauen standen ihnen verschiedene Transportmöglichkeiten zur Verfügung. Meistens reisten sie in einer mit rotem Samt ausgeschlagenen Sänfte, die von acht Männern getragen wurde. Es gab aber auch prachtvolle Sänften, die zwischen zwei Elefanten oder zwei Kamelen hingen oder die auf dem Rücken eines reich geschmückten Elefanten angebracht waren. Die hochrangigen Frauen konnten nie einen Moment für sich allein sein. Sogar nachts blieben mehrere Dienerinnen bei den Frauen und wachten über ihren Schlaf. Solch ein luxuriöses Leben war jedoch lediglich den nächsten weiblichen Verwandten des Moguls vorbehalten.

Der Einfluss der Frauen am Hof auf Politik und Handel

Das angenehme Leben im Frauenteil des Palasts hielt die hochrangigen Mogulfrauen nicht davon ab, sich direkt oder indirekt mit öffentlichen Angelegenheiten zu befassen. Vor allem in der Politik und im Handel übten die Frauen einen grossen Einfluss aus. Beispielsweise hatte Akbar eine seiner Schwestern als Statthalterin von Kabul eingesetzt. Dieses Amt übte sie mit viel Sachverstand während dreier Jahre erfolgreich aus.

Die hochrangigen Frauen des Palastes pflegten Kontakte mit Kaiser- oder Fürstengattinnen anderer Länder und Reiche.

41

Münzen mit dem Namen Nur Dschahans. Dschahangir liess im Jahr 1622 Münzen zu Ehren seiner Frau prägen. Dadurch sollten ihr Einfluss und ihre Position gegenüber der Oberschicht Indiens gestärkt werden.

42

Nur Dschahan, was so viel wie «Licht der Welt» bedeutet, stieg zur einflussreichsten Person am Hofe auf. Kaiser Dschahangir trank übermässig Alkohol und rauchte Opium. Darum legte er die Regierungsgeschäfte immer mehr in die Hände seiner Frau. Darstellung aus Radschastan, um 1850.

So konnten gewisse Verhandlungen vorangetrieben werden, oder sie kamen gar nur dank den diplomatischen Bemühungen der Frauen zustande.

Viele Frauen verhalfen ihren Verwandten und Freunden zu einflussreichen Positionen in der Politik oder Verwaltung. Das beste Beispiel hierfür ist Nur Dschahan, die ihrer Familie durch die Heirat mit Dschahangir enorme Vorteile verschaffte. Dschahangirs Opium- und Alkoholabhängigkeit verschlimmerte sich im Laufe seiner Herrschaft immer mehr. Die gesamte Macht verlagerte sich zusehends in die Hände von vier Personen: von Nur Dschahans Vater, ihrem Bruder, ihrem Stiefsohn Schah Dschahan und Nur Dschahan selbst, wobei sie selbst am meisten Einfluss hatte. Schon bald nach der Hochzeit übernahm sie die Administration des Reiches. Es wurden nur wenige politische Entscheide getroffen, an denen sie nicht beteiligt war. In den frühen 20er Jahren des 17. Jahrhunderts wurden sogar Münzen mit ihrem Namen geprägt.

Nur Dschahan beteiligte sich auch rege am Handel innerhalb des Landes. Der Handel mit Lebensmitteln, die nur in bestimmten Regionen des Landes angebaut wurden, sowie mit Textilien und Gewürzen war von grosser Bedeutung. Zahlreiche Handelswege verbanden die Provinzen miteinander. Ins Ausland gelangten die Kaufleute von Delhi aus über zwei Routen: Zum einen reisten sie über Lahore und Kabul nach China, zum anderen über Lahore nach Kandahar und Persien. Die Europäer waren hauptsächlich an Gewürzen, Baumwolle und Seidenstoffen interessiert. Entlang den Handelsrouten mussten die Kaufleute Wegzölle an die Herrscherfamilie bezahlen. Diese waren unterschiedlich hoch, je nach der Entfernung des Reiseziels, der Menge oder dem Wert der transportierten Güter.

Durch die Zolleinnahmen und den Verkauf der erworbenen Güter gelang es Nur Dschahan, grossen Gewinn zu machen. Dies war neu am Hof der Moguln. Bis anhin hatten die weiblichen Angehörigen der Herrscherfamilie lediglich Spenden für wohltätige und religiöse Zwecke verwaltet.

AUFGABEN

25 *Welche Vor- und Nachteile siehst du im Leben der nächsten weiblichen Verwandten des Moguls?*

26 *Welche weibliche Persönlichkeit war zur Regierungszeit Dschahangirs in der Politik des Mogulreichs besonders einflussreich und weshalb?*

27 *In welchen Bereichen spielten die Frauen am Hof eine besonders grosse Rolle?*

28 *Versuche herauszufinden, wie es zurzeit um den Einfluss von Frauen in der Politik in Indien und bei uns steht.*

43

Tragbare Orgel. Durch den Handel mit den Portugiesen und später den Briten kamen auch neuartige Gegenstände ins Mogulreich. Wein wurde aus Schiras, Teppiche aus Persien, edle Pferde und Kaffee aus der arabischen Welt importiert. Besonders beliebt waren hübsche Gegenstände, wie diese tragbare Orgel unten rechts, die Akbar von den Portugiesen erhielt. Miniatur, um 1610.

44

Portugiesen landen in Japan. Ein portugiesisches Handelsschiff bringt Quecksilber, Blei, Zucker und Zinnoberrot sowie andere europäische und indische Luxusartikel nach Japan und China. Japanischer Wandschirm, um 1600.

Der Aussenhandel mit Portugal

Während die Moguln ihr Reich zu Lande ständig vergrösserten, überliessen sie die Vormachtstellung im Indischen Ozean den Portugiesen. Dies geschah aus gutem Grund: Die Mogulherrscher waren an einem florierenden Handel mit Europa sehr interessiert. Die Portugiesen wiederum bauten ihre Seemacht ständig aus, weil der Handel mit indischen Gewürzen beträchtliche Gewinne einbrachte.

Im Mogulreich zahlten die Menschen ihre Steuern mit Edelmetallen. In Indien gab es jedoch nur wenige Vorkommen von Silber und Gold. Daher waren die Mogulherrscher daran interessiert, dass die europäischen Händler kamen und die Waren mit Silber bezahlten. So kam das Edelmetall ins Land.

Vor allem die Portugiesen betrieben an der indischen Westküste eine geschickte Handelspolitik. Von Portugal aus fuhren jedes Jahr vier oder fünf Schiffe nach Indien. Sie wählten dabei den Umweg über China und Japan und segelten erst dann Indien an. Da zu jener Zeit die Ausfuhr von Silber und Gold verboten war, waren die Portugiesen gezwungen, unterwegs Silberreserven anzuhäufen. In Japan konnten die Händler Waren gegen Silbermünzen verkaufen. So waren sie ausgestattet für den anschliessenden Handel in Indien.

Nach der Entdeckung des Seewegs um das Kap der Guten Hoffnung gelang es den Portugiesen erstaunlich schnell, im Indischen Ozean eine Vormachtstellung einzunehmen. Der Handel mit den Gewürzen Indiens entwickelte sich für Portugal zu einem äusserst profitablen Unternehmen. Bereits Vasco da Gamas erste Schiffladungen, die er von Indien nach Lissabon zurückbrachte, warfen enorme Gewinne ab. Die hohen Profite erzielten die Portugiesen, indem sie die Gewürze in Indien zu einem niedrigen Preis einkauften und in Europa sehr teuer wieder verkauften. Bald beherrschten die Portugiesen den gesamten Handel an der Westküste Indiens.

Politisch stellten die Portugiesen zu keinem Zeitpunkt eine Gefahr für die Herrschaft der Moguln dar. Ihre Präsenz beschränkte sich auf die Handelsniederlassungen an der Küste.

AUFGABEN

29 *Würdest du das Mogulreich eher als Land- oder als Seemacht bezeichnen?*

30 *Weshalb waren die Mogulherrscher an einem blühenden Handel mit Europa interessiert?*

31 *Wieso war der Handel mit den Gewürzen für Portugal so attraktiv?*

32 *Fühlten sich die Mogulherrscher durch die Anwesenheit der Portugiesen bedroht?*

Bericht über eine Kulturbegegnung

Portfolioauftrag

Wenn Personen unterschiedlicher Kulturen aufeinandertreffen, spricht man auch von einer Kulturbegegnung. Du hast in diesem Kapitel von zwei Kulturbegegnungen gelesen. In China errichteten die eingewanderten Mandschuren die Qing-Dynastie und herrschten als Minderheit über die chinesische Bevölkerung.
In Indien herrschte die islamische Moguldynastie über eine mehrheitlich hinduistische Bevölkerung. In beiden Reichen beherrschte eine Minderheit ein Land mit seiner Bevölkerung. Die Herrschaft wurde unterschiedlich ausgeübt. Die Mandschuren demütigten die chinesische Bevölkerung, um sie zu unterwerfen. Akbar hingegen zeigte grosses Interesse an den indischen Kulturen und Traditionen.
Er versuchte, sie zu verstehen.

Aufgabe

Studieren wir die Geschichte, so treffen wir in Vergangenheit und Gegenwart immer wieder auf Menschen aus verschiedenen Kulturen. Um den vielfältigen Wegen des Zusammenlebens nachzugehen, vergleichst du zuerst die beiden Kulturbegegnungen in China und in Indien in diesem Kapitel. Anschliessend sollst du eine weitere Kulturbegegnung untersuchen und beschreiben. Die Tabelle mit dem Vergleich zwischen China und Indien hilft dir, Beispiele solcher Begegnungen besser zu erkennen und zu beschreiben.

Vorgehen

1. Lies die beiden Abschnitte über die Begegnungen in China zur Zeit der mandschurischen Herrschaft und in Indien während der Herrschaft Akbars. Erstelle eine dreispaltige Tabelle. Schreibe links die Gesichtspunkte «Zusammenleben», «Religionsfreiheit», «Ämterverteilung» auf. In der mittleren Spalte beschreibst du, wie die Mandschuren die Chinesen in Bezug auf diese drei Punkte behandelten. In der rechten Spalte schreibst du über die Art und Weise, wie Akbar mit der indischen Bevölkerung umging. Vergleiche die beiden Arten des Umgangs mit fremden Menschen. Schreibe einige Sätze dazu.
2. Mit der Errichtung der ersten europäischen Handelsgesellschaften trafen in Asien vermehrt europäische Kaufleute auf asiatische Bevölkerungsgruppen. Nach dem schwindenden Einfluss der Portugiesen übernahmen seit Beginn des 17. Jahrhunderts die Niederländer die Führung der europäischen Expansion in Asien. Die Briten gewannen erst im 18. Jahrhundert die Oberhand. Wähle eine der europäischen Grossmächte aus, die in Asien präsent waren. Suche im Internet oder in Geschichtsbüchern nach Informationen über das Einflussgebiet des ausgewählten europäischen Landes in Asien.
3. Suche im Atlas sowohl das ausgewählte Land als auch das Gebiet in Asien, in dem die europäische Grossmacht aktiv war. Klebe eine Kopie der Karten auf ein Blatt Papier oder zeichne die Grenzen der Länder nach.
4. Schreibe folgende Punkte zur ausgewählten Kulturbegegnung auf:
   - Welches Land hast du gewählt und wo in Asien war das Land präsent?
   - Wann fand die Begegnung zwischen Europäern und Asiaten statt?
   - Weshalb war das europäische Land daran interessiert, Kontakte zu Asien herzustellen?
   - Wie gestaltete sich die Beziehung zwischen den beiden Ländern und den beteiligten europäischen und asiatischen Bevölkerungsgruppen? Versuche etwas über die drei Aspekte «Zusammenleben», «Religionsfreiheit» und «Ämterverteilung» herauszufinden.
   - Worin unterscheiden sich deiner Meinung nach die beiden Gemeinschaften am stärksten?
5. Tauscht eure fertigen Berichte in der Klasse aus. Vergleicht eure Beispiele und Gedanken. Wo seht ihr Gemeinsamkeiten, wo Unterschiede?

Hinweise

- Wenn du die Aufgabe ausweiten möchtest, kannst du weitere Bücher beiziehen.
- Für den Austausch zwischen den Gruppen können Poster angefertigt werden.

Die Seidenstrasse

Während mehr als 2000 Jahren galt die Seidenstrasse als die wichtigste Handelsroute zwischen dem Mittelmeerraum und China. Es handelte sich dabei jedoch nicht um eine einzige Strasse, sondern um ein weitverzweigtes Wegenetz mit zahlreichen Verästelungen. Sowohl die Städte am Mittelmeer als auch China profitierten von den regen Handelsbeziehungen zwischen Ost und West. Die Einfuhr von unbekannten Gütern war für alle eine Bereicherung.

45

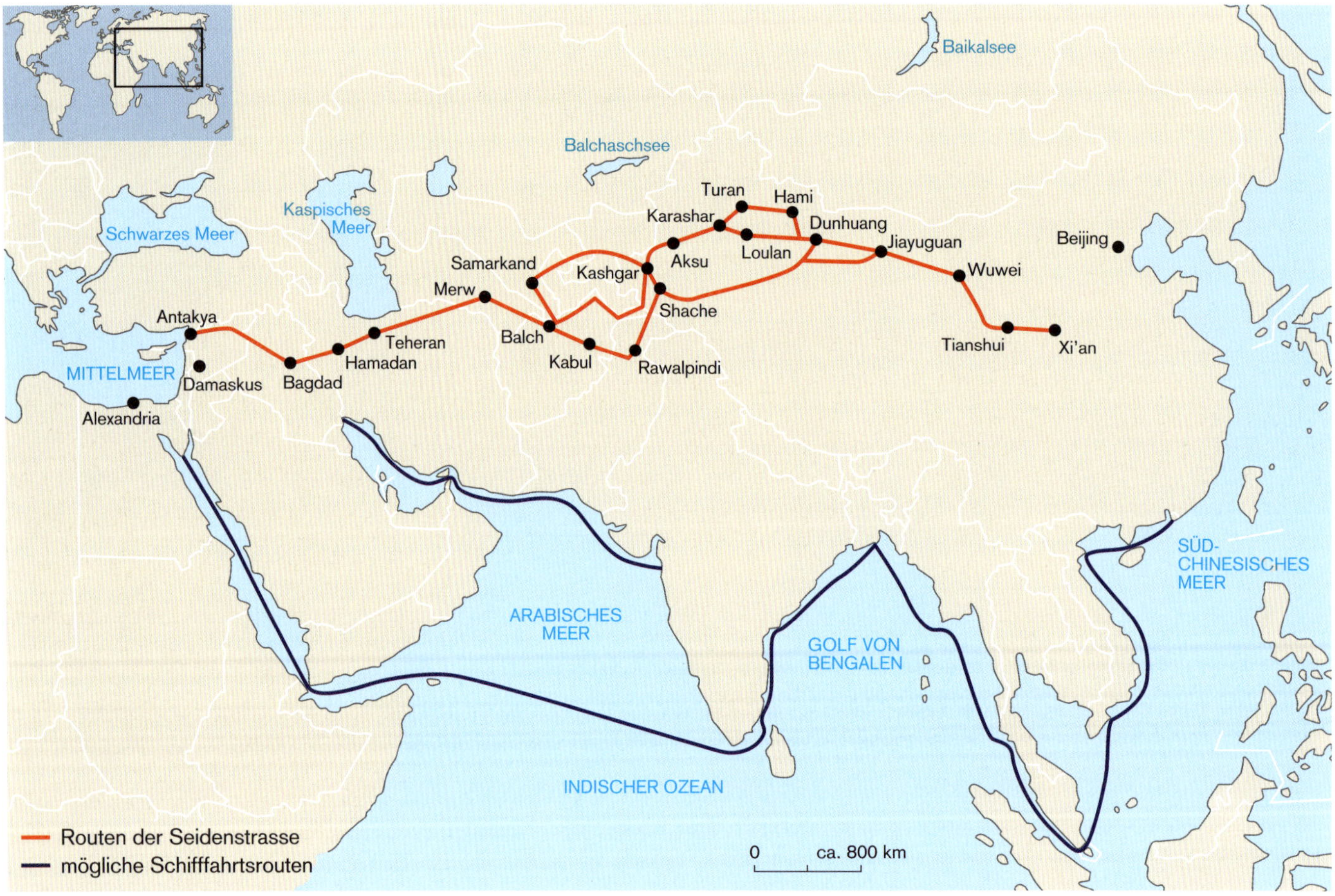

Routen der Seidenstrasse. Wertvolle Handelsgüter wie Seide oder Edelsteine erreichten Europa über ein weitverzweigtes Wegenetz. Sie wurden von Karawanen durch Wüsten und über hohe Bergpässe bis zur Ostküste des Mittelmeers transportiert, wo sie verschifft oder weiterverarbeitet wurden.

Handel zwischen China und Europa

Schon vor 2000 Jahren wurden auf dem Wegenetz der Seidenstrasse Luxusgüter transportiert, die in Europa sehr geschätzt waren: Seide, Satin, Muskatnuss, Rubine, Diamanten und Perlen. Die Waren aus China erreichten Rom und weitere Orte des Römischen Reiches über zahlreiche Zwischenstationen. Verschiedene Routen führten durch das unwegsame Zentralasien bis in die Handelszentren im Mittleren Osten. Türkische oder arabische Zwischenhändler liessen die Waren an die Ostküste des Mittelmeers transportieren. Dort wurden sie umgeladen und dann in die Hafenstädte des Römischen Reiches verschifft. Schliesslich wurden sie auf den Märkten Europas verkauft. Die chinesischen Luxusgüter wurden allesamt mit Gold und Silber bezahlt; neben Edelmetallen akzeptierte China nämlich nur Glas, Spiegel und Wolle als Gegenleistung. Dies führte im Westen zu einem dauerhaften Mangel an Gold und Silber.

Obwohl die chinesischen Waren reissenden Absatz fanden, wussten die Römer nur sehr wenig über das Herkunftsland und dessen Bewohnerinnen und Bewohner. Andererseits besassen auch die Chinesen nur spärliche Informationen über das Leben im Römischen Reich.

46

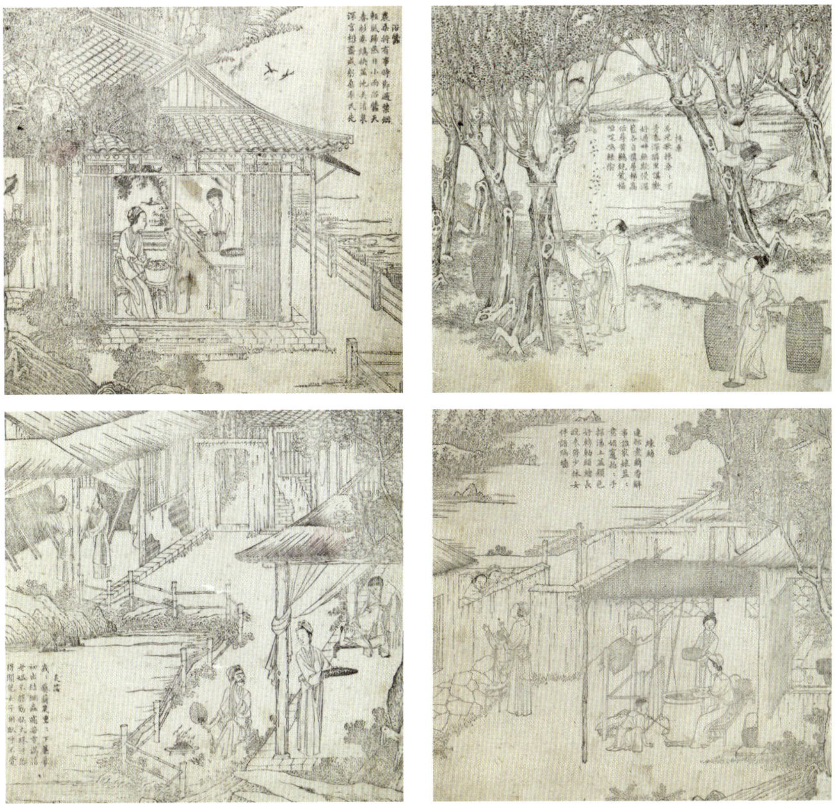

Die Seidenraupenzucht. Die Eier des Seidenspinners, aus denen nach 10 Monaten die Raupen ausschlüpfen, werden zunächst gebadet (oben links). Die Raupen werden dann mit frischen Maulbeerblättern gefüttert (oben rechts). Sie werden gelagert, bis sie mit den Seidenfäden einen *Kokon bilden (unten links). Um die Seidenfäden abzuwickeln, werden die Kokons in heisses Wasser gelegt (unten rechts). Holzschnitte aus dem Jahr 1696 nach Entwürfen des Malers Jiao Bingzhen.

47

Das *Polospiel. Mit dem Transport von Pferden nach China gelangte von Persien auch das Polospiel ins Reich der Mitte. Dieses Reiterspiel, das von Frauen und Männern gespielt wurde, begeisterte die Chinesen so sehr, dass die Herrscher der Tang-Dynastie auf dem Palastgelände ein Polofeld errichten liessen. Die Buchillustration wurde von einem türkischen Künstler um 1520 gemalt.

Austausch von Waren und Wissen

Der Seidenhandel war für die Beziehungen zwischen China und den Mittelmeerstädten von grosser Bedeutung. Seide wurde zur Römerzeit nur in China hergestellt; nirgendwo sonst auf der Welt kannte man das Geheimnis der Seidenproduktion. Darum waren die Preise auf den Märkten sehr hoch. Im Jahr 552 n. Chr. schmuggelte ein Mönch in seinem hohlen Wanderstab mehrere Seidenraupen von China bis nach Konstantinopel. In der Folge begann man auch im *Vorderen Orient und im *Byzantinischen Reich mit der Seidenherstellung. Damit verlor die Seidenstrasse an Bedeutung für den Handel zwischen den beiden Kontinenten.

Auf den Wegen der Seidenstrasse wurden jedoch nicht nur Waren von China nach Westen transportiert; auch das Umgekehrte war üblich. So erreichten zahlreiche Güter das chinesische Reich, die dort bis anhin unbekannt waren. Während der *Tang-Dynastie wurden beispielsweise Pferde nach China importiert.

Die Schiffsexpeditionen unter Admiral Zheng He über den Indischen Ozean nach Ostafrika bedeuteten einen schweren Rückschlag für den Handel über die Seidenstrasse. Im Jahr 1498 entdeckte Vasco da Gama den Seeweg nach Indien. Dadurch verlor die Seidenstrasse endgültig ihre herausragende Bedeutung als Handelsweg.

Chinesische Erfindungen

Viele Erfindungen, die in unserem Alltag als Selbstverständlichkeit erscheinen, stammen ursprünglich nicht aus unserer Kultur. So wurde in China bereits Papier verwendet, bevor es in Europa bekannt war. Auch das Schiesspulver und der Kompass wurden in China erfunden. Viele dieser Geräte und Techniken verhalfen später Europa zu einem Aufschwung in der Wissenschaft, in der Kriegstechnik und in der Seefahrt.

48

Der «Wilde Wasserdrache». Die Erfindung des Schiesspulvers führte zur Entwicklung verschiedener Schiesspulver-Waffen. Eine besondere Waffe war der «Wilde Wasserdrache». Ein anderthalb Meter langes Bambusrohr wurde vorne mit einem hölzernen Drachenkopf und hinten mit einem Drachenschwanz versehen. Das hohle Innere des Rohrs wurde mit mehreren Raketenpfeilen gefüllt. Unterhalb des Drachenschwanzes wurden ebenfalls Raketen angebracht. Nach der Zündung der Zündschnüre flog der «Wilde Wasserdrache» bis zu 1600 Meter weit. Diese Raketen kamen hauptsächlich bei Seeschlachten zum Einsatz; manches feindliche Schiff geriet unter Beschuss der «Wilden Wasserdrachen». Fotografie von Monika Jung, Berlin.

Schiesspulver

Das Schiesspulver wurde im 9. Jahrhundert n. Chr. in China erfunden. Die frühen chinesischen Kaiser wollten ein Wundermittel finden, das sie unsterblich machen würde. Als am Hof mit den Bestandteilen Schwefel, Salpeter und Kohlenstoff experimentiert wurde, kam es zu einer Explosion. Das Schiesspulver war gefunden.

Zunächst wurde Schiesspulver ausschliesslich für medizinische Zwecke verwendet, denn seine Hauptbestandteile – Schwefel und Salpeter – waren traditionelle chinesische Heilmittel. Schon bald profitierten aber auch militärische Kreise von diesem explosiven Gemisch. Im 11. Jahrhundert wurde die «Donnerschlagbombe» erfunden; sie explodierte mit einem lauten Knall und setzte grosse Flächen in Brand. Auch Raketen wurden in China entwickelt. Die Chinesen nannten sie «Feuerpfeile». Eine vergiftete Pfeilspitze wurde an einer langen Bambusstange angebracht; mit Hilfe einer Röhre, die mit Schiesspulver gefüllt war, wurde der Bambusstab ins Lager der Gegner geschossen. Die Chinesen entwickelten sogar Raketenwerfer, die bis zu 320 Feuerpfeile gleichzeitig abschiessen konnten.

Eine friedlichere Anwendung des Schiesspulvers stellten die Feuerwerke dar. Seit dem 12. Jahrhundert entwickelten die Chinesen die unterschiedlichsten Feuerwerkskörper. Besonders spektakulär waren die farbigen Effekte, die durch das Zumischen verschiedener Farbstoffe erzielt wurden. Fügte man dem Schiesspulver Indigo bei, leuchtete das Licht bei der Explosion blau, für einen roten Lichteffekt wurde Zinnober dazugemischt. In unserer Zeit sind nicht nur in China, sondern auch in den meisten Teilen der Welt die Feuerwerkskörper bei speziellen Festen nicht mehr wegzudenken.

49

«Buch» aus Bambus als Vorläufer des Papiers. Auf den dünnen Bambusstreifen konnten sehr viele Informationen auf kleinem Raum festgehalten werden. Mit Schnüren zusammengehalten ergaben die Holzstreifen eine Art Buch. Fotografie von Monika Jung, Berlin.

50

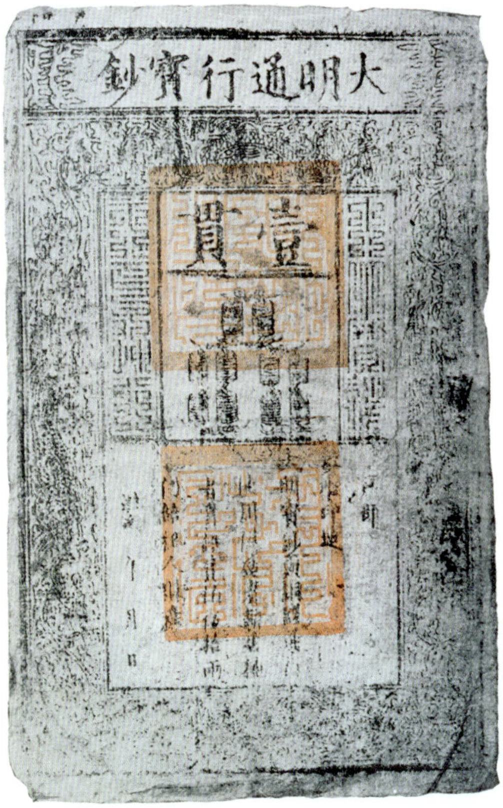

Banknote aus der Ming-Dynastie. Das Papier wurde nicht nur für die Malerei, für den Buchdruck und für den täglichen Gebrauch benutzt. Die Chinesen druckten auch Papiergeld und setzten damit die ersten Banknoten in Umlauf.

Papier

Das Papier ist eine der wichtigsten Erfindungen für die Menschheit. Schon immer hatten die Menschen das Bedürfnis, Informationen aufzubewahren und an die folgenden Generationen zu überliefern. Vor ungefähr 6000 Jahren wurden in China erstmals einfache Symbole in Tierknochen, Schildkrötenpanzer oder Steinstücke eingeritzt. Später wurden die Schriftzeichen auf dünne Bambus- oder Holzstreifen geschrieben, die mit Schnüren zusammengebunden wurden. Allerdings war die Lagerung der Bambusstreifen schwierig.

Später begannen die Chinesen auf Seidenstoffe zu schreiben. Das war bedeutend einfacher, und die Stoffe konnte man problemlos lagern. Die Seide war jedoch so teuer, dass es sich nur der Kaiser und seine höchsten Beamten leisten konnten, dieses kostbare Material zum Schreiben zu benutzen. Letztlich stellte aber die Seide den Schlüssel zur Erfindung des Papiers dar. Beim Abwickeln der Seidenfäden von den Seidenkokons gab es Seidenabfall. Diese Masse wurde in Wasser aufgeweicht und anschliessend gesiebt; jetzt konnte man sie zu einem papierähnlichen Material verarbeiten. Da diese Papierart für eine weite Verbreitung immer noch zu teuer war, suchte man nach billigeren, pflanzlichen Ersatzstoffen.

Das neue und billigere Papier bestand aus Baumrinde, Hanfresten, Leinen und alten Fischernetzen. Diese Materialien wurden in kochendem Wasser eingeweicht und zu einem Brei gestampft. In einem zweiten Schritt wurde die fasrige Paste mit einem feinen Sieb abgeschöpft und zu Papier getrocknet. Mit dieser Entwicklung der Papierherstellung war China dem Westen weit voraus.

Kunst bei den Moguln

Die Kunst hatte am Hof der Moguln eine grosse Bedeutung. Künstlerinnen und Künstler aus Süd-, Zentral- und Westasien waren am Hof beschäftigt. Sie beeinflussten sich gegenseitig in ihrem Schaffen; es waren fruchtbare Begegnungen zwischen unterschiedlichen Kulturen und Traditionen. Dank der Förderung der Künste durch die Mogulherrscher entwickelte sich in der Malerei eine einzigartige Kunstform: der Mogulstil.

51

Dschahangir und Christus. In einem mogulischen Album werden Akbars Sohn Dschahangir und Christus direkt übereinander abgebildet. Die Albumseite entstand um 1620.

52 Freude an der Malerei

Was mich betrifft, hat mich meine Freude an der Malerei und meine Übung in der Bewertung der Gemälde an den Punkt gebracht, dass wenn mir ein Werk vorgeführt wird, sei es von einem verstorbenen Künstler oder von einem aus der heutigen Zeit, sage ich augenblicklich, dass dies das Werk von diesem und diesem Mann ist. Und wenn eine Zeichnung vorliegt, die viele Gesichter enthält und jedes Gesicht das Werk von einem anderen Meister ist, kann ich herausfinden, wer welches Gesicht gemalt hat. Falls eine andere Person nur die Augen und Augenbrauen eines Gesichts eingefügt hat, kann ich erkennen, wessen Werk das Originalgesicht ist und wer die Augen und die Augenbrauen gemalt hat.

Schah Dschahangir: **Memoiren*. In: Milo C. Beach: *The Context of Rajput Painting.* Ars Orientalis 10, 1978.

Die Mogulmalerei

Der indische Malstil wurde stark von der Mogulmalerei geprägt. Die Künstlerinnen und Künstler am Hof wurden gefördert und ermuntert, mit verschiedenen Techniken und Stilen zu experimentieren. In den kaiserlichen Ateliers illustrierte man handgeschriebene Bücher und malte Bilder, wobei eine grosse Vielfalt an Themen dargestellt wurde. Man pflegte die Porträtmalerei, die Darstellung von poetischen, geschichtlichen und religiösen Ereignissen sowie die Wiedergabe von Naturbeobachtungen. Die illustrierten Bücher und Miniaturen hatten einen hohen Stellenwert im Leben der Moguln. Die Bibliothek im Mogulpalast in Agra umfasste 24 000 Bücher. Die Moguln betrachteten dies als Beweis für den Reichtum, die Kultiviertheit und die Macht ihrer Herrscherdynastie.

Auch die Jesuiten, die am kaiserlichen Hof weilten, hatten grossen Einfluss auf die Kunst. Die reich illustrierte Bibel, die die Jesuiten nach Indien mitgebracht hatten, inspirierte die Hofmalerinnen und Hofmaler. Sie griffen auch biblische Themen in ihren Miniaturen auf. Europäische Bilder, die an den Mogulhof gelangten, wurden oft nachgemalt oder es wurden Details davon übernommen. So gibt es zum Beispiel Mogulbilder, auf denen Kirchtürme oder kirchenähnliche Gebäude zu sehen sind, obwohl das Bild Szenen in Agra darstellt; christliche Gotteshäuser waren dort zu dieser Zeit noch völlig unbekannt.

Die Künstlerinnen und Künstler sassen bei ihrer Arbeit auf dem Boden. Sie winkelten ein Knie an, um darauf das Papier abstützen zu können. Oft dienten ihnen Muscheln als kleine Schälchen, in denen die Farben aufbewahrt wurden. Die Pinsel bestanden aus Tierhaaren und waren so fein, dass die Spitzen in einem einzigen Haar endeten. Für die Farben wurden verschiedene Materialien aus der Natur genutzt. Kalk ergab die Farbe weiss, verschiedene Erden konnten zu Ocker, zu

53

Ein kaiserliches Manuskriptatelier. In den kaiserlichen Werkstätten waren sowohl muslimische als auch hinduistische Künstlerinnen und Künstler angestellt. Sie stammten aus den verschiedensten Regionen Südasiens, aber auch aus Persien und Zentralasien. Sie brachten ihre traditionellen Techniken und Stile mit ein. Aus einer Kopie des Akhlaq-i Nasiri, um 1590.

54

Dschahangir umarmt Schah Abbas von Persien. Das Bild zeigt den mächtigen Herrscher Dschahangir, der den eher schmächtig dargestellten iranischen Schah Abbas umarmt. Beide stehen auf der Weltkugel und werden von der Sonne und dem Mond umrahmt. Der grosse und juwelengeschmückte Dschahangir nimmt Schah Abbas in die Arme. Zu ihren Füssen liegen Symbole des Friedens, der Löwe und das Lamm. Der Löwe, der mitten auf dem asiatischen Kontinent liegt, drängt das Lamm fast etwas ins Mittelmeer ab. Das Bild entspricht dem Wunschdenken Dschahangirs. In Wahrheit waren sich die beiden Herrscher Zeit ihres Lebens feindlich gesinnt. Gemälde von Abul Hassan, um 1620.

Gelb und Rot verarbeitet werden. Schmucksteine wie *Lapislazuli und *Azurit spendeten die blaue Farbe und *Malachit ergab Grün. An besonderen Stellen wurde auch Silber oder Gold angebracht.

Kunst unter der Herrschaft Dschahangirs

Dschahangir interessierte sich sehr für die Kunst und die Natur. Er kümmerte sich hauptsächlich um die künstlerischen Angelegenheiten am Hof. Die Regierungsgeschäfte wurden von seiner Frau Nur Dschahan geleitet. Dschahangir ging als einer der bedeutendsten Förderer der Mogulkunst in die Geschichte ein.

Dschahangir litt unter Alkohol- und Opiumsucht. Gegen Ende seiner Herrschaft zog er sich immer mehr von öffentlichen Veranstaltungen und dem Leben am Hof zurück. Diesen Rückzug versuchte er mit Hilfe von Bildern wettzumachen. Gefördert wurden vor allem Gemälde mit einer schmeichlerischen Aussage. Sie sollten Dschahangir als mächtigen Herrscher zeigen und seine Unverwundbarkeit darstellen.

Solche Bilder stützten sich oft auf europäische Vorbilder, die von Portugiesen und Briten nach Indien gebracht worden waren. Frühere Darstellungen zeigten die Grossmoguln nämlich immer in Szenen aus einer Geschichte. Erst durch den Einfluss der Europäer wurden die Herrscher immer öfter auch allein abgebildet; ihre Macht und ihr Reichtum wurden durch Symbole betont.

Durch solche Darstellungen erhielten die Mogulherrscher den Anstrich von Heiligen. Auch unter Dschahangirs Nachfolger Schah Dschahan wurde die Kunst bewusst für politische Botschaften genutzt.

3. Die europäische Expansion

Welche Gegenstände sind auf dem Gemälde abgebildet und welche Bedeutung könnten sie haben?

Welche Rolle spielt Gold im heutigen Leben?

Findest du es richtig, dass Menschen fremde Gebiete erobern? Begründe deine Meinung.

Zeichne auf der linken Seite eines Blattes die wichtigsten Gegenstände, die die Eroberer mit sich führen, rechts jene der Einheimischen.

Entwerft Sprechblasen zu den dargestellten Personen. Was denken sie?

Finden heute noch Eroberungen statt? Wenn ja, suche Bilder dazu und gestalte daraus eine *Collage.

Kommentiere das Bild aus der Sicht eines Einheimischen oder eines Eroberers.

Das Bild zeigt vermutlich gleichzeitig mehrere Ereignisse, die sich nacheinander abgespielt haben. Spielt die Szenen in der richtigen Reihenfolge.

Spielt die Szene im Vordergrund nach. Achtet dabei besonders auf die Körperhaltung der Menschen.

Erfindet eine Szene aus dem heutigen Leben, wo sich Menschen verschiedener Kulturen begegnen, und spielt sie.

Die Aussagekraft von Bildern

Zahlreiche Künstler haben die Entdeckung und Eroberung Amerikas in Bildern festgehalten. Meist haben die Künstler das Geschehen nicht miterlebt. Sie malten die Bilder nach den Erzählungen anderer Leute. Dabei spielte auch die Fantasie der Künstler eine wichtige Rolle. So entstanden von denselben Ereignissen unterschiedliche Bilder. Dies sagt viel über die Aussagekraft von bildlichen Darstellungen und die unterschiedlichen Sichtweisen der Beteiligten aus.

1

Begegnung zwischen Hernán Cortés und Moctezuma aus aztekischer Sicht. Moctezuma war bei der Ankunft der Spanier überzeugt, dass Cortés den Gott Quetzalcóatl verkörpere, an dessen Rückkehr die Azteken glaubten. Aus diesem Grund widersetzte sich Moctezuma den spanischen Eroberern nicht energischer. Farblithografie eines aztekischen Künstlers aus der «Historia de las cosas de Nueva España» von Bernardino de Sahagún, 1559.

2

Begegnung zwischen Hernán Cortés und dem Azteken Moctezuma aus der Sicht des Kupferstechers Theodor de Bry, 1599. Der Spanier Hernán Cortés segelte 1519 mit dem Ziel nach Mexiko, das Aztekenreich zu unterwerfen. Gleich nach seiner Ankunft in der aztekischen Hauptstadt liess er den Herrscher Moctezuma gefangen nehmen. Nach erbitterten Kämpfen gelang Cortés im Jahre 1521 die endgültige Eroberung der Hauptstadt und wenig später die Unterwerfung des gesamten Aztekenreiches.

3

Begegnung zwischen Hernán Cortés und Moctezuma. Das Bild beschwört in romantisierendem Stil eine grosse Vergangenheit. Die Frauen spielen auf dem Bild eine rein dekorative Rolle. Das Original dieser Darstellung – dem Umschlagbild dieses Buches – lässt sich nicht mehr auffinden. Die Farblithographie stammt von Alfredo Chavero, 1892.

4

Die Gefangennahme des Inkakönigs Atahualpa durch die Spanier aus Sicht des Inkas Felipe Guamán Poma de Ayala, um 1615. Atahualpa war der letzte Herrscher des Inkareiches vor der spanischen Eroberung durch Francisco Pizarro. Atahualpa traf im November des Jahres 1532 in Cajamarca mit Pizarro zusammen. Dieser liess ihn gefangen nehmen und trotz Zahlung eines hohen Lösegeldes hinrichten.

5

Die Gefangennahme des Inkakönigs Atahualpa, wie sie Theodor de Bry in einem kolorierten Kupferstich im Jahr 1596 dargestellt hat. Der spanische Eroberer Francisco Pizarro gelangte im Jahr 1502 mit Kolumbus nach Hispaniola. Später reiste er nach Panama weiter, wo er als Stadtrat und Besitzer von Ländereien rasch vermögend wurde. Dies ermöglichte es ihm, seinen Eroberungszug im Inkareich zu finanzieren. 1532 eroberte Francisco Pizarro mit seiner kleinen Truppe das Inkareich.

6

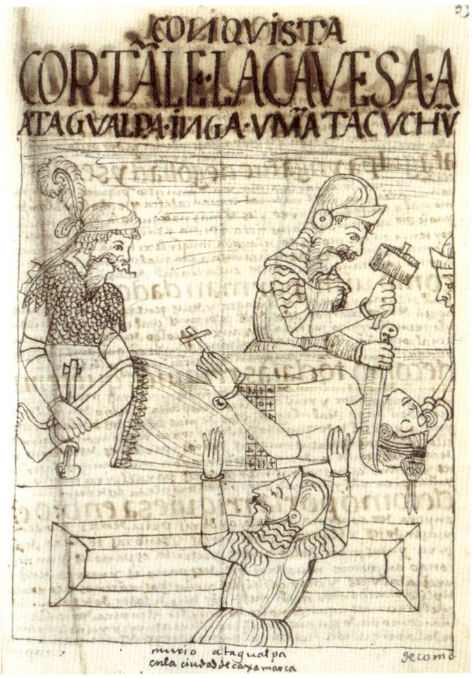

Die Ermordung Atahualpas Ende August des Jahres 1533 aus Sicht des Inkas Felipe Guamán Poma de Ayala, um 1615. Guamán Poma de Ayala gilt als wichtigster Chronist der Inkas. Die rücksichtslose Herrschaft der Spanier bewog ihn, mehr als 30 Jahre lang an einem über tausendseitigen Buch zu arbeiten. Er hielt unzählige Szenen von Begegnungen zwischen Spaniern und Inkas zeichnerisch fest. Etwa um 1615 war das Werk vollendet und Guamán Poma de Ayala liess es dem spanischen König Philipp III. zukommen.

7

Die Ermordung des Inkakönigs Atahualpa, dargestellt in einem kolorierten Kupferstich von Theodor de Bry im Jahr 1596. Der Kupferstecher und Verleger Theodor de Bry illustrierte unzählige Texte über die Entdeckung und Eroberung Amerikas. Theodor de Bry musste 1570 vor den Spaniern flüchten und war als *protestantischer *Emigrant Spanien und dem Katholizismus gegenüber sehr kritisch eingestellt.

Text: Unterschiedliche Sichtweisen

8

Bessere und schlechtere Menschen?

Es gibt eine Art von Menschen, die von Natur aus Herren sind, die anderen, die von Natur aus Sklaven sind; denn diejenigen, die den anderen durch ihre Klugheit und Begabung, nicht aber durch Körperkräfte überlegen sind, die sind von Natur aus Herren; demgegenüber sind die Trägen und Schwerfälligen, mögen sie auch körperlich kräftig sein, um notwendige Aufgaben auf sich zu nehmen, von Natur aus Sklaven.[...] So sind die barbarischen und unmenschlichen Völker, die von einem zivilisierten Leben und friedlichen Sitten nichts wissen wollen. Für diese Völker wäre es ein Vorteil, der von Natur aus gerecht ist, dass sie sich der Herrschaft solcher Fürsten oder Völker unterwerfen, die menschlicher und tugendhafter sind, damit sie durch deren Tugend, Gesetzgebung und Klugheit ihre Wildheit ablegen und zu einem menschlicheren Leben, zu friedlicheren Sitten und zur Pflege der Tugenden angeleitet werden. Wenn sie eine derartige Herrschaft ablehnen sollten, können sie mit Waffengewalt gezwungen werden.

Juan Ginés de Sepúlveda (1489–1573): *Dialog über die gerechten Kriegsgründe*. In: Christoph Strosetzki (Hrsg.): *Der Griff nach der Neuen Welt. Der Untergang der indianischen Kulturen im Spiegel zeitgenössischer Texte*. Frankfurt a. M.: Fischer Taschenbuch, 1991.

9

Alle Menschen sind gleich geschaffen

Und ohne eine Unterscheidung zwischen den Ungläubigen zu machen [...] mögen wir nur glauben, und es für wahr halten, dass es uns erlaubt sei, ihre Reiche und Länder zu überfallen und anzufangen, sie zu ängstigen und zu erobern (conquistar), um einmal den Begriff zu gebrauchen, den viele Tyrannen benutzen und der nichts weiter beinhaltet als das Vorhaben, sie zu töten, zu berauben, in Gefangenschaft zu bringen und zu unterwerfen und Vermögen, Gut und Herrschaft denen wegzunehmen, die ruhig in ihren Häusern bleiben und nichts Schlechtes getan und keinen Schaden angerichtet haben und diejenigen nicht beleidigt haben, von denen sie geschmäht werden. Dabei bleibt jedoch unberücksichtigt, dass sie vernunftbegabte Menschen sind und Seelen haben und dass der Himmel und die Erde und alles, was es auf der Erde und an Urstoffen gibt, allgemeine Wohltaten sind, die Gott allen Menschen ohne Unterschiede gewährt hat.

Bartolomé de Las Casas (1474–1566): *Die Vernichtung der Indios*. In: Christoph Strosetzki (Hrsg.): *Der Griff nach der Neuen Welt. Der Untergang der indianischen Kulturen im Spiegel zeitgenössischer Texte*. Frankfurt a. M.: Fischer Taschenbuch, 1991.

Texte weisen häufig grosse Unterschiede in den Ansichten ihrer Verfasser auf, ähnlich wie Bilder. Vergleichen wir Texte mehrerer Personen, gelingt es uns, ein Thema aus vergangenen Zeiten von verschiedenen Seiten her zu betrachten.

Die Art, wie die Spanier die Bevölkerung Amerikas behandelten, ist ein dunkles Kapitel der Geschichte. Wenige Jahrzehnte nach Kolumbus' Ankunft auf den Westindischen Inseln war fast die gesamte ursprüngliche Bevölkerung den kriegerischen Angriffen, der Zwangsarbeit und den eingeschleppten Krankheiten zum Opfer gefallen.

Es gab aber auch schon früh Stimmen, die sich energisch gegen das Vorgehen der Spanier wehrten und die Meinung vertraten, diese hätten kein Recht, die amerikanischen Gebiete zu erobern und die Bevölkerung zu unterwerfen.

Im Jahr 1550 fand ein Streitgespräch zwischen Befürwortern und Gegnern der spanischen Eroberungspolitik statt.

Anleitung

Gehe nach den folgenden Schritten vor, um möglichst viel über die unterschiedlichen Sichtweisen und Argumente der beiden Teilnehmer des Streitgesprächs zu erfahren (mögliche Antworten sind angefügt):

1. Lies die beiden Texte durch und entscheide, welcher Text vom Befürworter, welcher vom Gegner geschrieben wurde.
   Der erste Text stammt von einem Befürworter der Eroberungspolitik, der zweite von einem Gegner.
2. Suche in beiden Texten eine Textstelle, die verrät, was für ein Bild die Person von der indianischen Bevölkerung hat.
   Der Befürworter der spanischen Eroberungspolitik ist der Meinung, dass ein Teil der Menschen von Natur aus Sklaven seien, und er bezeichnet sie als barbarisch und unmenschlich. («Es gibt eine Art von Menschen, die von Natur aus Herren sind, die anderen, die von Natur aus Sklaven sind.»; «So sind die barbarischen und unmenschlichen Völker.»)
   Der Gegner hingegen ist der Meinung, dass es keine Unterschiede zwischen den Menschen gibt und auch die Indianer Intelligenz und eine Seele besitzen. («..., dass sie vernunftbegabte Menschen sind und Seelen haben und dass der Himmel und die Erde und alles, was es auf der Erde und an Urstoffen gibt, allgemeine Wohltaten sind, die Gott allen Menschen ohne Unterschiede gewährt hat.»)
3. Formuliere einige Sätze über Recht oder Unrecht der spanischen Eroberungen. Weshalb denkt der Befürworter, dass die Spanier ein Recht hätten, die indianische Bevölkerung zu unterwerfen? Wie begründet hingegen der Gegner das Unrecht, das der Urbevölkerung Amerikas angetan wird?

Der Befürworter bezeichnet es als korrekt, die indianische Bevölkerung zu bekämpfen und zu unterdrücken, weil sie dem Teil der Menschen angehöre, die weniger klug und begabt und deshalb von Natur aus Sklaven seien.
Der Gegner sieht hingegen keinen Grund, weshalb die ursprüngliche Bevölkerung Amerikas getötet, beraubt und in Gefangenschaft gesetzt werden soll. Es seien Menschen wie die Spanier und sie hätten doch nichts Schlechtes getan.

4. Waren die beiden Verfasser der Texte in Amerika oder haben sie die Unterwerfung selber nie miterlebt? Formuliere zwei Vermutungen und begründe sie mit Textstellen.
Es scheint, als ob nur der Gegner der spanischen Eroberungspolitik selbst in Amerika gewesen sei. Seine Beschreibung der Unterwerfung ist detaillierter und lebendiger geschildert. («... das Vorhaben, sie zu töten, zu berauben, in Gefangenschaft zu bringen und zu unterwerfen und Vermögen, Gut und Herrschaft denen wegzunehmen, die ruhig in ihren Häusern bleiben und nichts Schlechtes getan und keinen Schaden angerichtet haben und diejenigen nicht beleidigt haben.»)
Im Vergleich dazu wirkt der Text des Befürworters theoretischer und allgemeiner verfasst. («Es gibt eine Art von Menschen, die von Natur aus Herren sind, die anderen, die von Natur aus Sklaven sind.»)
5. Schreibe zwei Fragen auf, die dich nach der Lektüre der Texte besonders interessieren.

Gehe nun auf dieselbe Weise bei den beiden folgenden Texten vor.

10

Text 1

Eure Hoheiten sind jetzt schon gewiss die Herrscher über diese Länder, wie sie es über Jerez und Toledo sind. Wenn Eure Schiffe dorthin fahren, so kommen sie in ihr eigenes Haus. Von dort werdet ihr Gold herausholen. Auch das, was es in anderen Ländern gibt, soll man mitnehmen, damit die Schiffe nicht leer zurückkehren. Und wenn man im Lande ist, so muss man sich beim Umgang mit den Wilden vorsehen. [...] Das Gold ist überaus vortrefflich. Aus Gold sammelt man Schätze und wer es hat, der macht damit alles, was er in der Welt nur will. Er kann selbst die armen Seelen ins Paradies bringen.

Christoph Kolumbus: *Bordbuch, Briefe, Berichte, Dokumente.* Ausgewählt, eingeleitet und erläutert von Ernst Gerhard Jacob. Bremen: Carl Ed. Schünemann, o. J.

11

Text 2

Sie schenkten den Spaniern Goldfahnen, Fahnen aus *Quetzalfedern und goldene Halsketten. Nachdem sie ihnen das Geschenk überreicht hatten, wurde ihr [der Spanier] Gesicht heiter, sie freuten sich sehr und waren vergnügt. Wie Affen hoben sie das Gold auf. Es war, als ob sie zufriedengestellt worden seien, als ob ihr Herz neu und erleuchtet würde. Wirklich! sie dürsten mächtig nach Gold, ihr Körper streckt sich, sie werden wie wild vor Hunger danach. Wie hungrige Schweine waren sie gierig nach Gold.

Sie entreissen die goldenen Fahnen, schwenken sie hin und her, betrachten sie auf der einen Seite und auf der anderen. Sie sind wie jemand, der eine wilde Sprache spricht. Alles, was sie sagen, ist ein Kauderwelsch.

Übersetzt aus der *Náhuatl-Fassung des Codex Florentinus [veranlasstdurch die mexikanische Regierung, o.O., 1979] In: Eberhard Schmitt (Hrsg.): *Die grossen Entdeckungen.* Dokumente zur Geschichte der europäischen Expansion, Band 2. München: Verlag C.H. Beck oHg, 1984.

Die europäische Expansion

Zahlreiche risikobereite Europäer stachen von Spanien und Portugal aus in See, angetrieben vom Wunsch, die Reichtümer Asiens auf dem Seeweg zu erreichen. Diese Erkundungs- und Eroberungsfahrten veränderten das europäische Weltbild. Der Portugiese Bartholomeu Dias umschiffte im Jahre 1488 erstmals den Kontinent Afrika und erkannte dessen riesigen Ausmasse. Christoph Kolumbus überquerte 1492 den Atlantischen Ozean und traf auf einen Europa noch unbekannten Kontinent, von dem er glaubte, er sei das gesuchte Indien. Und schliesslich gelang es Ferdinand Magellan mit seiner ersten Weltumsegelung zu beweisen, dass die Erde rund ist. Er segelte stets westwärts und erreichte den Osten. Die europäische Expansion hatte für die Menschen der verschiedenen Kontinente schwerwiegende Folgen.

LERNZIELE

1. Du weisst, dass du die Aussagekraft von Bildern und Quellen kritisch beurteilen musst.
2. Du kennst die wichtigsten Voraussetzungen für die Erkundungsfahrten im 15. Jahrhundert.
3. Du weisst über die Konflikte zwischen den spanischen Eroberern und der indianischen Bevölkerung Bescheid.
4. Du kennst die wichtigsten Auswirkungen der Erkundungs- und Eroberungszüge der Spanier.
5. Du weisst, welche Voraussetzungen die Eroberung des Inkareichs durch Francisco Pizarro begünstigten.
6. Du kennst einige Ansichten aus den Diskussionen, die über die Behandlung der Indios geführt wurden.

ZEITLICHE ÜBERSICHT

1488	Umsegelung der Südspitze Afrikas durch Bartholomeu Dias
1492	Abschluss der spanischen Reconquista mit der Einnahme Granadas
1492	Ankunft von Christoph Kolumbus in San Salvador
1492	Errichtung der ersten europäischen Siedlung in Amerika
1494	Vertrag von Tordesillas
1498	Ankunft von Vasco da Gama in Indien
1511	Anklage des ausbeuterischen Verhaltens der Spanier durch Antonio de Montesinos
1520	Entdeckung der nach ihm benannten Meeresstrasse durch Ferdinand Magellan
1531–1533	Eroberung des Inkareichs durch Francisco Pizarro
1532–1685	Aufschwung des Sklavenhandels

RÄUMLICHE ÜBERSICHT

12

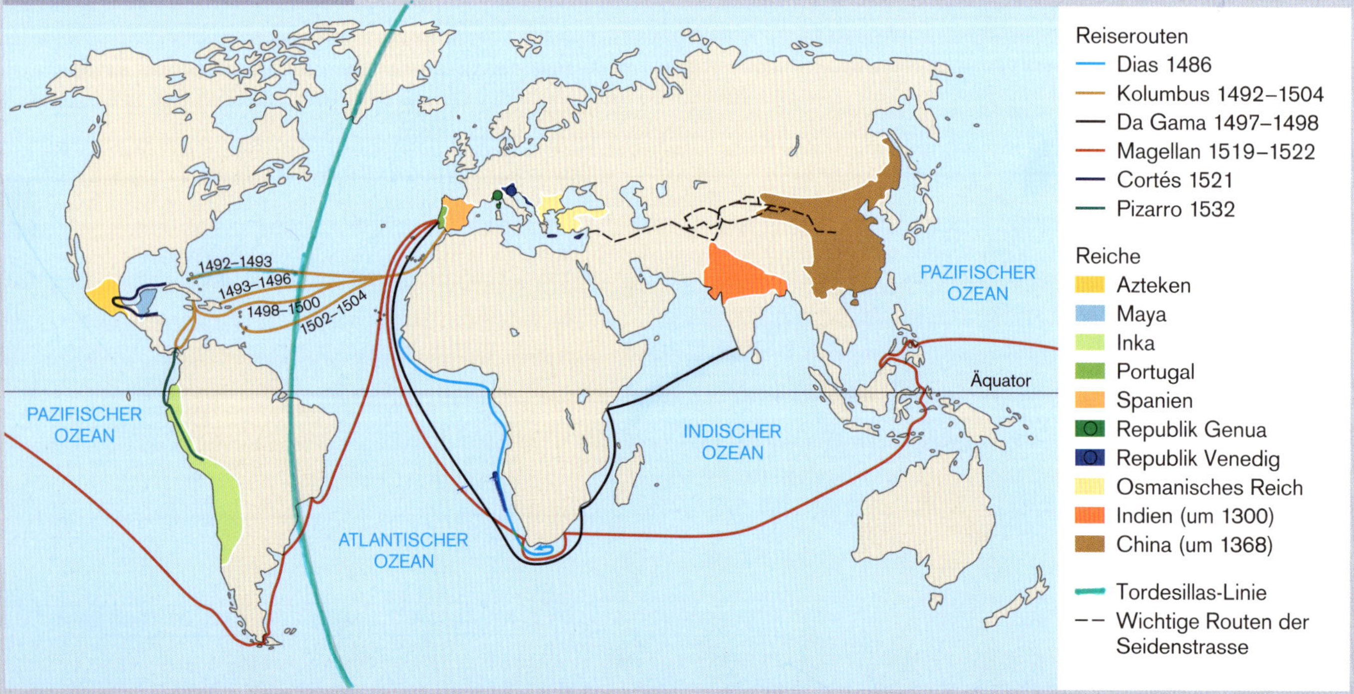

Eroberungs- und Entdeckungsreisen im 15. und 16. Jahrhundert. Die Karte zeigt nur eine Auswahl von Reichen und Fahrten von Entdeckern. Es sind vor allem Gebiete eingezeichnet, die in der Geschichte der Entdeckungen und Eroberungen eine wichtige Rolle spielen.

13
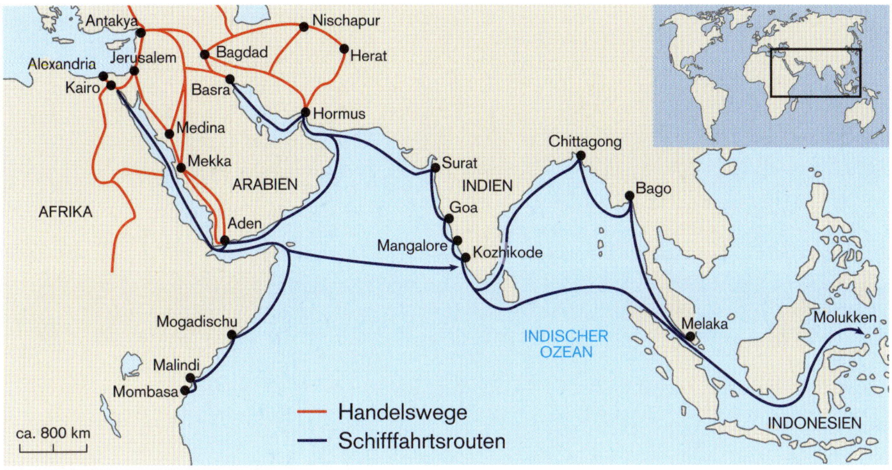

Das arabische Handelsnetz. Gewürze und wertvolle Luxusartikel wurden von arabischen Händlern seit Jahrhunderten auf verschiedenen Seehandelsrouten und Karawanenwegen vom fernen Asien bis nach Europa transportiert.

14

Arabischer Gewürzhandel. Kamelkarawanen aus Asien und Afrika erreichen das Mittelmeer. Die mitgeführte kostbare Fracht wird nun in die Häfen Europas verschifft. Holzschnitt aus der «Cosmographie universelle» von Thevet, 1575.

Voraussetzungen

Für erfolgreiche Erkundungsfahrten waren gewisse politische, wirtschaftliche und technische Voraussetzungen nötig. Politische Ereignisse wie die Ausdehnung des *Osmanischen Reiches und die Rückeroberung der Iberischen Halbinsel von den Arabern gehören zu den Voraussetzungen der spanischen und portugiesischen Erkundungsfahrten. Auch die anhaltende Rivalität der beiden Nachbarstaaten Portugal und Spanien trug dazu bei, dass die Könige immer wieder risikoreiche Expeditionen in unbekannte Gewässer unterstützten und förderten.

Das *mythische Asien

Das ferne Asien besass seit Langem einen besonderen Reiz. Berichte von Missionaren und Reisenden nährten die Vorstellung von den Reichtümern des Fernen Ostens. Eine besondere Bedeutung kam Marco Polos Reiseberichten zu, in denen er die Pracht des chinesischen Reiches ausführlich beschrieb. Karawanen brachten seit Jahrhunderten Gewürze und kostbare Waren über die Seidenstrasse von Asien nach Europa. Mit der Erforschung der Seerouten verlagerten sich die Handelswege immer mehr vom Land aufs Meer. Arabische Seeleute segelten nach Indien, um dort die asiatischen Luxusgüter zu kaufen. Die voll beladenen Schiffe legten auf der Rückreise in verschiedenen Häfen im Persischen Golf an. Karawanen transportierten die kostbare Fracht nach Syrien ans östliche Mittelmeer. Die letzte Reiseetappe kontrollierten bis Mitte des 15. Jahrhunderts genuesische Handelsunternehmen, die die orientalischen Güter auf Schiffen in die Hafenstädte Europas transportierten. Viele Zwischenhändler kauften die Waren auf ihrer langen Reise vom fernen Asien bis in die Städte Europas und verkauften sie zu einem höheren Preis an den nächsten Händler. Dies führte dazu, dass sich ihr Wert bei jeder Reiseetappe erhöhte und die Preise ins Unermessliche stiegen.

15

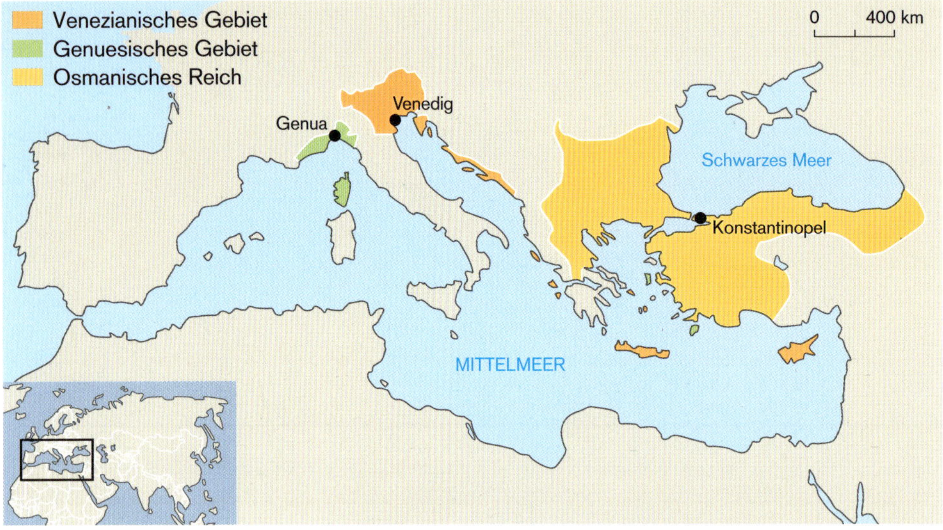

Handelszentren um 1480. Die Ausdehnung des Osmanischen Reiches im östlichen Mittelmeerraum bedeutete für Genua eine Blockade der Handelswege nach China. Die Einnahme Konstantinopels durch die Osmanen im Jahre 1453 beeinträchtigte die wirtschaftlichen Interessen Genuas so stark, dass die Kaufleute vermehrt versuchten, ihr Geld in Spanien zu investieren.

16

Handelstätigkeit in italienischen Städten. In Italien entstand das moderne Bankgeschäft. Schon früh übten italienische Kaufleute die Funktion von Staatsbankiers aus. Illustration von Jean Fouquet aus dem 15. Jahrhundert.

Das Ziel jedes Handelsunternehmens war es deshalb, möglichst viele Zwischenhändler zu überspringen und – im Idealfall – die begehrten Güter selber in Asien zu beziehen. Im 15. Jahrhundert gelang es den Portugiesen, das reiche Asien auf dem Seeweg zu erreichen.

Die Verlagerung des europäischen Fernhandels nach Westen

Die Ausdehnung des türkischen Osmanenreichs im östlichen Mittelmeerraum und die Einnahme Konstantinopels (Istanbul) im Jahr 1453 brachte eines der wichtigsten Handelszentren zum Erliegen. Die Handelsstadt Konstantinopel nahm als Drehscheibe zwischen Europa und Asien eine besondere Stellung ein. Sämtliche kostbaren Waren wie Gewürze, Duftöle, Seide, Wolle, Gold und Teppiche wurden hier umgesetzt. Vor der Einnahme der Stadt durch die Osmanen hatte Genua den Orienthandel kontrolliert und die Waren mit Schiffen nach Europa transportiert.

Für Genua begann mit dem Verlust Konstantinopels eine wirtschaftlich schwierige Zeit. Da die Osmanen den Handelsweg nach China blockierten, mussten die Kaufleute neue Routen zu den asiatischen Märkten finden. So begann sich der europäische Fernhandel verstärkt dem Atlantik zuzuwenden. Die Ausgangspunkte der neuen Erkundungs- und Eroberungsfahrten lagen nun auf der Iberischen Halbinsel.

Genua hatte sich infolge jahrelanger Handelserfolge zu einer reichen Stadt entwickelt. Genuesische Kaufleute investierten ihr Geld immer häufiger in den Städten Sevilla, Barcelona und Lissabon. Doch ebenso wichtig wie das von den italienischen Banken angehäufte Geld waren die Erfahrung und die Kenntnisse der Seefahrer und Kaufleute, die sich ebenfalls vermehrt in den Handelsstädten der Iberischen Halbinsel niederliessen.

17

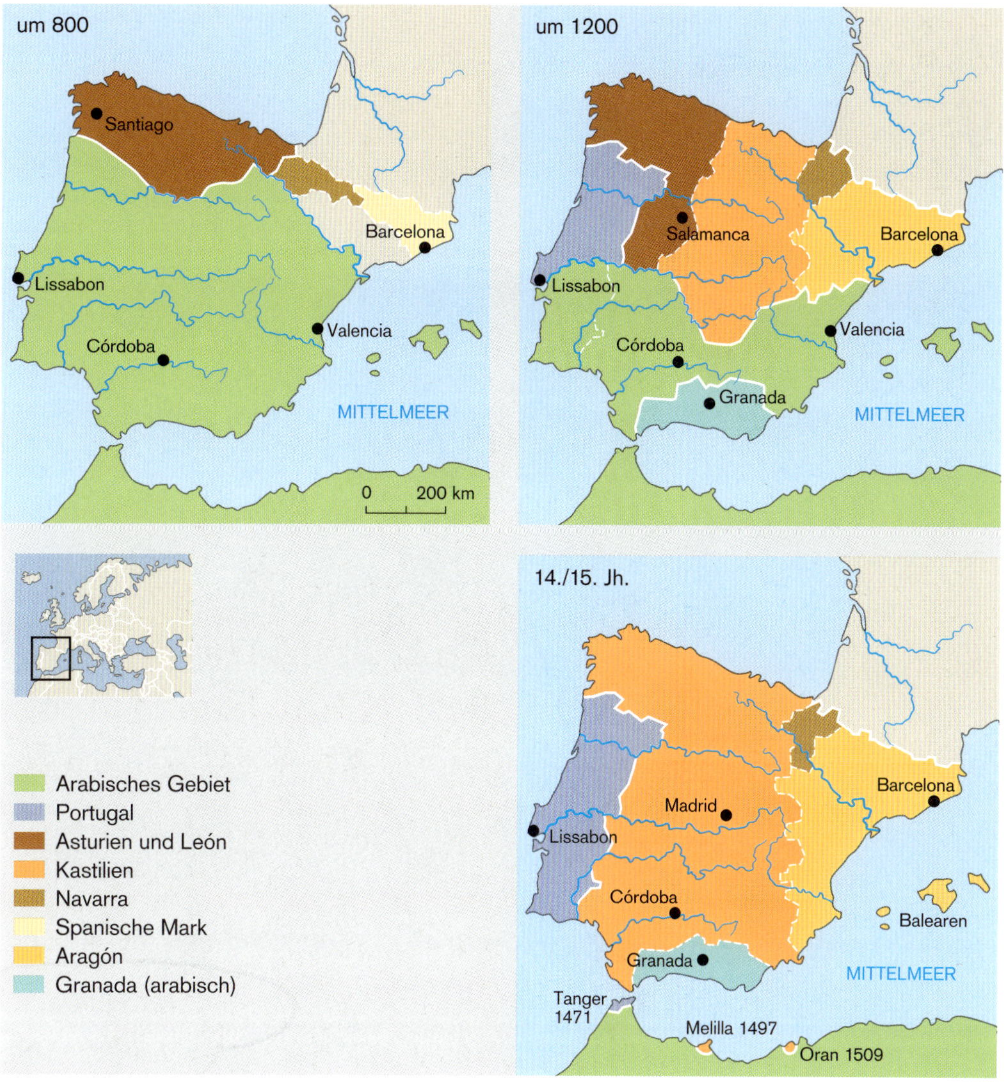

Herrschaftsgebiete auf der Iberischen Halbinsel vom 8. bis ins 15. Jahrhundert. Wenige Jahrzehnte nach der Eroberung der Iberischen Halbinsel durch die Araber begann die Rückeroberung durch die christlichen Königreiche. Allmählich wurden die Araber zurückgedrängt. Im 14. und 15. Jahrhundert bestanden auf der Iberischen Halbinsel die christlichen Königreiche Portugal, Kastilien-Aragón, Navarra und das arabische Königreich Granada.

Die Reconquista

Die Heirat zwischen Isabella, der Thronerbin des kastilischen Reiches, und Ferdinand II., dem Erben des Throns von Aragón, führte im Jahre 1469 zur politischen Vereinigung der beiden Reiche und damit zur Stärkung der königlichen Macht. Das Erstarken der politischen und wirtschaftlichen Bedeutung Kastilien-Aragóns stand zudem in einem engen Zusammenhang mit der Reconquista, der Rückeroberung der Halbinsel von den Arabern mit islamischem Glauben.

Die Araber hatten 711 bis 713 die gesamte Iberische Halbinsel erobert und herrschten danach mehr als fünf Jahrhunderte lang über weite Gebiete des heutigen Spaniens und Portugals. Erst im Juli des Jahres 1212 schlossen sich die Heere der vier christlich gebliebenen Regionen León, Kastilien, Aragón und Navarra zusammen, um mit Hilfe Tausender Kreuzritter aus ganz Europa die Araber aus dem heutigen Spanien zu vertreiben. Lediglich das kleine Königreich Granada blieb nach den Kriegszügen in den Händen der Araber. Erst im Jahre 1492 eroberte das katholische Königspaar Isabella und Ferdinand II. mit seinen Truppen Granada, das letzte arabische Königreich in Europa.

Das spanische Königspaar hatte nicht nur das Ziel, den Islam zu bekämpfen. Ebenso stark war der Wille, die Untertanen in einer gemeinsamen Religion zu vereinen. Den Katholizismus machte das Königspaar zur Staatsreligion und die Eroberung Granadas erklärten sie zu einem christlichen Krieg gegen den Islam. Die Angriffe richteten sich nicht nur gegen die arabische, sondern auch gegen die jüdische Bevölkerung. Die Könige (Ferdinand und Isabella wurden «die Katholischen Könige» genannt) waren dazu ermächtigt, jede jüdische Person, die sich als solche bekannte, zu verfolgen. Dies führte dazu, dass Kirche und Könige im Jahre 1492 150 000 Juden vertrieben, die sich weigerten, zum Christentum überzutreten.

18

Prinz Heinrich im Kreise seiner Kartografen. Der portugiesische Prinz Heinrich wurde auch «der Seefahrer» genannt, denn er schickte von 1416 an immer neue Expeditionen zur Erkundung der Küste Afrikas aus. Unter ihm gelangen Fahrten über das gefürchtete Kap Bojador hinaus nach Süden. Damit wurden sämtliche Vorurteile über die Unwirtlichkeit der südlichen Erdteile widerlegt. Gemälde von Adriano De Sousa Lopez, 1940.

19

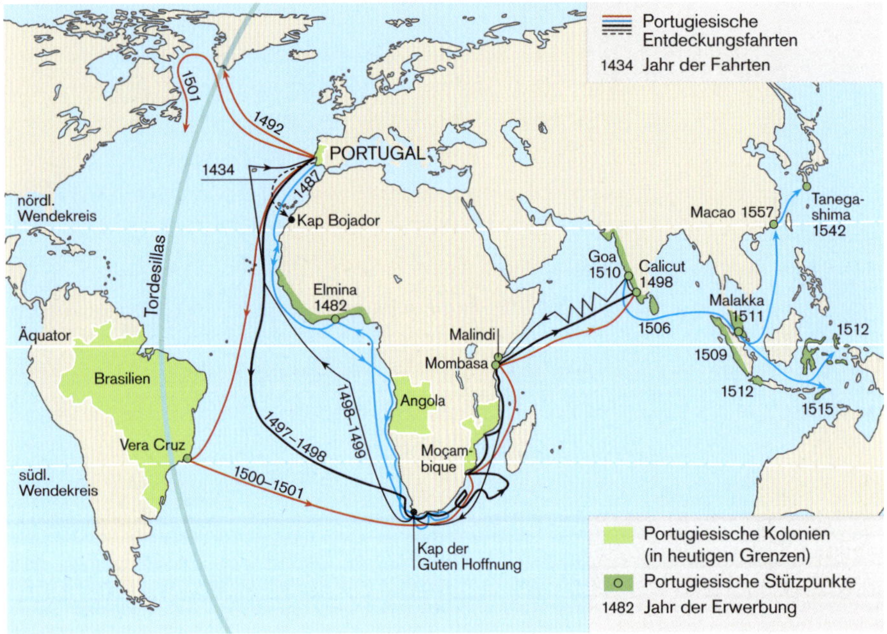

Die Routen der portugiesischen Seefahrer. Die Portugiesen nutzten bei ihren Entdeckungsfahrten die wirtschaftlichen Möglichkeiten und erzielten beträchtliche Gewinne. Europäische Handelswaren tauschten sie zunächst gegen Elfenbein und Gewürze und ab 1441 gegen Sklaven und Gold ein.

Spaniens Rivale Portugal

Die Herrscher des relativ kleinen Landes Portugal liessen schon früh Entdeckungsfahrten durchführen. Die günstige Lage am Atlantik und der *zentralistisch organisierte Staat ermöglichten Portugal einen Vorsprung beim Wettlauf um die Entdeckung der Welt. Schon um die Mitte des 13. Jahrhunderts konnte Portugal zudem die Reconquista beenden und ein stabiles politisches System aufbauen. Portugals Grenzen haben sich bis in die Gegenwart nicht mehr verändert.

Einen gewaltigen Aufschwung erlebte die Schifffahrt unter Prinz Heinrich, der die Entdeckungsfahrten nach Nordafrika und an die westafrikanische Küste gezielt förderte. Er wollte einen gewinnbringenden Handel mit Indien aufbauen.

Portugal konzentrierte sich im Laufe der Zeit immer mehr darauf, Afrika zu umschiffen und auf dieser Route an die begehrten Gewürze und Reichtümer Indiens zu gelangen. Portugal besass das *Seefahrtsmonopol über ganz Afrika, die Atlantikinseln, Madeira, die Azoren sowie die Kapverdischen Inseln. Deshalb war den Spaniern der Seeweg um Afrika herum verwehrt. Es blieb ihnen nur noch die Hoffnung, dass die Auffassung stimmte, man könne nach Westen segeln, um so Indien mit seinen begehrten Reichtümern zu erreichen.

Die Erschliessung des östlichen Seewegs nach Indien

Die portugiesischen Seefahrer bewegten sich zunächst im Bereich der Atlantikinseln und begannen unter der Führung Prinz Heinrichs mit der Kolonisierung der Azoren, Madeiras und der Kapverdischen Inseln. Nach 15 gescheiterten Versuchen, das Kap Bojador zu umsegeln, entdeckten die Portugiesen ab dem Jahr 1434 ein Kap nach dem anderen. Die Umsegelung des Kaps Bojador war ein wichtiger Meilenstein bei der Erkundung des Seewegs um den afrikanischen Kontinent.

20

Seeungeheuer. Das Bild aus dem 16. Jahrhundert zeigt ein Schiff auf hoher See mit einem Ungeheuer der Meerestiefe. Zu jener Zeit glaubten die Leute den Berichten der Seefahrer, dass das Meer von gefährlichen Fabelwesen und Monstern bewohnt sei. Holzschnitt aus dem Jahr 1598.

21

Das Kap der Guten Hoffnung, die südlichste Spitze Afrikas, mit dem Tafelberg. Federmalerei von Cornelis Pieter de Mooy.

22 Das Kap Bojador

Obwohl viele Männer hinausfuhren – und es waren Männer, die sich wegen ihrer Erfahrungen bei grossen Taten und Gebrauch ihrer Waffen einen Namen gemacht hatten –, wagte doch keiner, über jenes Kap Bojador hinauszusegeln, um das Land jenseits [des Kaps] kennenzulernen, wie der *Infant es wünschte.

«Wie sollten wir», so sagten die Seeleute, «die Grenzen überschreiten, die unsere Vorfahren aufgerichtet haben?» «Welchen Nutzen hat der Infant davon, wenn wir unsere Seelen verlieren und dazu noch unsere Körper? Wir wären ja wie Selbstmörder!»

«Jenseits des Kaps gibt es niemanden. Dort wohnt kein Mensch. Das Land ist nicht weniger sandig als die Wüsten von Libyen. Es gibt dort kein Wasser, auch keine Bäume oder grüne Pflanzen. Und das Meer ist so seicht, dass es eine *Legua vom Land entfernt kaum einen *Faden tief ist. Die Gezeiten sind aber so stark, dass Schiffe, die das Kap einmal passiert haben, niemals in der Lage sind, wieder zurückzukehren.»

So gross war die Furcht der Seeleute, dass sie sogar der Schatten der Angst schreckte. Und das war die Ursache für sehr grosse Unkosten, die der Infant zwölf Jahre lang ohne Unterlass aufbrachte, indem er jedes Jahr zu Lasten seiner Einkünfte seine Schiffe in jene Region schickte. Aber keines dieser Schiffe wagte es, das Kap zu umsegeln. Einige flohen sogar an die Küste von Granada, um der Schande zu entgehen, den Auftrag ihres Herrn nicht ausgeführt zu haben.

Gomes Eanes de Zurara: Crónica dos feitos de Guiné. A J. Dias Dinis (ed.). Vol. II Cap. VIII. Lissabon, 1949. In: Eberhard Schmitt (Hrsg.): *Die grossen Entdeckungen.* Dokumente zur Geschichte der europäischen Expansion, Band 2. München: Verlag C.H. Beck oHg, 1984.

Seit der Antike hatten die Menschen geglaubt, südlich dieser Grenze sei die Erde wegen der grossen Hitze unbewohnbar. Die Seeleute hatten Angst vor dem Meer der Finsternis, aus dem es angeblich keine Rückkehr gab. Gerüchte kursierten, dass das Meer im Süden koche oder ein salziger Brei sei, den ein Schiff nicht mehr zerteilen könne. Zudem sollten merkwürdige Fabelwesen wie Kopflose oder Einäugige oder gefährliche Monster am Rande der Welt hausen. Die Erkundungsfahrten erforderten von den Seeleuten viel Mut und Überwindung.

Die Portugiesen merkten jedoch bald, dass ihre Befürchtungen unbegründet waren und drangen immer weiter der afrikanischen Küste entlang nach Süden vor. Eine erste Enttäuschung erlebten sie in der Bucht von Biafra, als die Küste völlig unerwartet wieder nach Süden umbog und kein Ende des afrikanischen Kontinents in Sicht war. Bartholomeu Dias gelang im Jahre 1488 endlich die Umschiffung der Südspitze Afrikas. Das Ziel Indien schien in greifbarer Nähe, als die Küste nun tatsächlich nach Osten umbog. Deshalb wurde die Südspitze «Kap der Guten Hoffnung» getauft. Portugal schien den spanisch-portugiesischen Wettlauf nach Indien gewonnen zu haben. Im Auftrag des portugiesischen Königs Manuel I. segelte Vasco da Gama schliesslich nach Indien und erschloss damit 1498 vor dem Rivalen Spanien den Seeweg nach Indien.

AUFGABEN

1 *Weshalb suchten Spanier und Portugiesen einen Seeweg nach Asien?*
2 *Weshalb gewann Spanien wirtschaftlichen und politischen Einfluss?*
3 *Welche Rolle spielte Portugal im Zusammenhang mit den Entdeckungsfahrten?*
4 *Weshalb war die Umsegelung des Kaps Bojador so wichtig?*

23

Christoph Kolumbus. Weil zu seinen Lebzeiten kein einziges Porträt von ihm angefertigt wurde, weiss man nicht, wie Kolumbus tatsächlich aussah. Sein Sohn Fernando beschreibt ihn als Mann mit langem Gesicht, vorspringenden Backenknochen, Adlernase, blauen Augen und weissen Haaren. Das abgebildete Porträt soll ihm am ähnlichsten sein. Öl auf Leinwand, 15. Jahrhundert.

24 **Toscanellis Berechnungen**

Grosse Freude bereitet es mir zu hören, dass Du gesund seiest und Du mit deinem König, dem grossherzigsten und freigebigsten Fürsten, so vertrauten Umgang pflegst. Obzwar ich schon zu anderer Gelegenheit mit Dir über einen Seeweg nach den Gewürzländern gesprochen habe, der wesentlich kürzer ist als Euer Weg, der über Guinea führt, trat Dein durchlauchtigster König an mich mit dem Ansuchen heran, eine Erklärung oder, besser gesagt, eine Beweisführung zusammenzustellen, die diese Angelegenheit recht deutlich vor Augen führt. [...] So habe ich seiner Majestät eine von mir selbst gezeichnete Karte geschickt, auf der die Küsten Eures Landes, die Inseln, von denen aus Ihr Eure Fahrt nach dem Westen ohne jede Kursänderung antreten werdet, eingezeichnet sind. [...] Aufgrund dieser Karte werdet Ihr auch die Seemeilen errechnen können, die Ihr zurückzulegen haben werdet, um Gegenden zu erreichen, die so überaus reich an Gewürzen und Edelsteinen sind. [...] Sie werden dort nicht allein grosse Schätze an Gold, Silber, Edelsteinen und Gewürzen, die unsere Gegenden niemals erreichen, vorfinden, sondern auch weise Männer und kundige Astrologen antreffen, die dank ihrer Erfahrung und ihrem Wissen diese herrliche Provinz regieren und deren Heere anführen.

Brief des Toscanelli an den Portugiesen Martins de Roriz vom 25. Juni 1474. Der Brief fand sich in den Aufzeichnungen von Kolumbus zur ersten Reise nach Amerika 1492-1493. Aus: Christoph Kolumbus: Bordbuch. In: Eberhard Schmitt (Hrsg.): *Die grossen Entdeckungen.* Dokumente zur Geschichte der europäischen Expansion, Band 2. München: Verlag C.H. Beck oHg, 1984.

Christoph Kolumbus

Christoph Kolumbus stach mit seiner kleinen Flotte Anfang August 1492 von Spanien aus in See. Eine lange Vorbereitungszeit ging zu Ende, in der Kolumbus die Könige von seinem Plan, den Seeweg nach Indien auf der Westroute zu finden, überzeugen und sie um ihre Unterstützung bitten musste. Allerdings erreichte Kolumbus am 12. Oktober 1492 nicht Indien, sondern eine kleine Insel der Bahamas. Der Bau der ersten europäischen Siedlung auf dem amerikanischen Kontinent und die Konflikte zwischen der Inselbevölkerung und den spanischen Eroberern hatten dramatische Folgen.

Christoph Kolumbus wurde 1451 in Genua als Sohn einer einfachen Weberfamilie geboren. Er fuhr schon in jungen Jahren als Seemann auf italienischen Handelsschiffen zur See. In diesen frühen Lehrjahren eignete sich Kolumbus die für seine Zukunft so wichtigen Kenntnisse der Himmelsbeobachtung und der *Navigation an. Zudem war Kolumbus für seine Fähigkeiten im Führen einer Schiffsmannschaft bekannt.

Zwei wichtige Berichte

Zwei Berichte bestärkten Kolumbus in seinem Plan, das sagenhafte Indien auf dem westlichen Seeweg zu erreichen. Zum einen war es das Buch «Imago mundi» des französischen *Kardinals Pierre d'Ailly. Er betrachtete die Entfernung zwischen Spanien und Indien in westlicher Richtung als so gering, dass sie in wenigen Tagen zurückgelegt werden könne.

Das zweite Buch, das Kolumbus in seinem Vorhaben bestärkte, war der Bericht Marco Polos. Darin werden Chinas

25

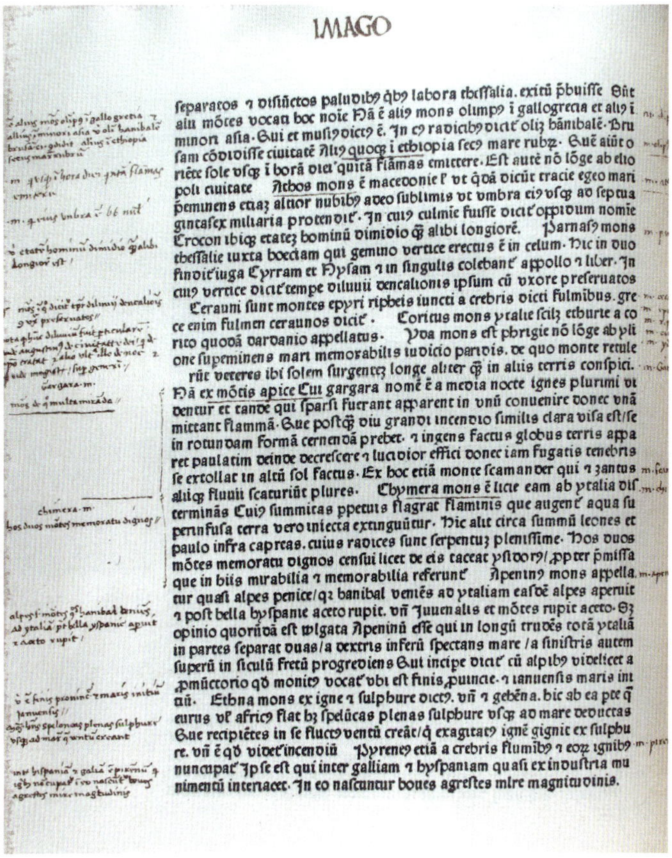

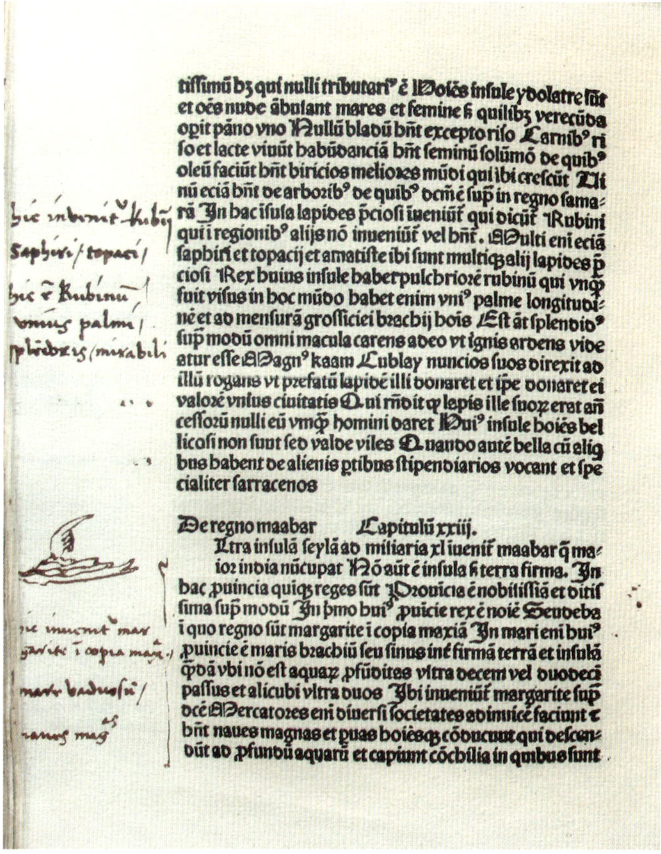

Einflussreiche Quellen. Links ist eine Seite der Schrift «Imago mundi» aus dem Jahr 1480 abgebildet. Rechts ist eine Seite von Marco Polos Reisebericht «Beschreibung der Welt» mit Kolumbus' handschriftlichen Notizen am Rande zu sehen.

Reichtümer und vor allem das östlich davon gelegene Goldland Cipangu (das heutige Japan) ausführlich beschrieben. Einen besonderen Einfluss auf Kolumbus' Vorhaben übte Marco Polos Einschätzung aus, die Insel Cipangu liege in so grosser Entfernung zum chinesischen Festland, dass man auf der Überfahrt von Europa aus bequem einen Zwischenhalt einlegen könne.

Diese Meinung fand Kolumbus bei einem Briefwechsel mit Paolo del Pozzo Toscanelli, einem der angesehensten *Kosmografen seiner Zeit, bestätigt. Gemäss seinen Berechnungen betrug die Distanz zwischen den Kanarischen Inseln und Cipangu lediglich 4800 Kilometer. Dies bestärkte Kolumbus in seinem Vorhaben, Indien auf dem Westweg zu erreichen. Tatsächlich liegt Cipangu jedoch 19 000 Kilometer von den Kanarischen Inseln entfernt. Wäre Kolumbus nach ungefähr 6000 Kilometern nicht zufällig auf die Inseln vor dem amerikanischen Kontinent gestossen, hätten er und seine Mannschaft mit Sicherheit nicht überlebt. Die Vorräte reichten lediglich für zwei Wochen, denn so lang sollte die Überfahrt gemäss Toscanellis Theorie höchstens dauern.

Kolumbus am königlichen Hof

Kolumbus legte seinen Plan, den Seeweg nach Indien auf der Westroute zu finden, zunächst dem portugiesischen König Johann II. vor. Die von diesem beigezogene Expertenkommission lehnte Kolumbus' Vorhaben und seine Bitte, ihm Schiffe und Mannschaften zur Verfügung zu stellen, jedoch ab.

Daraufhin entschied sich Kolumbus, sein Glück in Spanien zu versuchen. Die spanischen Könige Isabella und Ferdinand empfingen Kolumbus zum ersten Mal im Jahr 1486. Doch der Zeitpunkt schien für ein solch grosses Projekt nicht günstig zu sein. Kastilien-Aragón befand sich mitten im Krieg gegen das arabische Königreich von Granada und konnte auf Kolumbus' Wünsche und Forderungen nicht eintreten. Für die

26 

Kolumbus am spanischen Königshof. Dieses Bild stammt aus dem Jahr 1892 und zeigt Kolumbus, wie er dem spanischen Hof seine Pläne erläutert.

27 Der Vertrag zwischen dem Königspaar und Kolumbus

Zum ersten ernennen Eure Hoheiten als Herrn über die genannten Ozeanischen Meere von heute an den genannten Don Cristóbal Colón zu ihrem Admiral über alle jene Inseln und Festlande, die von ihm und durch seine Bemühungen in den genannten Ozeanischen Meeren entdeckt und gewonnen werden, auf Lebenszeit, und nach seinem Tode seine Erben und Nachkommen auf ewig. [...]

Ferner ernennen Eure Hoheiten den genannten Don Cristóbal Colón zu ihrem Vizekönig und Generalgouverneur aller genannten Inseln und Festlande und Inseln, die er, wie erwähnt, in den genannten Meeren entdeckt und gewinnt.

Des Weiteren wollen Eure Hoheiten, dass von allen und jedweden Waren, die gekauft, getauscht, gefunden, gewonnen oder vorgefunden werden innerhalb des Amtsbereichs der genannten Admiralität, welche Eure Hoheiten dem genannten Don Cristóbal Colón von heute an verleihen, dieser nach Abzug aller entstandenen Unkosten den zehnten Teil von allem für sich haben und einnehmen soll.

Des Weiteren soll der genannte Don Cristóbal Colón nach Wunsch den achten Teil der Kosten für Ausrüstung und Ladung bei allen Schiffen aufbringen dürfen, die für den genannten Handel und Verkehr eingesetzt werden. Er soll auch den achten Teil des Nutzens haben und einnehmen, welcher sich dabei ergibt.

Eberhard Schmitt (Hrsg.): *Die grossen Entdeckungen.* Dokumente zur Geschichte der europäischen Expansion, Band 2. München: Verlag C.H. Beck oHg, 1984.

28 Donnerstag, 11. Oktober 1492

Er segelte in Richtung Westsüdwest. Sie hatten hohen Seegang, der stärker war, als sie ihn auf der ganzen Fahrt hatten. [...] Da die *Karavelle Pinta schneller segelte und vor dem Admiral fuhr, bekam sie Land in Sicht und gab die Signale, die der Admiral angeordnet hatte. Zwei Stunden nach Mitternacht tauchte das Land vor ihnen auf. Sie holten alle Segel ein und drehten bei. So verbrachten sie die Zeit bis zum Freitag, an dem sie dann eine kleine Insel der Bahamas erreichten, die in der Sprache der Indios Guanahaní heisst. Schon bald sahen sie nackte Leute am Strand. Der Admiral ging mit dem bewaffneten Boot an Land. Der Admiral nahm das königliche Banner mit und die beiden Kapitäne zwei Fahnen mit einem grünen Kreuz. An Land angekommen sahen sie Bäume von kräftigem Grün und viele Wasserläufe und allerlei Früchte. Der Admiral rief die beiden Kapitäne und die anderen, die an Land gegangen waren, zu sich und sagte, sie sollen bestätigen und rechtlich bezeugen, dass er vor aller Augen von der Insel Besitz ergriff, wie er es dann auch im Namen des Königs und der Königin, seiner Herren, tat.

Auszüge aus dem «Bordbuch der Santa Maria von Kolumbus», verfasst vom Chronisten Las Casas; das Original-Bordbuch ist verloren gegangen. In: Eberhard Schmitt (Hrsg.): *Die grossen Entdeckungen.* Dokumente zur Geschichte der europäischen Expansion, Band 2. München: Verlag C.H. Beck oHg, 1984..

Könige war es viel wichtiger, die Iberische Halbinsel von den Arabern zu befreien und das letzte islamische Königreich auf spanischem Boden zurückzuerobern. Zudem kam eine vom Königspaar einberufene Expertenkommission zum Schluss, dass die von Kolumbus geschätzte Entfernung zwischen Spanien und dem asiatischen Festland in Wirklichkeit sehr viel grösser sei.

Nach der am 2. Januar 1492 erfolgreich abgeschlossenen Belagerung Granadas erhielt Kolumbus jedoch nochmals die Möglichkeit, sein Projekt einer Expertenrunde vorzulegen. Wieder erteilten ihm die Könige eine Absage, doch diesmal war weniger die Meinung der Gelehrten der Grund für den negativen Entscheid als vielmehr Kolumbus' Forderungen. Falls ihm die Entdeckung des westlichen Seewegs nach Indien gelingen sollte, beanspruchte er einen Anteil des Gewinns für sich. Mit Hilfe von einflussreichen Hofbeamten, die Königin Isabella mit gewichtigen Argumenten und finanziellen Zusicherungen zu überzeugen vermochten, kam die Expedition dennoch zustande. Nach mehrmonatigen Verhandlungen wurde am 17. April 1492 der Vertrag unterzeichnet, in dem die Bedingungen, unter denen Kolumbus segeln sollte, festgehalten wurden.

Die erste Reise

Kolumbus stach am 3. August 1492 mit drei Schiffen von Palos de la Frontera in Südspanien aus in See. Die Flotte bestand aus

29 Der erste Kontakt zur Inselbevölkerung

Da ich ihre Freundschaft gewinnen wollte und bemerkte, dass es Leute waren, die sich eher durch Liebe für unseren heiligen Glauben gewinnen und zu ihm bekehren liessen, gab ich einigen von ihnen ein paar bunte Mützen und einige Ketten aus Glasperlen, die sie sich um den Hals hängten, und allerhand andere Dinge von geringem Wert, an denen sie grosses Vergnügen fanden. Kurz gesagt, sie nahmen einfach alles und gaben bereitwillig von allem, was sie besassen. Aber mir schien, als seien sie in jeder Hinsicht ausserordentlich arme Leute. Sie gehen allesamt nackt herum, wie sie ihre Mutter zur Welt gebracht hat, auch die Frauen. Sie sind sicher hervorragende Arbeitskräfte. Ausserdem glaube ich, dass man sie leicht zum Christentum bekehren könnte, denn es scheint mir, dass sie noch keine Religion haben. Ich werde, so es Gott gefällt, bei meiner Abfahrt von hier sechs Leute für Eure Hoheit mitnehmen, damit sie Spanisch sprechen lernen.

30 Die erste Siedlung

Und es ist tatsächlich wahr, dass mich viele meiner Leute gebeten hatten, hier bleiben zu dürfen. Gegenwärtig habe ich befohlen, so gut wie es geht, einen Turm und eine Festung zu bauen mit einem tiefen Graben drumherum. Dies nicht etwa, weil ich dächte, es sei wegen der Leute hier notwendig, denn ich bin überzeugt, dass ich mit den Leuten, die ich bei mir habe, die ganze Insel unterwerfen könnte, die zwar grösser als Portugal ist und auf der doppelt so viel Menschen wohnen; die aber sind nackt und unbewaffnet und über alle Massen feige. Trotzdem ist es richtig, diesen Turm zu bauen, befinden wir uns doch so weit von Euren Hoheiten entfernt; richtig ist es auch, damit die Indios die Kunstfertigkeit der Leute Eurer Hoheiten kennenlernen, damit sie unseren Leuten in Liebe und Furcht gehorsam sind. Viele von ihnen sind Männer, die darauf brennen, im Dienste Eurer Hoheiten und mir zur Freude nach der Mine zu forschen, in der das Gold gewonnen wird. So ist es alles höchst gelegen gekommen, um hier den Anfang einer Besiedlung zu machen.

Beide Texte aus: Diario de Colón: Libro de la primera navegación y descubrimiento de las Indias. Edición y comentario preliminar por Carlos Sanz. Madrid, 1962. In: Eberhard Schmitt (Hrsg.): *Die grossen Entdeckungen.* Dokumente zur Geschichte der europäischen Expansion, Band 2. München: Verlag C.H. Beck oHg, 1984.

31

Der grosse Empfang. Im Königspalast in Barcelona wird Kolumbus vom Königspaar Isabella und Ferdinand empfangen. Die mitgereisten Indios und die exotischen Pflanzen beeindruckten den spanischen Königshof. Ölgemälde von Eugène Devéria, 1861.

den beiden kleineren Schiffen Niña und Pinta sowie dem grossen Flaggschiff Santa Maria. Kolumbus steuerte zunächst die Kanarischen Inseln auf einer bekannten Route an. Nach einem vierwöchigen Aufenthalt ging die Fahrt nach Westen weiter. Die Seeleute waren anfangs guten Mutes. Doch als über einen Monat nach der Abfahrt von den Kanarischen Inseln immer noch kein Land in Sicht war, musste Kolumbus sein ganzes Geschick einsetzen, um die Mannschaft zu beruhigen. So begann er, zwei verschiedene Logbücher zu führen. Eines war nur für ihn bestimmt und enthielt die tatsächlich zurückgelegten Entfernungen, während er für die Seeleute die Entfernungsangaben kürzte. Am 7. Oktober sichtete Kolumbus einen Vogel. Auch die im Meer treibenden Stöcke und Wurzeln liessen die Hoffnung aufkommen, dass sie bald auf Land treffen würden. Und tatsächlich: Am 12. Oktober 1492 ertönte das lang ersehnte Signal. Ein Matrose hatte vom Bug der Pinta aus Land erspäht!

Kolumbus gab der Insel zu Ehren Gottes, der sie beschützt hatte, den Namen San Salvador. Er ging mit den beiden anderen Kapitänen an Land, die den Boden unter Tränen küssten. Kolumbus nahm inmitten der Inselbevölkerung für den spanischen König Besitz von der Insel.

Vertrag von Tordesillas

Kolumbus lief mit seiner Flotte am 15. März 1493 in den Hafen von Palos in Spanien ein. Über Land reiste er in einem wahren

32

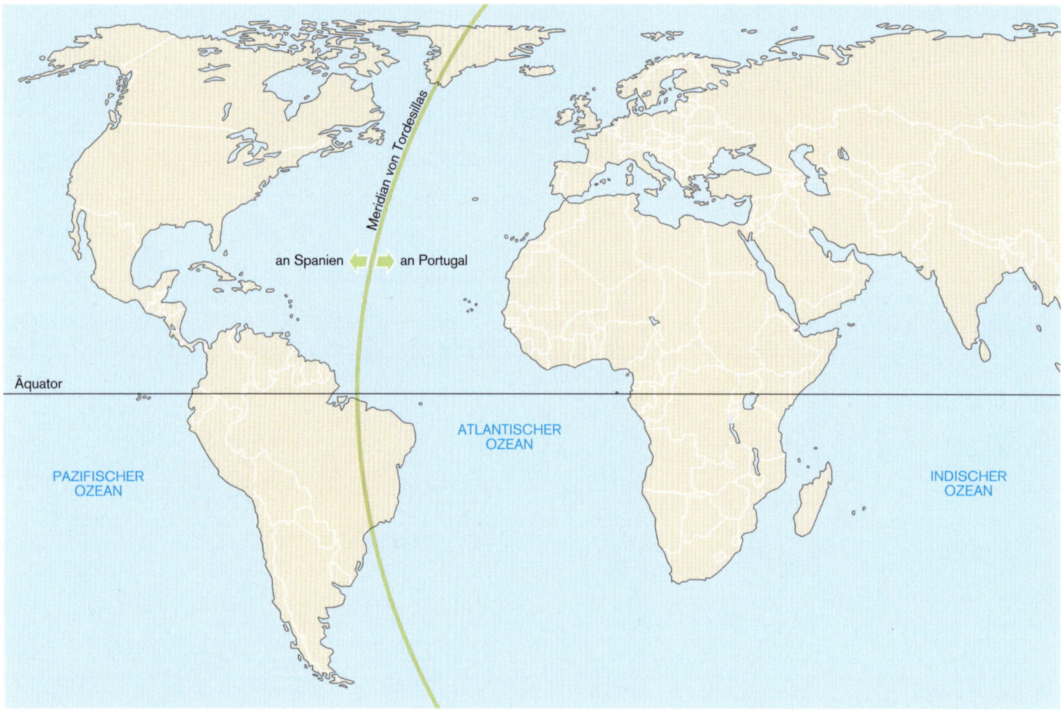

Vertrag von Tordesillas. Die Welt wurde im Vertrag von Tordesillas zwischen Spanien und Portugal aufgeteilt. Der Papst sprach alle Gebiete östlich der Trennlinie Portugal zu, während Spanien die Besitzrechte an den westlich davon gelegenen Ländern und Meeren für sich beanspruchte.

Triumphzug nach Barcelona, wo er von den Königen Isabella und Ferdinand mit allen Ehren empfangen wurde. Die spanischen Könige empfanden grosse Genugtuung, dass Kolumbus noch vor den Portugiesen den Seeweg nach Indien gefunden zu haben schien. Sie beauftragten ihn trotz dem eher bescheidenen Ertrag der Unternehmung (einige Indios, Pflanzen, Tiere und ein wenig Gold) mit einer neuen Reise.

Zunächst wollten sie sich die Besitzrechte der neuen Länder und Inseln vom Papst bestätigen lassen. In der kleinen spanischen Grenzstadt Tordesillas wurde daraufhin im Jahr 1494 ein Vertrag zwischen Spanien und Portugal unterzeichnet, der die noch unerschlossenen Gebiete zwischen Spanien und Portugal aufteilte. Der Papst sprach sämtliche östlich des *Meridians von Tordesillas liegenden Länder und Meere dem Königreich Portugal zu, während er Spanien die Rechte auf die westlich der Linie liegenden Gebiete verlieh. Portugal liess sich auf diese Weise seine Besitzrechte an der afrikanischen Küste, den Azoren, Madeira und den Kapverdischen Inseln durch das christliche Oberhaupt bestätigen. Gleichzeitig wurde der Anspruch Spaniens auf Kuba, Hispaniola, die Bahamas und weitere von Kolumbus entdeckte und noch zu entdeckende Gebiete rechtlich abgesichert.

Weder hatten sich Spanien und Portugal Gedanken über die Rechte der Bevölkerung dieser Länder gemacht, noch zweifelten sie die *Autorität des Papstes in der Welt an. Sie wussten auch nicht, dass ein Teil Südamerikas im Gebiet lag, das den Portugiesen zugesprochen wurde. So konnte aber im April 1500 der portugiesische Seefahrer Pedro Álvarez Cabral den östlichen Teil Brasiliens im Namen des Königs von Portugal in Besitz nehmen.

Die zweite Reise des Kolumbus

Im September des Jahres 1493 segelte eine grosszügig ausgestattete Flotte Richtung Westen. Den 1200 bis 1500 mitreisenden Soldaten, Bauern und Handwerkern wurde viel versprochen, und sie reisten mit weit überzogenen Vorstellungen von den angeblich so mühelos zu erwerbenden Reichtümern nach Amerika. Keiner der Auswanderer nahm die Strapazen der Reise und die ungewisse Zukunft auf sich, um in Amerika als Bauer seinen Lebensunterhalt zu verdienen. Vielmehr lockten die vermeintlichen Gold- und Silbervorkommen und der einfache Erwerb von Grundbesitz.

Nach einer ruhigen Überfahrt erreichten die 17 Schiffe die Küste der Insel Hispaniola, an der Kolumbus bei seiner ersten Reise an die 40 Besatzungsmitglieder in der Siedlung «La Navidad» zurückgelassen hatte. Als Kolumbus an Land ging, musste er feststellen, dass die Siedlung zerstört und keiner der Männer mehr am Leben war. Es schien, als ob sich die Sied-

33 

Indios suchen in Flüssen nach Gold. Die Spanier waren über die geringen Goldvorkommen auf Hispaniola enttäuscht. Sie zwangen die Indios, in harter Arbeit auch in Flüssen nach Gold zu suchen. Schwemmsand musste heraufgeholt und dann nach Goldstaub oder kleinen Goldstücken durchsucht werden. Kupferstich von Theodor de Bry, 1591.

34 Die Goldgier der Spanier

Keiner kam dort an, der nicht Gold zu finden hoffte, um die Armut loszuwerden, die es in Spanien damals in allen Ständen reichlich gab. Sobald sie landeten, machten alle sich nach den Gegenden der Goldvorkommen auf, die etwa acht Meilen von dieser Stadt [Santo Domingo] entfernt sind, wobei sie meinten, man brauche nur dort anzukommen und das Gold aufzuheben. [...] Bei den Goldstätten angekommen, merkten sie bald, dass das Gold nicht wie eine Frucht vom Baum gepflückt werden kann, sondern dass es in der Erde versteckt lag. Ohne Kenntnis und Erfahrung von der Lage der Erzadern mühten sie sich ab, aufs Geratewohl zu graben und den Sand zu waschen.

Fray Bartolomé de las Casas: *Historia de las Indias.* Ausgabe Mexiko, 1951, Band 2. In: Richard Konetzke: Lateinamerika seit 1492. Quellen- und Arbeitshefte zur Geschichte und Politik. Stuttgart: Ernst Klett Verlag, 1971.

ler untereinander zerstritten hätten. Indios berichteten, dass sie sich gegen die rücksichtslose Behandlung durch die Spanier zur Wehr setzen mussten.

Hispaniola

Die an Land gegangenen spanischen Siedler wollten die Insel Hispaniola möglichst rasch unter Kontrolle bringen und die Suche nach den Goldschätzen im Hinterland vorantreiben. Bei diesen Erkundungstouren ins Hinterland kam es zu Zusammenstössen zwischen Spaniern und Indios. 100 000 Indios sollen dabei ihr Leben gelassen haben. Die Überlebenden wurden gezwungen, alle drei Monate ein *Falkenglöckchen voll Gold abzuliefern. Doch auf Hispaniola waren lediglich sehr geringe Goldmengen vorhanden, die sich nur durch Auswaschen von Sand und Kieselgestein in Flüssen gewinnen liessen. Für viele Indios war es unmöglich, die Goldsteuer abzuliefern, und viele flohen in die Berge. Die Spanier gingen äusserst brutal gegen die Inselbevölkerung vor, bis sich im Jahre 1496 nirgends mehr Widerstand regte.

Spaniens Siedlungspolitik

Die spanischen Könige ergriffen Massnahmen zum Schutz ihrer Leute und zur Christianisierung der Indios. Sie verfolgten zudem das Ziel, die Kolonisierung auf Hispaniola voranzutreiben. Jeder spanische Einwanderer erhielt ein Stück Land zugeteilt. Die Indios durften dabei nur zu leichter Arbeit im Dienste der Spanier herangezogen werden. Bis 1509 hatten die Kolonisten bereits 15 Städte nach spanischem Vorbild errichtet.

Doch die Vorgaben der spanischen Könige wurden kaum eingehalten. Da den Kolonisten versprochen worden war, in Amerika durch Goldfunde reich zu werden, weigerten sie sich, ihren Lebensunterhalt mit der Bewirtschaftung des Landes zu bestreiten. Sie gingen dazu über, die Indios zur Bebauung ihres Landes zu zwingen. An die Stelle der anfangs friedlichen Beziehungen zwischen den spanischen Seeleuten und der indianischen Inselbevölkerung traten heftige Konflikte.

AUFGABEN

5 *Welche Personen übten einen besonders grossen Einfluss auf Kolumbus aus?*

6 *Weshalb dauerte es so lange, bis Kolumbus Unterstützung für seine Expedition fand?*

7 *Nenne eine der Ursachen für die sich anbahnenden Konflikte zwischen den Spaniern und der indianischen Inselbevölkerung.*

8 *Was löste den Konflikt zwischen den spanischen Eroberern und der Inselbevölkerung schliesslich aus?*

35

Indios als Lastenträger. Die spanischen Eroberer zwingen Indios, schwere Lasten zu schleppen. Wenn sich die Indios dagegen wehren, erschlagen sie die Spanier kurzerhand und brennen ihre Dörfer ab. Das Aquarell eines unbekannten Künstlers illustrierte das 1582 erschienene Buch «Tyrannies et cruautez des Espagnols perpétrées ès Indes Occidentales» von Bartolomé de las Casas, welches die Behandlung der Indios kritisch betrachtete.

36

Folter durch Feuer. Spanier foltern einen Indio. Angekettet an einen Pfahl, wird zu seinen Füssen ein Feuer entfacht, das ihn verbrennt. Ein Armbrustschütze und ein Bluthund ergänzen die Foltermethode. Aquarell aus dem 1582 erschienenen Buch «Tyrannies et cruautez des Espagnols perpétrées ès Indes Occidentales» von Bartolomé de las Casas.

Versklavung

Die spanischen Eroberer hofften in Amerika mit Goldfunden reich zu werden. Doch dies erwies sich als schwieriger und arbeitsintensiver, als sie es sich vorgestellt hatten. Die hohen Erwartungen liessen sich nicht so leicht erfüllen. Deshalb begannen die Spanier, die Indios zu zwingen, sie mit Nahrungsmitteln und Gold zu beliefern. Die unmenschliche Behandlung, die harte Arbeit und die von den Spaniern eingeschleppten Krankheiten liessen die Inselbevölkerung rasch aussterben. Da die Spanier damit gezwungen gewesen wären, selbst zu arbeiten, importierten sie Afrikanerinnen und Afrikaner als Sklaven. So nahm der Menschenhandel von Afrika nach Übersee seinen Anfang.

Die Versklavung der Indios

Als Königin Isabella im Jahr 1504 starb und in Spanien die Nachfolgestreitigkeiten in den Vordergrund traten, war das Interesse an den Vorkommnissen auf Hispaniola nicht mehr sehr gross. Die spanischen Einwanderer begannen indessen, die Bevölkerung Hispaniolas immer entschlossener zur Arbeit bei der Goldgewinnung, in der Landwirtschaft und im Bergbau heranzuziehen. Für acht Monate im Jahr wurden die Indios zur Zwangsarbeit verpflichtet. Familien wurden getrennt und Männer, Frauen und Kinder gezwungen, nach Gold zu suchen und die Spanier mit Nahrungsmitteln zu versorgen. Mit dem geschürften Gold bezahlten die Spanier einerseits die Kosten für den Bau der Siedlungen. Andererseits war das Gold aber auch Zahlungsmittel für den aus dem *Mutterland kommenden Nachschub. Zahlreiche Indios überlebten die Fronarbeit nicht. Zudem fiel ein Grossteil der Bevölkerung Hispaniolas den von den Europäern eingeschleppten Krankheiten zum Opfer.

37

Indios töten sich selbst. Theodor de Bry stellt sich das Elend der Indios vor. In seiner Vorstellung erwürgen sich die Indios selbst und stürzen sich zu Tode, weil sie die Zwangsarbeit und Folter der Spanier nicht mehr ertragen. Alles scheint besser zu sein, als in den Händen der spanischen Eroberer zu sterben. Kupferstich von Theodor de Bry, 1594.

38

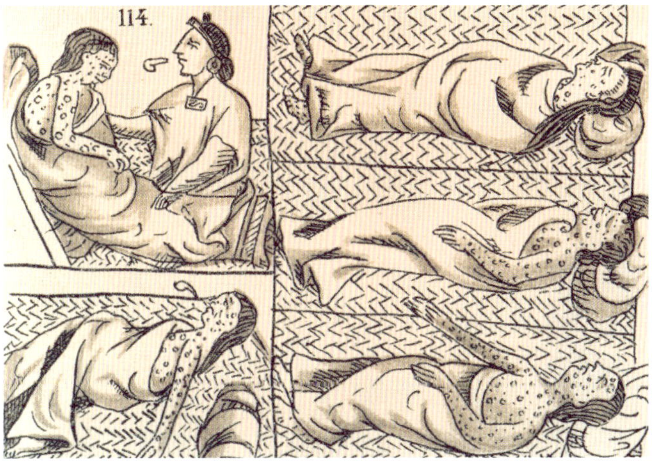

Pocken. Die von den Spaniern eingeschleppten Krankheiten breiteten sich schnell im ganzen karibischen Raum sowie auf dem amerikanischen Kontinent aus. Unzählige Indios fielen den Krankheiten zum Opfer und starben. Abbildung aus dem «Codex Florentino», in dem Fray Bernadino de Sahagún um 1559 mit Hilfe von Azteken das erhaltene Wissen der Azteken-Kultur festhielt.

Das rücksichtslose Vorgehen der Spanier und die Epidemien führten dazu, dass 1548 nur noch 500 der Inselbewohnerinnen und -bewohner Hispaniolas am Leben waren, und wenig später galt die Bevölkerung als ausgerottet. Um die nunmehr fehlenden Arbeitskräfte zu ersetzen, begannen die Spanier, die Bevölkerung der Nachbarinseln zu versklaven und auf Hispaniola zur Arbeit einzusetzen. Regelmässig fuhren Sklavenfängerexpeditionen auf die umliegenden Inseln. Die Inselbewohner und -bewohnerinnen wurden nach Hispaniola verschleppt und die gesamte Inselgruppe dadurch rasch entvölkert. Es ist nicht bekannt, wie viele Indios im Lauf des Eroberungsprozesses tatsächlich starben.

Afrikanische Sklaven

Diese Entwicklung führte dazu, dass kaum jemand mehr übrig blieb, um die von den Spaniern verschmähte Arbeit zu verrichten. Die spanischen Eroberer kamen zu diesem Zeitpunkt auf die Idee, afrikanische Sklaven zu importieren. Diese Idee war nicht neu. Auf der Iberischen Halbinsel sowie auf den Inseln des Mittelmeers und des Atlantiks hatte die Haltung afrikanischer Sklaven eine gewisse Tradition. So wurden bereits zu Beginn des 16. Jahrhunderts afrikanische Sklaven in die Karibik verschifft. Da die Spanier auf Grund des Vertrages von Tordesillas keinen direkten Zugang zu den afrikanischen Küsten hatten, mussten sie die Sklaven den Portugiesen abkaufen. Diese segelten während der ersten Hälfte des 16. Jahrhunderts den afrikanischen Küsten entlang und trafen vor allem bei Flussmündungen auf afrikanische Zwischenhändler. Die gekauften Sklaven wurden auf den Umschlagplätzen zunächst gesammelt und schliesslich auf die portugiesischen Schiffe verfrachtet. Vorausgesetzt, die Sklaven überlebten die Überfahrt in die Karibik, wurden sie verkauft und zur Arbeit auf den *Plantagen oder in den Bergwerken gezwungen.

Die afrikanischen Sklavinnen und Sklaven spielten in der Wirtschaft Mittel- und Südamerikas im 16. und 17. Jahrhundert eine immer wichtigere Rolle. Nach 1550 wurden die spa-

39

Einsatz von Sklaven in den Plantagen. Nach der Einführung des Zuckerrohrs wurden afrikanische Sklaven zu dessen Verarbeitung herangezogen. In der Raffinerie wurde das Zuckerrohr zerkleinert und in Zuckerhäusern zu Zucker gekocht. Kolorierter Kupferstich von Theodore de Bry, 1595.

40 Die Rechtfertigung der Sklaverei

Wir sehen es als eine eingeführte und anerkannte Praxis an, dass die Negersklaven von Guinea, Kapverde und anderen Gegenden geholt werden und in Spanien und Amerika ohne Skrupel als Sklaven gelten. Denn wir tun dies im guten Glauben, dass sie sich aus eigenem Willen verkaufen oder dass sie in gerechten Kriegen, die sie gegeneinander führen, gefangen genommen und darauf an die Portugiesen verkauft wurden, die sie uns bringen, und wenn Autoren auch diesen Handel für recht gefährlich, bedenklich und schlüpfrig wegen der Betrügereien halten, die dabei gewöhnlich begangen werden, finden sie sich schliesslich damit ab und beruhigen sich damit, dass es den Privatpersonen nicht zukommt, diese Vorfälle zu untersuchen.

Juan de Solórzano: *Politica Indiana*. Band 1, 1648. In: Richard Konetzke: Lateinamerika seit 1492. Quellen- und Arbeitshefte zur Geschichte und Politik. Stuttgart: Ernst Klett Verlag, 1971.

nischen Kolonien Amerikas zu den wichtigsten Abnehmerinnen für afrikanische Sklaven. Sie schienen eine längere Lebenserwartung zu haben als die Indios. Der Grund hierfür lag jedoch weniger in ihrer grösseren Belastbarkeit als in ihrer geringeren Anfälligkeit für die europäischen Krankheiten.

Der «Dreieckshandel»

Im Jahr 1600 lebten bereits 15 000 afrikanische Sklaven in der portugiesischen Kolonie Brasilien, wo die meisten auf den ausgedehnten Zuckerrohrplantagen arbeiteten. In dieser Zeit war Brasilien Europas Hauptlieferant für Zucker. Portugal profitierte einerseits vom Handel mit Zucker, andererseits aber auch vom stetig an Bedeutung zunehmenden Sklavenhandel. Die mit dem Menschenhandel erwirtschafteten Gewinne füllten die königlichen Kassen und die Taschen der Händler gleichermassen. Der Sklavenhandel florierte. Aufgrund der unmenschlichen Arbeitsbedingungen auf den Plantagen lebte ein Arbeiter durchschnittlich lediglich noch 10 Jahre. Die Plantagenbesitzer brauchten also ständig Nachschub an neuen Sklaven aus Afrika. Es lohnte sich auch nicht, die schwarzen Frauen dazu zu ermuntern, Kinder grosszuziehen. Deren Unterhalt kostete die Plantagenbesitzer mehr, als der Einkauf von neuen Sklavinnen und Sklaven bei den Händlern.

Im späten 17. Jahrhundert entwickelte sich der gewinnbringende «Dreieckshandel». Die Handelsleute segelten zunächst nach Afrika, um Sklaven einzukaufen oder gegen europäische Waren einzutauschen. Die Sklaven wurden daraufhin in die Karibik verschifft und dort gegen Zucker, Baumwolle, Gold und Silber eingetauscht. Diese wertvolle Fracht wurde in Europa mit hohen Gewinnen verkauft. Der Erlös diente dazu, weitere Schiffe für den Sklavenhandel auszurüsten, die von Europa aus nach Afrika, von dort nach Amerika und wieder zurück nach Europa fuhren. Dieser

41

Sklavenmärkte. Wie Tiere werden afrikanische Sklaven auf dem Markt begutachtet und untersucht. Besonders wurde auf den Zustand der Augen, der Zähne und der Haut geachtet.

42
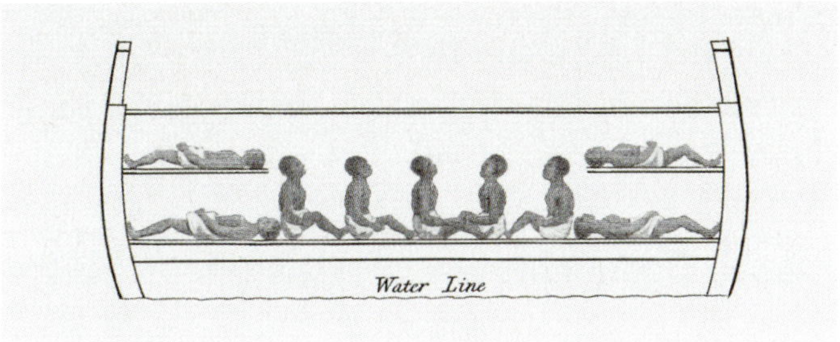

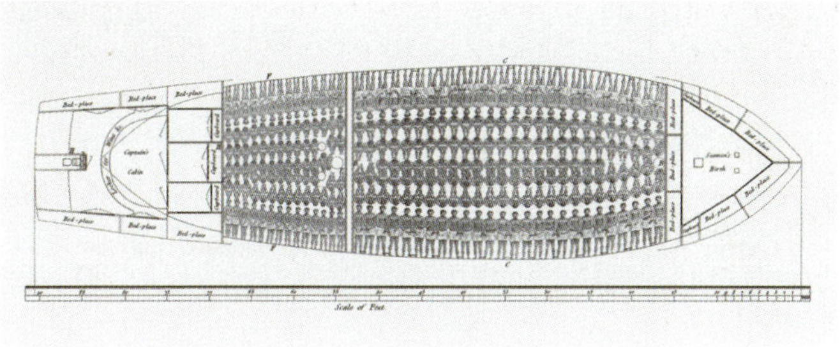

Sklavenschiff. Zusammengepfercht lagen die Sklaven auf dem Sklavendeck und den hölzernen Zwischenböden der Schiffe auf der Überfahrt nach Amerika. Zwischen dem Haupt- und dem Unterdeck wurden Zwischenböden eingerichtet, damit mehr Sklaven transportiert werden konnten. Mindestens 10 von 100 Sklaven überlebten die Fahrt über den Atlantik nicht.

transatlantische Sklavenhandel war eines der schlimmsten Verbrechen gegen die Menschheit. Zwischen 1441 und 1860 verlor Westafrika dadurch gegen 20 Millionen Menschen. Der Schaden, der Afrika durch die Versklavung junger und arbeitsfähiger Generationen zugefügt worden ist, wirkt bis in die Gegenwart.

AUFGABEN

9 *Was waren die Folgen der unmenschlichen Behandlung der Indios durch die Spanier?*

10 *Weshalb wurden afrikanische Sklaven und Sklavinnen nach Amerika importiert?*

11 *Weshalb war der Handel mit Sklavinnen und Sklaven ein einträgliches Geschäft?*

12 *Wie funktionierte der «Dreieckshandel»?*

43

Das Inkareich. Die Karte zeigt die mutmassliche Ausdehnung des Inkareichs kurz vor der Eroberung durch die Spanier. Ein ausgedehntes Netz von gut ausgebauten Wegen durchzog das gesamte Gebiet der Inkas.

44

Atahualpa kommt nach Cajamarca. So stellte sich der Künstler vor, wie Atahualpa, getragen von seinen Untertanen, nach Cajamarca reiste. Kolorierter Kupferstich von Theodor de Bry, 1596.

Die Eroberung des Inkareichs

Francisco Pizarro eroberte das Inkareich in kürzester Zeit. Die spanischen Eroberer trafen bei ihrer Ankunft ein Reich an, das sich mitten in einem Nachfolgekrieg befand. Von den Europäern eingeschleppte Krankheiten schwächten das Inkareich zusätzlich. Francisco Pizarro nahm den Inkaherrscher Atahualpa gefangen und liess ihn kurze Zeit später ermorden. Der Tod des Inkaherrschers bedeutete zugleich das Ende der Hochkultur der Inkas.

Die Organisation des Inkareichs

Die Gesellschaft der Inkas setzte sich aus verschiedenen Bevölkerungsschichten zusammen. An der Spitze stand der Sapan Inca, der als Sohn der Sonne verehrt wurde. Die Gründerfamilie des Inkareichs nahm in der Gesellschaft eine wichtige Stellung ein, und ihre Mitglieder kamen in den Genuss vieler Sonderrechte. Zahlreiche Beamte kontrollierten im ganzen Inkareich die Durchführung gemeinnütziger Aufgaben, sie überwachten die in den königlichen Speichern abgelieferten Güter und führten Volkszählungen durch. In der Bevölkerung nahmen die Handwerker und unter ihnen besonders die Goldschmiede eine besondere Stellung ein, denn in der Residenz des Inkaherrschers waren sogar die Gebrauchsgegenstände aus Gold oder Silber. Die Inkas erschlossen ihr Reich mit einem engmaschigen Strassennetz. Die Spanier waren von diesem Strassensystem als technischer Leistung sehr beeindruckt. Zugleich erleichterte es ihnen den Vormarsch erheblich.

Die Expansion des Inkareichs

Zu Beginn des 16. Jahrhunderts hatte das Inkareich mit der Eroberung des heutigen Ecuador seine grösste Ausdehnung erreicht. Oft erfolgte diese auf friedlichem Weg, denn die Inkas wendeten eine geschickte Taktik an. Der Inkaherrscher schlug dem Anführer eines Volkes vor, sein Land dem Inkastaat anzugliedern. Gleichzeitig bot er ihm reiche Geschenke an. Wurde das Angebot verweigert, ging das Inkaheer zum Angriff über und trug in den meisten Fällen den Sieg davon. So schritt die Expansion des Inkareichs zügig voran.

45

Schlacht von Cajamarca. Die Inkas beeindruckten vor allem die Pferde und Feuerwaffen der Spanier. Diese waren in Amerika noch unbekannt. Obwohl die Inkas mit einem viel grösseren Heer nach Cajamarca marschierten, gelang es ihnen nicht, die aus dem Hinterhalt schiessenden Spanier zu besiegen. Zeichnung von Felipe Guamán Poma de Ayala, um 1615.

46 Marsch nach Cajamarca

Wir wollten aber hinauf ins Hochland in die Provinz Cajamarca, wo der besagte Atahualpa residierte, und so mussten wir die königliche Heerstrasse und die schönen Ortschaften hinter uns lassen und eine Nebenstrasse nehmen.
So erblickten wir nach drei oder vier Tagesmärschen durch jene Gebirge und über beschwerliche Pässe an einem Donnerstagabend, dem 15. November, den Ort Cajamarca und das Lager, das Atahualpa eine Meile ausserhalb aufgeschlagen hatte. Dieses Lager erstreckte sich über mehr als eineinhalb Meilen das Tal entlang, und so viele Zelte waren zu sehen, dass wir darüber schier erschraken, denn wir hatten bei den Indios kein so prächtiges Lager und so viele und so gut errichtete Zelte erwartet. Bis dahin hatte im Indioland niemand dergleichen gesehen, und daher versetzte der Anblick uns Spanier in grosse Verwirrung und Furcht.

Chronik in den Papieren aus der Truhe des Kosmografen Santa Cruz (1572). In: Eberhard Schmitt (Hrsg.): *Die grossen Entdeckungen*. Dokumente zur Geschichte der europäischen Expansion, Band 2. München: Verlag C.H. Beck oHg, 1984.

Die zunehmende Grösse des Reichs verhalf der Herrscherschicht der Inkas einerseits zu mehr Macht und Reichtum. Andererseits fiel es den Inkas immer schwerer, das Reich zu verteidigen und zu kontrollieren. Die in schneller Abfolge eroberten Völker fühlten sich dem Inkaherrscher nie verbunden. Ihre Unzufriedenheit und der Wunsch nach Unabhängigkeit trugen wesentlich zum Sturz der Inkaherrschaft bei. Gewisse Teile der Bevölkerung unterstützten die Spanier bei der Eroberung des Inkareichs, denn sie sahen darin die lang ersehnte Gelegenheit, sich von der Herrschaft der Inkas zu befreien. Noch ahnten sie nicht, welch grosse Armut und unsägliches Leid sie während der spanischen Kolonialisierung erleiden mussten.

Die Nachfolgeregelung

Im Reich der Inkas wurde die Nachfolge des Herrschers unterschiedlich geregelt. Selten verlief beim Tod eines Herrschers der Übergang ruhig und ohne Streitereien, Morde und Hofintrigen ab. So kam es auch beim Ableben des Inkaherrschers Huayna Capac zum Krieg zwischen seinen beiden Söhnen Huascar und Atahualpa. Der Bruderzwist um die Nachfolge Huayna Capacs weitete sich zu einem Bürgerkrieg aus, der das Reich zusätzlich schwächte und auseinanderriss. Die spanischen Eroberer fanden bei ihrem Einmarsch kein starkes Inkareich mehr vor, sondern vielmehr einen Staat im Nachfolgekrieg.

Die Eroberung des Inkareichs

Atahualpa gelang es im Jahr 1532 nach zweijährigem Kampf, seinen Bruder Huascar zu besiegen. Doch die kriegerischen Auseinandersetzungen waren für Atahualpa noch nicht zu Ende, denn zur selben Zeit landete der spanische Eroberer Francisco Pizarro an der Nordküste des Inkareichs. Mit seinem Heer, das aus 62 Reitern und 106 Fusssoldaten bestand, machte sich Pizarro auf, um den Inkaherrscher Atahualpa in der Hochebene von Cajamarca zu treffen.

Pizarro quartierte sich im November des Jahres 1532 in Cajamarca ein und liess Atahualpa eine Einladung zukommen. Doch die Einladung zu einem vermeintlich friedlichen Treffen endete mit der Geiselnahme Atahualpas. Kaum waren

47

Das Lösegold Atahualpas. Von den Goldgegenständen, die Atahualpa von der Bevölkerung zusammentragen liess, ist nichts mehr geblieben als einige Aufzählungen von spanischen und indianischen Augenzeugen. Die meisten Goldstücke wurden zertrampelt, zerschlagen und zum Transport nach Spanien eingeschmolzen. Kolorierter Kupferstich von Theodor de Bry, 1596.

die Inkas in Cajamarca eingetroffen, nahmen die Spanier das ungleich grössere Heer Atahualpas unter Beschuss. Die aus dem Hinterhalt angegriffenen Indios starben zu Tausenden auf dem Zentralplatz von Cajamarca. Im Gegensatz zu den Indios waren die Spanier mit Schusswaffen ausgerüstet und kämpften hoch zu Pferd. Die Pferde flössten vielen Indios grosse Furcht ein. Noch nie hatten die Inkasoldaten solche Geschöpfe gesehen. Auch der Anblick der weisshäutigen, bärtigen Spanier, die so anders aussahen als sie selbst, liess einige zunächst an die Rückkehr von Göttern glauben.

Der Tod Atahualpas

Atahualpa, der sich nunmehr in der Gefangenschaft der Spanier befand, erkannte ihre Gier nach Gold und Silber. So bot er Pizarro als Lösegeld für seine Freilassung ein ganzes Zimmer sowie einen Speicher voller Gold und Silber an. Pizarro stimmte der Abmachung zu und schickte gleichzeitig einige seiner Leute mit einem Auftrag in die Inkahauptstadt Cuzco. Sämtliches Gold und Silber der Stadt sollten sie für Spanien in Besitz nehmen. In der Hauptstadt Cuzco drangen die Soldaten in den Sonnentempel der Inkas ein und rissen ohne Rücksicht auf den Besitz und den Glauben der Indios alles Gold und Silber an sich.

Atahualpa kam trotz der Erfüllung seines Versprechens nicht frei. Er wurde in einem Scheinprozess zum Tod verurteilt. Mit der Vollstreckung des Urteils Ende August 1533 endete auch die *Ära des Inkareichs.

AUFGABEN

13 *Weshalb hatte die rasche Vergrösserung des Inkareichs einen Einfluss auf die schnelle Eroberung durch die Spanier?*

14 *Wie versuchte der gefangene Atahualpa seine Freiheit zu erlangen?*

15 *Was geschah mit dem Lösegold?*

16 *Wie endete die Ära des Inkareichs?*

48 Die Adventspredigt des Dominikanerpaters Antonio de Montesino in Santo Domingo (1511)

In der Absicht, euch eure Sünden gegenüber den Indianern ins Gewissen zu rufen, habe ich diese Kanzel bestiegen, ich, als die Stimme Christi in der Wildnis dieser Inseln, und darum sollt ihr mir Gehör schenken [...] Diese meine Stimme sagt euch, dass ihr euch der Todsünde schuldig macht, dass ihr in dieser lebt und sterben werdet, weil ihr dies unschuldige Volk grausam und tyrannisch behandelt. Sagt, mit welchem Recht und mit welcher Gerechtigkeit haltet ihr diese Indianer in einer so grausamen und schrecklichen Dienstbarkeit? Welche Vollmacht habt ihr, gegen dieses Volk einen verabscheuungswürdigen Krieg zu führen, das in seinem Lande ruhig und friedlich dahinlebte? Warum bedrückt und plagt ihr die Indianer, ohne ihnen genug zu essen zu geben, noch sie in ihren Krankheiten zu pflegen, welche sie sich als Folge der übermässigen Arbeiten zuziehen, die ihr ihnen auferlegt?

Zitat nach L. Hanke: *The Spanish Struggle for Justice in the Conquest of America.* Philadelphia, 1949. In: Urs Bitterli: *Alte Welt – neue Welt. Formen des europäisch-überseeischen Kulturkontakts vom 15. bis zum 18. Jahrhundert.* München: Verlag C.H. Beck oHg, 1986.

49 Gesetzgebung und Wirklichkeit

Die Indianer können sich zur *Akkordarbeit bei gerechten Löhnen *verdingen. Die Arbeitsvereinbarung hat vor dem Gericht zu erfolgen, denn die *Kaziken nahmen ihren Indianern einen Teil des Akkordlohnes weg. Es ist dies gewiss ein gerechtes und heilsames Gesetz, aber es wird wie viele andere Gesetze, die zum Wohl der Indianer und Amerikas erlassen worden sind, schlecht beachtet und angewendet, wogegen nicht leicht eine wirksame Abhilfe getroffen und angeordnet werden kann, denn es ist sehr schwierig, solche Massnahmen rechtskräftig werden zu lassen und durchzusetzen oder den zugefügten Schaden wiedergutzumachen, der bereits zur Gewohnheit geworden ist.

Der spanische Kronjurist Juan de Solórzano über Gesetzgebung und Wirklichkeit. Aus: Richard Konetzke: *Lateinamerika seit 1492. Quellen- und Arbeitshefte zur Geschichte und Politik.* Stuttgart: Ernst Klett Verlag, 1971.

50 Die Arbeitsmoral der Spanier

Seine Majestät befiehlt, dass Indianer nicht gegen ihren Willen zur Arbeit in den Bergwerken eingestellt werden sollen, und darauf befiehlt seine Majestät, dass man sehr darauf acht geben soll, dass die Bergwerke ausgebeutet werden, und es ist sehr richtig, dass dies geschieht. Eure Gnaden und alle Herren [des Indienrates] mögen sich über eine Sache keiner Täuschung hingeben, nämlich, dass die Bergwerke mit Spaniern ausgebeutet werden können, denn hierfür gibt es wenige und diese sind von so grosser Einbildung, dass sie eher vor Hunger sterben, als dass jemand eine Hacke in die Hand nimmt.

Brief des Vizekönigs von Peru an den Indienrat, die Zentralverwaltung für sämtliche spanischen Überseegebiete, vom 31. August 1563. Aus: Richard Konetzke: *Lateinamerika seit 1492. Quellen- und Arbeitshefte zur Geschichte und Politik.* Stuttgart: Ernst Klett Verlag, 1971.

Recht und Unrecht

Zu Beginn des 16. Jahrhunderts standen Juristen, Geistliche und die Krone vor grossen Problemen. Ein Grossteil der Indios starb an den Folgen der Kriege, der eingeschleppten europäischen Krankheiten und der Arbeitsausbeutung. Es stellte sich die Frage, mit welcher Berechtigung die Spanier die Gebiete Lateinamerikas eroberten. Auch über die Behandlung der Indios und ihre Bekehrung zum christlichen Glauben wurde viel diskutiert. Es wurden Gesetze ausgearbeitet, die die Indios schützen sollten. Diese wurden jedoch oft nicht eingehalten. Die Eroberungszüge der Spanier wirkten sich nicht in ganz Lateinamerika gleich aus. Vor allem zwischen der Eroberung der Inseln durch Kolumbus und der Eroberung des Inkareichs durch Pizarro sind grosse Unterschiede ersichtlich.

Der Dominikanermönch Antonio de Montesino

Fast zwei Jahrzehnte nach Kolumbus' Ankunft in der Karibik drängte sich für verschiedene Geistliche immer mehr die Frage auf, mit welcher Berechtigung die Spanier die Inseln unterwarfen und für die spanische Krone in Besitz nahmen. Wie konnten die Spanier zudem die unmenschliche Behandlung der Inselbevölkerung mit ihrem christlichen Gewissen vereinbaren? Im Advent des Jahres 1511 erhob der Dominikanermönch Antonio de Montesino in seiner berühmten Predigt in Santo Domingo auf Hispaniola als Erster seine Stimme gegen die spanische Indianerpolitik. Damit eröffnete er eine Diskussion, die in der Folge sowohl in Spanien als auch in Amerika intensiv geführt wurde.

Die Gesetze von Burgos

Die leidenschaftliche Predigt des Dominikanermönchs Montesino löste heftige Reaktionen aus. Montesino wurde nach Spanien entsandt, um König Ferdinand Bericht zu erstatten. Dieser zeigte sich betroffen über das unmenschliche Vorge-

51

Bartolomé de Las Casas. Der 1502 nach Hispaniola ausgewanderte Spanier liess zunächst selbst Indianer als Goldwäscher und Landarbeiter für sich arbeiten. Im Jahr 1514 begann er jedoch beharrlich für die Rechte der Indios zu kämpfen. Er wurde deshalb auch «Apostel der Indianer» genannt. Gemälde, um 1791.

52

Ein lokaler Häuptling lehnt die Taufe ab. Der Häuptling verweigert die Taufe und wird zur Strafe an einen Pfahl gebunden und verbrannt. Obwohl ein Dominikanermönch noch versucht, den Indio zu überzeugen, sich zum Christentum zu bekehren, lehnt dieser ab. Kupferstich von Theodor de Bry, 1599.

hen gegen die Indios. Als er zudem vernahm, dass die Mehrheit der ursprünglichen Inselbevölkerung durch Krieg, Ausbeutung und Krankheiten zu Tode gekommen war, beauftragte er führende Theologen und Rechtsgelehrte, Gesetze zum Schutz der Indios zu verfassen.

Die Gesetze von Burgos wurden 1512 verabschiedet. Obwohl die Besitzrechte der Spanier in Amerika nicht in Frage gestellt wurden, enthielt die Gesetzessammlung eine Reihe von Bestimmungen, die den Indios ein würdevolleres Dasein ermöglichen sollten. So mussten sich die Spanier verpflichten, die Indios mit genügend Nahrung und Kleidung zu versorgen, ihnen einen angemessenen Lohn zu entrichten und sie zudem zum Christentum zu bekehren. Die Schutzmassnahmen waren auch im Interesse Spaniens. Denn nur lebende Indios konnten der spanischen Krone in Form von Arbeitsleistung und Abgabe der Goldsteuer dienen.

Das Vorhandensein solcher Gesetze garantierte aber noch lange nicht deren Umsetzung. Die Eroberer befanden sich weit weg von Spanien, und auf den Inseln fehlten staatliche *Strukturen, die die Einhaltung der Gesetze hätten kontrollieren können. Auch drei Jahrzehnte nach der Einführung der Gesetze von Burgos erwies sich die Anwendung der Indianerschutzgesetze und vor allem deren Kontrolle als nahezu unmöglich. Zudem widersprachen sich die beiden Forderungen der spanischen Krone, einerseits die Indios zu schützen und andererseits die Edelmetallgewinnung in Amerika zu steigern.

Die Rolle des Christentums

Die Kritiker der spanischen Entdeckungs- und Eroberungspolitik beschäftigte jedoch nicht nur die Frage nach der Behandlung der Indios. Sie diskutierten auch, mit welchem Recht Spanien Inseln oder Länder eroberte und in Besitz nahm, die weder unbewohnt noch unbekannt waren. Eine wichtige Rolle spielte bei dieser Diskussion die Kirche. Das Recht auf Eroberung und Unterwerfung ergebe sich aus dem Auftrag, das Christentum zu verbreiten und Heiden zu bekehren. Mit dieser Verpflichtung wurden auch die Rückeroberung Granadas und die Vertreibung der Muslime in Spanien begründet. Die christlichen Eroberer hatten die Aufgabe, in Gottes Auf-

53 **Die «Wahlfreiheit»**

Die Tyrannen, die er losschickte, um seinen Befehl auszuführen und seine kriegerischen Einfälle zu rechtfertigen, näherten sich in grosser Stille und mit Vorsicht, um nicht gehört zu werden, in der Nacht ihrem Ziel je nach Gegebenheit bis auf eine, eine halbe oder eine viertel Legua (5,5 Kilometer) und lasen den Bäumen das Requerimiento folgendermassen vor: «Kaziken und Indios dieses Dorfes, wir, die Christen aus Kastilien, verkünden euch hiermit, dass es einen Gott und einen Papst gibt!» Dann forderte der Hauptmann den anwesenden Notar auf, urkundlich festzuhalten, dass man den Kaziken und Indios jenes Dorfes alles erklärt habe, was ihre Hoheit befohlen habe, dass diese sich aber geweigert hätten, der Königlichen Hoheit Gehorsam zu leisten und Christen zu werden. Bei Morgengrauen überfielen sie dann das Dorf, dessen Bewohner noch in ihren armseligen Betten schliefen, und legten Feuer, töteten und raubten, … und nachdem sie das Feuer gelöscht hatten, machten sie sich daran, nach Gold zu suchen, wonach ihr ganzes Trachten und Sinnen stand.

Gonzalo Fernández de Oviedo: *Historia general y natural de las Indias,* übersetzt von Liselotte Engl. In Eberhard Schmitt (Hrsg.): *Die grossen Entdeckungen.* Dokumente zur Geschichte der Europäischen Expansion, Band 2. München: Verlag C.H. Beck oHg, 1984.

54

Der Missionsauftrag. Dieser Holzschnitt illustrierte den deutschen Kolumbus-Brief, der 1497 in Strassburg erschien. Der Text dazu lautet: «Eyn schön hübsch lesen von etlichen inssIen die do in kurtzen zyten funden synd durch de künig von hispania, und sagt vo grossen wunderlichen dingen die in de selbe insslen synd.»

trag andersgläubige oder nichtgläubige Gemeinschaften dem christlichen Spanien zu unterwerfen. Befürworter dieser Eroberungspolitik betrachteten die geraubten Güter als rechtmässige Entschädigung für die Christianisierung.

Das Requerimiento

Auch die Unterwerfung der Indios begründeten die Spanier mit dem Auftrag, das Christentum zu verbreiten. Spanische Rechtsgelehrte verfassten 1513 ein Dokument, das die christlichen Spanier dazu berechtigte, gegen die in ihren Augen ungläubigen Indios Krieg zu führen und sie zu versklaven. Spanische Eroberer mussten den Indios das sogenannte Requerimiento («Aufforderung») bei jedem Eroberungszug laut vorlesen. Weigerten sich die Indios, sich zum Christentum zu bekehren und sich den spanischen Königen zu unterwerfen, waren die Spanier gesetzlich dazu berechtigt, gegen die Indios Krieg zu führen und Männer, Frauen und Kinder zu versklaven. Dabei war es den Spaniern völlig gleichgültig, ob den Indios der Text und der Sinn der Zeremonie verständlich waren oder nicht. Das Dokument wurde häufig in Latein oder Spanisch vorgelesen. Die Indios verfolgten die Zeremonie meist bloss mit verständnislosem Staunen, das von den Eroberern als Ablehnung ihrer Forderungen ausgelegt wurde. Das Requerimiento stellte eine Art Kriegserklärung dar, mit der die Eroberer die spanische Herrschaft in Amerika rechtlich absichern wollten.

Unterschiedliche Arten der Eroberung und Kolonisierung

Die Eroberungsprozesse verliefen in Lateinamerika nicht überall gleich. Die Art des Zusammenstosses zwischen der europäischen und der indianischen Kultur war je nach Ausgangslage unterschiedlich. In Hispaniola führte die Ankunft der Spanier zur Vernichtung der ursprünglichen Bevölkerung, während in Peru teilweise eine Vermischung der Kulturen stattfand.

Die europäischen Eroberer trafen auf den Inseln und dem Festland Amerikas auf ganz unterschiedliche Bevölkerungsgruppen. Die Bewohner und Bewohnerinnen von Hispaniola lebten sesshaft als Jäger und Sammlerinnen in kleineren Gemeinschaften und bewirtschafteten mit einfachen Mitteln

55

Wie wilde Tiere. Der Indio sieht sich den Forderungen und der Willkür der spanischen Kolonisten ausgeliefert. Federzeichnung von Felipe Guamán Poma de Ayala, um 1615.

56 [In der Abbildung 55] werden die spanischen Kolonialherren gekennzeichnet, denen der Indio ausgeliefert war und denen er mehr an Steuern oder Arbeitsleistungen geben musste, als gesetzlich vorgeschrieben war. Für den Indio sind sie wie wilde Tiere.

- Oben links: Ein für die Indianergemeinden zuständiger Verwaltungsbeamter erscheint als Drache, weil er das Leben der Menschen, ihre Einkünfte und ihr Vermögen auffrisst.
- Oben rechts: Die reisenden Spanier, die in den Tambos einkehren, sind wie wilde Tiger, weil sie auf Kosten der Indios leben.
- Mitte links: Der *encomendero ist wie ein Löwe, weil er nur Beute macht, nicht einmal die Armen verschont und undankbar ist.
- Mitte rechts: Der Geistliche ist wie ein Fuchs, wenn es um das Rauben von Vermögen und Frauen geht.
- Unten links: Der lokale Häuptling, der mit den Spaniern kooperiert, ist wie eine Ratte.
- Unten rechts: Der Schreiber ist wie eine jagende Katze, weil er den Indios nachstellt und ihnen ihr Vermögen entreisst.

Die neue Welt. Chroniken Lateinamerikas von Kolumbus bis zu den Unabhängigkeitskriegen. Herausgegeben und mit einer Einleitung versehen von Emir Rodríguez Monegal. Frankfurt a. M.: Suhrkamp Verlag, 1982.

den Boden. Auf die Ankunft der Spanier reagierten sie zunächst freundlich, hatten dann aber, als es zu Konflikten kam, wenig Möglichkeiten, um sich wirksam gegen die Angriffe der spanischen Eroberer zu wehren. Die unter Erfolgszwang stehenden Spanier zerstörten ihre gesamte Gesellschaftsordnung und entvölkerten mit ihrer Politik die Inseln der Karibik. Dies führte zur vollständigen Zerstörung der ursprünglichen Lebensweise der Indios auf Hispaniola und der Entvölkerung des gesamten karibischen Raums.

Ganz im Gegensatz dazu trafen die spanischen Eroberer in Peru auf eine hervorragend organisierte Hochkultur. Das Reich der Inkas bestand aus verschiedenen Bevölkerungsschichten mit unterschiedlichen Rechten und Pflichten. An der Spitze des Inkareichs stand ein König, der gleichzeitig als Sohn des Sonnengottes verehrt wurde. Die Inkas waren auch in militärischer Hinsicht gut organisiert. Sie gingen auf ihren Eroberungszügen oft gleich vor wie die Spanier. So übernahmen die Spanier nach der Gefangennahme und Ermordung des Inkakönigs Atahualpa ein gut ausgebautes Reich. Die politischen Strukturen konnten übernommen werden und Zusammenstösse, die wie auf Hispaniola in der Vernichtung der Bevölkerung endeten, blieben aus. Im Laufe der Kolonisierung begannen sich die europäische und die indianische Kultur zu vermischen. Ehen zwischen Spaniern und Indias waren keine Seltenheit. Auch europäische Pflanzen und Nutztiere wurden von den Inkas übernommen.

AUFGABEN

17 *Welche Menschen setzten sich besonders für die Rechte der Indios ein und was forderten sie?*

18 *Welche Rolle spielte das Christentum bei den Eroberungen?*

19 *Erkläre die Bedeutung des Requerimientos.*

20 *Inwiefern unterschieden sich die Eroberung und Kolonisierung Hispaniolas und jene des Inkareichs?*

Untersuchung aus verschiedenen Blickwinkeln

Portfolioauftrag

Wir alle kennen die Situation: Wir fühlen uns unverstanden und können nicht begreifen, dass die andere Person eine Situation oder Sache nicht genau so sieht wie wir. Du hast in diesem Kapitel bereits zwei Arten gesehen, wie unterschiedliche Meinungen oder Ansichten festgehalten werden können. Verschiedene Künstler mit ganz unterschiedlichen Hintergründen haben die gleichen Szenen von Begegnungen zwischen Indios und Spaniern festgehalten. Vergleichst du die Bilder, so stellst du erhebliche Unterschiede fest. Es drängt sich die Frage auf, wie sich die Begegnungen tatsächlich abgespielt haben und weshalb ein Künstler sie genau so dargestellt hat.

Aufgabe

Untersuche zwei historische Texte oder Bilder, in denen die gleiche Situation aus unterschiedlichen Blickwinkeln dargestellt wird. Indem du solche Darstellungen genauer untersuchst, lernst du, verschiedene Sichtweisen wahrzunehmen und ein Problem von unterschiedlichen Seiten zu betrachten. Dies hilft dir dann, eine Situation, einen Text oder ein Bild besser einordnen und beurteilen zu können.

Vorgehen

1. Wähle entweder zwei Texte oder zwei Bilder aus, die du genauer untersuchen möchtest. Du kannst auch Texte oder Bilder aus diesem Kapitel verwenden.
2. Beschreibe in einigen Sätzen, welche beiden Meinungen vertreten werden. Falls du Bilder gewählt hast, beschreibst du die dargestellten Szenen genau.
3. Versuche etwas über die Personen herauszufinden, die diese Texte geschrieben bzw. die Bilder gemalt haben. Beschreibe jede der beiden Personen möglichst genau. Du kannst dir zum Beispiel folgende Fragen stellen:
   a) Wie alt ist sie?
   b) Ist es eine Frau oder ein Mann?
   c) Wie und wo ist sie aufgewachsen?
   d) Welche Ausbildung hat sie genossen?
   e) Gibt es bestimmte Ereignisse, die die Person besonders geprägt haben?
   f) Für wen hat die Person das Bild gemalt oder den Text geschrieben?
   g) Wann hat die Person den Text geschrieben oder das Bild gemalt?
   h) Weshalb könnte sie dies getan haben?
4. Stelle Vermutungen an, weshalb eine Person eine bestimmte Meinung vertritt oder bei einem Bild bestimmte Details hervorhebt und andere nicht.
5. Lies die Texte nun nochmals durch oder schau dir die Bilder nochmals an. Notiere, inwiefern du die Texte oder Bilder mit dem gewonnenen Hintergrundwissen nun anders betrachtest und beurteilst. Welche Gedanken kannst du nun besser nachvollziehen? Wie erklärst du dir die Unterschiede zwischen den Bildern bzw. den Texten?

Hinweis

- Genau die gleiche Problematik hast du in der Methodenschulung angetroffen. Obwohl die beiden Personen über dasselbe sprechen, tun sie dies aus entgegengesetzten Blickwinkeln. So wie Kolumbus die Indios als «Wilde» bezeichnet, spricht auch der Indio von den Spaniern als «jemand, der eine wilde Sprache spricht». Texte oder Bilder sagen nicht nur etwas über das Gezeigte oder Beschriebene aus, sondern auch über die Personen, die sie verfasst oder gemalt haben.
- Dass eine Situation aus verschiedenen Blickwinkeln betrachtet werden kann, mussten wir alle zuerst lernen. So wie es in unserem Alltag wichtig ist, zu verstehen, weshalb jemand eine bestimmte Meinung vertritt, ist es auch im Umgang mit historischen Texten oder Bildern nötig, über den Hintergrund des Verfassers oder der Künstlerin Bescheid zu wissen.
- Mit dem gleichen Vorgehen kannst du Situationen aus deinem Alltag untersuchen, in denen unterschiedliche Sichtweisen eine Rolle spielen, zum Beispiel eine Meinungsverschiedenheit mit einem Freund oder einer Freundin.

Wissenschaftliche Voraussetzungen

Im Verlauf des 14. und 15. Jahrhunderts wurden nicht nur die politischen und wirtschaftlichen, sondern auch die technischen Voraussetzungen für die Entdeckungsfahrten geschaffen. Es mussten Schiffe gebaut werden, die für die Fahrt ins Ungewisse tauglich waren. Ebenso wichtig war es, sich auf See orientieren zu können. Die Portolankarte sowie verschiedene andere Instrumente zur Standortbestimmung, wie der Quadrant und der Jakobstab, waren unabdingbare Voraussetzungen für die europäischen Entdeckungsfahrten.

57

Die Karavelle. Karavellen wurden von den Portugiesen und Spaniern in der Mitte des 15. Jahrhunderts benutzt. Die Schiffe waren rund 20 Meter lang und 9 Meter hoch. Als später die Reisen länger dauerten, wurden die Schiffe grösser gebaut und ein weiterer Mast hinzugefügt. Holzschnitt aus dem Kolumbus-Brief «De Insulis inventis», Basel, 1493/94.

58

Auf einer portugiesischen Schiffswerft. Die portugiesische Regierung baute Lagos im Süden zum Schiffbauzentrum Portugals aus. Auch die Segel und Taue wurden in Lagos hergestellt. Zudem war der Hafen Lagos ein wichtiger Anlege- und Handelsstützpunkt.

Die Karavelle

Den Portugiesen gelang es nur mit der Erfindung eines bestimmten Schifftyps, der Karavelle, die Südspitze Afrikas zu umschiffen und bis nach Indien vorzudringen. Benötigt wurde ein manövrierfähiges Schiff, das gleichzeitig genügend Laderaum bot, um die kostbaren Gewürzladungen sicher von Asien nach Lissabon transportieren zu können. Die Manövrierbarkeit des Schiffes war sehr wichtig, denn je weiter sich die portugiesischen Seefahrer nach Süden vorwagten, desto schwieriger wurde die Fahrt. Die südlich des Kaps Bojador gegen Nordwesten wehenden Winde zwangen die Seefahrer, gegen den Wind zu segeln. Dies brachte einen erheblichen Zeitverlust mit sich, die Lebensmittelvorräte schwanden dahin und die Gefahr eines Hungertodes wuchs.

Gegen Ende des 15. Jahrhunderts gelang es den Portugiesen, ein Schiff zu entwickeln, das allen Voraussetzungen für die anspruchsvollen Fahrten zu genügen schien. Die Karavelle war leicht gebaut und trotzdem in der Lage, ausreichend Nahrungsmittel und Wasservorräte aufzunehmen. Die Karavellen besassen zwei oder drei Masten mit dreieckigen Segeln oder eine Kombination aus Dreieck- und Vierecksegeln, die sowohl die Geschwindigkeit als auch die Manövrierbarkeit der Schiffe erhöhten. Die dreieckigen Segel waren bei schwachen oder von der Seite kommenden Winden von Vorteil, während die quadratischen Segel es den Seeleuten erlaubten, schnell mit dem von hinten wehenden Wind voranzukommen.

Die Karavelle hatte zudem einen geringen Tiefgang, sodass sie in den unbekannten Gewässern Afrikas und Asiens verhältnismässig gefahrlos segeln konnte. Sie eignete sich sowohl für die Befahrung von seichten Küstengewässern als auch für die hohe See. Die Seeleute schliefen meistens auf dem Deck unter freiem Himmel. In den Schiffsbauch gingen sie nur, wenn sie allzu stürmisches Wetter dazu zwang.

Im 16. bis 18. Jahrhundert wurde es immer wichtiger, dass die Schiffe ein grosses Fassungsvermögen besassen. Denn je mehr Ware transportiert werden konnte, desto wirtschaftlicher gestaltete sich der Asienhandel.

59
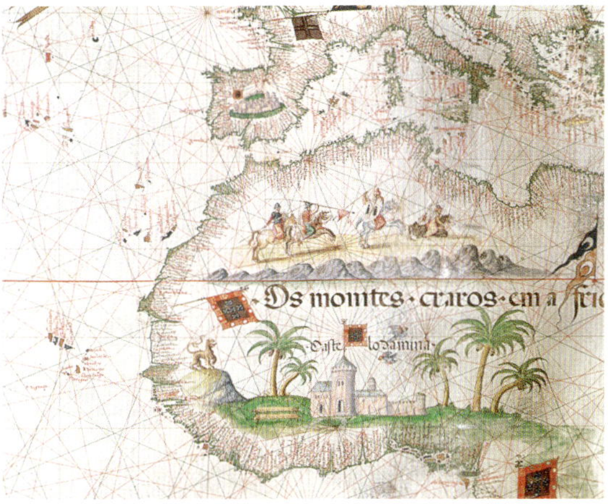

Die Portolankarten. Eine wichtige Orientierungshilfe auf See stellten die sogenannten Portolankarten dar. Diese sind leicht an den sogenannten Windstrichen zu erkennen. Anhand dieser Linien konnte der Steuermann Entfernungen abschätzen, die Richtung bestimmen und mit Hilfe des Kompasses den nächsten Hafen sicher erreichen. Alle Häfen und Küstenmerkmale sind detailliert eingezeichnet. Im Landesinnern sind portugiesische Reiter zu erkennen, die nordafrikanische Muslime verfolgen, sowie eine Festung, die von Palmen umgeben ist. Reich geschmückte portugiesische Karte von Bastian Lopez, um 1558.

60

Der Kompass ist auch in der modernen Seefahrt ein wichtiges Messgerät zur Bestimmung der Himmelsrichtungen. Ursprünglich wurde der Kompass in China erfunden und bestand aus einem Stück Magneteisenstein, der an einem Faden hing und sich am Magnetfeld der Erde ausrichtete. Über die arabischen Handelsleute kam der Kompass im 11. Jahrhundert nach Europa, wo er die bekannte Form einer Dose mit einer drehbaren Kompassnadel erhielt.
Die Nadel richtet sich immer nach Norden aus. Das Bild zeigt einen Kompass in einer Elfenbeindose.

61
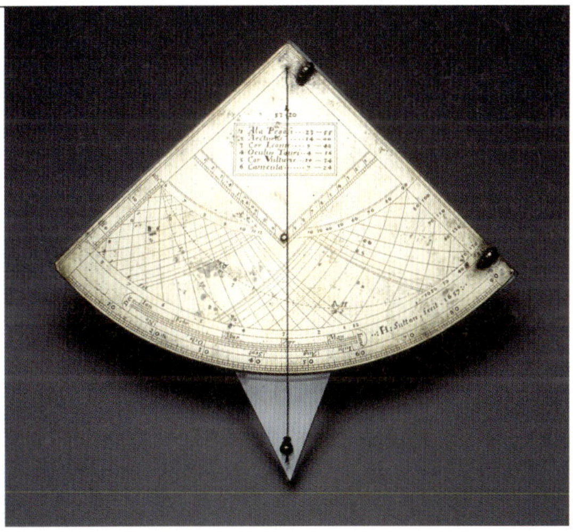

Der Quadrant. Ein Quadrant besteht aus einem Viertelkreis mit eingravierten Graden und einem Bleilot. Indem man einer Kante des Quadranten folgte und den Quadranten auf den Polarstern ausrichtete, konnte man dessen Höhe über dem Horizont bestimmen: Je weiter südlich sich das Schiff befand, umso mehr näherte sich der Polarstern dem nördlichen Horizont. Aus der Höhe des Polarsterns wiederum liess sich die geografische Breitenlage des Beobachters ableiten. Damit wussten die Seefahrer, wie weit südlich sie sich befanden. Kolumbus verglich auf seiner ersten Fahrt die Messungen, die er mit dem Quadranten vornahm, zudem noch mit dem Kompass. Das Bild zeigt einen Quadranten aus dem Jahr 1657.

62

Der Jakobstab diente ebenfalls der Bestimmung des Breitengrades. Er wurde von den Portugiesen erfunden. Wahrscheinlich haben sie ein ähnliches arabisches Instrument weiterentwickelt. Die portugiesische Marine setzte den Jakobstab seit 1510 ein. Es handelte sich dabei um einen Stab, an dem im rechten Winkel dazu ein kürzerer, beweglicher zweiter Stab angebracht war. Dieser konnte entlang des langen Stabes verschoben werden, bis das eine Ende des kürzeren Stabs den Horizont und das andere Ende gleichzeitig einen Stern oder die Sonne fixierte. Auf der am langen Stab angebrachten Skala liess sich dann der Breitengrad ablesen.

Magellan – die erste Weltumsegelung

Der Portugiese Ferdinand Magellan segelte Anfang des 16. Jahrhunderts im Dienste des spanischen Königs auf der Suche nach einem neuen Seeweg zu den Gewürzinseln in Richtung Amerika. Erst nach entbehrungsreichen Monaten erreichten die Schiffe den Pazifik. Dessen Überquerung dauerte lange und forderte die meisten Opfer unter der Besatzung. Magellan selbst wurde bei einer Auseinandersetzung auf den Philippinen getötet. Nur wenige Männer kehrten nach drei Jahren von der grossen Reise zurück. Sie hatten den Beweis erbracht, dass die Erde tatsächlich rund ist. Vor allem aber haben sie die wahre Grösse der Erde erfahren.

63

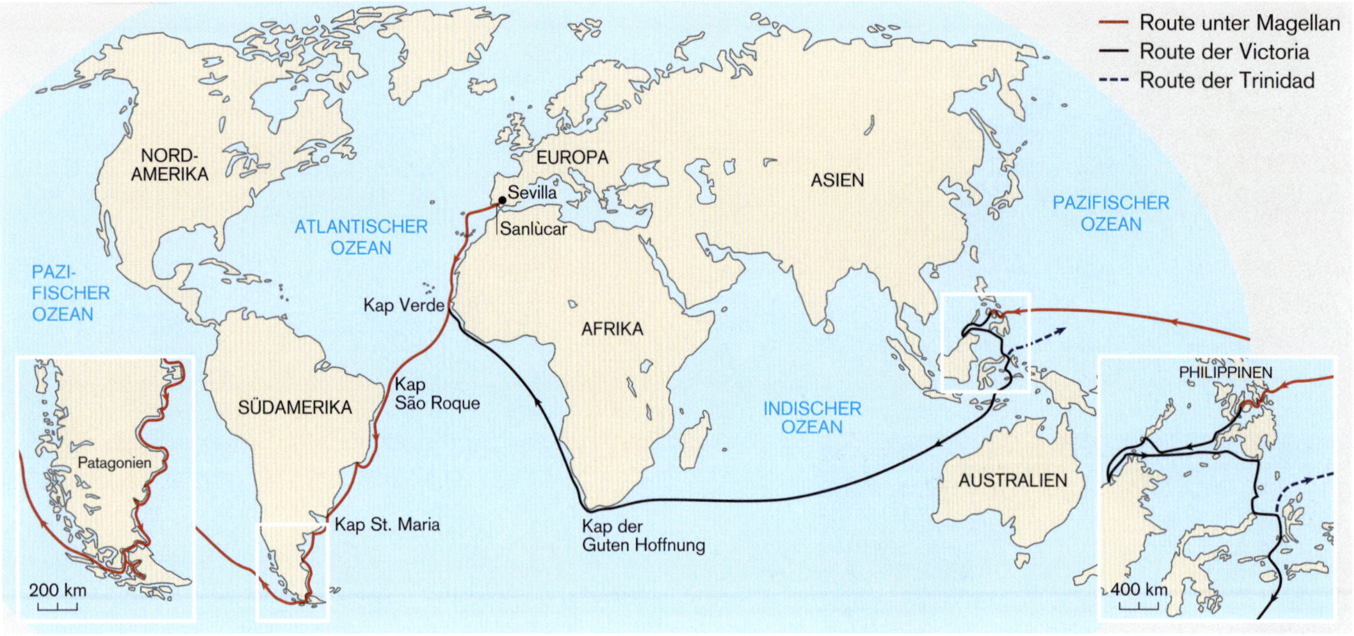

Die erste Umrundung der Welt. Obwohl Magellan selber Spanien nicht mehr erreichte, muss ein grosser Teil des Verdienstes an dieser Reise ihm zugesprochen werden. Unermüdlich hatte er sich für das Gelingen der Expedition eingesetzt, bis er schliesslich auf den Philippinen den Tod fand.

Ein Portugiese im Dienst des spanischen Königs Karl V.

Der portugiesische Adlige Ferdinand Magellan war bereits 1505 nach Ostindien gesegelt und hatte versucht, die Gewürzinseln, die Molukken, zu erkunden. Der Versuch schlug fehl und nach seiner Rückkehr nach Portugal war er überzeugt, dass sich die Inseln auch über eine schnellere Westroute erreichen liessen.

Magellan, der beim portugiesischen König in Ungnade gefallen war, entschloss sich, seinen Plan dem erst 17-jährigen spanischen König Karl V. vorzutragen. Dieser war von der Idee, die Reichtümer Asiens auf der Westroute zu erreichen, begeistert. Er beauftragte Magellan mit der Durchführung des Unternehmens. Er stattete Magellan mit fünf Schiffen aus, die mit Schiffszwieback, Käse, Wein, Fleisch, Bohnen, Brennholz, Lampen und Lampenöl, Senf, Essig, Mandeln, Knoblauch, Rosinen, Medikamenten, Fischereigeräten, Musikinstrumenten und natürlich auch mit den wichtigen Navigationsinstrumenten und reichlich Waren für den Tauschhandel beladen wurden.

Die Magellanstrasse

Am 20. September 1519 stach Magellan mit fünf Schiffen und 265 Mann Besatzung von der Südküste Spaniens aus in See. Der portugiesische Generalkapitän Magellan führte das Flaggschiff Trinidad. Von den Kanarischen Inseln aus nahm Magellan Kurs in Richtung Südamerika. An der Küste angekommen, versuchte Magellan vergeblich, bei diversen Flussmündungen einen Weg durch den Kontinent hindurch zu finden. Wegen aufziehender Stürme waren die Mannschaften gezwungen, den Südwinter in einer Bucht zu verbringen. Die spanischen Kapitäne, die ein gespanntes Verhältnis zu ihrem portugiesischen Führer hatten, glaubten schon lange nicht mehr an die Möglichkeit einer Durchfahrt und drängten auf die Rückkehr. Magellan konnte sich jedoch ein Scheitern seiner Expedition nicht leisten. Auf den Schiffen brach eine Meuterei aus, die Magellan mit der Tötung der Anführer rasch unter Kontrolle brachte.

Am 21. Oktober 1520 tat sich endlich die ersehnte Meerenge in westlicher Richtung auf. Nach der schwierigen und gefähr-

64 

Ferdinand Magellan (1480–1521). Der Portugiese Ferdinand Magellan stand viele Jahre im Dienste Portugals. Nachdem er die Gunst des portugiesischen Königs verloren hatte, gelang es ihm, Spaniens König Karl V. für sein Unternehmen zu gewinnen. Er wollte auf westlichem Kurs die Gewürzinseln erreichen. Ölgemälde, 16. Jahrhundert.

65 Der italienische Teilnehmer Pigafetta, der zu den rund 30 Überlebenden zählte, berichtete:

Der Zwieback, den wir assen, war kein Brot mehr, sondern bloss Staub, der mit Würmern, die die Substanz des Zwiebacks aufgezehrt hatten, vermischt und überdies durch den Urin von Mäusen von einem unerträglichen Gestank durchdrungen war. [...] Um nicht Hungers zu sterben, waren wir sogar gezwungen, Stücke Rindsleder zu essen, mit denen man die grosse *Rah bedeckt hatte, um zu verhindern, dass das Holz die Seite zerreibe. [...] Oft waren wir auch dahin gebracht, Sägespäne zu essen, und selbst Mäuse, so widrig sie den Menschen sind, waren eine so gesuchte Speise geworden, dass man bis zu einem halben Dukaten für das Stück bezahlte.

Eberhard Schmitt (Hrsg.): *Die grossen Entdeckungen.* Dokumente zur Geschichte der europäischen Expansion, Band 2. München: Verlag C.H. Beck oHg, 1984.

66 Magellans Tod auf Maktan

Wäre nicht der unglückliche Kapitän gewesen, hätte keiner von uns die rettenden Boote erreicht, denn während er kämpfte, gingen die anderen zu den Booten zurück. Ich hoffe, [...] dass der Ruhm eines solch edlen Kapitäns in unseren Zeiten nicht ausgelöscht wird. Unter den vielen Tugenden, die er besass, war er unwandelbarer im grössten Missgeschick als irgendein anderer. Er ertrug den Hunger besser als alle anderen und verstand genauer als irgendein Mann auf der Welt Seekarten und Schiffsnavigation, und dass das wahr war, wurde uns nun offenkundig, denn kein anderer hatte so viel natürliches Talent und die Kühnheit zu wissen, wie man die Welt umfahren muss, wie er es beinahe geschafft hätte.

Brief des Pero Vaz de Caminha (ein gebildeter Regierungsbeamter, der sich ebenfalls an Bord der Flotte von Pedro Álvarez Cabral befand) aus dem Jahr 1500. In: Uwe Holtz (Hrsg.): *Brasilien. Eine historisch-politische Landeskunde, Quellen und Anmerkungen.* Geschichte, Politik, Materialien und Forschung, Band 2. Paderborn: Ferdinand Schöningh, 1981. Copyright: Uwe Holtz, Bonn.

lichen Fahrt durch die engen Kanäle entlang von Klippen öffnete sich die unendliche Weite des Pazifischen Ozeans.

Niemandem war zu diesem Zeitpunkt bewusst, welch lange Fahrt den Mannschaften noch bevorstand. Viele starben auf der drei Monate dauernden Fahrt an Hunger, Durst und an der infolge Vitaminmangels ausgebrochenen Krankheit Skorbut.

Die Überquerung des Pazifiks

Anfang März 1521 kam endlich Land in Sicht – die Insel Cebu war erreicht. Magellan freundete sich schnell mit dem herrschenden Sultan an. Es fand ein reger Tauschhandel statt und es gelang Magellan sogar, die Inselbevölkerung zum Christentum zu bekehren. Im Gegenzug verpflichtete sich Magellan jedoch, einen Freund des Sultans bei der Eroberung der Nachbarinsel Maktan zu unterstützen. Dies sollte für Magellan verhängnisvolle Folgen haben. Am 27. April 1521 starb er im Kampf gegen die Inselbevölkerung Maktans.

Da von den ursprünglich 265 Männern nur noch etwa 130 am Leben waren, entschieden sie sich, mit lediglich zwei Schiffen weiterzufahren. So erreichten sie Anfang November 1521 die ersehnten Gewürzinseln, wo sie mit grosser Gastfreundschaft aufgenommen wurden. Mit Gewürznelken beladen, traten die beiden Schiffe die Heimreise an. Um sicher zu gehen, dass wenigstens eines der Schiffe die Heimat Spanien erreichte, entschieden sich die Seeleute, mit der Trinidad über den Pazifik zurück nach Spanien zu segeln. Die Mannschaft der Victoria wählte hingegen die Route über den Indischen Ozean und das Kap der Guten Hoffnung. Während die Trinidad von Piraten gekapert wurde, erreichten die 18 überlebenden Seeleute der Victoria am 6. September 1522 den spanischen Hafen, von dem aus Magellan drei Jahre zuvor ausgelaufen war.

Die erste Weltumsegelung war vollendet. Man hatte den Osten erreicht, indem man immerzu nach Westen gesegelt war. Obwohl die Kugelgestalt der Erde schon lange bekannt war, hat erst Magellans Expedition den Tatbeweis erbracht, dass die Erde rund ist.

Wem gehört Brasilien?

Die Geschichte Brasiliens ist eng mit dem Vertrag von Tordesillas verknüpft. Am 5. September 1494 unterschrieb der portugiesische König Johann II. den Vertrag, der die Welt zwischen Portugal und Spanien aufteilen sollte. Die Trennlinie berechtigte Portugal, die östlichste Region Südamerikas in Besitz zu nehmen. Zunächst war Brasilien für Portugal lediglich eine Zwischenstation für Schiffe auf dem Weg nach Indien. Doch nach dem Niedergang des portugiesischen Einflusses im asiatischen Raum stieg Brasilien zur bedeutendsten Kolonie Portugals auf.

67

Schiff im Sturm. Trotz rauer See und heftiger Stürme gelang es den Portugiesen, Afrika zu umschiffen und den Seeweg bis nach Indien zu erkunden. Ölgemälde von Willem van de Velde, um 1700.

68

Sklavenmarkt in Sansibar. Der Sklavenmarkt von Sansibar war ein wichtiger Drehpunkt des Sklavenhandels. Von hier wurden Sklaven unter anderem auch nach Brasilien verschifft. Gravur aus dem 19. Jahrhundert.

Portugals Handelsmission

Nach mehreren erfolgreichen Expeditionen beschloss Portugals König Manuel I., in Indien eine Handelsmission aufzubauen. So sollten Handelsbeziehungen geknüpft und die Herrschaft im Indischen Ozean von den Arabern übernommen werden. Eine Flotte von 13 Schiffen verliess am 9. März des Jahres 1500 die Küste Portugals.

Kapitän Pedro Álvares Cabral, der einem der angesehensten Adelsgeschlechter Portugals entstammte, führte die Flotte. Cabral segelte nach Süden, beschrieb dabei aber einen grossen westlichen Bogen. Am 22. April 1500 erreichte er die Küste Brasiliens. Niemand kann mit Sicherheit sagen, ob Cabral mit Absicht so weit nach Westen segelte, um Brasilien auf dem Weg nach Asien offiziell in Besitz zu nehmen oder ob er die herrschenden Wind- und Strömungsverhältnisse falsch eingeschätzt hatte.

Cabral war nicht der erste Europäer, der die Küste Brasiliens erreichte. Im Juli des Jahres 1499 war bereits Amerigo Vespucci nach Brasilien gelangt. Kurz darauf folgte der Spanier Vicente Yáñez Pinzón, der das Land für den spanischen König in Besitz nahm, ohne zu wissen, dass sich dieser Teil Südamerikas östlich der Trennlinie von Tordesillas befand und somit eigentlich Portugal zugesprochen werden musste.

Cabral hielt sich mit seiner Flotte zehn Tage vor der Küste Brasiliens auf und bemühte sich sehr um freundliche Beziehungen zu den Tupinambá-Indianern. Die Portugiesen waren zunächst auch nicht daran interessiert, die Bevölkerung zu versklaven. Vielmehr wurde die Missionierung der Indianer zum höchsten Ziel erklärt.

Am 2. Mai 1500 verliess die Flotte Cabrals Brasilien und setzte die Reise zu den Reichtümern Asiens fort. Ein Sturm liess vier Schiffe sinken, deren Mannschaften starben. Die restlichen Schiffe fanden den Weg ums Kap der Guten Hoffnung. Im September 1500 erreichte Cabral mit seiner Flotte die indische Handelsstadt Calicut (Kozhikode). Im Juli des Jahres 1501 kehrte er nach Portugal zurück.

69 Das Ritual der Inbesitznahme Brasiliens

Und heute, am Freitag, dem ersten Tag des Mai, gingen wir gegen Morgen mit unserer Fahne an Land. Wir landeten oberhalb des Flusses, nach Süden zu, wo es uns günstiger schien, das Kreuz aufzurichten, da es dort besser gesehen werden kann. Hier bezeichnete der Kapitän die Stelle, wo das Loch gegraben werden sollte, um es einzusetzen. Während es ausgeworfen wurde, ging er mit uns allen flussabwärts zum Kreuz. Mit den singenden Geistlichen und Priestern an der Spitze trugen wir es von dort im *Prozessionszuge fort.

Wir fanden schon 70–80 Eingeborene vor. Als sie uns so kommen sahen, sprangen einige unter das Kreuz um uns zu helfen. [...] Nachdem das Kreuz erhöht war, an das wir vorher Eurer Hoheit Wappen und Spruch geschlagen, errichteten wir zu seinen Füssen einen Altar. Hier las der Pater Frei Henrique die Messe, bei der die schon erwähnten Geistlichen sangen und bedienten. [...]

Bis jetzt konnten wir noch nicht erfahren, ob es Gold oder Silber oder Metallsachen oder Eisen darin gibt; wir sahen auch nichts dergleichen. [...] Der grösste Gewinn, den man indessen von ihm haben kann, ist meiner Meinung nach die Rettung der Eingeborenen. Und sie muss der wichtigste Samen sein, den Eure Hoheit hier ausstreuen sollte. Und wenn man an dem Lande nichts weiter als einen Zwischenlandungsplatz auf dem Seeweg nach Calicut (Kozhikode) haben sollte, würde es genügen, abgesehen von der Gelegenheit, den innigen Wunsch Eurer Hoheit zu erfüllen: die Verbreitung unseres heiligen Glaubens.

Brief des Pero Vaz de Caminha (ein gebildeter Regierungsbeamter, der sich ebenfalls an Bord der Flotte von Pedro Álvarez Cabral befand) aus dem Jahr 1500. In: Uwe Holtz (Hrsg.): *Brasilien. Eine historisch-politische Landeskunde, Quellen und Anmerkungen.* Geschichte, Politik, Materialien und Forschung, Band 2. Paderborn: Ferdinand Schöningh, 1981.

70 Reiche Kaufleute und Menschenmärkte

Ich bin in zwei Hauptstädten gewesen, nämlich in Pernambuco und Bahia Real. Dort gibt es sehr reiche Kaufleute. Denn weil man sehr viele Schwarze aus Angola in Afrika dorthin zum Verkauf führt, gibt es grosse Menschenmärkte. Und wer viel solcher Schwarzen oder Sklaven hat, der ist reich bei ihnen, und dies deshalb, weil die Portugiesen oder Spanier dort überhaupt nichts schaffen noch arbeiten und die Schwarzen sie erhalten müssen. Denn ein jeder Schwarzer muss seinem Herrn täglich eine bestimmte Summe Geldes bringen und liefern, er mag es sich nehmen, wo er will. Bringt aber einer sein vorgeschriebenes Geld nicht, so wird er übel *traktiert und grausam geschlagen. Die Weiber und Töchter dieser Schwarzen tragen Wasser und Holz und dergleichen und versehen ihrem Herrn alle Hausgeschäfte. Ausserdem müssen alle diese Sklaven sowohl Weib und Kinder als auch sich selbst noch erhalten, denn ihre Herren geben ihnen nicht das Geringste. [...]

Die portugiesischen Frauen gehen, wenn sie nur irgend von einigem Herkommen und Stand sind, nirgendwo ausser Haus, sondern sie müssen getragen werden, sei es auch nur zur Kirche, zu einem Gastmahl oder wo sie auch sonst hin oder aus der Stadt heraus wollen.

A.J. Ultzheimer: *Wahrhafte Beschreibung etlicher Reisen in Europa, Afrika, Asien und Amerika 1596–1610.* In: Uwe Holtz (Hrsg.): *Brasilien. Eine historisch-politische Landeskunde, Quellen und Anmerkungen.* Geschichte, Politik, Materialien und Forschung, Band 2. Paderborn: Ferdinand Schöningh, 1981. Copyright: Uwe Holtz, Bonn.

Holländisch-Brasilien und Portugals Siedlungspolitik

Die Portugiesen errichteten in Brasilien zunächst lediglich *Handelsfaktoreien. Erst als der Anbau von Zuckerrohr finanziell interessant wurde und holländische Eroberer im Jahr 1630 in Brasilien das Kolonialreich «Neu-Holland» schufen, versuchte Portugal, sich Brasilien durch Besiedlung und Plantagenaufbau zu sichern. Den Portugiesen gelang es 1654, ihre holländischen Konkurrenten zu vertreiben.

Im Jahr 1534 führte der portugiesische König das System der Landschenkungen ein, worauf sich die Siedlungskolonien entwickelten. Durch eine königliche Schenkungsurkunde wurde Land an Personen aus dem niederen Adel oder dem *Mittelstand verliehen. Diese mussten sich im Gegenzug verpflichten, auf eigene Kosten Siedlungen anzulegen. Zu einer Siedlung gehörten ein *Fort, einige Wohnhäuser und ein Schutzwall. Ausserhalb des Walles wurden auf einem Stück niedergebranntem Urwaldboden Nahrungsmittel angebaut.

Daneben gab es aber auch Ländereien, auf denen Zuckerrohr und Baumwolle angebaut wurden. Diese Grossbetriebe wurden im Lauf der Zeit die typische Siedlungsform in Brasilien. Nach 1570 wurden auf den Plantagen afrikanische Sklaven als Arbeitskräfte eingesetzt. Die aus Afrika importierten billigen Sklaven und der hohe Zuckerpreis bildeten den Grundstein für die einträgliche Plantagenwirtschaft im Nordosten Brasiliens.

4. Ein neues Weltbild in Europa

Auf dem Bild werden Vorbilder gezeigt. Welche Vorbilder beeinflussen dich?

Welche Gegenstände findest du auf dem Bild, die ihr auch in der Schule braucht?

Welche Philosophen oder Philosophinnen kennst du?

Stellt das Bild eine wirkliche Begebenheit dar oder ist die Szene erfunden? Begründe deine Antwort.

Suche in Zeitungen und Zeitschriften Fotografien von bedeutenden Persönlichkeiten aus Wissenschaft, Kultur und Politik und schneide sie aus. Zeichne auf ein grosses Blatt einen passenden Hintergrund und klebe die Fotos auf.

Male und beschrifte ein Plakat, auf dem ein Auftritt deines grössten Vorbildes angekündigt wird. Du kannst es auch am Computer gestalten.

Stellt eine der abgebildeten Gruppen nach und spielt die Szene weiter.

Erfindet ein Gespräch, das die zwei Männer in der Mitte führen. Spielt nach, wie sie diskutierend durch die Zuschauerreihen gehen.

Diskutiert zu dritt oder zu viert eure Ansichten von der Welt. Wie ist sie? Wie sollte sie sein?

Weltbilder im Wandel

1

Die Londoner Psalterkarte, um 1225, zeigt die heilige Stadt Jerusalem als Mittelpunkt der Welt. Die Erde wird als kreisförmige Scheibe dargestellt, auf der Asien die obere Hälfte einnimmt. Europa und Afrika teilen sich den unteren Teil der Karte.

2

Die Erde als Kugel. Der Venezianer Battista Agnese hielt 1540 auf seiner Weltkarte die Route der Expedition von Fernando Magellan fest. Mit dieser ersten Weltumseglung war die Kugelform der Erde erwiesen. Noch fehlt Australien auf der Karte.

3

Der blaue Planet. Erst seit den 1960er Jahren können Astronauten die Erde von «draussen» mit eigenen Augen betrachten. Ihre Fotografien zeigen uns ein neues Bild des blauen Planeten.

Kunstwerke: Künstler betrachten die Welt

4

Kaiser Otto III. mit zwei Geistlichen und zwei Fürsten, die das Schwert und den Schild des deutschen Kaisers tragen. Darstellung in einem in Bamberg gefertigten Evangelienbuch, etwa aus dem Jahr 1000.

5

Albrecht Dürer: Selbstbildnis mit Landschaft, 1498. Der Künstler stellte sich als italienischen Edelmann dar.

Auch Kunstwerke können «gelesen» werden. Mit einigen Informationen lassen sich aus einem Bild interessante Dinge über die Zeit erfahren, in der es entstand. Wichtig ist, dass du verstehst, wie sich der Künstler, die Künstlerin ausdrückt.

In Kunstwerken spiegelt sich immer die Zeit, in der der Künstler oder die Künstlerin lebte.

Wenn wir zwei Bilder aus unterschiedlichen Zeiten miteinander vergleichen, können wir oft Veränderungen feststellen, die sich vollzogen haben.

Um 1500 entstand in Europa ein neues Weltbild. Davon wird in diesem Kapitel die Rede sein. Vergleicht man frühere, mittelalterliche Darstellungen mit damals entstandenen Bildern, so fallen sofort grosse Unterschiede im Stil und in den Ausdrucksmitteln auf. Am einfachsten ist es, wenn du zwei Bilder miteinander vergleichst, die etwas Ähnliches darstellen, aber zu unterschiedlichen Zeiten gemalt wurden.

Anleitung

In dieser Anleitung geht es um die Form der Bilder, um die Darstellungsweise, die der Künstler, die Künstlerin gewählt hat. Folge zum Vergleichen von Bildern den folgenden Schritten, eine mögliche Lösung ist jeweils angefügt.

1. Sammle möglichst viele Informationen zum Bild, die dir zugänglich sind. Nützliche Hinweise findest du meist in der Bildlegende. Möchtest du mehr über das Bild oder den Künstler, die Künstlerin erfahren, lohnt sich der Blick in ein Lexikon oder die Suche im Internet.
   Bild 4 stammt ungefähr aus dem Jahr 1000 und stellt den deutschen Kaiser Otto III. dar. Bild 5 ist ein Selbstporträt des deutschen Malers Albrecht Dürer. Er malte es im Jahr 1498.
2. Beschreibe das Bild mit eigenen Worten und in möglichst vielen Einzelheiten. Beantworte vor allem folgende Fragen: Welche Personen und Gegenstände siehst du auf dem Bild? Wie sind sie angeordnet? Was steht im Vordergrund und was im Hintergrund? Welche Formen und Farben werden gebraucht?
   In der Mitte von Bild 4 sieht man den deutschen Kaiser Otto III. Er sitzt auf seinem Thron. In der linken Hand trägt er den Reichsapfel, in der rechten Hand das Zepter. Er trägt die Krone. Der Kaiser ist umgeben von vier Männern. Links stehen zwei Geistliche mit Büchern in der Hand, wohl Bibeln. Rechts befinden sich zwei Fürsten, die Schwert und Schild tragen. Hinter dem Thron sieht man einen Vorhang und darüber ein Dach, das von zwei Säulen

getragen wird. Diese sind mit Menschenköpfen verziert. Die Darstellung Ottos III. ist sehr bunt gehalten. Rot, Grün und Blau sind die bestimmenden Farben. Trotzdem wirkt das Bild irgendwie flach. Das liegt an der zweidimensionalen Darstellung. Der Raum wird mit dem Dach nur angedeutet. Er scheint nicht wichtig zu sein. Die Gesichtszüge der Männer sind nicht besonders fein ausgearbeitet. Vor allem die Haltung der Hände scheint unnatürlich steif.
Der Thron des Kaisers ist eigenartig gemalt, es fehlt ihm die Tiefenwirkung.
Albrecht Dürer stellte sich in Bild 5 selbst als italienischen Edelmann dar, was aus der Kleidung ersichtlich ist. Er befindet sich in einem Zimmer mit einem Fenster, das den Blick auf eine schöne Landschaft freigibt. Das Bild trägt ausserdem eine Inschrift und die Unterschrift des Künstlers. Das Porträt Albrecht Dürers wirkt sehr lebensecht. Der Maler könnte im nächsten Augenblick aus dem Bild steigen. Er scheint uns aus dem Bild heraus direkt in die Augen zu blicken. Das Zimmer, in dem er sich befindet, ist in dunklen Tönen gehalten und es sieht aus wie echt. Geschickt wird das Fenster im Hintergrund eingesetzt; es verleiht dem Bild eine starke Räumlichkeit. Alles auf dem Bild wirkt sehr natürlich, nach genauer Beobachtung gemalt.

3. Welche Unterschiede zwischen den beiden Bildern fallen dir auf?
   Die Bilder entstanden mit einem Abstand von etwa 500 Jahren. Beide Bilder porträtieren Menschen. Das eine zeigt den deutschen König Otto III., das andere Albrecht Dürer. Während aber der erste Maler seinen Herrscher darstellt, wählt der zweite sich selber als Gegenstand seines Kunstwerks. Man könnte deshalb auf ein verstärktes Selbstbewusstsein der Künstler zur Zeit Albrecht Dürers schliessen. Auffallend sind die Veränderungen in der Darstellungsweise. Das erste Bild wirkt trotz seiner Farbenpracht etwas flach. Nicht die lebensechte Abbildung der Personen scheint wichtig gewesen zu sein, sondern die symbolhafte Darstellung des Königs als Herrscher. Ganz anders das Bild Albrecht Dürers: Hier zeigt sich alles sehr natürlich und lebendig. Nicht nur die dargestellte Person und ihre Kleidung wirken lebensecht, sondern auch der Hintergrund, den wir durch ein Fenster sehen.

Wenn du das Vorgehen studiert hast, kannst du selber einen Bildervergleich durchführen. Verwende dazu die Bilder 6 und 7.

6

Darstellung landwirtschaftlicher Tätigkeiten. Die Malerei auf Tuch entstand um 818.

7

Die Ernte. Gemälde von Pieter Bruegel dem Älteren, 1565.

LERNZIELE

1. Du erkennst die Vielfalt der Veränderungen in Kultur, Technik und Wissenschaften, die die Renaissance ausmachte.
2. Du kannst bedeutende Städte der Renaissance und des Humanismus benennen.
3. Du verstehst, wie wichtig die Rückbesinnung auf die Antike für das neue Weltbild war.
4. Du kennst wichtige Entdeckungen in Kunst, Technik und Wissenschaft.
5. Du verstehst, wie sich das Menschenbild verändert hat.

Ein neues Weltbild in Europa

In den Jahrzehnten vor und nach 1500 veränderte sich in der europäischen Kunst und Architektur und in den Wissenschaften viel. Vor allem wandelte sich das Selbstverständnis der Menschen in Europa. Die oberitalienischen Städte spielten dabei eine Vorreiterrolle. Nach und nach gelangte die kulturelle Erneuerung auch in andere Regionen Europas. Die neuen Ideen zogen ihre Kraft aus dem ganz Alten, aus der Antike. Die Wiederentdeckung der alten Kultur der Griechen und Römer gab der Epoche ihren Namen: Renaissance – die «Wiedergeburt». Den Künstlern folgten Mediziner, Naturwissenschaftler und Techniker. Auch sie arbeiteten auf eine neue Art: Ihre Ergebnisse erhielten sie durch eigene Beobachtung. Denker, die sich Humanisten nannten, betonten die Würde jedes einzelnen Menschen.

ZEITLICHE ÜBERSICHT

1424–1436	Bau der Domkuppel von Florenz
1455	Erfindung des Buchdrucks durch Johannes Gutenberg in Mainz
1507	Gestaltung der Decken der Sixtinischen Kapelle im Vatikan durch Michelangelo
1543	Begründung des heliozentrischen Weltbildes durch Nikolaus Kopernikus
1548	Veröffentlichung des ersten wissenschaftlichen Werkes über die *Anatomie des Menschen durch Andreas Vesalius in Basel
1609	Beschreibung verschiedener Himmelskörper durch Galileo Galilei mit Hilfe des Fernrohrs
1609–1619	Beschreibung der Planetenbahnen als *Ellipsen durch Johannes Kepler
1666	Vollendung des Petersdoms im Vatikan nach 160-jähriger Bauzeit

RÄUMLICHE ÜBERSICHT

8

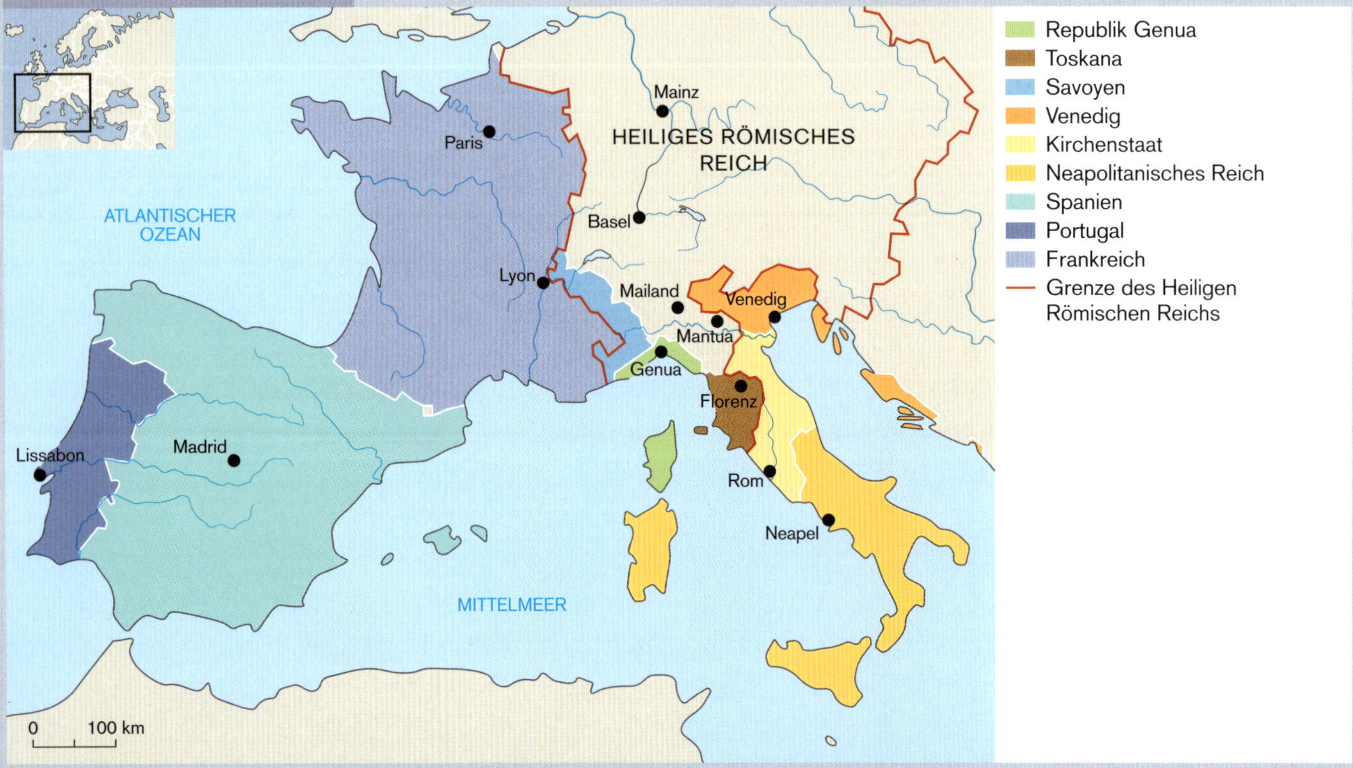

Europa um 1550.

9 

Florenz im späten 15. Jahrhundert.
Ausschnitt aus der Carta della Catena, 1490.

10 Zu Ehren Gottes und der Stadt

Ich habe [...] viel Geld für meinen Wohnsitz, für die Fassade der Kirche Santa Maria Novella und für die Grabkapelle aufgewendet, die ich in der Kirche San Pancrazio errichten liess, ebenso für die Messgewänder aus Goldbrokat in dieser Kirche. Das kostete mich mehr als 1000 Dukaten. Viel Geld steckte ich auch in die meinem Wohnsitz gegenüberliegende Loggia und in meine Häuser und Gärten in Quaracchi und Poggio a Caiano. All diese Dinge geben mir und haben mir grösste Genugtuung und Vergnügen gegeben, weil sie der Ehre Gottes ebenso dienen wie der Ehre der Stadt und meinem Angedenken.

Aus den Memoiren des Giovanni Rucellai (1401–1483). Die Familie Rucellai gehörte zu den reichen Florentiner Handels- und Bankiersfamilien.

Geld und Kunst in Florenz

Die italienische Stadt Florenz wurde im 15. Jahrhundert zu einem Zentrum von Kunst und Kultur. Viele bedeutende Künstler, Gelehrte und Architekten lebten und arbeiteten hier. Bezahlt wurden sie von reichen Kaufmannsfamilien wie den Medici. Die Kunst sollte deren Ansehen erhöhen. Im Wettstreit mit anderen Familien, Städten und Höfen entstand eine prächtige Kultur.

Blühendes Textilgewerbe

Florenz war bereits im 14. Jahrhundert eine der wichtigsten Gewerbe- und Handelsstädte auf der italienischen Halbinsel geworden. Weit herum wurden die feinen Wollstoffe aus Florenz geschätzt, auch nördlich der Alpen und im Orient. Ein grosser Teil der städtischen Bevölkerung arbeitete im Textilgewerbe. Kontrolliert wurden die Herstellung und der Handel von einigen wenigen Familien, die dadurch zu grossem Reichtum und Einfluss gelangten. Um ihre Produkte besser verkaufen zu können, errichteten sie in ganz Europa eigene Kaufhäuser. Diese Niederlassungen liessen sich nicht nur für den Handel nützen. Immer häufiger übernahmen die Kaufleute auch reine Geldgeschäfte. Üblicherweise trafen sie sich mit ihren Kunden auf einer Holzbank auf dem Markt. Bald nannte man deshalb die neuen Firmen Banken.

Die Medici

Eine dieser Familien hiess de' Medici. Die Medici herrschten während des grössten Teils des 15. Jahrhunderts über Florenz. Ihnen gehörten örtliche Industriebetriebe und Handelsgesellschaften. Sie vertrieben die unterschiedlichsten Waren, wie zum Beispiel Tuch, Olivenöl, Pferde, Gemälde und auch Sklaven. Die Familie unterhielt Niederlassungen in Mailand,

11

Lorenzo de' Medici, genannt der Prächtige. Das Bild entstand nach dem Tod von Lorenzo de' Medici, im Hintergrund ist die Totenmaske erkennbar. Ölgemälde von Giorgio Vasari, 1534.

12 Ein Zeitgenosse über Lorenzo de' Medici

Lorenzo de' Medici wollte Florenz an Künsten und Fähigkeiten über jede andere Stadt Italiens erheben [...] Er errichtete in Pisa eine Hochschule [...] und holte die ausgezeichnetsten und berühmtesten Männer Italiens dorthin, zahlte ihnen die höchsten Gehälter und scheute keine Kosten, sie zu gewinnen. [...] Dieselbe Gunst erwies er der Dichtkunst, Musik, Architektur und Bildhauerei, sodass die Stadt überreich war an geistiger Kultur.

Francesco Guicciardini: *Florentinische Geschichte.* 1509.

Rom, Venedig, Avignon, Lyon, Brügge und London. Sie betrieb auch Bergbau, doch der profitabelste Erwerbszweig war die Textilverarbeitung, die von schlecht bezahlten *Heimarbeiterinnen und Heimarbeitern ausgeführt wurde. Ihr Reichtum und ihre Beziehungen machten die Medici zur bedeutendsten Bankiersfamilie Italiens. Sie geschäfteten in grossem Stil mit dem Papst und vergaben Darlehen an regierende Fürsten. Neben ihren Kaufhäusern eröffneten sie in vielen Städten auch Bankfilialen. Obwohl sie ihrer Herkunft nach nicht adlig waren, wurden die Medici weit über Florenz hinaus zu einer auch politisch einflussreichen Familie. Im Familienstammbaum finden sich Grossherzöge, Kardinäle und sogar Päpste und zwei französische Königinnen. Lorenzo de' Medici (1449–1492) – genannt «il Magnifico», der Prächtige – war ein grosser Förderer der Kunst. Sein Haus war immer offen für Künstler und Gelehrte. Gerne diskutierte er mit ihnen über ihre Werke. Er liess nach besonders begabten Malern, Dichtern und Architekten suchen. Lorenzo de' Medici holte sie nach Florenz und gab ihnen grosse Aufträge.

Kulturelle Blüte ...

Die reichen Kaufleute und Bankiers wollten ihre Bedeutung und ihren Einfluss auch nach aussen zeigen. Die Kunst sollte das Ansehen ihrer Familie und der ganzen Stadt Florenz heben. Ihr Reichtum erlaubte es ihnen, auf dem Gebiet der Kultur mit den adligen Fürsten und den kirchlichen Würdenträgern mitzuhalten. Zwischen Florenz, anderen italienischen Städten und dem Papst in Rom entstand ein Konkurrenzkampf um die eindrucksvollste Darstellung der eigenen Macht. Sie alle liessen immer prächtigere Paläste, Kirchen, Befestigungsanlagen, Rathäuser und Klöster errichten. Künstler statteten das Innere der Bauwerke mit schönen *Skulpturen, riesigen Gemälden, edlen *Fresken und luxuriösen Möbeln aus.

... und Krisenzeit

Die Zeit der prächtigsten Entfaltung der Kultur war jedoch gleichzeitig eine Krisenzeit. Die vielen Wollarbeiterfamilien lebten nach wie vor von der Hand in den Mund. Die prächti-

13

Der Palazzo Strozzi in Florenz ist einer der typischen italienischen Renaissance-Paläste. Ähnlich wie die Medici gründete die Familie Strozzi ihren Reichtum auf Bankgeschäfte. Die beiden Familien traten häufig als Konkurrenten auf.

14

Ritterscher Palast in Luzern, erbaut 1557 vom Luzerner Schultheissen Lux Ritter, danach Klosterschule, seit 1804 Sitz der Luzerner Regierung. Zum ersten Mal wurde hier die Florentiner Palastarchitektur nördlich der Alpen nachgeahmt. Der Bau zeugt von den engen Beziehungen, die Luzern damals zu Italien unterhielt. Fotografie von Horst Pfingsttag, 2006.

gen Paläste sahen sie nur von aussen. Von einem Leben in Reichtum, umgeben von schönen Kunstwerken, konnten sie nur träumen. Zudem war die Stadt Florenz von den Pestwellen, die seit 1348 ganz Europa heimsuchten, besonders betroffen. Vor dem Ausbruch der Pest lebten etwa 100 000 Menschen in der Stadt. Die Seuche raffte rund die Hälfte der Florentinerinnen und Florentiner dahin. Der Schwarze Tod, wie man die Pest bald nannte, verschonte kaum eine Familie, egal ob reich oder arm. Noch um 1550 hatte sich die Stadt nicht davon erholt. Auch 200 Jahre nach der ersten Pestwelle lebten mit rund 70 000 Personen noch immer weniger Menschen in Florenz als vor dem Ausbruch der Seuche. Auch die kulturelle Blütezeit neigte sich nach 1500 ihrem Ende zu. In dieser Zeit verloren die italienischen Städte allmählich ihre wirtschaftlich bedeutende Stellung. England, Spanien und Frankreich profitierten von der Entdeckung des amerikanischen Kontinents. Die alten Handelsrouten durch das Mittelmeer verloren an Bedeutung. Ausserdem verarbeiteten die englischen *Manufakturen die Wolle nun billiger. In Florenz musste ein Wollstoffhersteller nach dem andern schliessen, viele Arbeiterfamilien verliessen die Stadt. Das wirkte sich auch auf den Ruf von Florenz als Stadt der Künste aus. Bedeutende Künstler blieben zunehmend aus, Geldgeber aus den aufstrebenden Ländern nördlich der Alpen offerierten ihnen nun die besseren Arbeits- und Lebensbedingungen.

AUFGABEN

1 *Warum wurde Florenz zu einem kulturellen Zentrum? Welche Rolle spielte dabei die einfache Bevölkerung, welche spielten die reichen Familien?*

2 *Wir reden oft von Krisen- und Blütezeiten. Warum gilt eine Zeit als Krisenzeit, warum eine andere als Blütezeit?*

3 *Dein Kanton möchte, wie einst Florenz, ein wichtiges Zentrum werden. Welche Wissenschaftlerinnen und Künstler würde die Regierung wohl einladen, hier zu arbeiten?*

15

Das Forum in Rom. Gemälde von Paulus Bril, der von 1566 bis 1645 gelebt hat.

16

Triumphbogen des Septimius Severus. Der niederländische Maler van Heemskerck hielt sich 1532 bis 1535 in Rom auf. Täglich zog er umher, auf der Suche nach Überresten der römischen Kultur. Der dargestellte Triumphbogen ist noch nicht fertig ausgegraben. Noch steckt die Fassade in tiefem Schutt. Erst die linke Schmalseite ist bereits vollständig freigelegt. Ausschnitt aus einer Skizze des Forum Romanum in Rom von Maerten van Heemskerck, 1535.

Neue Ideen aus alten Steinen

An manchen Orten trifft man auf Zeugen vergangener Kulturen. Die Griechen und Römer hinterliessen zahlreiche Bauten, Kunstwerke und Texte. Doch während Jahrhunderten dienten die zerfallenen Bauwerke als Steinbrüche. Viele alte Schriften wurden in kaum zugänglichen Klosterbibliotheken gelagert. Im 15. Jahrhundert begannen sich Künstler und Wissenschaftler wieder für die antike Kultur zu interessieren.

Spuren der Antike

In Italien sind die Überreste des antiken Römischen Reiches allgegenwärtig. Noch Hunderte von Jahren nach seinem Untergang zeugen die Ruinen vom Glanz des vergangenen Reiches. Im 15. Jahrhundert waren viele dieser Bauwerke verfallen und von Pflanzen überwuchert. Zwischen den Steinblöcken liessen die Menschen seit Generationen ihre Ziegen und Schafe weiden. Die einstmals prächtigen Tempel, Arenen und Paläste dienten als Steinbrüche.

Andere Zeugen der antiken Kultur waren in Klosterbibliotheken aufbewahrt worden. Hier wachten Mönche über Schriften der römischen und griechischen Schriftsteller. Sie waren als Abschriften in den Besitz der Klöster gelangt und wurden von schreibkundigen Mönchen von neuem abgeschrieben. Nur dank dieser mühevollen Arbeit überdauerten die wertvollen Schriften die Jahrhunderte. Stellen, die nicht mit der Lehre der Kirche übereinstimmten, wurden dabei häufig ausgelassen oder verfälscht wiedergegeben. Auch durch das wiederholte Abschreiben hatten sich mit der Zeit Fehler in die Texte geschlichen. Ausserhalb der Klöster wusste man nur noch sehr wenig von den römischen und griechischen Schriftstellern.

Seit dem 13. Jahrhundert wuchs unter italienischen Künstlern und Gelehrten das Interesse an der antiken Kultur. Sie suchten nach kulturellen Vorbildern, die nichts mit der Herrschaft des Adels und der Kirche zu tun hatten. Die Überreste erinnerten sie an die vergangene Macht des Römischen Reiches. Das gefiel auch den wohlhabenden Geldgebern in Florenz, Venedig oder Rom. Die reichen Händler hofften, dass der Glanz des vergangenen Roms auch ihre Herrschaft in einem besseren Licht erscheinen liesse.

Architekten und Künstler begannen sich für die alten baulichen Überreste zu interessieren. Sie zeichneten sie genau ab, versuchten, etwas über ihr ursprüngliches Aussehen herauszufinden und befreiten erste Ruinen vom Schutt, der sich im Lauf der Jahrhunderte über ihnen aufgetürmt hatte. Künstler studierten die alten Mosaike und *Statuen und versuchten, Werke im selben Stil zu schaffen.

17 Der Wert der alten Bücher

Bücher sind voll von Worten der Weisen, voll von Beispielen aus alten Zeiten, voll von Bräuchen, Gesetzen und Religion. Sie leben, verkehren und sprechen mit uns, lehren, bilden und trösten uns, zeigen uns vergessene Dinge, so als ob sie gegenwärtig sind, und stellen sie uns vor Augen. So gross sind ihre Macht, Würde und Hoheit und sogar göttliche Kraft, dass wir alle, gäbe es nicht die Bücher, ungebildet und unwissend wären. Wir hätten kein geschichtliches Wissen um die Vergangenheit, kein Beispiel, ja keine Kenntnis von menschlichen und göttlichen Dingen. Dasselbe Grab, das den Leib der Menschen deckt, würde auch ihren Namen verschütten.

[...] Ich [habe] [...] all meine Kräfte, alle Sorgen, Fähigkeiten und allen Fleiss auf das Ausfindigmachen griechischer Bücher verwandt. Ich vermutete nämlich und befürchtete sehr, dass mit dem Übrigen auch so viele Bücher, so viel Anstrengung und Nachtarbeit bedeutender Männer und so viel Erleuchtung der Welt [...] zugrunde gingen; wir haben ja zum Beispiel schon in früheren Zeiten einen grossen Verlust erlitten, dass von den 220 000 Büchern, die sich nach dem Bericht des Plutarch in der Bibliothek von Apamea befanden, kaum tausend in unseren Tagen noch vorhanden sind. Wir haben uns aber bemüht, soweit es an uns lag, nicht in erster Linie viele, sondern die besten Bücher zu sammeln. Wir haben von jedem Werk alle Bände zusammengebracht: fast alle Werke der griechischen Gelehrten, insbesondere die seltenen und schwierig zu beschaffenden.

Aus einem Brief des Kardinals Bessarion an den Dogen von Venedig, 1468.

18 Auf Büchersuche in St. Gallen

Das Kloster St. Gallen ist von Konstanz 20 Meilen entfernt. Wir ritten dorthin, um uns zu entspannen und um nach Büchern zu suchen. Sie sollen dort in grosser Zahl vorhanden sein. Wir fanden schliesslich ein Buch des Römers Quintilian, noch heil und unbeschädigt, jedoch von Staub bedeckt und von Schmutz starrend. Es stand nämlich nicht in einer Bibliothek, sondern lag in einem abscheulichen und finsteren Gefängnis im Keller eines Turmes, in den man nicht einmal zum Tode Verurteilte stossen würde. Eines ist sicher: Wenn man die traurigen Löcher durchstöberte, in die diese Barbaren die Bücher geworfen haben, fände man noch viel Wertvolles.

Ich habe das Buch des Quintilian eigenhändig abgeschrieben, und zwar so schnell, um es an zwei Freunde zu schicken, die mich darum gebeten hatten.

Der italienische Gelehrte Poggio Bracciolini (1380–1459) begab sich 1416 auf eine Reise nach Konstanz.

Schriftgelehrte suchten in den Klosterbibliotheken mit grossem Eifer nach alten Handschriften. Wohlhabende Bücherliebhaber erstellten möglichst vollständige Sammlungen von Werken antiker Autoren. Da sie den vielen Abschriften und Übersetzungen nicht trauten, versuchten sie, möglichst alte Exemplare aufzustöbern.

Die Wiedergeburt

Zwar massen gebildete Geistliche auch Jahrhunderte nach dem Zerfall des Römischen Reiches einigen römischen und griechischen Werken grosse Bedeutung zu. Doch galten die Schriften als etwas Altes, nicht mehr Lebendiges. Da sie vor der Verbreitung des Christentums entstanden waren, betrachtete man sie mit grossem Misstrauen.

Die neue Generation von Gelehrten, die sich für die Antike interessierte, wollte dagegen aus dem Geist der Bücher etwas lernen, wollte sie als Quelle des Denkens gebrauchen. Die römischen und griechischen Ideen sollten durch das Studium wieder lebendig, ja die eigene Kultur aus dem Geist der Antike wiedergeboren werden. Deshalb nannte man die Zeit auch schon bald «rinascità», was auf Italienisch «Wiedergeburt» bedeutet. Erst sehr viel später wurde der entsprechende französische Begriff «renaissance» zur gebräuchlichen Bezeichnung für diese Epoche. In den Jahrzehnten nach 1500 entstand ein reger Austausch zwischen Gelehrten aus dem Norden und aus dem Süden Europas. So gelangten die Ideen der Renaissance über die Alpen. Italienische Wissenschaftler und Künstler lehrten ihr Wissen an deutschen und französischen Fürstenhöfen. Aus dem Norden und Westen Europas wiederum reisten Gelehrte nach Italien, um in der Heimat der römischen Kultur zu studieren.

Nach dem italienischen Vorbild begann auch im Norden Europas die Suche nach Zeugen der Vergangenheit. Schriftsteller schrieben eine neue Geschichte ihrer Heimatstadt oder der Herrscherhäuser, in deren Dienst sie standen. Viele dieser Texte wurden in italienischer, deutscher oder französischer Sprache verfasst. Das gab diesen Sprachen einen neuen Stellenwert als Schriftsprachen.

AUFGABEN

4 *Nenne Überreste der antiken Kultur, die die Zeit überdauert haben.*

5 *Was sagt der Begriff Renaissance aus?*

6 *Haben alte Bücher tatsächlich einen Wert?*

7 *Wo findet man bei uns alte Bücher?*

8 *Welche Bibliotheken kennst du?*

19

Die Beseelung Adams. Religiöse Themen blieben weiterhin bestimmend in der Kunst. Doch noch nie hatte es ein Künstler gewagt, Gott in der Gestalt eines Mannes darzustellen. Das Bild ist Teil der Deckenbemalung der Sixtinischen Kapelle im Vatikan. *Fresko von Michelangelo Buonarroti, 1507.

20

Ansicht einer idealen Stadt. Das Bild ist streng nach der *Zentralperspektive komponiert. Der Fluchtpunkt (F) liegt in der Türe des Rundtempels, auf Augenhöhe des Malers und der Betrachtenden. Auf diesen Punkt laufen alle parallel verlaufenden Fassadenlinien der Häuser zu. Dadurch entsteht eine grosse Raumwirkung. Horizontale Geraden, die quer zur Beobachtungsrichtung verlaufen, bleiben als horizontale Linien erhalten. Ölgemälde von Piero della Francesca, 1470.

Neue Sichtweisen

Die Zeit der Renaissance brachte neue künstlerische Ausdrucksmittel. Die Künstler schulten ihre Beobachtungsgabe. Sie führten neue Motive und Techniken ein. Sowohl in der Malerei als auch in der Bildhauerkunst und Architektur entstanden wichtige Werke, die bis in die Gegenwart nichts von ihrer Ausstrahlung verloren haben.

Die Darstellung wandelt sich

Das religiöse Denken des Mittelalters bestimmte auch die künstlerische Ausdrucksweise. In der Malerei ging es hauptsächlich um die Darstellung von Motiven aus der Bibel und aus dem Leben heiliger Frauen und Männer. Ihr Bezug zu Gott war wichtiger als die exakte Wiedergabe der Menschen und ihrer Umgebung.

Die Darstellung der Landschaft spielte eine geringe Rolle. In grober Vereinfachung wurden Felsen und einzelne Bäume wiedergegeben, um den Hintergrund anzudeuten. Musste ein Künstler einzelne Pflanzen oder Tiere darstellen, griff er auf Musterbücher zurück, in denen diese dargestellt waren. Die Maler versuchten nicht, die Welt so darzustellen, wie sie sie sahen, sondern wie sie Gott erschaffen hatte. Sie erkannten, dass entfernte Dinge uns klein erscheinen, es aber gar nicht sind. Die menschlichen Sinne täuschen uns. Die mittelalterlichen Künstler zogen daraus den Schluss, dass man Dinge in grosser Entfernung nicht kleiner malen darf.

Die Kirche war und blieb die wichtigste Auftraggeberin für Kunstwerke. Allmählich jedoch kamen neue Kreise hinzu. Zu den Königen und Fürsten gesellten sich Stadtregierungen und immer mehr auch reiche Privatleute. Mit diesen neuen Geldgebern veränderten sich auch die Inhalte und Formen der Kunstwerke. Der religiöse Anspruch begann kleiner zu werden.

Das Ansehen der Künstler stieg allmählich. Im Mittelalter hatten sie als einfache Handwerker gegolten. Nun profitierten wenigstens einige von ihnen von reichen Geldgebern. Von diesen wurden sie als geniale, schöpferische Menschen verehrt und bejubelt. Das Selbstverständnis des Künstlers wandelte sich von einem einfachen Handwerker im Dienste der göttlichen Schöpfung zu einem Menschen, der mit seinen Werken selber schöpferisch tätig wurde und Wunderbares erschaffen konnte.

Die reichen Auftraggeberinnen und Auftraggeber liessen gerne und oft Porträts von sich herstellen. Diese dienten der Zurschaustellung ihrer Macht. Die Künstler erfanden immer

21

Skizze eines Spektografen. Der Spektograf erleichterte die Arbeit mit der Zentralperspektive. Der Zeichner blickt durch ein Brett mit einem Loch auf das Objekt und hält dessen Umrisse auf einer Glasscheibe fest. Leonardo da Vinci, um 1480.

22

David. Michelangelo arbeitete seinen über vier Meter hohen David aus einem grossen Marmorblock heraus. Die Skulptur ist ganz nach dem Vorbild der antiken Statuen geformt. Sie zeigt das Menschenbild der Renaissance: der Körper als Ausdruck von Schönheit und Harmonie. Michelangelo Buonarroti, 1501–1504.

neue Sujets, in denen sie die Päpste, Fürstinnen und Kaufleute im Bild platzierten; wunderbare Paläste oder prächtige Landschaften zierten manchen Bildhintergrund. Auf diese Weise entdeckten sie allmählich den Reiz der Landschaftsdarstellung. Sie zogen in die Natur hinaus und beobachteten den Wechsel von Licht und Schatten, die Farben zu unterschiedlichen Tages- und Jahreszeiten. Sie studierten die verschiedenen Pflanzen und Tiere und natürlich den Menschen. Vor allem menschliche Gemütsregungen, Mimik und Bewegungen interessierten die Maler.

Neue Perspektiven

Um eine möglichst räumliche Wirkung zu erzielen, probierten die Künstler verschiedene Mittel aus. Aus der Naturbeobachtung hatten sie gelernt, dass die Entfernung eines Dinges sich in der Grösse, der Farbe und der Schärfe seiner Umrisse zeigt. Dem Florentiner Bildhauer und Architekten Filippo Brunelleschi gelang eine entscheidende Entdeckung. Er erfand die Zentralperspektive. Mit dieser Technik lässt sich der Raum geometrisch erfassen. Besonders architektonisch gestaltete Räume wie Gebäude oder Plätze lassen sich gut mit der Zentralperspektive darstellen. Sie erhalten dadurch eine realistische Tiefe.

In Italien verbreitete sich die Zentralperspektive rasch. Wandernde Maler aus dem Norden Europas machten die neue Technik auch in ihren Heimatländern bekannt. Die Zentralperspektive ordnet den Raum und legt den Standpunkt des Betrachters fest. Als Betrachterin oder Betrachter nimmt man den Standpunkt des Künstlers ein und schaut mit seinen Augen auf das Bild wie durch ein Fenster auf die Welt. Diese neue Bildsprache machte deutlich, dass die Künstler nun nicht mehr die allgemeine göttliche Ordnung wiedergeben wollten. Sie strebten danach, ihre eigene, persönliche Sicht auf die Welt darzustellen und stellten sich selber ins Zentrum.

Statuen

Die Künstler, die sich mit der Antike beschäftigten, bewunderten die lebensgrossen, frei stehenden Statuen, die sie zwischen den Ruinen fanden. Diese Kunstgattung war in den vergangenen Jahrhunderten fast gänzlich in Vergessenheit geraten. Die Statuen, die oft römische oder griechische Gottheiten darstellten, wurden von der christlichen Kirche abgelehnt. Noch bis ins 16. Jahrhundert wurde in sämtlichen Kirchen Roms ein Bussgottesdienst abgehalten, wenn die Statue einer nackten Gottheit gefunden wurde. So sollte der Grimm des christlichen Gottes beschwichtigt werden.

23 

Reiterstandbild des Bartolomeo Colleoni. Der reiche und gefürchtete Söldnerführer Bartolomeo Colleoni war der erste Nichtadlige, dem ein Reiterstandbild gewidmet wurde. Die vergoldete Bronzestatue steht in Venedig und wurde dem antiken Vorbild der Reiterstatue des römischen Kaisers Marc Aurels nachempfunden. Andrea del Verrocchio, um 1490.

24 **Filippo Brunelleschi studiert die römische Architektur**

Filippo Brunelleschi beschloss, von Florenz fortzuziehen und sich einige Jahre in Rom aufzuhalten, um die Architektur der Römer zu studieren. Er verkaufte sein Gütchen und reiste ab. Als er in Rom die grossartigen alten Gebäude und Tempel sah, war er ganz benommen, ganz ausser sich. Er mass die Gesimse aus und zeichnete den Grundriss der Gebäude. Ununterbrochen arbeitete er, stürzte sich ganz in die Studien hinein und kümmerte sich weder um Essen noch um Schlaf. [...] Zwei grosse Pläne trug er mit sich herum: Er wollte die gute alte römische Bauweise wieder ans Licht holen und Mittel und Wege finden, um die Kuppel des Domes von Florenz zu verwirklichen. Denn niemand getraute sich an diese Arbeit, ohne ungeheure Kosten für Holzgerüste zu verursachen. Von allen Wölbungen der römischen Bauten machte er Zeichnungen und Notizen. Schliesslich konnte er sich das alte Rom so vorstellen, wie es vor der Zerstörung dagestanden hatte.

Die Schilderung stammt vom Maler und Schriftsteller Giorgio Vasari (1511–1574).

Die Künstler aber hatten den Reiz der grossen Figuren wieder entdeckt. In der Arbeit an einer Statue liess sich der menschliche Körper besonders gut studieren.

Grosser Beliebtheit bei den Fürsten erfreute sich das Reiterstandbild. Sie sahen darin ihre Herrscherpersönlichkeit perfekt dargestellt. Reiter und Pferd verkörperten die Verbindung von Geist und Kraft, von Schnelligkeit und deren Beherrschung. Den Künstlern verlangte dies ein Höchstmass an gestalterischen Fähigkeiten ab.

Die verschiedenen Reiterstatuen, die damals entstanden, haben alle ein direktes antikes Vorbild: das Denkmal für den römischen Kaiser Marc Aurel aus dem Jahr 173. Es hatte die ganze Zeit unbeschädigt mitten in Rom auf einem Platz gestanden. Nun verlangten verschiedene Herrscher und Feldherren, dass für sie ähnliche Standbilder geschaffen wurden. Das erste entstand in Venedig. Seither liessen viele Fürsten oder Generäle aus ganz Europa grosse Reiterstandbilder von sich anfertigen.

Architektur

Die Kultur der Renaissance schuf nicht nur viele grossartige Kunstwerke wie Gemälde oder Skulpturen. Ganze Städte wie Florenz erhielten durch grosse Bauten ein neues Gesicht.

Der erste grosse Kirchenbau der Renaissance entstand in Florenz. Der Dom, an dem bereits über hundert Jahre lang gebaut wurde, sollte fertiggestellt und mit einer riesigen Kuppel gekrönt werden. Mit dem ungewöhnlichen Auftrag wurde der Maler und Architekt Filippo Brunelleschi betraut. Die Aufgabe erschien schier unlösbar. Wie bloss sollte die Kuppel mit einem Durchmesser von 42 Metern gebaut werden? Ein Gerüst von fast 80 Metern Höhe hätte gezimmert werden müssen. Brunelleschi studierte eingehend die Architektur der Römer und ihre Fähigkeit, solche grossen Bauten mit Kuppeln zu errichten. Nach jahrelangem Studium, das ihn nach Rom führte, konnte er den Stadtoberen die Lösung präsentieren. Die Kuppel entstand nach römischem Vorbild ohne Gerüst. Die Maurer setzten einen Ziegelsteinring um den andern. Jeder neue Ring ragte etwas über den darunterliegenden hinaus. Immer stärker wölbte sich die Kuppel über dem Dom und die Menschen staunten, dass das kühne Bauwerk nicht in sich zusammenfiel.

Auch in Venedig und anderen italienischen Städten kündeten neue Kirchen, Rathäuser und Paläste vom erstarkten Selbstbewusstein der reichen Bevölkerungschichten. Im 16. Jahrhundert entwickelte sich jedoch die Stadt Rom zu einem eigentlichen Zentrum der Renaissance. Rom war der

25

Santa Maria del Fiore, der Dom von Florenz. Er ist weltbekannt für seine gewaltige Kuppel, die als technische Meisterleistung der frühen Renaissance gilt. Fotografie von Massimo Sestini.

26

Die Peterskirche in Rom ist eigentlich die Grabeskirche des Apos-tels Simon Petrus und stellt das Zentrum der römisch-katholischen Kirche dar. Sie fasst 60 000 Personen und ist damit die grösste christliche Kirche der Welt.

Mittelpunkt des Christentums. Im Vatikan residierte der Papst; hier lag das Grab des Apostels Petrus. An dieser Stelle wollte Papst Julius II. einen der Bedeutung des Ortes angemessenen Bau errichten. 1502 beschloss er den kompletten Neubau der Grabeskirche von Petrus, der Peterskirche. Es sollte die grösste und schönste Kirche der Christenheit werden, mit der sich Papst Julius II. und sein Nachfolger, Paul V., ein Denkmal setzten. 160 Jahre lang wurde an der grosszügigen Anlage gebaut, bis 1666 endlich der grosse Vorplatz der Kirche eingeweiht werden konnte. Hier finden die grossen öffentlichen Auftritte des Papstes statt.

Der Petersdom wurde zum Sinnbild der römischen Kirche, die ihre Machtfülle unverhüllt und mit grossem Prunk zur Schau stellte. Der Bau der Kirche verschlang Unmengen Geld. Zu seiner Finanzierung hatte der Papst den *Ablasshandel eingeführt. Dies war für viele Kirchenleute zu viel. Sie kritisierten Papst und Kirche massiv. Vor allem nördlich der Alpen entstand eine Gegenbewegung, welche die Kirche reformieren wollte. Sie führte noch im 16. Jahrhundert zur Reformation und zur Spaltung der christlichen Kirche.

Kirchenbauten im Stil des Petersdoms in Rom finden sich nördlich der Alpen weit weniger als in Italien. In den Gebieten, wo sich die kirchliche Reformation durchsetzen konnte, entstand ein anderes Verständnis von gelungener Kirchenarchitektur. Anstelle von reich geschmückten Kirchen forderten die Reformatoren einfache, schlichte Gotteshäuser. Dem Bilderschmuck in den Kirchen standen sie ablehnend gegenüber.

AUFGABEN

9 *Weshalb hatte die Darstellung der Landschaft im Mittelalter eine geringe Bedeutung?*

10 *Wie veränderte sich das Ansehen der Künstler im 15. Jahrhundert?*

11 *Warum verachtete die Kirche die römischen Statuen?*

12 *Warum wünschten sich wohl viele Feldherren und Herrscher eine Reiterstatue nach dem Vorbild Marc Aurels?*

13 *Der Petersdom in Rom gehört zu den prächtigsten und eindrucksvollsten Kirchen der Welt. Soll sich eine Religionsgemeinschaft auf diese Weise darstellen oder ist es besser, sie verzichtet auf jeden Schmuck?*

27

Blatt aus einer Armenbibel. Die Vorlage für die Seite wurde aus einem Holzblock geschnitzt, 2. Hälfte des 15. Jahrhunderts.

28

Seite der Gutenbergbibel von 1456. Die grossen, verzierten Anfangsbuchstaben wurden nach dem Druck von Hand eingefügt.

Der Mensch im Universum

Die Künstler hatten für eine andere Betrachtungsweise des Menschen und seiner Umwelt den Weg bereitet. Ihnen folgten andere: Mediziner etwa machten sich ein Bild vom Inneren des Menschen. Die Entdeckung, dass sich die Erde um die Sonne dreht, bedeutete die endgültige Abkehr vom mittelalterlichen Weltbild. Dank der Erfindung des Buchdrucks konnte sich das neue Wissen in ganz Europa schnell verbreiten.

Johannes Gutenberg

Nicht nur die Kunst und die Architektur wandten sich vom mittelalterlichen Bild des Menschen und seiner Umwelt ab. Auch auf anderen Gebieten machten Gelehrte und Handwerker wichtige Erfindungen und Entdeckungen. Die vielleicht folgenreichste gelang Mitte des 15. Jahrhunderts dem Mainzer Goldschmied Johannes Gutenberg. Er gilt als der Erfinder des Buchdrucks in Europa. In China war ein ähnliches Verfahren schon lange vorher bekannt.

Das Kopieren alter Handschriften, aber auch das Schreiben neuer Bücher war eine aufwendige Angelegenheit. Dadurch waren Bücher etwas Kostbares, das sich nur reiche Fürsten und Klöster leisten konnten. Sie hüteten ihre Bücher als ihre wertvollsten Schätze. Doch längst waren es nicht mehr nur Mönche und Nonnen, die sich für die Schriftstücke interessierten. Auch weltliche Gelehrte, Künstler und Schriftsteller vertieften sich mit grossem Eifer in die Schriften. Sie verfassten zudem auch eigene, neue Texte. Deshalb erschien es sinnvoll, nach neuen Techniken zu suchen, mit denen das Bücherherstellen einfacher und handlicher gemacht werden konnte.

Einfallsreiche Mönche begannen um 1400, ganze Buchseiten spiegelverkehrt in Holzbretter zu schnitzen. Mit Hilfe eines Druckstockes konnten sie so mehrere Abzüge auf einmal herstellen. Doch das Verfahren hatte viele Mängel. Die Holzbuchstaben nutzten sich schnell ab, und das Schnitzen einer Seite war eine mühsame Arbeit. Machte der Holzschnitzer nur einen einzigen Fehler, musste er die Seite wieder von vorne beginnen. So blieben Bücher mit mehreren hundert Seiten unerschwinglich teuer.

Ab 1436 tüftelte Johannes von Gutenberg an einem neuen Verfahren. Der aus Mainz stammende Goldschmied lebte damals in Strassburg. Anstatt ganze Seiten in Holz zu schneiden, arbeitete er mit einzelnen, in Blei gegossenen Buchstaben. Diese Bleilettern waren ungleich widerstandsfähiger als jene aus Holz. Vor allem aber liessen sich die einzelnen Lettern zu beliebigen Wörtern, Zeilen und Buchseiten zusammensetzen. Das aufwendige Schnitzen von ganzen Buchseiten fiel dahin.

Um 1450 kehrte Johannes Gutenberg in seine Geburtsstadt Mainz zurück und eröffnete da eine Druckwerkstatt. Zusammen mit seinen Gehilfen und mit dem Geld des Kaufmanns Johannes Fust machte er sich daran, eine gedruckte Bibel herzustellen. Aber noch vor dem Abschluss der Arbeiten forderte Johannes Fust sein Geld zurück. Da die Bibel noch nicht fertig war, fehlten die Einnahmen. Johannes Gutenberg verlor seine gesamte Werkstatt mit den Gesellen. Die Druckerei wurde von Fust und dem Gehilfen Peter Schöffer weitergeführt. Ohne das Zutun des Meisters vollendeten diese das Werk. Lange galten diese beiden Männer als die Erfinder des Buchdrucks.

29

Der Leichnam steht im Mittelpunkt. Die Bauchhöhle ist geöffnet, so dass man hineinsehen kann. Ein Skelett deutet auf die Öffnung. Links neben dem Leichnam steht Vesal, der uns direkt anschaut. *Frontispiz von Andreas Vesals Buch «Über den Bau des menschlichen Körpers», 1543.

30

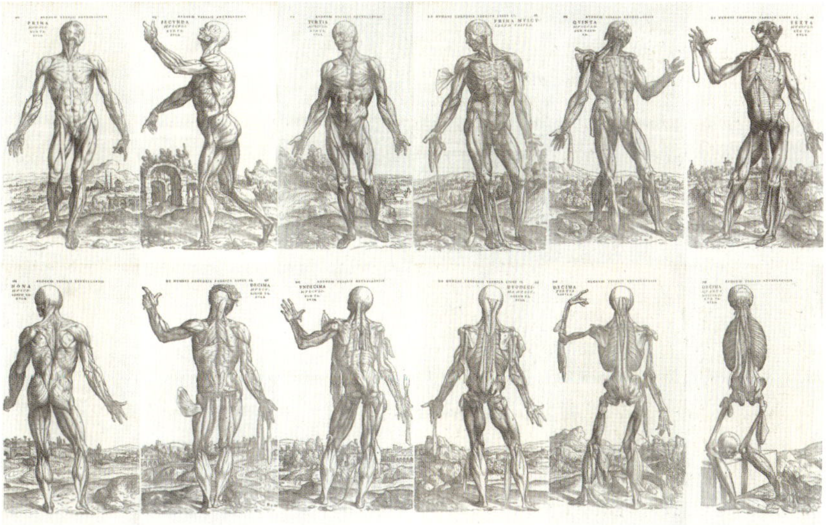

Anatomische Studie von Andreas Vesal.

Nachdem 1462 randalierende Soldaten die Druckerei verwüstet hatten, verliessen die Gehilfen die Stadt. Obwohl sie geschworen hatten, niemanden in die Buchdruckerkunst einzuweihen, gründeten sie später alle ihre eigenen Druckereiwerkstätten. Die neue Kunst verbreitete sich schnell in ganz Europa. Um 1500 gab es bereits 1100 Druckereien in 250 Städten. In Basel errichtete Gutenbergs Geselle Berthold Ruppel 1464 die erste Druckerei auf dem Gebiet der heutigen Schweiz.

Im Jahr 1500 kostete eine Bibel 30 *Gulden. Vor Johannes Gutenbergs Erfindung kostete ein solches Buch bis zu 500 Gulden. Nun war das Wissen in den Büchern für viel mehr Menschen, die lesen konnten, erschwinglich geworden.

Vesalius

Die Künstler der Renaissance hatten gelernt, ihrer eigenen Wahrnehmung zu vertrauen. Sie lenkten ihren Blick zunehmend auf ihre Mitmenschen. Nachdem während Jahrhunderten die Natur nur als Schöpfung Gottes betrachtet wurde, machte man nun den Menschen selbst zum Mass aller Dinge. Die Künstler interessierten sich besonders für die Funktionsweise des menschlichen Körpers. Für ihre Gemälde waren sie auf genaue Kenntnisse angewiesen. Sie gewannen diese aus der Beobachtung, aber auch, indem sie Leichen untersuchten und abzeichneten.

Ihrem Interesse verdankt auch die Medizin sehr viel. Denn seit dem 15. Jahrhundert entwickelte sich die Lehre vom menschlichen Körper, die Anatomie, in grossen Schritten weiter. Ein Pionier auf diesem Gebiet war der aus Brüssel stammende Arzt Andreas Vesal (1514–1564). Er war Professor in der italienischen Stadt Padua und Leibarzt verschiedener Königshäuser. Wie alle Mediziner seiner Zeit hatte Andreas Vesal seine Kenntnisse aus dem Studium antiker Schriften erworben. Vor allem das Werk des griechischen Arztes Galen (129–199) galt bereits seit Jahrhunderten als wichtigste Quelle des Wissens. Es wurde als so vollkommen betrachtet, dass keine Forschungen mehr betrieben wurden. Vesal erkannte als erster, dass Galens Beobachtungen auf der *Sektion von Schweinen, Affen und Hunden beruhten. Vesal forderte eine Erneuerung des Medizinstudiums. Die angehenden Ärzte sollten ihr Wissen aus der eigenen Anschauung am menschlichen Körper schöpfen und selber Leichen sezieren. Doch woher sollten die toten Körper kommen? Hatten die Toten nicht ein Recht auf ihre letzte Ruhe? Katholische Geistliche stemmten sich mit aller Kraft gegen das Ansinnen der Ärzte, menschliche Leichname zu sezieren. Andreas Vesal und seine Berufskollegen kauften deshalb häufig hingerichtete Kriminelle für ihre Studien. Er selbst soll sogar einmal einen Galgen geplündert, die Knochen zu sich nach Hause genommen und dort das Skelett wieder zusammengesetzt haben.

1542 brach Andreas Vesal von Padua nach Basel auf. Im Gepäck hatte er das Manuskript für sein Werk «Über den Bau des menschlichen Körpers». In Basel hatte Johannes Oporinus eine Druckerei eröffnet, die weitherum für ihre schönen Drucke bekannt war. Die beschwerliche Reise sollte sich lohnen. Das Buch von Vesal gilt als ein Schmuckstück damaliger Druckkunst.

Kopernikus, Kepler und Galilei

Der polnische Astronom Nikolaus Kopernikus (1473–1543) beobachtete in den Jahren zwischen 1514 und 1532 die Laufbah-

32

Mondzeichnung. Galilei beobachtete den Mond durch sein selbst gebautes Fernrohr. Zum ersten Mal zeichnete der Astronom den Mond als zerklüfteten, leblosen Himmelskörper. Galileo Galilei, 1610.

31 Galileo Galilei über die Wahrheit in der Bibel

Um die Meinung von der Bewegung der Erde und der Unbeweglichkeit der Sonne zu verurteilen, geben jene [Gegner des Kopernikus] folgenden Grund an: An vielen Stellen der Heiligen Schrift heisst es, dass sich die Sonne bewege und die Erde still stehe. Da die Bibel nie lügen oder irren könne, folge daraus die Notwendigkeit, dass die Behauptung, die Sonne sei unbeweglich und die Erde beweglich, falsch und verwerflich sei.

Zu diesem Argument möchte ich zunächst bemerken, dass von heiligster Stelle gesagt und sehr weise festgestellt wurde, dass die Schrift nicht lügen könne, wenn man ihren wahren Sinn erkannt habe. Dieser aber – und ich glaube, das kann man kaum bestreiten – ist oft verborgen und sehr verschieden von der rein wörtlichen Bedeutung.

Aus einem Brief Galileo Galileis an die Grossherzogin Christiana von Toskana, 1615.

nen der verschiedenen Himmelskörper. Dabei kam er zum Schluss, dass die bisherige Lehrmeinung falsch war. Die Kirchenführer vertraten die Ansicht, die Welt sei der Mittelpunkt des Universums und die Sonne kreise um die Erde. Kopernikus aber erbrachte den Beweis, dass die Erde und die anderen Planeten um die Sonne kreisen. Das neue System – das heliozentrische Weltbild – wurde nach dem griechischen Wort «helios» für Sonne benannt. Kopernikus sammelte seine Erkenntnisse im Buch «Über die Kreisbewegungen der Himmelskörper», das 1543 erschien. Kopernikus starb kurz darauf, ohne zu erleben, wie sich seine Theorie durchsetzte.

Auch der aus Tübingen stammende Johannes Kepler (1571–1630) las die Darstellungen von Kopernikus zum heliozentrischen Weltbild. Seine Berechnungen belegten, dass die Planeten sich nicht in kreisförmigen, sondern in elliptischen Bahnen um die Sonne bewegen. Das war der eigentliche Durchbruch der neuen Astronomie, die auf wissenschaftlichen Methoden, auf genauen Berechnungen beruhte.

Auf diesen Erkenntnissen konnte Galileo Galilei (1564–1642) aus Padua aufbauen. Er richtete sein Fernrohr auf den Jupiter. In dessen Nähe erblickte er drei kleine Himmelskörper, die sich zweifellos um den Planeten bewegten. Galileo Galilei hatte die Jupitermonde entdeckt. Die Entdeckung war sensationell. Wenn andere Planeten ebenfalls Monde besassen, wo blieb dann die Einzigartigkeit der Erde? Galileo Galilei machte noch weitere aufsehenerregende Beobachtungen. Als Erster stellte er die Theorie auf, dass das Weltall grenzenlos und die Zahl der Sterne unendlich gross sein müsse. Die Entdeckungen zerstörten die Meinung, dass der Mensch als Gottes Geschöpf der Mittelpunkt des Universums sei. Die Erforschung des Weltalls machte klar, wie winzig klein wir Menschen im Vergleich zum Weltraum sind.

Der katholischen Kirche missfiel das neue Weltbild. 1616 verbot Papst Paul V. das Werk von Nikolaus Kopernikus. Auch forderte er von Galilei, er solle von seinen Ansichten abrücken. 1623 wurde ein neuer Papst, Urban VIII., gewählt. Dieser gewährte dem Gelehrten die Gelegenheit, seine Theorien in einem Buch niederzuschreiben. Galileo Galilei ging geschickt vor. Er schrieb das Buch als Gespräch zwischen einem Neugierigen und zwei Gelehrten, wobei der eine seine eigene, der andere die vorherrschende Meinung über das Planetensystem vertrat. 1630 erschien das Buch in einer Auflage von 1000 Exemplaren, die innert kürzester Zeit verkauft waren. 1632 verbot der Papst das Buch dennoch. Galileo wurde von einem kirchlichen Gericht verhört. Unter Androhung der Folter widerrief er 1633 seine Meinungen. Erst 1835 wurde das Verbot widerrufen, und erst am 31. Oktober 1992 liess Papst Johannes Paul II. verkünden, dass Galilei zu Unrecht verurteilt worden sei.

AUFGABEN

14 *Wie unterschied sich die Technik Gutenbergs von derjenigen, ganze Buchseiten in Holz zu schnitzen?*

15 *Welche Neuerung forderte Andreas Vesal für das Medizinstudium?*

16 *Welche neuen Erkenntnisse über das Universum gewannen Kopernikus und Kepler?*

17 *Warum erregten die Entdeckungen des Galileo Galilei so viel Aufsehen?*

33
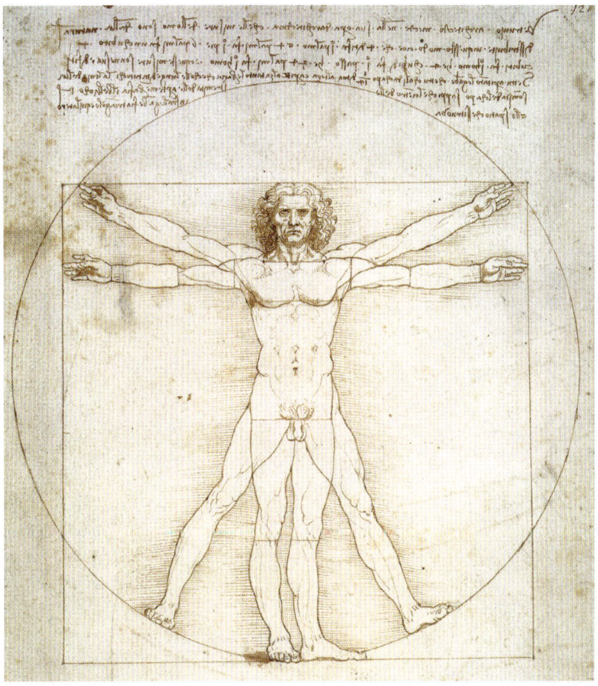

Proportionsschema des Menschen. Leonardo da Vinci, um 1490.

34
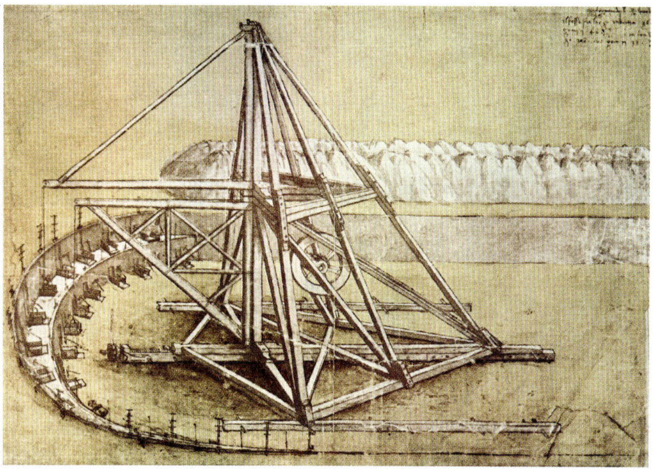

Wasserschöpfmaschine. Der Entwurf entstand im Zusammenhang mit einem Plan, den Fluss Arno umzuleiten. Der Einsatz von Maschinen sollte die menschliche Arbeitskraft weitgehend ersetzen. Leonardo da Vinci entwarf viele Maschinen und technische Einrichtungen mit dem Ziel, anstrengende Arbeiten maschinell ausführen zu können. Leonardo da Vinci, um 1503.

35 Über die Würde des Menschen

Gott sprach zum Menschen: «Den übrigen Geschöpfen gab ich eine bestimmte Natur. Ihr Leben wird allein durch meine Gesetze bestimmt. Dich aber engen keine unüberwindlichen Schranken ein; du sollst sie dir selber nach deinem eigenen freien Willen setzen. Ich habe dich in die Mitte der Welt gesetzt, damit du von dort bequem um dich schaust, was es alles in der Welt gibt.»

Leicht vereinfacht aus: Giovanni Pico della Mirandola: *Über die Würde des Menschen.* Aus dem Neulateinischen übertragen von Herbert Werner Rüssel. Zürich: Manesse, 1988.

Der Mensch, das Mass aller Dinge

Die Humanisten forderten eine umfassende Bildung, die sowohl geistige als auch technische und künstlerische Fertigkeiten umfasste. Sie erklärten die besondere Stellung des Menschen in der Schöpfung mit seiner Bildungsfähigkeit. Durch Bildung könne sich der Mensch von den natürlichen Fesseln befreien.

Der Mensch rückt ins Zentrum

Bei den Gelehrten der Renaissance erfreuten sich die Schriften antiker Autoren grosser Beliebtheit, besonders die Texte des römischen Schriftstellers und Politikers Cicero (106–43 v. Chr.). Einer der zentralen Begriffe in Ciceros philosophischen Werken war die «studia humanitatis». Dieser lateinische Titel lässt sich nur schwer ins Deutsche übersetzen. Gemeint waren damit die «Bemühungen um das Menschsein», die «Fähigkeiten, die jeder erwerben muss, um sich zum wirklichen Menschen auszubilden». Dazu gehörte die umfassende Ausbildung in geistigen, technischen und künstlerischen Fächern. Eine besondere Bedeutung kam der Sprache zu. Neben dem Unterricht in verschiedenen Sprachen sollten auch das Schreiben, das Lesen und das laute Vortragen ein Leben lang geübt werden. Später nannte man die Gelehrten, die sich im Sinne der studia humanitatis bildeten, Humanisten und ihre geistige Haltung Humanismus.

Die Idee der «studia humanitatis» schlug die Gelehrten in Bann. Als einer der Ersten begeisterte sich der italienische Philosoph Francesco Petrarca (1307–1374) dafür. Er gilt als Begründer des Humanismus. Petrarca erforschte selber antike Handschriften und verfasste philosophische Werke in lateinischer Sprache. Besondere Bedeutung kommt ihm zu, weil er der Erste überhaupt war, der Gedichte in italienischer Sprache aufschrieb.

Der universale Mensch

Das Ideal der Humanisten war der «universale Mensch», der geistige, technische und künstlerische Fertigkeiten in sich

36

Der denkende Mensch ist die Krone der Schöpfung, sagte Giovanni Pico della Mirandola. Der Mensch ist frei in der Entscheidung, ob er diese Stellung einnehmen will. Entscheidet er sich gegen das Denken, so fällt er Stufe um Stufe zurück.

37

Leonardo da Vinci: Mona Lisa. Die Mona Lisa ist das berühmteste Gemälde da Vincis, wahrscheinlich sogar das berühmteste Kunstwerk der Welt. Das Original, das 1503–1506 entstand, hängt im Museum Louvre in Paris.

38 Was ist der Mensch ohne Bildung?

Was ist der Mensch ohne Bildung, und mag er noch so reich und noch so mächtig sein! Welchen Unterschied gibt es zwischen einem bildungslosen Menschen und einem Standbild aus Stein? Kein Herzog, kein König, kein Kaiser hat ohne wissenschaftliche Bildung irgendwie Wert und Bedeutung.

Aeneas Silvius, um 1450. Enea Silvio Piccolomini (1405–1464), auch Aeneas Silvius genannt, war humanistischer Schriftsteller und Gelehrter und ab 1458 Papst (Pius II.).

vereinigt. Leonardo da Vinci (1452–1519) war ein solcher allseitig gebildeter Mensch. Er war nicht nur ein meisterhafter Maler, sondern beschäftigte sich auch mit theoretischen Fragen und leistete als Ingenieur und Techniker hervorragende Arbeit.

Der italienische Humanist Giovanni Pico della Mirandola (1463–1494) sah den Unterschied zwischen dem Menschen und seiner Umwelt darin, dass dieser denken kann. Allein diese Fähigkeit erlaube es ihm, sich von den natürlichen Fesseln zu befreien. Technische Erfindungen erleichtern das Leben ebenso wie künstlerische Werke und Darbietungen. Dank ihnen könne der Mensch die Herrlichkeiten der Welt geniessen und erlebe nicht länger tagtäglich nur Mühsal und Ärgernis.

Der bedeutendste Vertreter des nordeuropäischen Humanismus ist Erasmus von Rotterdam (1469–1536). Als Theologe gab er die erste gedruckte Ausgabe des Neuen Testaments in griechischer Sprache heraus. Er trat für ein erneuertes Christentum ein, das frei sein sollte von spitzfindigen theologischen Diskussionen, die nichts mit dem Leben der Menschen zu tun haben. Erasmus von Rotterdam verteidigte die Toleranz gegenüber anderen Meinungen als wichtigsten Wert der Menschen.

Mit dem Humanismus entstand in Europa ein neues Bild des Menschen und der Welt. Die neuen Ideen gaben der europäischen Geschichte wichtige Anstösse. Sie blieben jedoch weitgehend eine Angelegenheit der Gelehrten und Gebildeten. Die meisten Europäerinnen und Europäer vernahmen nichts davon. Sie konnten weder lesen noch schreiben, noch hatten sie genügend Zeit und Geld, um sich mit den humanistischen Schriften auseinanderzusetzen.

AUFGABEN

18 *Vergleiche die Vielfalt der Schulfächer in deinem Stundenplan mit dem Ideal des universalen Menschen. Was fällt dir dabei auf?*

19 *Welche Idee lag der Einführung der obligatorischen Schule zugrunde?*

Beobachtungen über das neue Menschenbild

Portfolioauftrag

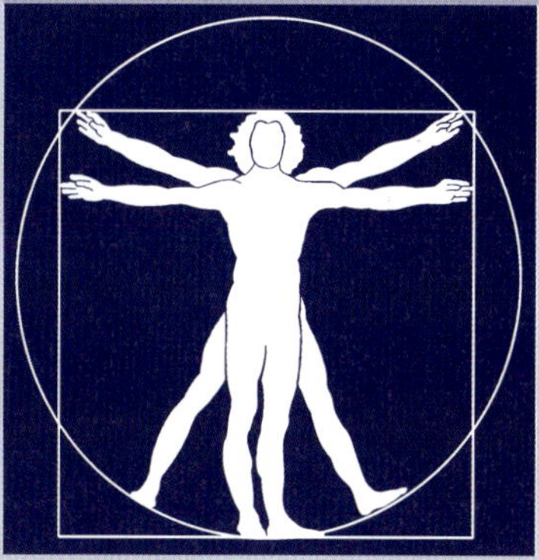

Im Zentrum der kulturellen Strömung der Renaissance und des Humanismus stand der Mensch. Die Künstler und Gelehrten erklärten ihn zum Mass aller Dinge. So wurde der Mensch auf die unterschiedlichste Art und Weise zu ihrem Studienobjekt. Ihr Menschenbild spiegelt sich in vielen ihrer Äusserungen und Darstellungen. Setzt man sie nebeneinander, erhalten wir eine Vorstellung davon, was dieses Menschenbild umfasste. Die Darstellungen der Künstler der Renaissance haben das Menschenbild bis heute geprägt.

Aufgabe

Suche im Kapitel drei Bilder, mit denen sich das Menschenbild der Renaissance und des Humanismus darstellen lässt. Stelle sie nebeneinander und verfasse einen kurzen Text dazu. Jeder Text soll gleich aufgebaut sein und das Bild analysieren. Du kannst auch weitere Bilder aus dem Internet, aus Lexika oder aus Geschichtsbüchern hinzunehmen.

In einem ergänzenden Schritt kannst du nach aktuellen Bildern suchen, bei denen vermutlich Darstellungen der Renaissance oder des Humanismus als Vorbild dienten.

Vorgehen

1. Betrachte nochmals die Abbildungen des Kapitels. Gehe sie der Reihe nach durch. Beschreibe zuerst, was auf jedem Bild zu sehen ist.
2. Frage dich, was jedes der Bilder über das Menschenbild der Zeit aussagen könnte. Wie werden die Menschen dargestellt?
3. Welche Funktionen und Rollen übernehmen die Personen auf dem Bild?
4. Kopiere drei Bilder aus dem Textbuch, die du für aussagekräftig hältst. Schreibe die für dich entscheidenden Textstellen heraus.
5. Klebe die Bilder und Textstellen auf einen Bogen Papier.
6. Ergänze die Bilder mit jenen, die du aus anderen Quellen zusammengesucht hast.
7. Beschreibe jedes einzelne Bild gemäss den oben aufgestellten Kriterien:
   - Was ist auf dem Bild zu sehen?
   - Wie werden die Menschen dargestellt?
   - Welche Funktionen und Rollen übernehmen die Personen?
8. Verfasse einen Text im Umfang von einer A4-Seite. Fasse darin die einfachen Texte zu den einzelnen Bildern zu einer Gesamtbeurteilung zusammen.

Hinweis

- Die Texte aus dem Buch dienen dir als Vorlage, um den eigenen Text zu schreiben. Verwende keine Sätze oder Satzteile aus dem Buchtext. Schreibe alle Texte neu. Nur so erhält der neue Text einen eigenen Charakter und wird lesbar. Zusammengestückelte Texte sind nur schwer lesbar. Schreibe deshalb zuerst eine Stichwortliste oder entwirf eine *Mindmap, bevor du mit der Formulierung des eigenen Textes beginnst. Du solltest zuerst von den ursprünglichen Texten einen gewissen Abstand gewinnen.
- Wenn du den Auftrag mit Bildern aus weiteren Quellen ausdehnst, so gestalte die Arbeit übersichtlich. Überlege, ob du die Bilder zu einzelnen Gruppen mit einem bestimmten thematischen Zusammenhang unter einen Untertitel setzen kannst. Dann schreibst du auch zu jeder Untergruppe einen separaten Text.

Isabella d'Este – Fürstin und Kunstsammlerin

Isabella d'Este gilt als eine der einflussreichsten Frauen der Renaissance. Die Fürstin der oberitalienischen Stadt Mantua war eine äusserst gebildete Frau. Mit ihrem Vermögen unterstützte sie zahlreiche befreundete Dichter und Künstler.

39

Isabella d'Este, gemalt von Tizian.
Der venezianische Maler Tiziano Vecellio, genannt Tizian, (ca. 1490–1576) gehörte zu den berühmtesten Malern der italienischen Renaissance. Seine Werke beeinflussten Künstler bis ins 19. Jahrhundert. Tizian, um 1535.

Kindheit

Isabella wurde am 18. Mai 1474 geboren. Ihr Vater Ercole war Herzog von Ferrara. Auch ihre Mutter Eleonora stammte aus einer reichen Adelsfamilie. Am elterlichen Hof gingen viele Künstler ein und aus, und die hier stattfindenden Theateraufführungen waren weitherum bekannt.

Isabella genoss wie ihre Brüder eine sehr gute Ausbildung. Ihre Lehrer legten vor allem Wert auf den Tanz- und Musikunterricht sowie das Studium der französischen und der lateinischen Sprache.

Mit 16 Jahren wurde Isabella mit Francesco Gonzaga verheiratet, dem zukünftigen Markgrafen von Mantua. Wie damals üblich, heirateten die beiden Brautleute nicht aus Liebe zueinander. Ihre Hochzeit war vielmehr das Ergebnis einer gezielten Heiratspolitik der beiden Familien, die sich von der Verbindung eine Stärkung ihrer Macht erhofften.

Hochzeit

Die Hochzeit war ein grosses Ereignis. Ein ganzes Jahr lang hatten unter der Leitung der Mutter Maler, Bildhauer und Goldschmiede an der *Aussteuer und den Geschenken gearbeitet. Darunter befanden sich 13 Truhen, die mit 11 000 Goldblättern bemalt waren. Am 11. Februar 1490, dem Tag der Hochzeit, begleitete ein grosser Festzug die Braut aus ihrer Geburtsstadt nach Mantua. Die Gesellschaft reiste auf dem Fluss Po. Das Hochzeitsschiff wurde von 54 Schiffen und Booten begleitet. Nach vier Tagen traf die Gesellschaft in Mantua, der Heimatstadt des Bräutigams, ein. Hier sollte sich das Paar niederlassen. Acht Tage lang dauerte das Fest. Turniere, Tänze, Fackelumzüge und Konzerte lösten sich ununterbrochen ab.

In Mantua

In Mantua bildete sich Isabella d'Este weiter. Sie liess am Hof einen Theaterraum einrichten und begann, die Räume mit ausgewählten Kunstwerken auszuschmücken. Reisen führten Isabella in verschiedene Städte Italiens. Sie dienten vor allem politischen Zwecken. Nebenbei besuchte sie aber jeweils auch Künstler und Gelehrte, mit denen sie anschliessend einen regen Briefkontakt aufrechterhielt. In den Briefen erwies sich Isabella als Kennerin von Literatur, Musik und Kunst. Ausführlich unterhielt sie sich über die neuesten Entwicklungen. Auch über die letzten politischen Ereignisse und wissenschaftlichen Erkenntnisse tauschte sie sich mit ihren Brieffreundinnen und Brieffreunden aus. So wusste Isabella d'Este

40

Eine meisterliche Skizze. Auch Leonardo da Vinci skizzierte Isabella d'Este. Leonardo da Vinci, um 1500.

41

Der Fürstenpalast von Mantua. Der im 15. und 16. Jahrhundert mehrmals erweiterte Palast war Wohnhaus, Ort politischer Entscheidungen und Kulturzentrum in einem.

dank ihren Briefkontakten schon sehr bald nach der Rückkehr von Kolumbus nach Europa von dessen aufsehenerregenden Entdeckungen.

Das Studierzimmer

Im Palast richtete Isabella ein Studierzimmer – ein studiolo – ein. Dieses war eine typische Einrichtung der Renaissance-Paläste. Früher waren Studierzimmer nur in den Klöstern zu finden, wo Mönche und Nonnen abgeschieden von der Welt studieren konnten. Nun aber, um das Jahr 1500, hatte die Bildung einen ganz anderen Stellenwert bekommen, und ein Studierzimmer gehörte fortan zum festen Bestandteil jedes Fürstenhofes.

Das prächtig ausgeschmückte Studierzimmer der Isabella umfasste eine ziemlich grosse Bibliothek, worin sich alle antiken Klassiker und auch viele neuere Werke befanden. Aber auch Musikinstrumente standen hier, und verschiedene befreundete Künstler hatten die Wände mit Bildern versehen.

Das Zimmer diente der Fürstin als Rückzugsort, um ungestört lesen und schreiben zu können. Daneben stellte sie es aber auch immer wieder befreundeten Künstlern und Gelehrten zur Verfügung. In den folgenden Jahren lud Isabella d'Este regelmässig zu Treffen ein, an denen angeregt diskutiert wurde. Viele Poeten, Künstler und Philosophen suchten diese Treffen auf, die bald weit über die Region hinaus bekannt wurden.

Die Liebe Isabellas zur Musik war gross. Sie nahm selber Gesangsunterricht und soll auf der Laute, der Leier, dem *Klavichord und der Orgel gespielt haben. So erstaunt es nicht, dass sie eine grosse Förderin von Musikern war. Vor allem die italienische Volksmusik lag ihr am Herzen. Im Gegensatz zu anderen Fürstenhöfen ihrer Zeit fanden sich bei Isabella keine nordeuropäischen Komponisten ein, sondern vor allem Musiker aus Italien. So wurde Mantua zum Zentrum der italienischen Musik.

Isabella d'Este starb 1539. Sie war eine der beeindruckendsten Frauen ihrer Zeit in Europa. Sie hat sich nicht nur regelmässig am politischen Tagesgeschäft beteiligt, sondern auch Künste und Wissenschaften leidenschaftlich gefördert.

Kirchenbauten: eine kleine Baustilkunde

Seit 2000 Jahren werden christliche Kirchen gebaut. Je nach der Zeit, aus der sie stammen, sehen sie anders aus. Die wichtigsten Baustile bis zur modernen Zeit heissen Romanik, Gotik, Renaissance und Barock.

42

Abteikirche von Payerne, 10. Jahrhundert. Schematische Innenansicht. Zu erkennen sind die typischen Rundbögen der Romanik.

43

Die Kirche San Nicolao in Giornico ist eine der schönsten romanischen Kirchenbauten der Schweiz. Fotografie von Marcel Gassner.

Romanik (9.–12. Jahrhundert)

Der Baustil der Romanik entwickelte sich im 9. Jahrhundert in Norditalien. Von dort gelangte er durch Bauschulen und wandernde Handwerker über die Alpen in den französischen und deutschen Raum. Auch in der Schweiz entstanden einige romanische Kirchenbauten. Bedeutend sind etwa die Kirchen von Payerne und Giornico, das Grossmünster in Zürich und das Münster in Basel.

Eine romanische Kirche zeichnet sich durch ihr schlichtes, einheitliches Aussehen aus. Die Räume sind mit wenigen Grundformen gestaltet. Typisch sind dicke, festungsartige Mauern mit kleinen Fenstern sowie würfelförmige Verzierungen an den Säulen. Die Skulpturen und Malereien in romanischen Kirchen zeigen oftmals drastische Motive.

In Kirchen aus der frühromanischen Zeit finden sich flache Decken mit quadratischen Mustern, so genannte Kassettendecken. Später überspannten die Baumeister die riesigen Räume mit Rundbögen. Dabei wurden die gewaltigen Bögen ähnlich wie bei Brücken aus einzelnen, verkeilten Ziegeln zusammengesetzt.

44

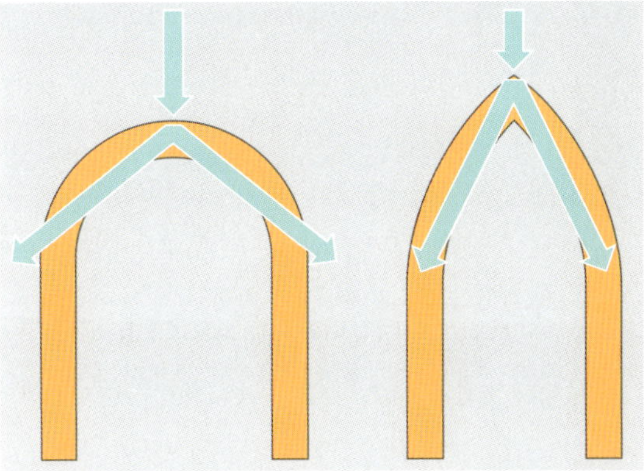

Romanischer Rundbogen und gotischer Spitzbogen. Während der Rundbogen die Last auf den massiven Wänden gegen aussen verlegt, lenkt sie der Spitzbogen nach unten.

45

Gliederung der Fassade der Kathedrale von Amiens, Frankreich. Die experimentierfreudigen Baumeister der Gotik gingen bis an die Grenze der Möglichkeiten. Der Gesamteindruck wird von Spitztürmen, Kreuzblumen und aufstrebenden Linien verstärkt. Einzig die grosse Rosette wirkt wie ein Gegenpart zur beherrschenden Vertikalen.

46

Landshut an der Isar. Hoch überragt die St. Martinskirche die Stadt. Mit ihrer Höhe konkurriert nur noch die Burg Trausnitz im Hintergrund. Kupferstich von Matthäus Merian dem Älteren (1593–1650) aus der Topographia Bavariae, 1644.

Gotik (12.–15. Jahrhundert)

Im Unterschied zur Romanik entstand die gotische Architektur im Norden Europas, in Frankreich und Deutschland. In Italien finden sich nur wenige Beispiele gotischer Architektur. Am eindrücklichsten ist hier der Mailänder Dom. Die gotischen Kirchen sind oft von immensen Ausmassen. Ihr Bau verschlang Unsummen von Geld. Reiche Stadtbürger finanzierten die Bauten und arbeiteten oft selber auf der Baustelle mit. Die Kirchen waren Zeichen des christlichen Glaubens und des Bürgerstolzes in einem.

Die Bauten erreichten oft schwindelerregende Höhen. Das stellte die Baumeister vor grosse Probleme. Der typische gotische Spitzbogen schuf Abhilfe. Durch ihn wurden die Kräfte auf die darunterliegenden Säulen übertragen. So konnten höhere und dünnere, von Fenstern durchbrochene Wände erstellt werden.

Steht man vor einer gotischen Kirche, muss man seinen Blick unweigerlich nach oben, gegen den Himmel richten. Alles an ihr strebt in die Höhe. Die Betonung der Vertikalen wird nur durchbrochen von grossen, farbigen Rosetten über dem Hauptportal der Kirche. Das Strebewerk ist von aussen frei sichtbar und verstärkt die Höhenwirkung.

47

Innenansicht der Kirche Sant'Andrea in Mantua, 1470. Das Tonnengewölbe ist mit einer Kassettendecke ausgekleidet. Der Innenraum weist Ähnlichkeiten mit einer antiken römischen Badeanlage auf.

48
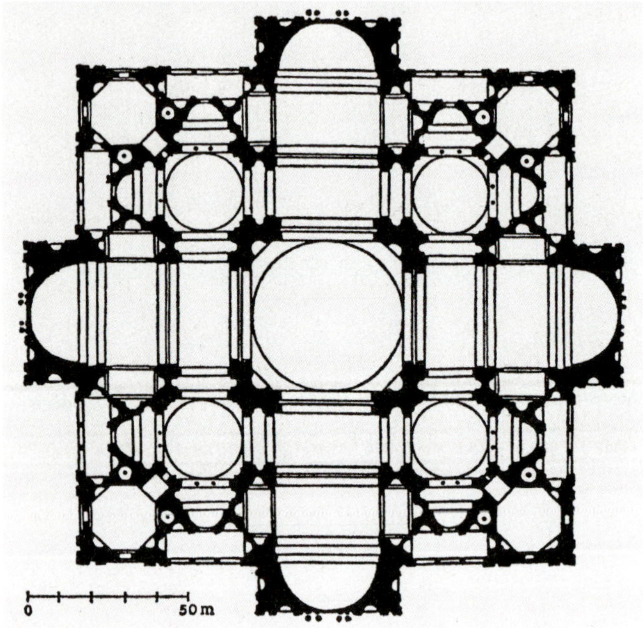

Grundriss des Petersdoms in Rom. Der Zentralbau hat die Form eines gleichschenkligen Kreuzes.

49

San Zaccaria, die älteste Renaissance-Kirche in Venedig. Begonnen wurde der Bau um 1450, die Fassade stammt aus dem Jahr 1515. Säulen bestimmen das Aussehen der Fassade. Sie erinnern an die antike Kultur.

Renaissance (15.–16. Jahrhundert)

Die Renaissance ist gekennzeichnet von einem Rückgriff auf antike Vorbilder, auch in der Architektur. Sie hat ihren Ursprung in Italien. Nördlich der Alpen finden sich nur wenige Beispiele von Kirchenbauten der Renaissance.

Die Architektur der Renaissance ist von einer starken Ablehnung der Gotik geprägt. Neben die Vertikale tritt die Horizontale. Wichtig ist nun das gute Verhältnis der beiden Ausrichtungen. Sie sollen sich harmonisch ergänzen. Die Kirchen werden häufig als Zentralbau angelegt. Oft werden sie von einer grossen Kuppel gekrönt. Säulen und Bogen geben den Fassaden einen eigenen Rhythmus.

In der Zeit der Renaissance spendeten vermehrt reiche Bürger das Geld für neue Kirchenbauten. Neben ihrer Gottesfurcht wollten sie auch ihren Kunstverstand und Reichtum zur Schau stellen. Deshalb entstanden viele Kirchen dieser Zeit als prächtige Bauten, die mit bedeutenden Kunstwerken geschmückt wurden.

50

Die Klosterkirche von Einsiedeln. Das Kloster Einsiedeln besteht bereits seit dem 10. Jahrhundert, romanische und dann gotische Bauten lösten sich ab. Nach 1704 wurde die Klosteranlage komplett erneuert. Die barocke Klosteranlage ist streng symmetrisch, links und rechts der Klosterkirche befinden sich die Wohn- und Arbeitsräume der Mönche. Am 3. Mai 1735 wurde die Kirche eingeweiht. Fotografie von Charles Seiler, 2002.

51

Wandschmuck in der Stiftskirche Beromünster. Die typischen barocken Engel verleihen dem Kirchenraum eine festliche Stimmung. Fotografie von Horst Pfingsttag, 2006.

52

Deckengemälde in der Jesuitenkirche von Rom. Die üppig bemalte Decke täuscht das gewaltige Eindringen göttlicher Kraft vor.

Barock (17. – 18. Jahrhundert)

Der barocke Kirchenbau ist die Architektur der katholischen Kirche nach der Reformation. Die Kirchenspaltung im 16. Jahrhundert hatte die christliche Welt erschüttert. Um 1600 erstarkte die katholische Kirche langsam wieder. Als Zeichen des neuen Selbstbewusstseins wurden viele Gotteshäuser und Klöster renoviert oder neu errichtet. Viele Details des Baustils knüpften an die Renaissance an. Hatte diese aber noch das Diesseits verherrlicht, so wandten sich die Bauherren nun vermehrt dem Jenseits zu.

Nach den Schrecken der vergangenen Jahrzehnte sollte wieder der Herrlichkeiten des Himmels gedacht werden. Lichtdurchflutete, reich geschmückte Räume vermitteln den Eindruck eines grossen, himmlischen Festes. Die Kirchen wurden zu Gesamtkunstwerken, die Grenzen zwischen Architektur, *Plastik und Malerei verflossen. Altäre gingen nahtlos in bemalte Wände und Deckengewölbe über. Farbenprächtige Engel und Girlanden verschönerten die Säulen und Emporen.

In den katholischen Gebieten der Schweiz finden sich viele barocke Kirchen und Klöster. Prachtvolle Bauten stehen etwa in St. Gallen, Luzern, Einsiedeln, Disentis, Beromünster und Solothurn.

Die Kunst des Buchdrucks

53

In der Papiermühle. Der Meister taucht ein feines Sieb in die Papiermasse. Seine Gehilfen bündeln die Papierbögen, um sie zu pressen und zu trocknen. Holzschnitt von 1689.

54

Ein Buch entsteht. Zuerst wird in der Papiermühle das Papier geschöpft. Nachdem die Bleilettern hergestellt worden sind, fügt sie der Setzer zu einem Text zusammen. Mit der Druckerpresse werden die Seiten gedruckt. Nun kommt der Buchblock zum Buchbinder, der das Werk vollendet. Kupferstich von Matthäus Merian dem Älteren, 1632.

Das Papierschöpfen

Die Chinesen verwendeten schon Papier, lange bevor es in Europa bekannt wurde. Hier verdrängte es erst mit der Verbreitung des Buchdrucks um 1500 das *Pergament als übliche Schreibunterlage. Papier kann aus praktisch allen faserigen Pflanzen hergestellt werden. In der Papiermühle werden vor allem alte Lumpen und Stoffabfälle verwendet. Sie werden zerkleinert und mit Wasser zu einem Brei vermischt. Nachdem die Masse etwas gegärt hat, kocht man sie auf. Anschliessend siebt man sie durch ein feinstes Maschennetz. Die Flüssigkeit tropft ab, und nur eine feine Schicht bleibt auf dem Sieb hängen. Man lässt sie noch etwas an der Luft trocknen, worauf das fertige Blatt Papier abgelöst werden kann.

Die Herstellung der Lettern

Bevor eine Letter hergestellt wird, muss eine vollständige Schrift erfunden werden, damit die Lettern ein einheitliches Aussehen haben. Das Alphabet umfasst 52 verschiedene Klein- und Grossbuchstaben, hinzu kommen die Satzzeichen und die Zahlen.

Sodann werden die einzelnen Buchstaben seitenverkehrt in hartes Eisen graviert. Diese Musterletter wird in ein Kupferklötzchen, die Matrize, eingeschlagen. Diese hat ihren Namen vom lateinischen Wort für Mutter, «Mater», denn die Matrize ist die Mutter der Zeichen. Sie kann Hunderte Male mit Blei ausgegossen werden. So erhält man einen ganzen Satz von identischen Bleilettern. Diese werden benötigt, da auf einer einzigen Buchseite ein Zeichen meist mehrmals vorkommt.

Das Setzen

Die fertigen Bleilettern werden in die Fächer eines schräg aufgestellten Setzkastens sortiert. Nun kommt der Setzer zum Zug. Er nimmt die Lettern aus dem Kasten. Auf einer Schiene,

55

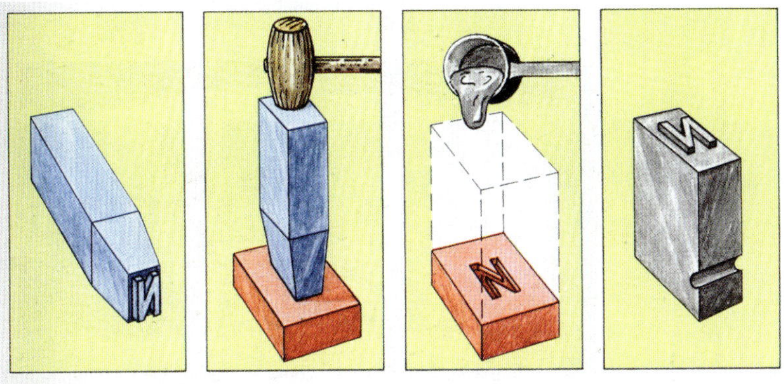

Die Herstellung von Lettern. In vier Arbeitsschritten entsteht aus einer Musterletter eine fertige Bleiletter. Zuerst wird eine Musterletter aus hartem Metall hergestellt. Diese wird in ein Kupferklötzchen eingeschlagen. Die so entstandene Giessform wird ausgegossen. Mit jedem Guss entsteht so eine fertige Bleiletter.

56

In der Buchbinderei. Der Buchbinder befestigt den Buchrücken am Buchblock. Kupferstich von Christoph Weigel, 1698.

dem Winkelhaken, reiht er sie zu Wörtern und Zeilen zusammen. Zeile um Zeile wird auf eine Metallplatte gesetzt.

Das Drucken

Die einzelnen gesetzten Seiten werden nun vom Drucker übernommen. Er legt zwei Seiten nebeneinander in die Druckerpresse. Mit Druckerballen aus Leder, die mit Farbe getränkt sind, schwärzt er die Seiten ein. Dann legt der Drucker einen Papierbogen ein und presst das Ganze zusammen. Anschliessend entnimmt er den bedruckten Bogen und hängt ihn zum Trocknen auf. Die Rückseite wird genauso bedruckt.

Das Buchbinden

Nun muss aus den einzelnen Bögen noch ein Buch hergestellt werden. Dies macht der Buchbinder. Er falzt die Bögen zu Seiten und überprüft sie auf ihre Vollständigkeit. Dann werden sie mit einem Faden genäht. Alle Bögen zusammen bilden den Buchblock. Dieser wird nun am Rücken zusammengebunden. Sodann stellt der Buchbinder den Einband her. Er wurde anfänglich aus dicken, eichenen Holzdeckeln gefertigt. Später verwendete man auch dünnere Holzdeckel, die mit Pergament oder Leder überzogen wurden. Nun befestigt der Buchbinder den Buchblock am Einband. Er spannt das Buch in eine Presse ein, damit es seine Form behält und die Bögen nicht zu lose am Deckel hängen. Das Buch ist fertig!

5. Europas Weg in die Neuzeit

Wie lauten deine vollständigen Taufnamen?

Welche Bedeutung hat die Taufe für dich?

Vergleiche die dargestellte Szene mit einer Taufzeremonie, wie du sie schon erlebt hast. Welche Unterschiede erkennst du?

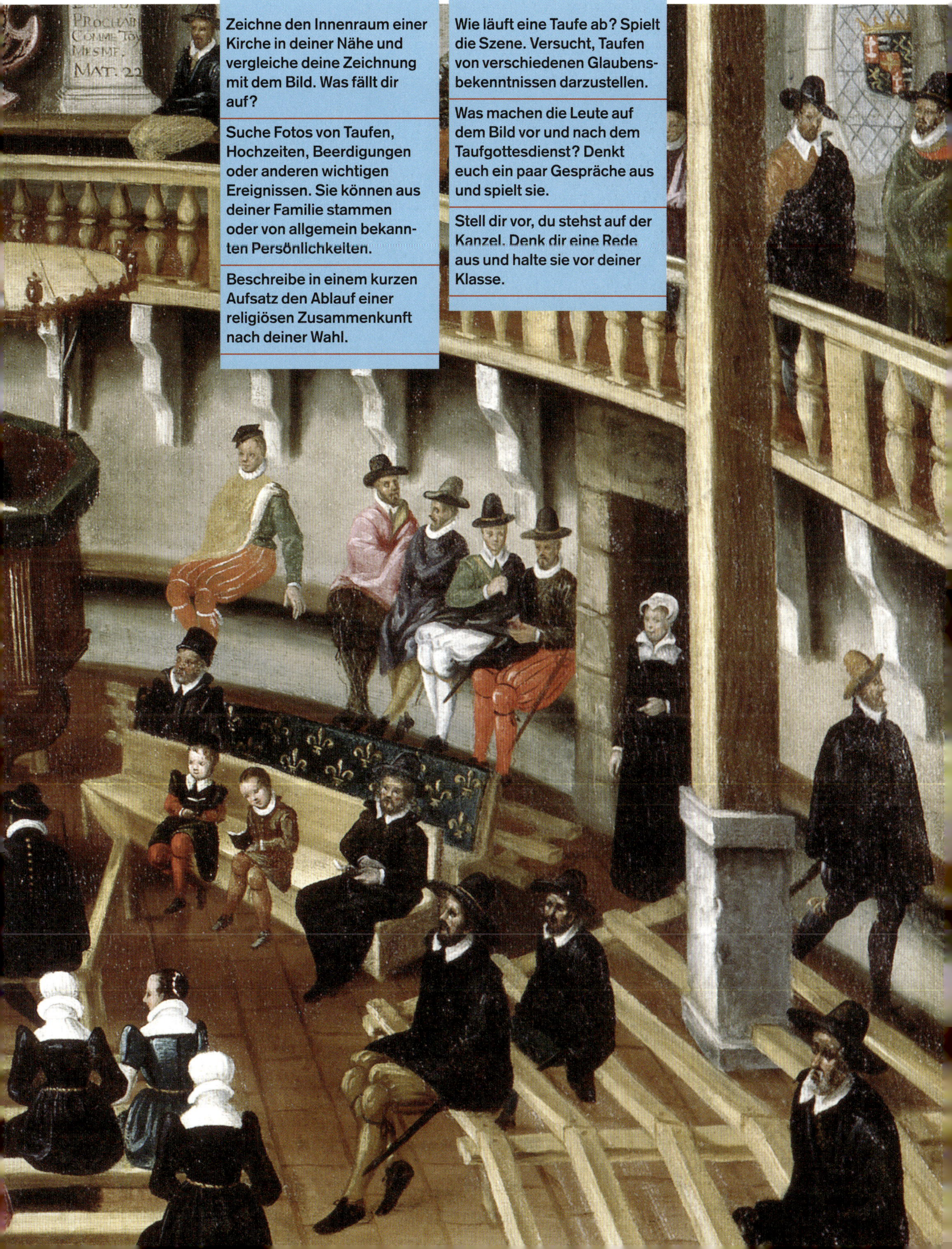

Zeichne den Innenraum einer Kirche in deiner Nähe und vergleiche deine Zeichnung mit dem Bild. Was fällt dir auf?

Suche Fotos von Taufen, Hochzeiten, Beerdigungen oder anderen wichtigen Ereignissen. Sie können aus deiner Familie stammen oder von allgemein bekannten Persönlichkeiten.

Beschreibe in einem kurzen Aufsatz den Ablauf einer religiösen Zusammenkunft nach deiner Wahl.

Wie läuft eine Taufe ab? Spielt die Szene. Versucht, Taufen von verschiedenen Glaubensbekenntnissen darzustellen.

Was machen die Leute auf dem Bild vor und nach dem Taufgottesdienst? Denkt euch ein paar Gespräche aus und spielt sie.

Stell dir vor, du stehst auf der Kanzel. Denk dir eine Rede aus und halte sie vor deiner Klasse.

Wer regiert die Welt?

1

Das *universale Reich des Mittelalters. Das Bild symbolisiert die mittelalterliche Weltordnung. Jesus verleiht dem Papst die Bibel, dem Kaiser das Schwert, was die kirchliche und die weltliche Macht versinnbildlicht. Papst und Kaiser wollten als universale Herrscher europaweit geachtet werden. Am Ende des Mittelalters geriet die Idee dieses Reiches jedoch in eine schwere Krise. Jede Herrschaft braucht den Gehorsam der Untergebenen. Doch diese begehrten auf. Der Kaiser musste seine Herrschaft mit Fürsten der einzelnen Gebiete teilen. Und der Papst und die katholische Kirche sahen sich grosser Kritik ausgesetzt. Buchmalerei aus dem «Decretum Gratiani», 14. Jahrhundert.

3 **Vom Widerstandsrecht**

Wir amtlose Menschen sollten uns hüten, die Autorität der Obrigkeit zu verachten oder zu schänden – selbst wenn sie bei ganz unwürdigen Menschen liegt [...] Wir haben keine andere Weisung, als zu gehorchen und zu leiden.

Dabei rede ich aber stets von amtlosen Menschen. Anders steht nun die Sache, wo Volksbehörden eingesetzt sind, um die Willkür der Könige zu mässigen [...] Wo das so ist, da verbiete ich diesen Männern nicht etwa, der wilden Ungebundenheit der Könige entgegenzutreten, nein, ich behaupte geradezu: wenn sie absichtlich übersehen, dass ein König masslos wütet und das niedrige Volk quält, dann verraten sie die Freiheit des Volkes, zu deren Hütern sie durch Gottes Wille eingesetzt sind!

Jean Calvin: *Institutio christianae religionis* (vereinfacht). Für den Genfer Reformator Jean Calvin sollte ein Herrscher nicht allein entscheiden können, sondern von gewählten Volksvertretern kontrolliert werden. Diese Idee wirkte massgeblich auf die Entwicklung eines neuen Staatsverständnisses in England.

2 

Herrscher über Land und Untertanen. Die mittelalterliche Reichsidee wurde im 16. und 17. Jahrhundert abgelöst durch das Prinzip einzelner Herrscher, die völlig unabhängig über ihr Land und ihre Untertanen regierten. 1651 veröffentlichte der englische Philosoph Thomas Hobbes seine Schrift «Leviathan». Darin beschrieb er, dass nur der allein regierende, mit unteilbarer und alleiniger Macht ausgestattete Herrscher zum Wohle seines Volkes wirken könne. Dieser absolute Herrscher dürfe keine Pflichten haben, er müsse über den Gesetzen stehen und einziger Richter sein. Man stellte sich den Landesfürsten oder König als lenkenden und denkenden Kopf des Staatskörpers vor, während die Untertanen den Leib bildeten, der ausführte, was der Kopf befahl. Ausschnitt aus dem Titelblatt des «Leviathan», 1651.

4 **Pflichten des Königs, Rechte des Volkes**

1. Die angebliche Befugnis des Königs, Gesetze oder deren Ausführung ohne Zustimmung des Parlaments auszusetzen, ist unrechtmässig.
2. Die angebliche Befugnis des Königs, von Gesetzen oder deren Ausführung zu befreien [...] ist ungesetzlich. [...]
4. Das Einziehen von Geld für die Krone ohne Bewilligung des Parlaments ist ungesetzlich.
5. Es ist das Recht der Untertanen, Eingaben an den König zu richten, und alle Inhaftierungen und Verfolgungen wegen solcher Bittschriften sind ungesetzlich. [...]
8. Die Wahl von Mitgliedern des Parlaments soll frei sein.
9. Die Freiheit der Rede und die Verhandlungen im Parlament dürfen vor keinem Gericht oder an einem andern Ort ausserhalb des Parlaments angefochten oder in Frage gestellt werden. [...]
13. Zur Erledigung aller Beschwerden und zur Verbesserung, Stärkung und Aufrechterhaltung der Gesetze sollen häufig Parlamente abgehalten werden.

Aus der englischen *Bill of Rights (Erklärung der Rechte) von 1689 (vereinfacht).

Schriftliche Quellen: Nachrichten aus der Vergangenheit

Um uns die Vergangenheit vorzustellen, brauchen wir Zeugnisse aus der Zeit. Wir nennen sie Quellen. Texte sind dabei besonders wichtig. Hier lernst du die wichtigsten Arbeitsschritte kennen, die du brauchst, um aus einem Quellentext Informationen über die Vergangenheit zu erhalten.

5

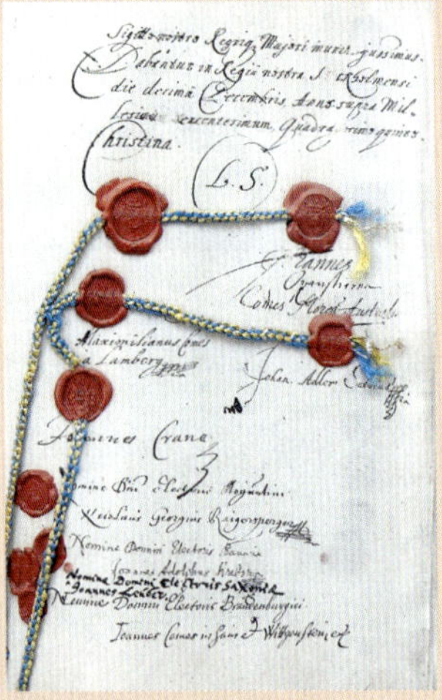

Vertrag mit Siegeln und Unterschriften. Schlussseite des Friedensvertrags von Osnabrück, 1648.

6

Mandat und Ordnungen Unserer Gnädigen Herren / Burgermeister / Klein- und Grosser Räthen der Stadt Zürich: Auß Ihren je zun Zeiten verkündigten Mandaten / zu Beförderung eines Christenlichen / bußfertigen Lebens und ehrbaren Wandels / zusamen gezogen / erneueret / und auf der Landschafft Zürich offentlich wieder verkündet und in Truck verfertiget.

ANNO M D CC XXII.

Amtliche Verordnung. Titelblatt der *Sittengesetze der Stadt Zürich, 1722.

7

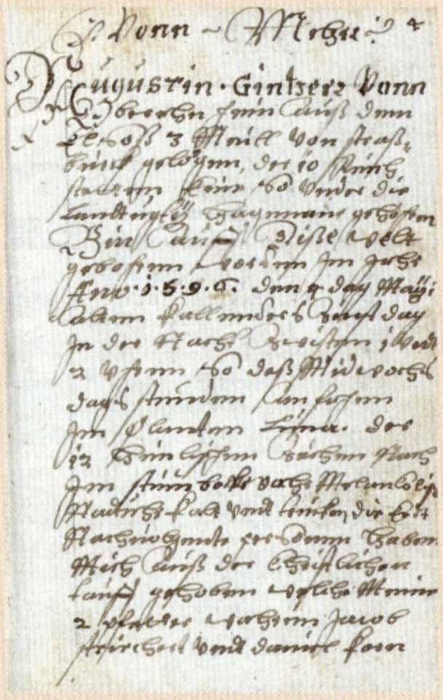

Lebenserinnerungen. Seite aus den Erinnerungen des Elsässer Kannengiessers Augustin Güntzer, 17. Jahrhundert.

8

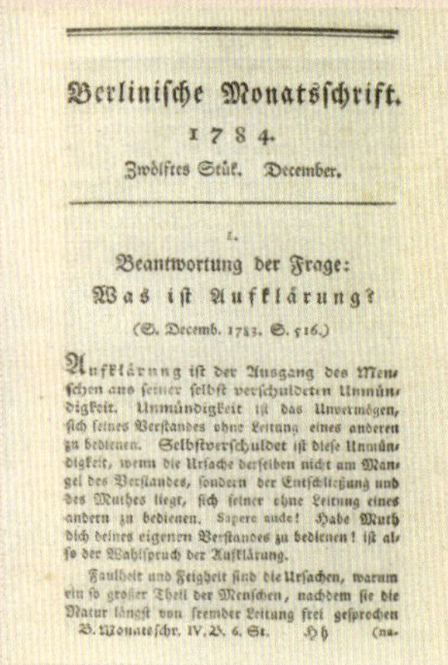

Berlinische Monatsschrift.
1784.
Zwölftes Stük. December.

1.
Beantwortung der Frage:
Was ist Aufklärung?
(S. Decemb. 1783. S. 516.)

Aufklärung ist der Ausgang des Menschen aus seiner selbst verschuldeten Unmündigkeit. Unmündigkeit ist das Unvermögen, sich seines Verstandes ohne Leitung eines anderen zu bedienen. Selbstverschuldet ist diese Unmündigkeit, wenn die Ursache derselben nicht am Mangel des Verstandes, sondern der Entschließung und des Muthes liegt, sich seiner ohne Leitung eines andern zu bedienen. Sapere aude! Habe Muth dich deines eigenen Verstandes zu bedienen! ist also der Wahlspruch der Aufklärung.

Faulheit und Feigheit sind die Ursachen, warum ein so großer Theil der Menschen, nachdem sie die Natur längst von fremder Leitung frei gesprochen

B. Monatsschr. IV. B. 6. St. Hh (na-

Druckschriften. Erste Seite aus dem Aufsatz «Was ist Aufklärung?» des Philosophen Immanuel Kant, 1784.

Es gibt verschiedene Quellengattungen. Bei Bauwerken, Ruinen, Münzen, Schmuck, Werkzeugen, Bildern oder Skulpturen spricht man von Sachquellen. Dazu kommen die schriftlichen Quellen. Seit der Erfindung des Buchdrucks im 15. Jahrhundert wurden in Europa immer mehr Texte verfasst. Für Forscherinnen und Forscher, die sich mit der Zeit danach beschäftigen, gehören sie zu den wichtigsten Quellengattungen. In neuerer Zeit kamen zu den schriftlichen Quellen weitere Medien wie Radio, Fernsehen und das Internet hinzu.

Bei Textquellen ist es wichtig, ob es sich um einen Gesetzestext oder einen persönlichen Brief, ein Testament oder um eine erfundene Geschichte handelt. Jeder Text wurde mit einer bestimmten Absicht verfasst und richtet sich meist an einen bestimmten Menschen oder eine Gruppe.

Anleitung

Um eine schriftliche Quelle verstehen zu können, sind gewisse Arbeitsschritte nötig. Sie werden nun an einem Beispiel vorgeführt. Damit die Aufgabe nicht zu schwer wird, ist der Text (Quelle 9) bereits aus der Handschrift übertragen, in modernes Deutsch gebracht und etwas vereinfacht worden.

Um zu verstehen, was dieser Text aussagt, gehst du am besten nach den folgenden Schritten vor.

1. Welche Textsorte hast du vor dir? (Brief, Vertrag, Rede, Tagebuch, Gesetzestext usw.) Wer ist der Autor, die Autorin? An wen richtet sich der Text?
   Bei der Quelle handelt es sich um einen persönlichen Brief. Geschrieben hatte ihn Elisabeth Charlotte von Orléans, die am Hof von Louis XIV. lebte. Der Brief richtete sich an die Herzogin Sophie von Hannover.
2. Wann und wo wurde der Text verfasst? In welchem Zusammenhang entstand er?
   Der Brief wurde am 6. Dezember 1682 in Versailles geschrieben. Er enthält eine genaue Schilderung eines Tages am Hof von Louis XIV.
3. Wenn du die Angaben über den Text gesammelt hast, kannst du dich mit dem Inhalt beschäftigen. Schreibe dazu eine kurze Zusammenfassung.
   Dreimal in der Woche lädt der König zu einem «jour d'appartement», einem Tag in seinen Wohnräumen. Die geladenen Gäste vergnügen sich zwischen 6 und 10 Uhr in den verschiedenen Räumen. Es gibt Spiele, Tanz, Musik, Getränke und Speisen. Der Schilderung zufolge muss alles von grosser Prächtigkeit gewesen sein. Nach 10 Uhr begibt sich die ganze Gesellschaft zum Nachtessen.
4. Zuletzt versuchst du, den Text zu erklären. Was sagt der Text aus? Welche Absichten verfolgte der Autor oder die Autorin mit der Abfassung des Textes? Sind die Aussagen glaubwürdig? Was verrät uns die Quelle über die Vergangenheit?
   Der Brief steht in einer ganzen Reihe eines jahrelangen Briefkontakts, was auf eine ziemlich grosse Glaubwürdigkeit der Aussagen schliessen lässt. Elisabeth Charlotte wollte der Herzogin Sophie das Leben am Hof von Louis XIV. möglichst genau beschreiben. Es könnte sein, dass die Autorin etwas übertreibt, um ihr Leben in Versailles möglichst prunkvoll aussehen zu lassen. Der Brief scheint jedoch einen genauen Einblick in den Ablauf eines «jour d'appartement» zu geben.

Wende nun das Schema auf den Quellentext 10 an.

9

«Jour d'appartement»

Versailles, den 6. Dezember 1682

Jeden Montag, Mittwoch und Freitag ist jour d'appartement. Da versammeln sich alle Männer des Hofes im Vorzimmer des Königs und alle Frauen um 6 Uhr in der Kammer der Königin. Danach geht man alle miteinander in den *Salon [...]; von da in ein grosses Kabinett, wo Violinen spielen für die, welche tanzen wollen. Von da geht man in eine Kammer, wo des Königs Thron ist. Da findet man allerhand Musik, Konzerte und Stimmen. Von da geht man in die Schlafkammer, wo 3 Tafeln stehen, um vor dem König und der Königin Karten zu spielen. Von da geht man in eine Kammer, die man wohl einen Saal nennen kann, wo mehr als 20 Tische stehen mit grünen samtenen Teppichen mit goldenen Fransen, um allerhand Spiele zu spielen. Von da geht man in ein grosses Zimmer, wo des Königs Billard steht; von da in eine andere Kammer, wo 4 lange Tische stehen, worauf das Buffet ist, allerhand Sachen, Obstkuchen, Konfitüren. Das sieht aus wie die Christkindertafeln am Christabend. Von da geht man noch in eine andere Kammer, wo auch 4 andere Tafeln stehen so lang wie die vom Buffet, worauf viele Karaffen mit Gläsern stehen und allerhand Liköre von allerhand Gattung [...]; die essen und trinken wollen, halten sich an diese zwei letzten Kammern. Sobald man vom Buffet kommt, welches man stehend isst, geht man wieder in die Kammer, wo die vielen Tafeln stehen, und da setzen sich alle an ein Spiel, und wie viele Spiele da gespielt werden, ist nicht zu begreifen. [...] Wenn der König oder die Königin in die Kammer kommen, steht niemand von seinem Spiel auf. Die wie ich und viele andere nicht spielen, schlendern herum, von einer Kammer zur andern, bald zur Musik, bald zu den Spielen, denn es ist erlaubt, dahin zu gehen, wo man will. Das geht so von 6 bis 10 Uhr, dann geht man zum Nachtessen. Das ist es also, was man hier jour d'appartement nennt. Dies alles wäre wohl köstlich und unterhaltend, wenn man auch ein vergnügtes Gemüt mit sich brächte.

Aus einem Brief der Elisabeth Charlotte von Orléans an die Herzogin Sophie von Hannover. Elisabeth Charlotte von Orléans (1652–1722) kam aus Deutschland und hatte sich 1671 mit dem Herzog von Orléans verheiratet. Sie nahm darauf Teil am höfischen Leben des französischen Königs, Louis XIV. Während Jahren schrieben sich Elisabeth Charlotte von Orléans und die Herzogin Sophie von Hannover Briefe.

10

Bettelordnung

Aller öffentliche Bettel soll abgestellt werden

1. Aller öffentliche Bettel hier in Memmingen soll abgestellt sein. Weder Bürger, Einwohner noch ihre Kinder sollen in der Stadt, vor oder unter den Toren, in oder vor den Kirchen, den Wirts- und anderen Häusern weder bei Tag oder bei Nacht *Almosen nehmen, suchen oder erheischen.

Wer beim Betteln erwischt wird, dem soll das Almosen abgenommen werden

2. Wenn aber Bürger oder deren Kinder hier beim Betteln gesehen werden, so ist den Stadtknechten befohlen, diese beim Bettelherrn, der gerade im Amt ist, anzuzeigen. [...]

Was mit fremden Bettlern geschehen soll

5. Wenn aber fremde Bettler vor das Stadttor kommen und Einlass begehren, sollen sie dem Torwart versprechen, hier nicht zu betteln und sofort ins Armenhaus zu gehen. Diejenigen, die vor dem Mittag in die Stadt kommen, sollen im Armenhaus ein Mus bekommen und vor der Nacht die Stadt wieder verlassen. Wer nach dem Mittag kommt, der soll eine Suppe als Abendmahl und Unterkunft für die Nacht erhalten. Er muss versprechen, vier Wochen lang nicht mehr in die Stadt zu kommen. Die Bettler, die es vorziehen, nicht in die Stadt zu kommen, sollen vom Torwärter etwas Geld bekommen: Den Alten soll er zwei und den jungen ein Pfennig geben. Doch die bekannten Bettler aus dem Umland der Stadt und die starken, gesunden jungen Menschen sollen nichts bekommen. Der Torwärter soll die Namen derjenigen aufschreiben, denen er Geld gegeben hat: Sie müssen ihm versprechen, einen Monat nicht mehr zu kommen. Wer trotzdem kommt und bettelt, der soll aus der Stadt herausgeführt werden und schwören, dass er ein Jahr lang nicht mehr in die Stadt kommt.

Aus der Bettelordnung der bayerischen Stadt Memmingen. Der Stadtrat von Memmingen erliess 1527 eine Bettelordnung, worin genau festgelegt wurde, wie mit Bettlern in der Stadt umgegangen werden soll. Armut, Hunger und Obdachlosigkeit waren Probleme, die den Alltag vieler Menschen bestimmten. Mit Bettelordnungen versuchten die Stadtherren, dem Problem zu begegnen. Doch durch die Bestimmungen waren sehr viele Menschen gezwungen, bettelnd von Stadt zu Stadt zu ziehen. Und trotz der Bettelordnung verschwanden die Bettlerinnen und Bettler nicht aus den Strassen der Stadt.

Europas Weg in die Neuzeit

Reformation, *Absolutismus und Aufklärung brachten entscheidende Impulse auf Europas Weg in die Neuzeit. Sie veränderten das Verständnis vom Stellenwert der Religion in der Gesellschaft, vom staatlichen Aufbau oder von den Rechten eines jeden Menschen und beeinflussen es bis in die Gegenwart. Die Kirchenspaltung im 16. Jahrhundert erschütterte den Kontinent für Jahrzehnte. *Konfessionelle Spannungen führten in den Dreissigjährigen Krieg. Die staatliche Organisation wurde seit dem 17. Jahrhundert stark durch den französischen Absolutismus geprägt. Die neuen Machtbefugnisse des Königs und die staatlich gelenkte Wirtschaft des *Merkantilismus übten eine grosse Faszination auf andere Herrscher aus. Die wichtigsten Anstösse zur Überwindung des Absolutismus kamen von den Aufklärern. Diese traten ein für die Gleichheit aller Menschen, die Gewaltentrennung im Staat oder die Bildung als Allgemeingut.

LERNZIELE

1. Du kennst die Zusammenhänge, die zur Reformation führten.
2. Du weisst, welche Spannungen sich aus der Kirchenspaltung ergaben und mit welchen Regelungen versucht wurde, sie zu lösen.
3. Du erfasst die Grundzüge des Absolutismus und des Merkantilismus.
4. Du kennst die Unterschiede zwischen Absolutismus, konstitutioneller Monarchie und spätmittelalterlichem Herrschaftsgefüge.
5. Du verstehst die Bedeutung der Aufklärung für unsere heutige Welt.

ZEITLICHE ÜBERSICHT

1517	Veröffentlichung von 95 Thesen gegen den Ablasshandel durch Martin Luther, Beginn der Reformation
1545	Einberufung des *Konzils von Trient durch Papst Julius III., Auftakt zur katholischen Erneuerung
1555	Augsburger Religionsfrieden
1556	Abdankung Karls V. als Kaiser des Heiligen Römischen Reichs, Ende der mittelalterlichen Reichsidee
1618	Prager Fenstersturz, Auftakt zum Dreissigjährigen Krieg
1648	Westfälischer Friede, Neuordnung Europas, offizielle Ablösung der Schweizerischen Eidgenossenschaft vom Deutschen Reich
1661–1715	Herrschaft von Louis XIV. als absolutistischer König Frankreichs
1689	Glorreiche *Revolution in England, Bill of Rights, England als konstitutionelle Monarchie
18. Jahrhundert	Zeitalter der Aufklärung

RÄUMLICHE ÜBERSICHT

11

Die Glaubensspaltung in Europa im 16. und 17. Jahrhundert.

12

Almosen retten arme Seelen.
Ein Bettler erhält von einem reichen Kirchenbesucher Almosen. Als unmittelbare Folge dieses guten Werkes befreit ein Engel zwei arme Seelen aus dem Fegefeuer. Miniatur vom Coëtivy-Meister, um 1460.

Die Erneuerung des Glaubens

Um 1500 war das Christentum in ganz Europa verbreitet. Doch die Kirche steckte in einer tiefen Krise. Vor allem der Ablasshandel erregte viel Widerspruch. Verschiedene Priester forderten eine kirchliche Erneuerung. Das Wirken der Reformatoren Martin Luther, Ulrich Zwingli und Jean Calvin führte zur Abspaltung der reformierten Glaubensgemeinschaften von der römisch-katholischen Kirche. Diese musste sich schliesslich dem grossen Druck beugen und auch Reformen durchführen.

Die Kirche im Spätmittelalter

Im Verlauf des Mittelalters war das Christentum zur wichtigsten Religion Europas aufgestiegen. Der *Bischof von Rom erhob als Papst den Anspruch, Oberhaupt aller Christen zu sein. Da ihm die christlichen Gemeinschaften in Griechenland, Russland und dem Orient nicht folgten, war es bereits 1054 zur ersten grossen Kirchenspaltung gekommen. Im Westen Europas konnte sich der Papst behaupten. Hier wurde die päpstliche Kirche zur bedeutendsten religiösen Gemeinschaft. Das Zentrum dieser römisch-katholischen Kirche lag in Rom.

Die Päpste bauten ihre Macht laufend aus. In religiösen Fragen erhielt ihr Urteil zunehmend Gewicht. Allenfalls berieten sie sich darüber auf einem Konzil, einer Versammlung hoher kirchlicher Würdenträger. Aber die Macht der Päpste erstreckte sich nicht nur auf die Kirche. Sie brachten die Stadt Rom und einen Teil Italiens unter ihre Herrschaft und gründeten hier den Kirchenstaat. Sie befehligten grosse Söldnerheere und beteiligten sich an der Politik der europäischen Mächte.

Wie die allermeisten hohen Kirchenvertreter jener Zeit stammten auch die Päpste aus adligen und reichen Familien. Die kirchlichen Ämter dienten ihnen vor allem dazu, ihr Ansehen und ihre Macht zu festigen und auszubauen.

Eine grosse Kluft trennte sie von der einfachen Bevölkerung, zu der auch die meisten Priester und Mönche zählten. Diese lebten oft in sehr bescheidenen Verhältnissen. Die Wenigsten konnten richtig lesen und schreiben – viele kannten die Bibeltexte nur ungenau, vom Hörensagen oder von den Bildergeschichten, mit denen die Kirchen bemalt waren. So erzählte jeder Prediger seine eigene Variante der biblischen Geschichte. Die Kirche verfolgte zwar die Ketzer, wie die Verkünder von «Irrlehren» genannt wurden, und sprach unzählige Strafen und Todesurteile aus. Doch die meisten Menschen behielten ihre religiösen Ansichten, ob sie der Kirche genehm waren oder nicht.

Kritik an der Kirche

Schon im Spätmittelalter übten Theologen scharfe Kritik an der Kirche. Sie beanstandeten das luxuriöse Leben der Würdenträger, das nicht zum Armutsgebot der Bibel passe. Auch

13

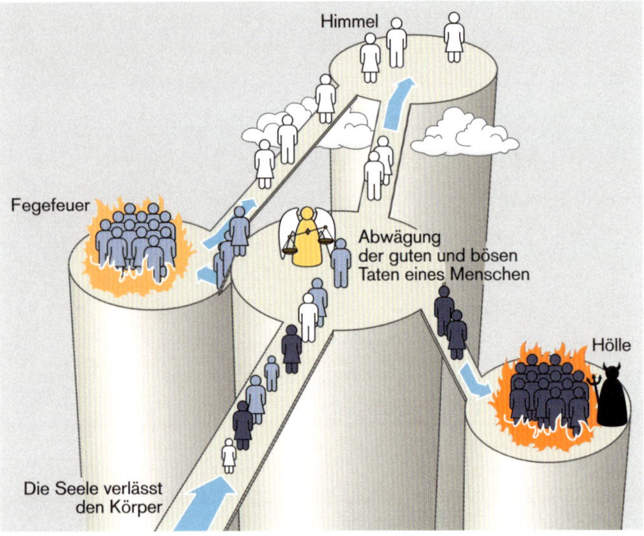

Nach dem Tod wird über die Seele gerichtet.

14

Römisch-katholischer Glaube	Reformierter Glaube
Die Bibel und die Tradition der römischen Kirche bilden die Grundlage des Glaubens.	Nur die Bibel bildet die Grundlage des Glaubens.
Der Papst besitzt die höchste Autorität über die Gläubigen.	Nur Christus hat Autorität über die Gläubigen.
Die Seele des Menschen wird durch ihre eigene Güte errettet.	Die Seele des Menschen wird nur durch die Gnade Gottes errettet.
Der Mensch muss sich mit guten Werken vor Gott beweisen.	Der Mensch kann sich allein durch seinen festen Glauben vor Gott beweisen.

Die vier Grundlagen des katholischen und des reformierten Glaubens.

missbilligten sie die weit verbreitete Missachtung des Zölibats, der Ehelosigkeit der Priester. Stattdessen forderten die Kritiker eine gründliche Ausbildung der *Kleriker.

Zentraler Punkt der damaligen christlichen Religion war die Ansicht, dass der Mensch ein Sünder sei, der im Laufe seines Lebens unzählige Male gegen die Gebote Gottes verstosse. Nur mit guten Taten könne man die Schuld etwas mindern. Nach dem Tod werde über jede Seele gerichtet. Nur die Heiligen könnten direkt in den Himmel kommen. Überwögen die begangenen Sünden die guten Taten, so warte die Hölle mit ihren endlosen Qualen. Wer mehr gute Taten vorweisen könne, komme ins Fegefeuer. Auch dort würden Höllenqualen auf die Seelen warten. Wer aber genug Busse geleistet habe, werde erlöst und steige geläutert in den Himmel.

Die Kirche eröffnete verschiedene Möglichkeiten, für sich oder für verstorbene nahe Verwandte Linderung zu erhalten: Hilfe an bedürftige Mitmenschen, Gebete, Fasten oder *Wallfahrten verkleinerten die Strafe im Fegefeuer. Dieser Vorgang wurde Ablass genannt. Mit der Zeit veränderte sich das Ablasswesen. Die Kirche verkaufte Ablassbriefe, mit denen sich reiche Gläubige von ihrer Schuld loskaufen konnten. Wer genug Geld besass, konnte so seine Zeit im Fegefeuer auf bequeme Art verkürzen. Der Papst schrieb alle zwei bis drei Jahre einen neuen Ablassbrief aus. Predigende Bettelmönche zogen mit den gedruckten Ablassbriefen durch das Land. Kamen sie in eine Stadt, läuteten alle Kirchenglocken, die Menschen versammelten sich mit Fahnen und Kreuzen, Chöre sangen religiöse Lieder. Von der Kanzel herab beschrieb ein Priester die Qualen des Fegefeuers möglichst grausam, um den Ablassbrief für die Käufer attraktiv zu machen. Das eingenommene Geld wurde aufgeteilt. Der Kaiser und der Papst erhielten einen Anteil. Zudem wurde jedem Ablass ein bestimmter Verwendungszweck zugeschrieben. Er diente etwa der Finanzierung von Kriegszügen oder dem Bau neuer Kirchen.

Martin Luther

1507 erliess der Papst einen Ablass, um Geld für den Neubau des Petersdoms in Rom zu beschaffen. Im selben Jahr empfing in Erfurt der junge Mönch Martin Luther die Priesterweihe. Nach bestandenem Theologiestudium wurde er in Wittenberg Prediger. Es erzürnte Pfarrer Luther, dass viele Gläubige einen Ablassbrief erstanden, statt bei ihm die *Beichte abzulegen.

1517 verfasste er deshalb 95 Thesen gegen den Ablasshandel. Sie wurden sogleich abgeschrieben, ins Deutsche übersetzt und gedruckt. Innert zweier Wochen konnte man sie in ganz Deutschland lesen. Martin Luther vertrat darin die Meinung, dass allein der Glaube selig mache, und nicht gute Taten oder gar der Kauf eines Ablassbriefes. In weiteren Schriften bekräftigte er die Grundsätze seiner Reformation, also der Erneuerung der Kirche. Er verneinte, dass der Papst der Kirche vorstehe, denn nur Jesus Christus könne ihr Haupt sein. In der

15

Bruder Martin. Noch trägt Martin Luther die Tonsur, den speziellen Haarschnitt der Mönche. Kupferstich von Lucas Cranach dem Älteren, um 1520.

16 **Luther spricht auf dem Reichstag in Worms**

Weder dem Papst noch den Konzilien allein glaube ich, da es feststeht, dass sie öfter geirrt und sich selbst widersprochen haben. Ich bin nur von der heiligen Schrift überzeugt. Daher kann und will ich nichts widerrufen, weil es weder sicher noch ratsam ist, etwas wider das Gewissen zu tun. Hier stehe ich, ich kann nicht anders. Gott helfe mir, Amen!

Der Reichstag in Worms fand 1521 statt.

reformierten Kirche sollten nicht nur die Geistlichen, sondern alle Gläubigen predigen dürfen. Das Zölibat der Priester solle abgeschafft und der Gottesdienst neu gestaltet werden.

Der Papst klagte Martin Luther als Ketzer an und schloss ihn 1521 aus der Kirche aus. Unterdessen war auf der Versammlung der deutschen Fürsten, dem Reichstag in Worms, Karl der V. zum deutschen Kaiser gekürt worden. Luther sollte ebenfalls an dieser Versammlung auftreten und seine Lehren widerrufen. Fast alle Fürsten waren dem aufsässigen Priester jedoch wohlgesinnt. Sie hofften, durch den Streit mit dem Papst und dem Kaiser ihre eigene politische Macht zu stärken.

Da Luther bei seinem Standpunkt blieb, erklärte ihn der Kaiser als *vogelfrei und entzog ihm damit alle Rechte.

Auf seiner Rückreise von Worms wurde Martin Luther von einem ihn unterstützenden Fürsten «entführt» und in die Sicherheit der abgelegenen Wartburg gebracht. Dort sollte er bleiben, bis sich die Aufregung im Land etwas gelegt hatte. Um gegen die Langeweile und Einsamkeit anzukämpfen, begann Martin Luther mit der Übersetzung der Bibel aus dem Griechischen ins Deutsche. Nach jahrelanger Arbeit – Luther war längst wieder nach Wittenberg zurückgekehrt – konnte 1534 die erste Gesamtausgabe der Bibel in deutscher Sprache gedruckt werden. Das Werk wurde von den reformierten Gläubigen begeistert aufgenommen und fand einen reissenden Absatz. Dank seiner grossen Verbreitung trug es wesentlich zur Entwicklung einer einheitlichen deutschen Sprache bei. Martin Luthers deutsche Bibel wird deshalb mit Recht als eigentlicher Ursprung der deutschen Hochsprache gewürdigt.

Ulrich Zwingli

Auch anderswo gab es Geistliche, die gegen die Kirche aufbegehrten – etwa in Zürich. Hier war 1518 Ulrich Zwingli ans Grossmünster berufen worden. Er hatte während seiner Studienzeit in Basel Erasmus von Rotterdam kennengelernt und bezeichnete sich als Humanist. Er sah allein im geschriebenen Wort der Bibel die Wahrheit, und nicht in den Regeln der Kirche. So lehnte er den Ablasshandel, das Zölibat oder die Verehrung von Heiligenbildern ab. Zwingli hatte als Feldprediger Schweizer Söldner nach Oberitalien in den Krieg begleitet. Nun trat er für die Abschaffung des Söldnerwesens ein.

Ulrich Zwinglis Ansichten gefielen den Zürcher Handwerkern und Kaufleuten. Die Stadt verlor viele junge Männer, die nicht mehr aus dem Solddienst zurückkehrten. Zudem sahen die Städter, wie durch den Ablass grosse Geldsummen in die Kassen der Kirche flossen und der städtischen Wirtschaft verloren gingen. Die Zürcher Ratsherren trachteten zudem nach grösserer politischer Selbstbestimmung. Sie unterstützten deshalb Ulrich Zwingli, nachdem ihn 1522 der mächtige Bischof gerügt hatte. Nun brach in Zürich die alte Kirchenordnung auseinander. Es fanden keine Wallfahrten mehr statt, die Fastenzeiten wurden nicht mehr eingehalten. Nach

17

Die Kappeler Milchsuppe. 1529 waren die Truppen bereits bei Kappel aufmarschiert, als sich die reformierten und die römisch-katholischen Orte doch noch auf einen Kompromiss einigen konnten. Der Legende nach wurde dies mit einer gemeinsamen Milchsuppe gefeiert. Auf der Grenze zwischen Zürich und Zug wurde ein Kessel aufgestellt, die katholischen Innerschweizer brachten die Milch, die reformierten Zürcher das Brot. Doch die Lage blieb gespannt. Das Bild stellt dar, wie darauf geachtet wurde, dass jede Gruppe auf ihrer Seite der Grenze blieb. Eben möchte sich einer ein Stück Brot von der andern Seite holen. Doch ihm wird mit dem Löffel auf die Hand geschlagen und gesagt: «Friss uf dinem erdrich.» Illustration in Heinrich Thomanns Abschrift von Bullingers «Reformationschronik», 1605.

18 **Der Zürcher Bildersturm 1524**

Innert 13 Tagen waren alle Kirchen der Stadt ausgeräumt. Dabei wurden sehr kostbare Bilder und Schnitzereien zerstört, insbesondere eine schöne, kostbare Tafel in der Wasserkirche. Das haben die Falschgläubigen sehr bedauert, die Rechtgläubigen aber hielten es jedoch für einen guten Dienst an Gott.

Bericht des Nachfolgers von Zwingli, Heinrich Bullinger.

Pfingsten 1524 wurden alle Bilder aus den Kirchen entfernt, im Jahr darauf fand der erste Gottesdienst nach erneuerten, reformierten Grundsätzen statt.

Von Zürich aus griff die Reformation auf andere Städte der Eidgenossenschaft über, auf Schaffhausen, St. Gallen, Basel und Bern. Das führte zu Spannungen mit Orten, die dem alten Glauben treu geblieben waren: Luzern, Zug, Uri, Schwyz und Unterwalden. 1529 wurde eine kriegerische Auseinandersetzung bei Kappel in letzter Minute verhindert. Doch der Konflikt war nur aufgeschoben. 1531 kam es wiederum bei Kappel zum Krieg. Ulrich Zwingli begleitete die Zürcher Truppen und kam mit vielen anderen auf dem Schlachtfeld um. Dank der Vermittlung der neutral gebliebenen eidgenössischen Orte wurde der Zweite Kappeler Landfriede geschlossen, nach dem jeder eidgenössische Ort den Glauben frei wählen konnte. Das verhinderte die weitere Ausbreitung der Reformation und spaltete die Eidgenossenschaft in zwei Teile, die sich misstrauisch, manchmal sogar feindlich gegenüberstanden. Nebeneinander zu leben und einander zu tolerieren musste erst gelernt werden.

Jean Calvin

Die reformatorischen Lehren von Martin Luther beeinflussten viele Menschen, so auch Jean Calvin. Der gebürtige Genfer studierte in Paris Recht. Wegen seines Bekenntnisses zur Reformation musste er Frankreich verlassen. Seine Flucht führte ihn unter anderem nach Strassburg, Basel und Genf, wo er öffentlich predigen und seine Texte veröffentlichen konnte.

1538 wählte der Genfer Rat Jean Calvin zum Pfarrer. Gegen grosse Widerstände machte er sich daran, seine Vorstellungen von Kirche und Staat umzusetzen. Nach 1541 machte er aus Genf eine Art Gottesstaat, in dem die Kirche dem Staat übergeordnet war. Eine Behörde, die aus Geistlichen und Mitgliedern des Rates bestand, überwachte das Leben in der Stadt. Luxus und Vergnügungen wie Spiele, Tanz, Theater und Musizieren waren verboten. Um die Lebensverhältnisse in der Stadt zu verbessern, wurden Schulen, Krankenhäuser und ein Abwassersystem gebaut.

Zur selben Zeit unterdrückte der französische König alle Reformationsbemühungen in seinem Land. Viele Anhänger des Calvinismus – Hugenotten genannt – flohen deshalb nach Genf. Sie brachten neue Fähigkeiten und Kenntnisse in die Region, etwa die Uhrmacherkunst. Mit Fleiss und Arbeitseifer brachten es einige zu grossem wirtschaftlichem Erfolg. Sie fanden sich dadurch auch in ihrem Glauben bestätigt. Denn nach der Lehre Calvins hatte Gott schon bei Geburt jedes Menschen festgelegt, ob dieser nach seinem Tod in den Himmel kommen würde oder nicht. Die auserwählten Menschen könne man an ihrem sittsamen und fleissigen Lebensstil erkennen. Besitz und Reichtum waren erwünscht, sollten aber nicht nach aussen gezeigt werden. Offen zur Schau getragener Luxus und Vergnügungen wurden verboten.

19

Denkmal der Reformation in Genf. Das Denkmal wurde 1909 zum 400. Geburtstag von Jean Calvin errichtet. Die vier Figuren stellen die vier Reformatoren Guillaume Farel, Jean Calvin, Théodore de Bèze und John Knox dar (v. l. n. r). Guillaume Farel (1489–1565) war ein Weggefährte Calvins und führte mit ihm zusammen die Reformation in Genf durch, Théodore de Bèze (1519–1605) war der Nachfolger Jean Calvins nach dessen Tod, John Knox (1505–1572) war der Führer der calvinistischen Reformation in Schottland.

20

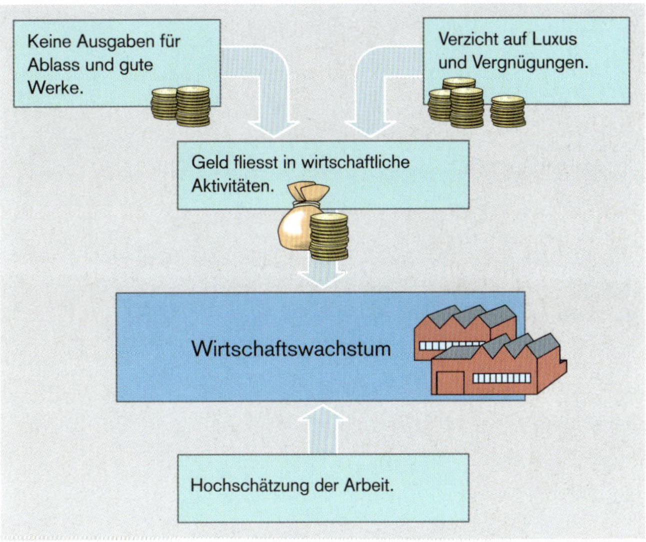

Calvinismus und wirtschaftliche Entwicklung.

Genf wurde zum Zentrum der französischsprachigen Reformation. Nach dem Tod Calvins 1564 beeinflusste der nach seiner Lehre benannte Calvinismus die reformierten Kirchen in den Niederlanden und England. Auswanderer und Auswanderinnen nahmen ihren Glauben mit, als sie sich aufmachten, den nordamerikanischen Kontinent zu besiedeln. Dadurch wurde die Lehre Jean Calvins in grossen Teilen der Welt verbreitet. Da sie die Menschen zu einem sparsamen und fleissigen Leben anhielt, beeinflusste sie auch die wirtschaftliche Entwicklung in Europa und in Nordamerika.

Europäische Reformation

In den Jahren nach 1524 erfasste die Reformation weitere Gebiete des Deutschen Reichs. Etliche Fürsten führten die reformatorischen Lehren ein. Dasselbe erfolgte in einigen Städten, etwa in Nürnberg oder Strassburg. Der Fürst oder der Stadtrat gestalteten das religiöse Leben gemäss den reformatorischen Grundsätzen neu. Klöster wurden aufgehoben und die Mönche und Nonnen vertrieben, Bilder aus der Kirche entfernt und die Wallfahrten abgeschafft. Vielerorts wurde das oft grosse Kirchenvermögen beschlagnahmt. Der Schulunterricht wurde so umgestaltet, dass bereits die Kinder die neuen Lehren kennenlernten. Strenge Vorschriften regelten das alltägliche und das kulturelle Leben.

Je mehr Gebiete sich der Reformation anschlossen, desto gespannter wurde das Verhältnis der reformierten Landesherren zu den katholischen Fürsten. Als sich 1529 der ebenfalls beim alten Glauben verbliebene Kaiser mit getreuen Fürsten verbündete und die Reformation eindämmen wollte, protestierten dagegen die reformierten Fürsten und Städte. Seither nennt man die Angehörigen der reformierten Kirchen auch Protestanten.

In zähen Verhandlungen versuchten die Streitparteien, eine Regelung zu finden, die für beide Seiten annehmbar war. Auf dem Reichstag in Augsburg im Sommer 1555 wurde eine Lösung gefunden. Im Augsburger Religionsfrieden wurden die Protestanten rechtlich anerkannt. Die Katholiken erklärten sich bereit, mit ihnen Frieden zu halten. Anstelle des Kaisers sollten fortan die Landesherren die Religion ihrer jeweiligen Untertanen bestimmen. Später wurde für diese Regel eine lateinische Formel geprägt: «cuius regio eius religio», was so viel heisst wie «wessen die Herrschaft, dessen ist die Religion». Wer sich auf sein Gewissen berief und nicht der vom Fürsten bestimmten Glaubensrichtung angehören wollte, musste das Land verlassen.

Von den Zentren der Reformation aus verbreiteten sich die Ideen weiter. Unter dem Einfluss von Luther wurden Dänemark, Schweden und Norwegen zu reformierten Ländern. In den Niederlanden und in England verbreitete sich das calvinistische Gedankengut.

Auch in Frankreich lebten Anhänger Calvins. Der französische König hielt jedoch entschieden am römisch-katholi-

21 **Aus dem Augsburger Religionsfrieden**

Um die Unsicherheit aufzuheben, die Gemüter der Stände und Untertanen wieder in Ruhe und Vertrauen gegeneinander zu stellen, Trennung und Untergang der Deutschen Nation, unserem geliebten Vaterland zu verhüten, haben wir uns mit Kurfürsten, Fürsten und Ständen, und sie sich mit uns geeinigt. [...]

Es soll kein Stand den andern in gewalttätiger Weise überfallen oder ihm auf andere Weise Religion, Glauben, Kirchengebräuche, Ordnungen und Zeremonien aufzwingen. Auch Besitz, Land und Leute sollen in Frieden gelassen werden. Religiöse Streitigkeiten sollen nur durch christlich freundschaftliche, friedliche Mittel und Wege beigelegt werden. [...]

Alle anderen Religionen ausser den beiden Konfessionen sind mit diesem Frieden nicht gemeint und sollen davon gänzlich ausgeschlossen bleiben.

Verabschiedung des Augsburger Reichstages, 25. September 1555, Text vereinfacht.

22

Die Bartholomäusnacht vom 24. August 1572. In dieser Nacht wurden allein in Paris etwa 3000 Hugenotten ermordet. In den folgenden Tagen und Wochen kam es in verschiedenen Städten Frankreichs zu weiteren Massenmorden, bei denen nochmals über 10 000 Menschen umkamen. Kupferstich, 1750.

schen Glauben fest und verfolgte alle anderen Konfessionen. Das führte dazu, dass sich die Hugenotten immer stärker in ihre eigene Gemeinschaft zurückzogen und sich immer weniger als Untertanen des französischen Königs fühlten. Blutige Auseinandersetzungen folgten. In der Bartholomäusnacht am 24. August 1572 und den folgenden Wochen wurden Tausende von Menschen getötet, weil sie nicht dem katholischen Glauben des Königs angehörten. Viele der Überlebenden schworen aus Angst ihrem Glauben ab, andere flohen nach England und Preussen, in die Niederlande oder nach Genf. In ihrer neuen Heimat beteiligten sich die französischen Glaubensflüchtlinge stark am kulturellen und wirtschaftlichen Leben und trugen viel zu deren blühender Entwicklung bei.

In England wiederum fand eine eigene Reformation statt. Hier machte sich 1532 König Heinrich VIII. gleich selbst zum Oberhaupt der anglikanischen Staatskirche. Zuvor hatte sich Papst Klemens VII. geweigert, die erste Ehe des Königs für ungültig zu erklären. Kurzerhand sagte darauf Heinrich VIII. sich und sein Land von der römisch-katholischen Kirche los. Die anglikanische Kirche besteht aus einer Mischung von römisch-katholischen Traditionen und reformierten Grundsätzen. Damit waren die Anhänger einer weiter gehenden, «reinen» Reformation jedoch nicht einverstanden. Sie nannten sich deshalb Puritaner, was vom lateinischen Wort «purus» für «rein» abgeleitet war. Da sie in England keine Zukunft sahen, wanderten sie in die Niederlande aus. Von dort aus verliessen später viele von ihnen Europa Richtung Nordamerika.

Die katholische Gegenreformation

Der Druck auf die römisch-katholische Kirche wurde immer grösser. Immer mehr Landesherren bekannten sich zum reformierten Glauben. Auch innerhalb der katholischen Kirche traten Menschen für die Erneuerung ein. Es ging darum, die Glaubwürdigkeit des Kirchenapparates vor den Gläubigen wieder herzustellen und verlorenen Boden wieder zurückzugewinnen.

Besondere Bedeutung erlangte dabei Ignatius von Loyola. Der gebürtige Spanier diente als *Page und dann als Offizier an verschiedenen Adelshöfen. Er träumte von eigenen Heldentaten und Eroberungen. Doch als ihm eine Kanonenkugel das Bein zerschmetterte, musste er seine militärische Karriere beenden. Wochenlang lag er im Bett. Die einzigen Bücher, die er zu lesen bekam, waren solche über das Leben von Heiligen. Er beschloss, fortan so für Jesus zu kämpfen, wie er es bis anhin auf dem Schlachtfeld getan hatte. Er legte seine Waffen nieder und zog als Pilger und Bettler umher.

Zusammen mit Studienkollegen gründete Ignatius de Loyola eine Glaubensgemeinschaft, die «Gesellschaft Jesu». Die sogenannten Jesuiten wollten zusammen in Armut und Ehelosigkeit leben und für die Ausbreitung des katholischen

23 

Das Konzil von Trient 1545. Gemälde eines schweizerischen Malers, 1769.

Glaubens kämpfen. 1540 anerkannte der Papst die Jesuiten und unterstellte sie direkt seinem Befehl. Er beauftragte sie, mit Predigten, der Führung von Schulen und sozialer Hilfstätigkeit zu wirken. So sollten durch die sogenannte Missionierung Menschen in Europa dem Katholizismus wieder zurückgeführt und auf der ganzen Welt neue Gläubige bekehrt werden.

Ganz wie Ignatius es als Offizier gelernt hatte, führte er den Orden nach strengen militärischen Regeln. Die ausgezeichneten Schulen und Universitäten trugen viel zur besseren Ausbildung junger Katholiken bei. Die Missionstätigkeit führte die Jesuiten bis nach China. Durch ihr forsches Auftreten für die katholische Kirche verschafften sie sich grosses Ansehen, aber auch viele Feinde.

Um der katholischen Erneuerung zu weiterem Schwung zu verhelfen, berief Papst Paul III. 1545 das Konzil von Trient ein. Auf dem Konzil wurden wichtige Reformen beschlossen. Fortan wurden Priester in eigenen Schulen, in den Priesterseminarien, ausgebildet. Der Ablass durfte weiterhin verkündet, aber nicht mehr verkauft werden. Um Missstände zu beheben, wurde über Priester, Bischöfe, Klöster und Kirchen eine Kirchenaufsicht verhängt. Ausserdem verdammte das Konzil alle Lehren, die von der katholischen Lehrmeinung abwichen, als «Irrlehren». Eine Behörde aus sechs Kardinälen wurde geschaffen, die *Inquisition. Diese verfolgte unerbittlich alle Menschen, die nicht der offiziellen katholischen Lehre folgten. Nach dem Ende des Konzils wurde der Index, ein Verzeichnis verbotener Bücher, erstellt. Niemand durfte fortan ohne Erlaubnis diese Bücher kaufen, lesen oder aufbewahren.

AUFGABEN

1 *Weshalb forderten Kritiker der Kirche eine bessere Ausbildung der Priester?*

2 *Versetze dich in die Lage eines armen und eines reichen Gläubigen. Was hättest du in ihrer Situation vom Ablasshandel gedacht?*

3 *Weshalb verfasste Martin Luther seine 95 Thesen?*

4 *Was bedeutete der Kappeler Landfriede für die Schweiz?*

5 *Jean Calvin verbot in Genf Vergnügungen wie Tanz, Musik oder Theater. Überlege dir Argumente für und wider diese Gesetze. Gibt es heute auch solche Regeln?*

6 *Erkläre die Begriffe «Reformierte», «Protestanten» und «Puritaner».*

7 *Welche Bedeutung hatte Ignatius von Loyolas Offizierslaufbahn für die Organisation der Jesuiten?*

8 *Bräuchten wir in der Gegenwart auch einen Index verbotener Bücher? Wer sollte darüber bestimmen?*

24

Warhafftige Zeitung

Aus Praag

Darinnen kürtzlich vermeldet wird/ der gefährliche Zustande/ welcher vber die Evangelische Stände hat ergehen sollen/ Aber von Gott dem Allerhöchsten verhütet worden/ vnd hernachmals sich das Widerspiel begeben/ das es vber die Rahtgeber (so Gott vnd dem Landesfrieden zuwieder/) selbsten außgangen / Auch wie sich einer von den rähtlinsführer/ aus angst seines bösen Gewissens./ zu den Capuciner München ins Kloster versteckt / entlichen aber herauß geben müssen/ vnd den Evangelischen Ständen gefänglichen vberantwortet. Wie sie dann auch ferner jhr eigen bekändtniß gethan/ vnd vmb Gnade gebeten.

Der Prager Fenstersturz. Der Titelholzschnitt aus einer Zeitung von 1618 zeigt das Ereignis, das als Auftakt zu 30 Jahren Kriegswirren, Mord und Totschlag gilt.

25

Deutsche	534
Italiener	218
Polen	54
Tessiner	51
Burgunder	43
Griechen	26
Lothringer	24
Dalmatiner	18
Franzosen	15
Türken	15
Böhmen	14
Spanier	11
Ungarn	5
Kroaten	2
Schotten	2
Iren	1
Sizilianer	1

Zusammensetzung eines bayerischen Regiments 1645.

Der Dreissigjährige Krieg

Der Dreissigjährige Krieg begann, als 1618 zwei kaiserliche Gesandte aus dem Fenster der Prager Burg geworfen wurden. Im Lauf der Kriegsjahre wurde aus der Auseinandersetzung ein Ringen der europäischen Mächte um Gebietserweiterungen, Macht und Einfluss. Die umherziehenden, gewalttätigen Söldnertruppen brachten grosses Leid über die Bevölkerung. Der Westfälische Friede von 1648 ordnete die europäische Staatenwelt neu.

Religiöse Spannungen

Auch nach dem Augsburger Religionsfrieden von 1555 hielten die religiösen Spannungen im Deutschen Reich an. 1608 schlossen sich reformierte Fürsten zur protestantischen Union zusammen. Die katholisch verbliebenen Fürsten antworteten darauf mit einem eigenen Bündnis, der katholischen Liga. Beide Vereinigungen fanden Verbündete im Ausland. Die Niederlande, England, Frankreich und Schweden unterstützten die Union, während Spanien und der Kirchenstaat des Papstes sich auf die Seite der Liga stellten.

Die Spannungen entluden sich 1618 in der böhmischen Hauptstadt Prag. Dort waren entgegen den Abmachungen mit dem Kaiser reformierte Kirchen geschlossen worden. Demonstranten drangen darauf in die Prager Burg ein und warfen die kaiserlichen Gesandten kurzerhand aus dem Fenster. Dieser «Prager Fenstersturz» war der Auftakt zu einem der schlimmsten Kriege in der europäischen Geschichte.

Rasch griffen die kriegerischen Auseinandersetzungen über Böhmen hinaus auf das ganze Reich über. Ausländische Mächte griffen auf der Seite der reformierten Union oder auf der Seite der katholischen Liga in die Kämpfe ein. Dänemark kam den verbündeten Protestanten zu Hilfe. Der dänische König erhielt dabei Unterstützung von England und den Niederlanden. In Norddeutschland landeten schwedische Truppen, um den Protestanten beizustehen. Gleichzeitig eilten vom Rhein her spanische Einheiten den Katholiken zu Hilfe. Die Auseinandersetzung war zu einem europäischen Ringen um Gebietserweiterungen, Macht und Einfluss geworden.

Die Schrecken des Krieges

Die Armeen, die sich während Jahren Kämpfe lieferten, bestanden aus Söldnern. Ihren Namen erhielten die Söldner, weil sie gegen Bezahlung, den Sold, in den Krieg zogen. Eine Armee bestand aus Männern aus den unterschiedlichsten Ländern. Die jahrelangen Feldzüge stumpften die Männer gegenüber grausamer Gewalt ab. In den Kriegslagern herrschten üble Verhältnisse. Krankheiten und Seuchen grassierten. Viele Söldner blieben als Verwundete zurück und mussten ihren Lebensunterhalt mit Betteln bestreiten. Eine Söldnerarmee bestand längst nicht nur aus Soldaten. Tausende von Dienern,

26

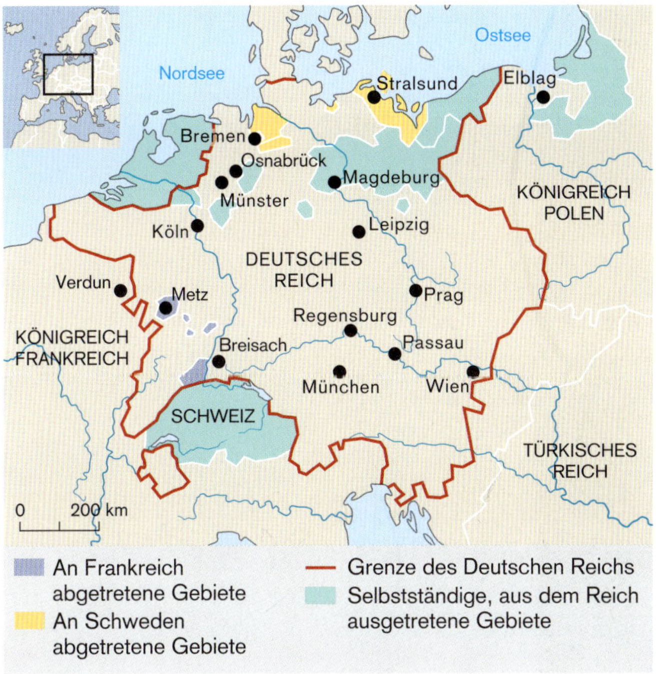

Mitteleuropa nach dem Westfälischen Frieden 1648.

27 Ein Pfarrer berichtet

Bald fielen die Schweden über den Rhein herüber und jagten die Kaiserlichen aus ihrem Quartier, bald jagten diese wieder jene hinaus. Die Folge war, dass das ganze Land zwischen Main und Rhein erschöpft wurde. Kein Mensch durfte sich auf dem Land blicken lassen, sonst wurde ihm nachgejagt wie einem Wild. Ergriff man einen, dann wurde er unbarmherzig geschlagen, bis er verriet, wo er sein Geld oder sein Vieh oder sein Pferd hatte. Gefangene wurden auch nackt an heisse Öfen gebunden oder aufgehängt mit Rauch gedämpft. Zuberweise schüttete man auch Wasser und Jauche in den Hals der Leute und sprang mit den Füssen auf die geschwollenen Bäuche [...]

Viele verkrochen und versteckten sich zwar in Wäldern, Höhlen usw. Dort wurden sie aber entdeckt, denn die Soldaten hatten Spürhunde bei sich, die mit ihrem Bellen die Leute verrieten. Darum flohen die Menschen auf die Schlösser, wo bald alle Gassen, Höfe und Winkel voller Leute waren. [...] Viele lagen im Regen, Schnee und an der Kälte, teils in Fässern. Während der Winterzeit waren die Stuben so voll, dass wegen der Menge niemand sitzen konnte und alle dicht beieinander stehen mussten. Dies anzusehen war ein Jammer und Elend, geschweige denn, selbst darin sich zu befinden.

Aus den Schilderungen des Pfarrers M. Johann Daniel Minck in Grosshierau aus dem Jahr 1634 (vereinfacht).

Händlern, Handwerkern, Marktfahrerinnen und *Dirnen begleiteten den Zug. So kamen auf eine Armee von 50 000 Soldaten durchaus 100 000 weitere Menschen.

Die riesigen Mengen von Lebensmitteln, die benötigt wurden, die Unterkünfte und Zahlungsmittel erzwangen sich die Söldnerheere bei der Bevölkerung. Die Soldaten nahmen sich an Ort und Stelle, was sie brauchten und wollten. Als wilde Haufen zogen Söldnertruppen plündernd, raubend und misshandelnd von Dorf zu Dorf. Aus Angst gaben die Menschen ihre Vorräte, Häuser und Ersparnisse preis. Viele flüchteten vor den heranrückenden Söldnern in die nächste Stadt oder Burg, die mit ihren Befestigungsanlagen besseren Schutz versprachen als die ungeschützten Dörfer und Weiler.

Zu den Schrecken des Krieges kam die Pest, die wieder ausbrach und viele Tausend Menschen dahinraffte. In weiten Teilen des Deutschen Reiches ging die Bevölkerungszahl zurück. So verlor Berlin die Hälfte seiner 12 000 Einwohnerinnen und Einwohner. In Württemberg lebten 1639 nur noch 97 000 Personen; 1622 waren es noch 440 000 gewesen. Erst um 1700 lebten im Deutschen Reich wieder etwa gleich viel Menschen wie hundert Jahre zuvor.

Der Westfälische Friede

Nach den jahrelangen Kämpfen wurden 1644 endlich Friedensverhandlungen aufgenommen. In Münster und Osnabrück sollte zum ersten Mal ein grosser Krieg durch Verhandlungen beendet werden. 1648 unterzeichneten 148 Staaten und Territorien den Friedensvertrag. Der Westfälische Friede regelte religiöse und politische Fragen.

Im Deutschen Reich wurden Katholiken und Reformierte als gleichberechtigte Glaubensgemeinschaften anerkannt. Für das Glaubensbekenntnis eines Gebietes sollte das Jahr 1624 gelten. Fürsten, die danach ihren Glauben gewechselt hatten, durften ihre Untertanen nicht mehr zum Glaubenswechsel zwingen.

Der Friedensvertrag veränderte das Gesicht Europas. Frankreich und Schweden erhielten Teile des Deutschen Reiches im Westen und Norden. Die Eidgenossenschaft und die Niederlande wurden aus dem Deutschen Reich losgelöst und zu unabhängigen Staaten. Das Deutsche Reich selber zerfiel in über 250 selbstständige Kleinstaaten. Die Macht des Kaisers wurde stark eingeschränkt.

AUFGABEN

9 *Was lässt sich aus der Zusammensetzung des bayerischen Regiments 1645 herauslesen?*
10 *Was bedeutet «Der Krieg ernährt den Krieg»?*
11 *Was bedeutete der Westfälische Friede für die Eidgenossenschaft?*
12 *Welche Konflikte wurden in den letzten Jahren im Namen des Glaubens ausgetragen?*

28

Louis XIV. im Krönungsmantel. Gemälde von Hyacinthe Rigaud, 1701.

Der französische Absolutismus

Der französische König Louis XIV. vereinigte in seiner Hand sämtliche Machtmittel des Staates. Seine Herrschaft war unbeschränkt, absolut. Um das teure Hofleben und die Kriegskosten bezahlen zu können, führte Louis XIV. den Merkantilismus ein. Dadurch wurden das einheimische Gewerbe gestärkt und die Steuereinnahmen erhöht. Die Landbevölkerung allerdings litt unter der neuen Wirtschaftsordnung.

Absolute Macht

Lange Zeit waren die französischen Könige nur so stark, wie es ihnen der Hochadel erlaubte. Fürsten und Grafen unterhielten eigene Heere und wollten sich nicht der Herrschaft des Königs unterwerfen. Immer wieder hatten französische Könige versucht, mehr Macht in ihren Händen zu vereinigen. Doch erst im 17. Jahrhundert gelang es, die Armee, die Gerichte, die Verwaltung, die Kultur, die Religion und die Wirtschaft allein dem König zu unterstellen. Man nennt diese Regierungsform Absolutismus, weil sich der König nun seine Macht als unbeschränkt, eben absolut, vorstellte. Frankreich während der Regierungszeit von Louis XIV. (1661–1715) gilt als Modell für den Absolutismus.

Am Hof von Louis XIV.

Louis XIV. war schon 1643, im Alter von fünf Jahren, König von Frankreich geworden. Weil er noch zu jung war, um die Regierungsgeschäfte zu übernehmen, führte ein Minister die Staatsgeschäfte für ihn. Mit 23 Jahren trat er dann selber die Regierung an. Mehrere Stunden am Tag liess sich der König

29

Ein Türflügel im Schloss Versailles. Gut erkennbar ist in der Mitte das Symbol des Sonnenkönigs Louis XIV. Fotografie von Adam Woolfitt.

30 Die Sonne als Zeichen des Königs

Man wählte das Symbol der Sonne, die durch ihre Einzigartigkeit, durch den Glanz, der sie umgibt, durch das Licht, das sie den andern, sie wie ein Hofstaat umgebenden Sternen mitteilt, durch die gleichmässige Gerechtigkeit, mit der sie dieses Licht allen Zonen der Erde zuteilt, durch das Gute, das sie allerorten bewirkt, indem sie unaufhörlich auf allen Seiten Leben, Freude und Tätigkeit weckt, durch ihre unermüdliche Bewegung, die gleichwohl als ständige Ruhe erscheint, durch ihren gleichbleibenden und unveränderlichen Lauf, von dem sie sich nie entfernt und niemals abweicht, sicher das lebendigste und schönste Sinnbild eines grossen Herrschers darstellt.

Aus den Memoiren von Louis XIV.

nun von seinen Ministern beraten. Die Entscheide jedoch fällte er alle selbst. «L'état c'est moi.» – «Der Staat bin ich.»: Auch wenn umstritten ist, ob Louis XIV. diese Worte wirklich selber gesagt hat, besser liesse sich eine absolutistische Königsherrschaft nicht umschreiben. Als Symbol seiner Herrschaft wählte der König die Sonne. Fortan wurde Louis XIV. auch der Sonnenkönig genannt.

Der junge König wollte seine Macht auch gegen aussen, gegenüber der Bevölkerung zeigen. Dazu liess er das kleine Schloss Versailles vor den Toren von Paris umbauen. In über 20 Jahren Bauzeit entstand daraus die grossartigste Palastanlage Europas – 580 Meter lang, mit rund 2000 Zimmern und prunkvoll ausgestatteten Sälen. Umgeben war Versailles von riesigen Parkanlagen mit prächtigen Blumenbeeten, schnurgeraden Alleen, künstlichen Kanälen und fantastischen Springbrunnen.

In diesem prächtigen Schloss lebte Louis XIV. mit einem riesigen Hofstaat von etwa 12 000 Personen. Adlige Hofdamen und Hofbeamte, aber auch Soldaten und Offiziere, Sekretäre und Schreiber verkehrten hier und natürlich auch immer zahlreiche Gäste, Künstler und ausländische Gesandte. Für die Adligen wurde der aufwendige Lebensstil in Versailles zur Pflicht. Nur hier, in unmittelbarer Umgebung des Königs, konnten sie noch Einfluss auf die Staatsgeschäfte nehmen. Dazu mussten sie jedoch ihre eigenen Schlösser verlassen. Ihre Unabhängigkeit, die sie bisher so entschlossen verteidigt hatten, mussten sie aufgeben.

Neben seiner Regierungsarbeit blieb dem König genug Zeit, um sich um seinen Hofstaat zu kümmern. Auf dem Tagesprogramm standen Jagdausritte, Tennisspiele oder Spaziergänge in den Parkanlagen. Abends gab es jeweils grosse Bankette, Feuerwerke, Konzerte, Theater oder Tanzveranstaltun-

31

Schloss Versailles. Die wichtigsten Teile der Anlage entstanden zwischen 1661 und 1710. Ansicht des Künstlers Pierre Patel, 17. Jahrhundert.

gen. Viele Künstler, Dichter und Autoren wurden vom kunstbegeisterten König unterstützt, sodass seine Regierungszeit als eine bedeutende Epoche der französischen Kultur gilt.

Der Merkantilismus

Der Bau von Versailles, das teure Hofleben und hohe Kriegskosten liessen die Staatsausgaben enorm ansteigen. Der König brauchte dringend neue Einnahmequellen. Sein Finanzminister Jean Baptiste Colbert schlug ihm daher verschiedene Gesetzesänderungen vor, die die Wirtschaft ankurbeln, den Handel fördern und dadurch die Steuereinnahmen steigern sollten.

Colbert überlegte sich: Um die einheimischen Unternehmer zu unterstützen, müssen sie vor ausländischer Konkurrenz geschützt werden. Gleichzeitig sollten sie Zugang zu billigen Rohstoffen aus dem Inland und den Kolonien haben. Der Staat sollte zudem dafür sorgen, dass die französischen Fertigprodukte im Ausland preisgünstig verkauft werden können.

So belegte der französische Staat die Einfuhr von Fertigwaren und die Ausfuhr von Rohstoffen mit hohen Zöllen. Umgekehrt wurden der Import von Rohstoffen und der Export von Fertigprodukten erleichtert. Zusätzlich unterstützte der Staat Unternehmer, wenn diese eine Manufaktur eröffneten. In der Folge entstanden in Frankreich unzählige Spinnereien, Webereien und Betriebe, die Metall und Leder verarbeiteten.

Die Wirtschaftsform, wie sie unter Colbert und Louis XIV. entstand, nennt man Merkantilismus. Dank des Merkantilismus gelang es, die Staatseinnahmen innerhalb weniger Jahre zu verdoppeln. Doch gleichzeitig wurde die Ungleichheit in

32

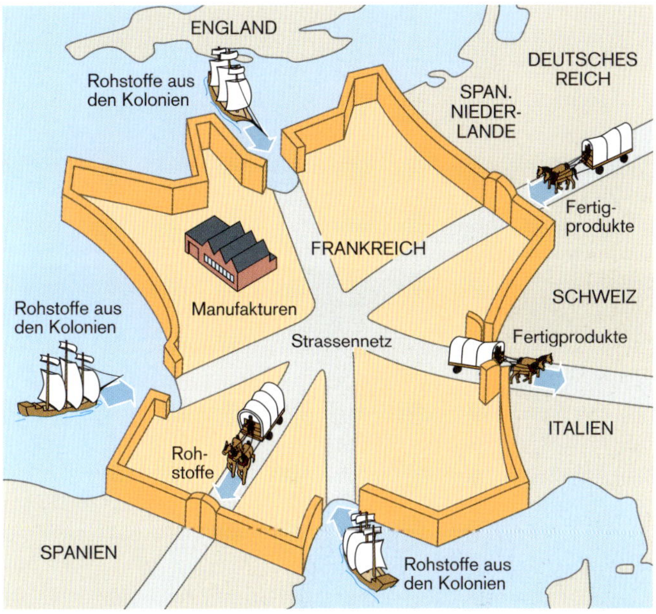

Der französische Merkantilismus.

33

Rasiermessermanufaktur. In den Manufakturen stellten Lohnarbeiter und Handwerker Waren in grösserer Anzahl her, als es ein einzelner Handwerksbetrieb konnte. Die Arbeit wurde aufgeteilt, wobei ein Arbeiter immer nur einen Arbeitsschritt auszuführen hatte. Wegen dieser Arbeitsteilung und den grossen Stückzahlen stellt die Manufaktur eine Vorstufe der modernen Fabrik dar. Stahlstich, um 1783.

der französischen Gesellschaft verstärkt. Am meisten litt die Landbevölkerung, die 90 Prozent der französischen Bevölkerung ausmachte. Sie musste bereits hohe Abgaben an die Grundherren leisten. Dazu kam nun die Politik von Louis XIV. Er förderte einseitig die Unternehmer mit ihren Manufakturen und die Kaufleute, die Waren exportierten. Die Bauern hingegen mussten gemäss den neuen Gesetzen ihre Produkte zu billigen Preisen im Inland verkaufen. Während Arbeiterfamilien so billiger zu ihrem Brot kamen, verloren die Bauern einen guten Teil ihres Einkommens. Missernten und Kriegsverwüstungen verschlimmerten die Lage der Menschen auf dem Land. Es kam zu Hungersnöten, viele Menschen verliessen ihre Dörfer. So wuchs die Unzufriedenheit mit der Regierung vor allem auf dem Land. Gegen Ende des 18. Jahrhunderts entluden sich die Spannungen in gewaltsamen Revolten gegen Steuerbeamte und andere Vertreter des Staates. Damit kündeten sich die grossen gesellschaftlichen Veränderungen der Französischen Revolution an.

AUFGABEN

13 *Warum wählte Louis XIV. die Sonne als Symbol seiner Herrschaft?*

14 *Welche Bevölkerungskreise profitierten von der Herrschaft Louis' XIV. und welche hatten darunter zu leiden?*

15 *Überlege, was passiert wäre, wenn alle Staaten der Welt den Merkantilismus eingeführt hätten.*

16 *Erhebt unser Staat auch heute noch Zölle? Auf welche Waren?*

34

Der Salon von Madame Geoffrin in Paris um 1755. Bei Madame Geoffrin versammelten sich jeden Montag Maler und jeden Mittwoch Schriftsteller, Philosophen und Gelehrte. Ölgemälde von Anicet-Charles Lemonnier, um 1804.

Das Zeitalter der Aufklärung

Das 18. Jahrhundert wird das Zeitalter der Aufklärung genannt. In dieser Zeit machten sich europäische Gelehrte daran, die ihrer Ansicht nach «dunkle» Welt voller Vorurteile mit dem Licht der Vernunft zu erhellen. Sie wollten mit «vernünftigen» Mitteln alle Geheimnisse der Welt aufdecken und forderten, dass jeder Mensch die Möglichkeit erhalten müsse, seinen eigenen Verstand zu gebrauchen.

Eine neue Sichtweise

Ihre Wurzeln hatte die Aufklärung in der Renaissance und dem Humanismus. Schon seit dem 15. und 16. Jahrhundert hatten Forscher vermehrt auf ihre eigene Wahrnehmung und Vernunft vertraut. Im 17. Jahrhundert begannen etliche Landesfürsten, die neuen Wissenschaften zu fördern. Sie versprachen sich davon Vorteile für ihren Staat. Neue Schulen wurden gegründet, sogenannte Akademien. Dort konnten Wissenschaftler in eigens eingerichteten Laboratorien, Sternwarten und Bibliotheken forschen. Die Wissenschaftler wollten die Welt durch die eigene Wahrnehmung und mithilfe von Experimenten erforschen und nicht mehr allein von religiösen Glaubenssätzen abhängig sein. Dabei verneinten die Aufklärer die Bedeutung der Religion keineswegs. Sie traten vielmehr für Glaubensfreiheit ein und befürworteten eine «vernünftige Religion», die sich nicht gegen das menschliche Streben nach Erkenntnissen wehrte.

Das neue Denken blieb nicht auf die Naturwissenschaften beschränkt. Warum sollten nicht alle Bereiche des menschlichen Lebens auf «vernünftige» Weise angegangen werden? Die Aufklärer – wie sich diese Gelehrten nannten – forderten, dass jeder Mensch unabhängig von seiner Herkunft die Möglichkeit erhalten solle, seine Vernunft zu gebrauchen.

Im 18. Jahrhundert fanden die Ideen der Aufklärer begeisterten Zuspruch von gebildeten Stadtbürgern, aber auch von vielen Adligen. Überall entstanden Diskussionsrunden. Eine grosse Rolle spielten die Salons in den Häusern gebildeter Frauen. Hier trafen sich regelmässig Künstler, Gelehrte und Politiker, um Ideen und Meinungen auszutauschen. Die Aufklärer verfassten Bücher zu ihren Gedanken und Theorien, die schnell grosse Verbreitung fanden, allerdings nur bei den gebildeten Menschen. Ein Grossteil der Bevölkerung konnte weder lesen noch schreiben. So wurde die Allgemeinbildung zum wichtigsten Anliegen der Aufklärer. *Pädagogen setzten sich für eine umfassende Bildung für die gesamte Bevölkerung ein. Entgegen der damals vorherrschenden Meinung vertraten sie die Auffassung, dass jeder Mensch die Fähigkeit zum Denken habe – unabhängig von seinem gesellschaftli-

35

Immanuel Kant, 1724–1804. Kant war einer der grössten Philosophen der europäischen Denkgeschichte. Gemälde von Döbler.

37

John Locke. Porträt von Sir Godfrey Kneller.

36 **Was ist Aufklärung?**

Aufklärung ist der Ausgang des Menschen aus seiner selbst verschuldeten Unmündigkeit. Unmündigkeit ist das Unvermögen, sich seines Verstandes ohne Leitung eines anderen zu bedienen. Selbst verschuldet ist diese Unmündigkeit, wenn die Ursache derselben nicht am Mangel des Verstandes, sondern der Entschliessung und des Mutes liegt, sich seiner ohne Leitung eines andern zu bedienen. Habe Mut, dich deines eigenen Verstandes zu bedienen! Das ist also der Wahlspruch der Aufklärung.

Immanuel Kant: *Was ist Aufklärung?* 1783.

38 **Alle Menschen sind gleich**

Die Vernunft lehrt, dass alle Menschen gleich und unabhängig sind. Deshalb darf niemand einem anderen an seinem Leben, seiner Gesundheit, seiner Freiheit oder seinem Besitz Schaden zufügen. Und da uns allen die gleichen Fähigkeiten verliehen wurden und wir alle Glieder einer einzigen Gemeinschaft, der Natur, sind, kann nicht angenommen werden, dass uns irgendeine Rangordnung unter uns dazu ermächtigt, einander zu zerstören, als wären wir einer zu des anderen Nutzen geschaffen, so wie die untergeordneten Lebewesen zu unserem Nutzen geschaffen sind.

John Locke: *Über die Regierung.* 1689.

chen Stand. Dank der Erziehung sollte er lernen, seinen eigenen Verstand zu gebrauchen und seine Fähigkeiten zu entwickeln. Allmählich setzte sich diese Einsicht durch. Gegen Ende des 18. Jahrhunderts führten viele Länder Europas den obligatorischen Schulunterricht ein. Doch es sollte noch Jahrzehnte dauern, bis wirklich alle Knaben und Mädchen regelmässig zur Schule gehen durften.

Ideen für einen neuen Staat

Die meisten Länder Europas wurden im 18. Jahrhundert von absolutistischen Königen oder Fürsten regiert. Die Aufklärer richteten sich gegen die Auffassung, dass der König allein die Staatsmacht verkörpern dürfe. Der englische Staatsrechtler John Locke (1632–1704) behauptete, alle Menschen seien von Natur aus frei und besässen die gleichen Rechte. Deshalb müsse die Macht des Königs beschränkt werden.

Darauf aufbauend entwickelte der Franzose Charles de Montesquieu (1689–1755) die Lehre von der Gewaltenteilung. Um den Missbrauch der Macht zu verhindern, müsse diese aufgeteilt werden. Anders als im Absolutismus, wo der König die Gesetze erlässt, sie umsetzt und zugleich oberster Richter ist, müssten diese drei Gewalten getrennt und aufgeteilt werden.

Grosses Aufsehen erregte ein Buch des in Genf geborenen Jean-Jacques Rousseau (1712–1778), das 1762 unter dem Titel «Der Gesellschaftsvertrag» erschien. Darin forderte der Schriftsteller einen Staat nach dem Modell der antiken griechischen *Demokratie. Die staatliche Gewalt müsse uneingeschränkt beim Volk liegen und direkt von diesem ausgeübt werden.

Die politischen Theorien von John Locke, Charles de Montesquieu und Jean-Jacques Rousseau beeinflussten massgeblich die weitere politische Entwicklung in Europa. Vielerorts fanden sich Gruppierungen, die sie begeistert aufnahmen und umzusetzen versuchten. Der Ruf nach politischer Mitbestimmung wurde in der zweiten Hälfte des 18. Jahrhunderts immer lauter und konnte bald nicht mehr überhört werden.

AUFGABEN

17 *Was hat die Aufklärung mit der Forderung nach obligatorischem Schulunterricht zu tun?*

18 *Warum sollte laut Montesquieu die Macht im Staat aufgeteilt werden? Welches sind die drei Gewalten?*

19 *Liste die Vor- und Nachteile von Absolutismus und Gewaltenteilung auf.*

39

Friedrich II. auf Reisen. Die Sorge des Königs für seine Untertanen war ein beliebtes Sujet für Hofmaler und ist auch auf diesem Bild idealisierend dargestellt. Ölskizze von Adolf Friedrich Erdmann von Menzel, 1854.

40

Wachparade auf dem Berliner Schlossplatz. Gemälde von Carl Traugott Fechhelm, 1788.

Aufgeklärter Absolutismus in Preussen

Obwohl Preussen eine *Monarchie blieb, verhalf der Herrscher – von vielen Errungenschaften der Aufklärung überzeugt – seinem Reich zu vielen Neuerungen.

Im 17. Jahrhundert machte sich Preussen auf den Weg zur europäischen Grossmacht. Friedrich I. (1657–1713) und Friedrich Wilhelm I. (1688–1740) bildeten das an der Ostsee gelegene Herzogtum zum Königreich um. Sie bauten eine starke Armee auf, deren Soldaten das Vorbild aller ihrer Untertanen werden sollten: gehorsam, pflichtbewusst und sparsam. Nicht umsonst wurde Friedrich Wilhelm I. auch «Soldatenkönig» genannt.

Als 1740 sein Sohn als Friedrich II. den preussischen Thron bestieg, fragten sich viele, wohin der neue König das Land führen sollte. Denn der junge König schien das pure Gegenteil eines Soldatenkönigs zu sein. Der feinfühlige Friedrich II. liebte französische Literatur, spielte Flöte und kleidete sich gerne modisch. Er lud gebildete Menschen an seine Tafel, um mit ihnen die Ideen der Aufklärung zu diskutieren. Der französische Schriftsteller und Aufklärer Voltaire wurde zu einem seiner Freunde. Nur auf Geheiss des Vaters studierte er die politischen und militärischen Fertigkeiten, die ein König beherrschen sollte.

Seine Krönung weckte in aufgeklärten Kreisen grosse Hoffnungen auf Reformen in Preussen. Tatsächlich schaffte Friedrich II. in einer seiner ersten Amtshandlungen die Folter in normalen Strafprozessen ab. Später reformierte er das Gesetzbuch und strebte die Gleichheit aller Untertanen vor dem Gesetz an. Auch gestaltete er die Akademie der Wissenschaften neu und holte Gelehrte und Künstler nach Berlin. Hier liess er auch eine grosse Oper errichten. Nach dem Vorbild seiner Ahnen war Friedrich II. offen gegenüber religiösen Minderheiten wie Juden, Hugenotten und Katholiken und liess sie am gesellschaftlichen und wirtschaftlichen Leben Preussens teilhaben.

Die preussische Armee

In anderer Hinsicht trieb Friedrich jedoch das Werk seines Vaters voran. Er baute die Armee weiter aus, die den Ruf harter Zucht und Disziplin hatte. Der Aufbau der Armee blieb unverändert. Die Offiziersränge waren dem Adel vorbehalten, und die Einheiten bestanden aus Bauern und ausländischen Söld-

41 **Zwei Sätze Friedrichs II.**

Der König soll erster Diener des Staates sein.
Alles für das Volk, nichts durch das Volk.

42 **Ein Toggenburger in der preussischen Armee**

Wir mussten oft ganze fünf Stunden lang, in unserer Montur eingeschnürt, wie angeschraubt stehen, kreuz und quer pfahlgerad marschieren und ununterbrochen blitzschnelle Handgriffe machen, und das alles auf Geheiss eines Offiziers, der mit furiosem Gesicht und aufgehobenem Stock vor uns stand und alle Augenblicke wie unter Kabisköpfe dreinzuhauen drohte. Bei einer solchen Behandlung musste auch der starknervigste Kerl halb lahm und der geduldigste rasend werden. Kamen wir dann todmüde ins Quartier, so ging's schon wieder Hals über Kopf, unsre Wäsche zurechtzumachen und jedes Fleckchen auszumustern, denn bis auf den blauen Rock war unsre ganze Uniform weiss. Gewehr, Patronentasche, Kuppel, jeder Knopf an der Montur, alles musste spiegelblank geputzt sein. Zeigte sich an einem dieser Stücke die geringste Untat oder stand ein Haar in der Frisur nicht recht, so war, wenn man auf den Platz kam, die erste Begrüssung eine derbe Tracht Prügel.

Ulrich Bräker: *Das Leben und die Abenteuer des Armen Mannes im Tokkenburg, von ihm selbst erzählt.* Ulrich Bräker (1735–1798) wurde in Schaffhausen von einem preussischen Werber angeblich als Diener angestellt, dann aber nach Berlin in die preussische Armee geschickt. Nachdem er die harte preussische Armeeausbildung absolviert hatte, musste er in den Krieg ziehen. Ulrich Bräker *desertierte jedoch und flüchtete zurück in seine Heimat.

43

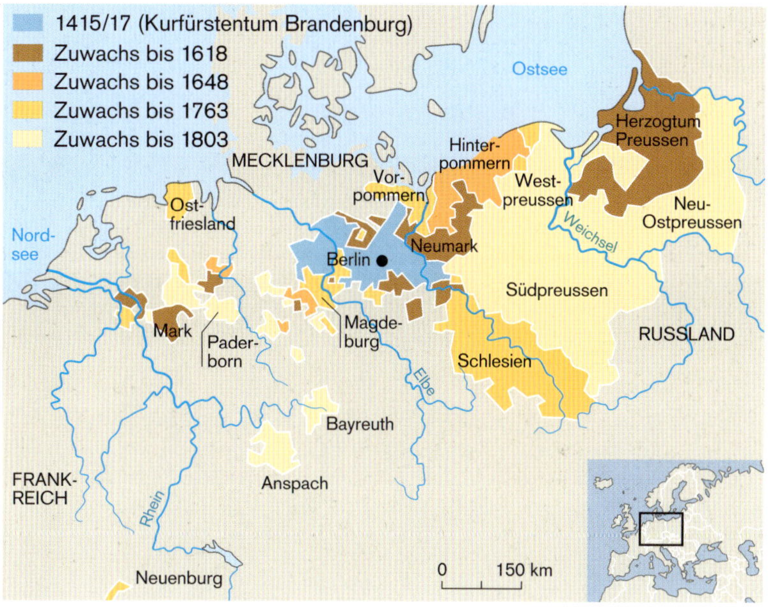

Preussens Weg zur Grossmacht.

nern. Werber hatten sie – oft unter falschen Versprechungen – in die Armee gelockt. Eine Anzahl Kriege fiel in die 46-jährige Regentschaft Friedrichs II., die das preussische Staatsgebiet um wichtige Teile vergrösserten. Friedrich II. ist deswegen auch als «Friedrich der Grosse» bekannt.

Um die hohen Kosten für die Armee bezahlen zu können, führte Friedrich II. nach französischem Vorbild den Merkantilismus ein. Um den Ertrag der Landwirtschaft zu vergrössern, liess er grosse Sumpfgebiete trockenlegen und Hunderte von neuen Dörfern erstellen. 60 000 Menschen wurden deswegen umgesiedelt und die Einwanderung nach Preussen gefördert. Der Staat förderte den Kartoffelanbau und die Verbesserung der Viehzucht und unterstützte den Bau von Manufakturen. Zur Erleichterung des Handels und Verkehrs plante Friedrich ein dichtes Strassen- und Kanalnetz.

Der König dient dem Staat

Anders als andere Herrscher seiner Zeit sah sich Friedrich II. nicht als von Gott zum König eingesetzt, der weit über seinen Untertanen stehen sollte. Als König müsse er vielmehr dem Staat dienen, weswegen er sich auch den «ersten Diener des Staates» nannte. Dennoch benahm sich auch der preussische König ganz wie ein absolutistischer Machthaber. Entscheide traf er allein, seine Beamten und Minister sollten ihm bloss lückenlos alles berichten, was im Land geschah. Stellen in der staatlichen Verwaltung blieben den Adligen vorbehalten. Die Bürger in den Städten und die Bauern auf dem Land blieben von allen wichtigen Ämtern ausgeschlossen.

Friedrich II. schuf in Preussen einen Regierungsstil, der das Vorbild des französischen Absolutismus mit den Grundsätzen der Aufklärung verband. Man nennt ihn deshalb aufgeklärten Absolutismus. Ausser in Preussen setzte dieser sich auch in Österreich durch. Dort verwirklichten Kaiserin Maria Theresia (1717–1780) und ihr Sohn Joseph II. (1765–1790) ihre Vorstellungen eines aufgeklärten Herrscherhauses.

AUFGABEN

20 *Welche Grundsätze übernahm Friedrich II. von der Aufklärung, welche nicht?*

21 *Weshalb wurde die preussische Armee wohl zum Vorbild weiterer Armeen in Europa?*

22 *Suche nach Beispielen, an denen man erkennen kann, dass der preussische König nichts von der Demokratie hielt.*

44

Verhaftung. Am 4. Januar 1642 erschien Karl I. in Begleitung von Militär vor dem englischen Unterhaus, um die Verhaftung von fünf Abgeordneten durchzusetzen. Dieser ungewöhnliche Auftritt empörte die Abgeordneten und führte schliesslich zum Bürgerkrieg. Ölgemälde von John Singleton Copley.

45

Hinrichtung. Am 30. Januar 1649 wurde Karl I. in London hingerichtet. Das Bild gibt die Szene nicht genau wieder, da in Wirklichkeit Soldaten mit schwarzem Tuch den Schauplatz abschirmten. Ölgemälde von John Weesop, um 1649.

Parlamentarische Monarchie in England

Das englische Parlament erkämpfte sich in langen Auseinandersetzungen gewisse Mitspracherechte. Anders als auf dem Festland wurde die Macht des englischen Königs beschränkt.

Auch in England herrschte ein König. Doch ein Teil der Untertanen hatte sich hier grössere Rechte erkämpft als auf dem europäischen Festland. Der König musste neue Steuern und Gesetze von einer Versammlung, dem Parlament, bewilligen lassen. Das englische Parlament bestand aus zwei Kammern. Der Hochadel war im Oberhaus, dem «House of Lords», vertreten, die Grafschaften, Städte, Gutsbesitzer und reichen Kaufleute im Unterhaus, dem «House of Commons».

Die Mitspracherechte des Parlaments waren den Königen gar nicht genehm. Sie wollten ihre Macht ausdehnen und wie andere Herrscher auch absolutistisch regieren. Zwischen König und Parlament entspann sich deshalb ein langer Machtkampf um Rechte und Pflichten im englischen Staat.

Unter König Karl I. (1600–1649) verschärfte sich der Streit. Ohne die Bewilligung des Parlaments einzuholen, hatte der König neue Zölle auf Einfuhrgütern erhoben. Doch er hatte nicht mit dem Widerstand der Parlamentarier gerechnet. Nach heftigen Auseinandersetzungen musste der König 1628 die sogenannte «Petition of Rights» unterschreiben. Darin liess sich das Parlament seine Rechte schriftlich bestätigen. Nicht von ihm bewilligte Steuererhöhungen, aber auch willkürliche Verhaftungen wurden als ungesetzlich erklärt.

Bürgerkrieg und Militärdiktatur

Doch der Kampf zwischen Parlament und König ging weiter. Elf Jahre lang regierte Karl I., ohne das Parlament einzuberufen. Um 1640 erhoben sich die Schotten und Iren gegen ihn, und der König war auf neue Steuern zur Finanzierung der Armee angewiesen. Dem wollten die Parlamentarier nur zustimmen, wenn sie die hohen Offiziere der Armee selber ernennen durften. Darauf liess sich der König nicht ein. Stattdessen klagte er fünf Abgeordnete des Unterhauses wegen *Hochverrats an. Als das Parlament sich weigerte, die Verhaftung zuzulassen, erschien Karl I. am 4. Januar 1642 persönlich in Begleitung von Militär vor dem Unterhaus. Damit stellte der König die Unabhängigkeit des Parlaments offen in Frage.

Die Bevölkerung war gespalten. Die meisten Adligen, Katholiken und die Bischofsstädte hielten zum König. Das aufsässige Unterhaus wurde vor allem von den Puritanern unterstützt, die zumeist aus London und den anderen englischen Handelsstädten kamen.

Als beide Seiten damit begannen, Soldaten aufzubieten, war der Bürgerkrieg unausweichlich geworden. An die Spitze

46
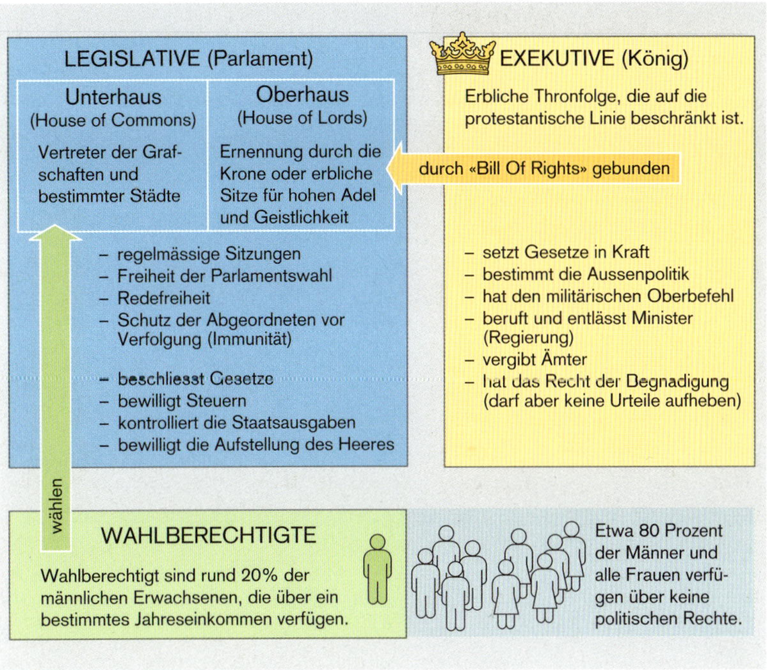

Der englische Staat nach der glorreichen Revolution.

47 **Abschaffung des Königtums**

Da durch Erfahrung gefunden worden ist, dass in dieser Nation Amt und Macht des Königs in einer einzigen Person unnötig, lästig, der Freiheit, Sicherheit und dem gemeinen Wohl gefährlich ist und dass von der königlichen Gewalt meistens Gebrauch gemacht worden ist, um die Untertanen zu unterdrücken und auszusaugen, und dass gewöhnlich und natürlicherweise jede Person in solcher Machtstellung zu ihrem Vorteil die gerechte Freiheit und Unabhängigkeit des Volkes beeinträchtigt und die Herrschaft des eigenen Willens und die Gewalt über die Gesetze ausdehnt, so sei darum durch dieses gegenwärtige Parlament beschlossen, dass hinfort in dieser Nation das Amt eines Königs nicht mehr bestehen noch ausgeübt werden soll durch irgendeine Person.

Aus dem Gesetz über die Abschaffung des Königtums, 17. März 1649.

des aufständischen Heeres trat Oliver Cromwell, der selber ein adliger Abgeordneter war. Die puritanischen Kämpfer nannten sich «Streiter Gottes» und rissen die Macht entschlossen an sich. Sie nahmen den König gefangen und liessen ihn 1649 hinrichten. Das Königsamt wurde abgeschafft. Gleichzeitig lösten Cromwell und seine Anhänger jedoch auch das Parlament auf und erklärten sich selber zum «Ursprung aller gerechten Gewalt». Zwischen 1653 und seinem Tod 1658 regierte Oliver Cromwell England als *Diktator. Er erliess eine strenge Sittenordnung, führte erfolgreiche Kriege gegen Holland und Spanien und unterwarf Schottland und Irland.

Die glorreiche Revolution

Nach der Militärdiktatur wurde 1660 die Monarchie wieder hergestellt. Doch die Streitigkeiten blieben bestehen. Unter Jakob II., der 1685 den Thron bestiegen hatte, stand das Land erneut kurz vor einem Bürgerkrieg. Der König hatte wichtige Ämter mit Katholiken besetzt und versuchte, das ganze Land wieder dem Katholizismus zuzuführen. Dagegen wehrte sich das Parlament. Mit zu Hilfe eilenden Truppen aus den Niederlanden wurde der König 1688 zur Flucht nach Frankreich gezwungen. Da dieser Umsturz ohne Blutvergiessen verlief, wurde er die «glorreiche Revolution» genannt. Die Krone wurde nun dem protestantischen Wilhelm III. von Oranien und seiner Frau Maria II. von Grossbritannien übergeben. Diese durften sie jedoch erst annehmen, nachdem sie sich 1689 verpflichtet hatten, die «Bill of Rights» anzunehmen. Darin waren die Rechte des Parlaments und des Königs niedergeschrieben. Von nun an waren die Gewalten im englischen Staat getrennt. Das Parlament übte die gesetzgebende Gewalt, die Legislative aus. Der König übernahm zusammen mit seiner Regierung die Exekutive. Der König blieb Staatsoberhaupt, unterstand aber wie jeder Bürger den Gesetzen. Man nennt dieses Staatssystem konstitutionelle Monarchie, weil die Macht des Königs durch eine *Verfassung eingeschränkt ist. Die glorreiche Revolution in England wurde zu einem der wichtigsten Vorbilder für die Überwindung des Absolutismus in anderen europäischen Ländern.

AUFGABEN

23 *Welche Rechte konnte sich das englische Parlament im Laufe der Zeit sichern?*

24 *Findest du Gemeinsamkeiten zwischen Oliver Cromwell und Jean Calvin?*

25 *Welches Staatssystem wurde in England 1689 geschaffen? Was war das Neue daran?*

48

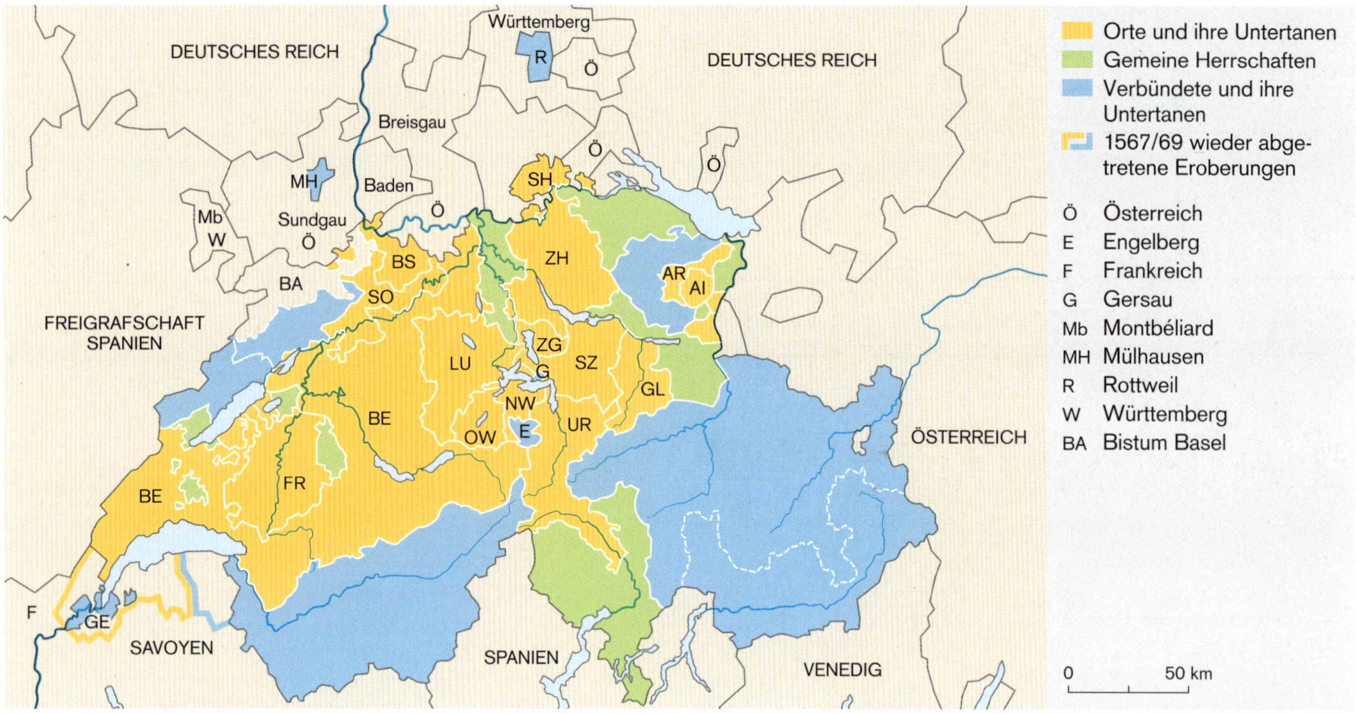

Die Eidgenossenschaft im Jahr 1601.

Die Eidgenossenschaft

Anders als die umliegenden Länder war die Eidgenossenschaft keine Monarchie. Doch auch hier besassen nur wenige Menschen Mitspracherechte. Politisch war die Eidgenossenschaft stark gespalten.

Neben den zunehmend straffer organisierten europäischen *Monarchien wirkte die schweizerische Eidgenossenschaft wie ein Überbleibsel aus dem Spätmittelalter. Sie war kein einheitlicher Staat und bis 1648 ein Teil des Deutschen Reiches. Es gab keine gemeinsame Bundesurkunde, keine Verfassung und keine zentrale Regierung. Die Eidgenossenschaft war nichts weiter als ein loser Bund höchst unterschiedlicher, eigenständiger Kleinstaaten. Um 1550 umfasste sie 13 Orte: sechs Länder- und sieben Stadtorte und ihre jeweiligen Untertanengebiete. Dazu kamen Zugewandte Orte, die sich mehr oder weniger eng mit der Eidgenossenschaft verbanden. Dies waren Biel, St. Gallen, Mülhausen, Genf, Wallis, die Drei Bünde, das Fürstentum Neuenburg, das Fürstbistum Basel, die Fürstabtei Engelberg und die *Republik Gersau. Die eidgenössischen Orte herrschten zudem über gemeinsame Untertanengebiete, die Gemeinen Herrschaften.

Die Stadtorte

In den Stadtorten Zürich, Bern, Luzern, Basel, Freiburg, Solothurn und Schaffhausen hatten die Räte das Sagen, in denen die einflussreichsten städtischen Familien vertreten waren. Die Räte wurden nicht demokratisch von der Stadtbevölkerung gewählt, sondern ergänzten sich selbst, wenn ein Mitglied zu ersetzen war. Die Räte erliessen Gesetze, setzten diese als Regierung um und amteten auch als Richter. In den reformierten Städten wählten sie auch die Pfarrer.

Wie die absolutistischen Herrscher versuchten auch die städtischen Räte, die Macht in ihren Händen zu konzentrieren. Sie verkleinerten den Kreis der Familien, die an der Regierung teilnehmen konnten. Dies geschah zum einen durch die immer seltener verliehenen Bürgerrechte. Nach 1700 nahm keine Stadt mehr neue Familien in das Bürgerrecht auf. In Bern etwa sank der Anteil der Bürgerfamilien auf 30 Prozent der Stadtbevölkerung. Zum andern wurde der Mehrheit der Bürger die Wählbarkeit in den Rat entzogen. So regierten schliesslich in den Städten nur noch ein paar Dutzend Familien. Ausserdem blieb das Bürgerrecht auf Einwohner der ummauerten Städte beschränkt. Die im Umland der Stadt lebenden Menschen besassen keine politischen Mitsprachemöglichkeiten.

49

Landsgemeinde Glarus, 2005. Noch zu Beginn des 21. Jahrhunderts gibt es in den Kantonen Appenzell-Innerrhoden und Glarus die Landsgemeinde. Sie findet in Appenzell jeweils am letzten Sonntag im April statt, in Glarus am ersten Maisonntag. Fotografie von Urs Flüeler.

50

Das Landvogteischloss in Baden war bis 1798 Amtssitz und Wohnhaus der eidgenössischen Landvögte. Im 19. Jahrhundert waren in seinen Räumen unter anderem ein Schulhaus, ein Spital und ein Gefängnis eingerichtet. Seit einigen Jahren dient es als Museum. Fotografie von Gilbert Projer.

Für Personen, die in die Stadt zuwanderten oder durch Handel und Gewerbe zu Vermögen gekommen waren, wurde es immer schwieriger, in den Kreis der regierenden Familien aufgenommen zu werden. Gerade unter aufstrebenden Handelsleuten und Unternehmern förderte dies im 18. Jahrhundert die Unzufriedenheit mit der politischen Situation.

Die Länderorte

Jeweils am ersten Maisonntag fanden in den Länderorten Uri, Schwyz, Unterwalden, Zug, Glarus und Appenzell die feierlichen Landsgemeinden statt. Hier wählten die erwachsenen Männer mit Bürgerrecht ihre Regierung. Anders als in den Städten waren die meisten männlichen Einwohner auch Bürger. Ein Regierungsamt konnte aber nur übernehmen, wer über die nötige Bildung und genügend Vermögen besass und selber wenig arbeiten musste. Deshalb teilten auch in den Länderorten einige wenige, wohlhabende Familien die Macht unter sich auf. Sie hatten ihr Vermögen meist mit der Vermittlung von Söldnern, als Grundbesitzer, Kaufleute oder Viehhändler gemacht. An den Landsgemeinden wurden die Ämter meist ganz offen an den Meistbietenden versteigert.

Die Untertanen

Die meisten Menschen in der Eidgenossenschaft waren von jeder politischen Beteiligung ausgeschlossen. In den Städten bildeten die Einwohnerinnen und Einwohner ohne Bürgerrecht eine Mehrheit. Auch in den Länderorten lebten Menschen ohne Land und Rechte.

Weiter hatten Stadt- und Länderorte Untertanengebiete durch Kauf oder Eroberung in ihren Besitz gebracht. Sie gehörten entweder einem einzigen eidgenössischen Ort oder wurden als «Gemeine Herrschaften» gemeinsam verwaltet. Baden, das Freiamt, der Thurgau, das Rheintal, Sargans, das Tessin, Schwarzenburg, Orbe, Echallens, Grandson, Murten, Uznach, Gaster und Gams waren solche Gemeine Herrschaften. Sie wurden von einem eidgenössischen Landvogt regiert, der für jeweils zwei Jahre gewählt wurde. Er überwachte den Einzug der Abgaben und amtete als oberster Richter. Der Landvogt hatte keine eigenen Beamten und war auf die Zusammenarbeit mit den hier ansässigen Menschen angewiesen. Wirtschaftlich wirkte sich die Lage aber negativ aus. In den Gemeinen Herrschaften fehlten die Anreize für Menschen, die unternehmerisch tätig werden wollten. So kam es nur zu einer schwachen wirtschaftlichen Entwicklung.

51

Rädelsführer der Revolte von 1755 in der Leventina werden hingerichtet. Die Leventina, Untertanengebiet von Uri, verlor nach den Unruhen ihre Rechte. Kleinere Unruhen wie diese gab es im 18. Jahrhundert zahlreiche in der Eidgenossenschaft.

52

Die Eidgenössische Tagsatzung tagt in Baden, 18. Jahrhundert. Die Gesandten der Acht Alten Orte sassen auf erhöhten Plätzen. Die Lehnsessel der Vertreter der jüngeren und der Zugewandten Orte standen etwas tiefer. Die Diener der Gesandten waren in den entsprechenden Stadt- oder Landesfarben gekleidet.

Die Tagsatzung

Das einzige Organ des Bundes der Eidgenossenschaft war die Versammlung der Abgeordneten der einzelnen Orte, die Tagsatzung. Diese kam mehrmals jährlich zusammen, bis 1713 in Baden, danach in Frauenfeld. Jeder Ort schickte zwei Gesandte zur Tagsatzung. Die Sitzordnung der Tagsatzung war streng geregelt. Vor dem Beginn der Verhandlungen mussten alle Gäste den Saal verlassen, da die Beratungen streng geheim waren. Kam es zu einer Abstimmung, verfügte jeder Ort über eine einzige Stimme. Beschlüsse konnten nur einstimmig gefasst werden. Bei den verschiedenen Interessen, die die einzelnen Orte verfolgten, war dies meist eine sehr schwierige Angelegenheit. Die Verhandlungen waren oft äusserst mühsam. Die Abgeordneten der Tagsatzung hatten zudem nicht das Recht, selber zu verhandeln. Immer wieder mussten sie nach Hause reisen, um die nötigen Weisungen von ihrer Regierung einzuholen.

Politisch war die Eidgenossenschaft stark gespalten. Katholische und reformierte Orte standen sich seit den Religionskriegen misstrauisch gegenüber. Aber auch zwischen den Stadt- und den Länderorten bestanden unterschiedliche Interessen. Die Stadtbürger hatten Angst, dass ihre ländlichen Untertanen aufbegehren könnten und eigene Landsgemeinden fordern könnten, wie sie in den Länderorten bestanden. Wegen dieser verschiedenen Risse, die kreuz und quer durch die Tagsatzung liefen, gab es keine festen Blöcke. Die Abgeordneten der Orte mussten für jedes Problem, das auftauchte, wieder neue Lösungen finden.

AUFGABEN

26 *Nenne die dreizehn Orte der alten Eidgenossenschaft.*

27 *Mit welchen Problemen hatten die Gemeinen Herrschaften vor allem zu kämpfen?*

28 *Wo tagte die Tagsatzung jeweils? Warum gerade dort?*

Collage zu Religionskonflikten

Portfolioauftrag

Die Reformation und die darauf folgende katholische Erneuerung waren nicht bloss innerreligiöse Angelegenheiten, sondern führten zu schweren Auseinandersetzungen zwischen verschiedenen Religionsgruppen und ganzen Staaten. Umgekehrt musste die Religion immer wieder dafür herhalten, Konflikte um Macht und Einfluss zu begründen. Noch immer spielt die Religion in manchen Konflikten eine Rolle. Religiöse Gemeinschaften geraten aneinander, Behörden verwenden religiöse Erklärungen, um die Verfolgung von Menschen zu rechtfertigen, Staaten begründen kriegerische Auseinandersetzungen mit der Religion. Dabei wird die Religion oft ganz bewusst eingesetzt, um das eigene Handeln zu rechtfertigen.

Aufgabe

Suche in einer Tageszeitung nach Artikeln, in denen die Verwendung von Religion in Konflikten besprochen wird. Sammle die Artikel und stelle sie kommentiert in einer *Collage zusammen.

Vorgehen

1. Wähle eine Tageszeitung aus, die du untersuchen möchtest. Durchsuche sie während einer Woche nach passenden Artikeln.
2. Schneide die Artikel aus und ordne sie nach folgenden Themen:
   - Konflikte zwischen religiösen Gruppen innerhalb eines Staates;
   - Konflikte zwischen dem Staat und einer religiösen Gruppierung;
   - Konflikte zwischen zwei oder mehreren Staaten.
3. Klebe die Artikel zu jedem Thema auf einen Bogen Papier und kommentiere sie. Achte besonders darauf, wie Religion jeweils benützt wird, um das eigene Handeln zu rechtfertigen.

Hinweis

- Nicht immer sind es zwei verschiedene Religionen, zwischen denen sich Auseinandersetzungen ergeben. Sehr oft ergeben sich die heftigsten Konflikte innerhalb einer Religion, etwa zwischen *Fundamentalisten und solchen, die die Religionsinhalte neu gestalten, reformieren wollen.

Hexenwahn im Zeitalter der Vernunft

Nach 1500 verbreitete sich in Europa trotz der Ideen von Aufklärung und Vernunft ein regelrechter Hexenwahn. In katholischen und reformierten Gebieten kam es zu Tausenden von Prozessen und Hinrichtungen. In der Eidgenossenschaft wurden zwischen 1500 und 1782 etwa 8000 Personen wegen Hexerei hingerichtet, rund 90 Prozent davon waren Frauen.

53

Hexensabbat. Die Hexe links im Hintergrund braut ein Unwetter zusammen. In der Mitte thront Satan. Darstellung in der Nachrichtensammlung des reformierten Zürcher Pfarrers J. J. Wick, 2. Hälfte des 16. Jahrhunderts.

55

Die Wasserprobe. Die Angeklagte wurde gefesselt ins Wasser geworfen, um einen Beweis für ihre Hexerei zu erhalten. Wasser galt als Sinnbild für Reinheit und Unschuld. Deshalb konnten Hexen nach damaliger Meinung nicht ertrinken, da das Wasser sie zurückstossen würde. Ging die Angeklagte nicht unter, wurde sie für schuldig befunden und verbrannt. Wer ertrank, galt als unschuldig und erhielt ein christliches Begräbnis. Holzschnitt aus dem 16. Jahrhundert.

54 Papst Innozenz VIII. über die Hexerei

Uns ist neuerdings zu unserem nicht geringen Leidwesen zu Ohren gekommen, dass eine grosse Anzahl von Personen beiderlei Geschlechts des eigenen Heils vergessend und vom katholischen Glauben abfallend, mit Teufeln Unzucht treiben und mit ihren Zaubersprüchen, Beschwörungen und Verschwörungen sowie anderen abscheulichen abergläubischen Handlungen, zauberischen Übertretungen, Verbrechen und Vergehen bewirken, dass sie Geburten der Frauen, die Jungen der Tiere, die Feldfrüchte, die Weintrauben und die Früchte der Bäume sowie auch Männer, Frauen, Zugtiere, Kleinvieh, Schafe und andere Lebewesen unterschiedlichster Art, die Weinberge auch, die Obstgärten, Wiesen, Weiden und das Korn sowie andere Erzeugnisse des Bodens verderben, ersticken und umbringen. Und sie belegen die Männer, die Frauen, das Gross- und Kleinvieh und die Lebewesen mit grausamen inneren und äusseren Schmerzen und Qualen und peinigen sie; gleichzeitig verhindern sie, dass die Männer zu zeugen, die Frauen zu empfangen, Verheiratete sich die ehelichen Pflichten zu leisten vermögen.

Verlautbarung von Papst Innozenz VIII. vom 5. Dezember 1484.

56 Anna Göldin, die letzte «Hexe» der Schweiz

Der 18. Juni 1782.

Glarus geschüttelt vom Hexenfieber. Die Schlote der Baumwolldruckereien, die Firste der Spinnereien stechen in einen gelbrötlichen Himmel.

Die Arbeit ruht, das Volk von Glarus und den umliegenden Talschaften strömt zusammen, auf dem Spielhof haben sich die sechzig Männer des Rats aufgestellt, die Federbüsche der *Hellebardiere wehen, die scharlachroten Mäntel der Weibel.

Feierliches Gepränge um Annas Tod.

Sie wird aus dem Schreiberstübli des Rathauses geführt, wo man sie in den letzten zwei Tagen von sechs Hellebardieren bewachen liess.

Dieses Licht. Nach wochenlangem Dämmerdunkel sticht es wie ein Messer in ihren Augen.

«MALFFIZPROZESS und URTEIL über die zum Schwert verurteilte ANNA GÖLDIN aus dem Sennwald:

Die hier vorgeführte, bereits 17 Wochen und 4 Tage lang im Arrest gesessene, die meiste Zeit mit Eisen und Banden gefesselte arme Übeltäterin mit Namen Anna Göldin aus dem Sennwald hat laut gütlich und peinlichen Untersuchen bekennt, dass sie am Freitag vor der letzten Kilbi allhier zwischen 3 und 4 Uhr nachmittags aus des Herrn Dr. Tschudis Haus hinter den Häusern durch und über den Giessen hinauf zu dem Schlosser Steinmüller, welcher letzthin in hochobrigkeitlichem Verhaft unglückhafter Weise sich selbst entleibet hat, express gegangen sei, um von selbem zu begehren, dass er ihr etwas zum Schaden des Herrn Doctors und Fünfer-Richters Tschudi zweitältestem Töchterli Anna Maria, dem sie übel an sei, geben möchte, in der bekannten äusserst bösen Absicht, das Kind elend zu machen [...]»

Diese Satzschlange, die sich windet und zu Knoten verschlingt, züngelnd den Kopf hebt und sich schliesslich selber in den Schwanz beisst... Kubli liest zu leise, von hinten wird protestiert.

«[...] betrachtet die grosse Untreue und Bossheit, so die gegenwärtige Übelthäterinn als Dienstmagd gegen ihres Herrn unschuldiges Töchterlein verübet, betrachtet, die fast 18 Wochen lang unbeschreiblich fürchterliche unerhörte Krankheit und vorbemelt beschriebene elende Umstände, welche das Töchterli zu allgemeinem grössten Erstaunen ausgestanden hat [...] auch betrachtet ihren vorhin geführten übelen Lebenswandel, darüber zwaren sie, wegen eines in Unehren heimlich gebohrenen und unter der Decke versteckten Kind schon in ihrem Heimat von ihrer rechtmässigen Obrigkeit aus Gnaden durch die Hand des Scharfrichters gezüchtiget worden [...]»

Anna diesen Sätzen, den Blicken ausgeliefert.

«[...] Derowegen von hochgemelten M. G. H. auf ihren Eid abgeurteilet wurde: dass diese arme Übelthäterinn als eine Vergifterinn zu verdienter Bestraffung ihres Verbrechens und anderen zum eindruckenden Exempel dem Scharfrichter übergeben, auf die gewohnte Richtstatt geführt [...]»

Anna soll auf Ordre der Obrigkeit nicht durch die Saaten, sondern durch das Buchholz zur Richtstatt geführt werden: Das Korn, vom Schatten der Inquisition gestreift, gerät als Brot in den Magen der Bürger, der Kreislauf des Bösen beginnt von neuem.

Anna schleppt sich mühsam mit den Ketten hinauf, bei der letzten Steigung, die sie, auf Blumers Arm gestützt, keuchend nimmt, beginnt vom Flecken herauf die grosse Glocke zu läuten. Eine dichtgedrängte Menge wartet auf das Spektakel. Bäcker gehen mit Körben durch die Reihen, nach altem Brauch werden bei einer Hinrichtung an die Armen und Kinder Brötchen verteilt.

«[...] durch das Schwert vom Leben zum Tod hingerichtet, und ihr Körper soll unter dem Galgen vergraben werden, ihr Vermögen *konfisciert [...]»

Glarus im Junilicht, die Dächer, Strassen, Felswände schimmern. Anna inmitten von taumeligem Weiss, Schwindel erfasst sie, während die Bergleiber jetzt zusammenrücken, alles Lebendige an ihren Flanken zermalmen, nur noch das Poltern der Steine, das Geschrei der Vögel.

Eveline Hasler: *Anna Göldin, die letzte Hexe.* München: dtv, 1985. Der Roman von Eveline Hasler erzählt die wahre Geschichte des letzten Hexenprozesses in der Schweiz 1782. Das Dienstmädchen Anna Göldin wurde der Zauberei angeklagt, weil sie angeblich die Tochter ihres Dienstherrn dazu gebracht haben soll, Nadeln zu spucken. Es ist die traurige Geschichte einer Aussenseiterin, die das Opfer einer abergläubischen und untoleranten Gesellschaft wurde.

Die stärkere Betonung der Vernunft führte dazu, dass die Menschen alles *Irrationale, Magische, Unerklärbare nicht mehr als Bestandteil ihrer selbst ansehen wollten. Stattdessen wurden andere Personen beschuldigt, als Hexen und Zauberer zu wirken. Gesellschaftliche Randgruppen wurden besonders oft verdächtigt. Frauen aus der Unterschicht wurden so zu einem hauptsächlichen Ziel der Verfolgungen.

Zeitlich fiel der Höhepunkt der Hexenprozesse zwischen 1560 und 1660 zusammen mit einer Klimaverschlechterung, der sogenannten *Kleinen Eiszeit. Schlechte Ernten, wirtschaftliche Not und die immer wieder ausbrechenden Pestwellen führten in den Dörfern und Städten zu sozialen Konflikten. Angst und Misstrauen verbreiteten sich. Wer, wenn nicht eine Hexe, sollte an Unwettern und Krankheiten schuld sein? Und mit einer Anzeige wegen Hexerei liess sich vielleicht gar die Wiese der beschuldigten Nachbarin gewinnen.

Die Hexenprozesse fielen ausserdem in eine Zeit, in der die Staaten ausgebaut, neu organisiert und mit neuen Machtmitteln ausgestattet wurden. Neben kirchlichen Gerichten befasste sich nun auch der Staat mit Dingen wie Aberglaube, Gotteslästerung oder Hexerei. Hexerei wurde zu einem Verbrechen, das vor einem staatlichen Gericht verhandelt werden musste. So wurde die massenhafte und systematische Verfolgung erst möglich.

Ist Aufklärung immer noch wichtig?

Auch 200 Jahre nach dem Zeitalter der Aufklärung sind manche ihrer Forderungen noch nicht vollständig erfüllt. Noch immer erfordert es Mut, seinen eigenen Verstand zu gebrauchen und sich für die Freiheit der Menschen, religiöse Toleranz oder gleiche Bildungs- und Lebenschancen für alle einzusetzen.

57

58 **Wangari Muta Maathai, geboren 1940, Kenia**

Wangari Muta Maathai wurde am 1. April 1940 in Nyeri, Kenia, als Tochter von wohlhabenden Eltern geboren. Nach ihrer Schulausbildung studierte sie zunächst in Atchinson, später in Pittsburgh und in Deutschland. Nach ihrer Rückkehr nach Kenia *promovierte sie, trotz erheblicher Bedenken der männlichen «Opposition», an der Universität Nairobi und erwarb im Jahre 1971 – als erste Frau Kenias – den Doktortitel in Naturwissenschaften. In den 70er Jahren wurde ihr Ehemann verstärkt politisch tätig, und auch Wangari Maathai wurde immer stärker in soziale und umweltorientierte Projekte mit einbezogen, so leitete sie beispielsweise eine Zeit lang das kenianische Rote Kreuz. Im Jahre 1977 rief sie das grösste Aufforstungsprojekt Afrikas, das «Green Belt Movement» ins Leben. Bis 1993 wurden zum Schutz gegen Erosion 30 Millionen Bäume gepflanzt. 1980 trennte sich ihr Ehemann von ihr mit der Begründung, sie sei «zu gebildet, zu stark, zu erfolgreich, zu eigensinnig und zu schwer zu kontrollieren». 1984 wurde Maathai mit dem alternativen Nobelpreis, dem Right Livelihood Award geehrt. In den 90er Jahren geriet sie wegen ihres starken Engagements für die Umwelt und die Menschenrechte bei dem *korrupten kenianischen Expräsidenten Daniel Arap Moi in Ungnade, die couragierte Frauen- und Umweltaktivistin landete wiederholt hinter Gittern. Nach den Parlamentswahlen im Dezember 2002 wurde Maathai Abgeordnete der Grünen Partei, seit 2003 ist sie Vize-Umweltministerin ihres Landes. Im April 2004 wurde sie «für ihre einzigartige Rolle in der afrikanischen Politik, ihr Engagement und ihr Lebenswerk» mit dem Petra-Kelly-Preis der Böll-Stiftung geehrt. «Für ihren Einsatz zur Erhaltung der Umwelt und zur Durchsetzung der Menschenrechte» erhielt sie im Jahr 2004 den Friedensnobelpreis.

www.nobelpreis.org/frieden/maathai.htm, 2005.

59

60 **Sigi Feigel, geboren 1921, gestorben 2004, Schweiz**

Sigi Feigel war ein bekannter Schweizer Rechtsanwalt, der sich in der Schweiz gegen *Antisemitismus engagierte. Sigi Feigel wurde als Sohn russisch-jüdischer Einwanderer in Zürich geboren. Er wuchs in Hergiswil und Luzern auf. An der Universität Zürich studierte er Rechtswissenschaften. Er übernahm später die Leitung der schwiegerväterlichen Textilfabrik. Mit 62 Jahren absolvierte er das Anwaltsexamen und arbeitete danach als Rechtsanwalt.

Bereits als Jugendlicher engagierte er sich im Kampf gegen Antisemitismus und Rassismus. Er war Präsident der Israelitischen Cultusgemeinde Zürich und Mitglied der Geschäftsleitung des Schweizerischen israelitischen Gemeindebundes.

Er gründete die Stiftung gegen Rassismus und Antisemitismus und zusammen mit dem Journalisten Alfred A. Häsler die Gesellschaft «Minderheiten in der Schweiz». Dank diesen Organisationen war es möglich, durch regelmässige Veröffentlichungen zu rassistischen Vorfällen in der Schweiz auf die Gefahren des Rassismus in der Schweiz aufmerksam zu machen. Er war auch *Initiant der Gründung der «Stiftung für Erziehung zur Toleranz», womit ein Werkzeug geschaffen wurde, das von ihm so intensiv bearbeitete Gedankengut in die Schulen zu tragen. Seine Zivilcourage war eine seiner besonders hervorstechenden Eigenschaften. Die Gruppe christlicher Unternehmer und die Zeitschrift «Beobachter» zeichneten ihn für seinen Mut aus. Aufgrund seiner Verdienste verlieh ihm die juristische Fakultät der Universität Zürich 1998 den Titel eines Ehrendoktors.

Ernst Braunschweig in der «Neuen Zürcher Zeitung», 30. August 2004 (gekürzt und etwas vereinfacht).

61

63

62 Bertrand Arthur Russell, 1872–1970, Grossbritannien

Russell, Bertrand Arthur William, studierte am Trinity College in Cambridge Mathematik und Philosophie. 1910–1916 war er dort als Lehrer tätig, eine Anstellung, die er aufgrund seines öffentlichen Eintretens für den *Pazifismus verlor. 1918 verbüsste er eine sechsmonatige Haftstrafe. Russell lebte vor allem als Schriftsteller, der wissenschaftliche Probleme allgemein verständlich darstellte. 1927–1932 betrieb er zusammen mit seiner zweiten Frau eine *antiautoritär orientierte Privatschule, wobei er von einer grundsätzlichen Lernfreude des Kindes ausging.

Die ersten Arbeiten Russells galten der Philosophie der Mathematik, insbesondere der Geometrie.

Russell erregte durch sein Eintreten gegen jegliche Art von Unterdrückung, für Pazifismus, Frauenstimmrecht und freie Sexualmoral immer wieder Anstoss. Die Zukunft der Menschheit angesichts der atomaren Bedrohung, auf die er schon sehr früh aufmerksam machte, wurde immer stärker Gegenstand seiner Aktivität. Zusammen mit weiteren Gelehrten wie dem Physiker Albert Einstein oder dem Philosophen Jean-Paul Sartre engagierte er sich für den Frieden, gegen den Vietnamkrieg der USA und den Einmarsch der Sowjetunion in der Tschechoslowakei. Das 1963 in London gegründete Bertrand-Russell-Friedensinstitut erinnert an die Impulse, die die internationale Friedensbewegung Russell verdankt. Russell erhielt viele Ehrungen, darunter 1950 den Nobelpreis für Literatur.

Brockhaus Enzyklopädie, Band 9. Mannheim: Bibliographisches Institut, 1989 (leicht verändert).

64 Flora Brovina, geboren 1949, Kosova

Flora Brovina wurde am 30. 9. 1949 in Skenderaj, Kosova, geboren. Sie studierte in Priština und Zagreb Medizin. Sie arbeitete zunächst als Journalistin bei der kosova-albanischen Tageszeitung Rilindja und von 1981 bis 1990 als Kinderärztin in Priština. Sie veröffentlichte drei Gedichtbände und zahlreiche Schriften.

Seit 1990 hat sie sich unerschrocken und unermüdlich für die Menschenrechte eingesetzt. 1992 gründete sie die unabhängige «Liga der albanischen Frauen». Die Liga organisierte Kurse zur *Alphabetisierung und Gesundheitserziehung, Lesungen und Ausstellungen. In einer Situation sich zuspitzender Gewalt rief Flora Brovina 1998 zu Frauendemonstrationen für Gewaltfreiheit und Dialog auf. Im März 1998 gründete sie in Priština das Nothilfezentrum «Prihvatni», das Frauen und Kindern Zuflucht bot, die aus ihren Wohnorten vertrieben worden waren.

In diesem Zentrum wurde sie im April 1999 verhaftet und nach Serbien *deportiert. Angeklagt wegen Verschwörung und Unterstützung terroristischer Banden wurde sie im Dezember 1999 zu zwölf Jahren Haft verurteilt. Flora Brovina wurde am 1. November 2000 nach 19 Monaten aus serbischer Haft entlassen. Im selben Jahr erhielt sie zum internationalen Tag der Menschenrechte am 10. Dezember einen Sonderpreis der Heinrich-Böll-Stiftung für Zivilcourage auf dem Balkan.

www.boell.de/de/14_presse/1233.html und Hans-Joachim Lanksch unter www.bndlg.de/~wplarre/Lanksch-1FLOR~1-rtf.htm, 2005 (leicht verändert).

6. Spuren der Vergangenheit

Was möchtest du die Menschen auf der Fotografie fragen?

Hast du schon eine ähnliche Prozession erlebt? Schildere deine Eindrücke.

Welche anderen Umzüge kennst du? Bei welchen Gelegenheiten werden sie abgehalten und wie stellen sich die Menschen darin dar?

Du bist Reporterin, Reporter einer Zeitung, die diese Fotografie abdruckt. Setze einen Titel und verfasse einen kurzen Text zum Bild.

Mach eine Kopie des Bildes und male sie mit Farbstiften aus.

Spielt zu zweit ein Gespräch zwischen dem Fotografen, der gerade dieses Bild aufgenommen hat und einem Zuschauer.

Spielt zu dritt oder viert eine Szene, wie ihr der Prozession bewohnt.

Einigt euch in der Klasse auf einen bestimmten Anlass, bei dem es einen Umzug gibt, und spielt diesen Umzug.

Die Stimme der Indios: Rigoberta Menchù

1

Rigoberta Menchú, rechts daneben eine Frau beim Entkernen von Maiskolben. Fotografie von Thomas Höpker, 1998.

2 **Blühende Kulturen**

Wir dürfen nicht vergessen, dass es – als die Europäer nach Amerika kamen – dort blühende und starke Kulturen gab. Man kann nicht von einer Entdeckung Amerikas sprechen, denn man entdeckt das, von dem man nichts weiss oder was versteckt ist. Aber Amerika und seine einheimischen Kulturen hatten sich selbst entdeckt lange vor dem Ende des Römischen Reiches und dem mittelalterlichen Europa. Seine Kulturen bilden einen Teil des menschlichen Erbes und erstaunen nach wie vor die Gebildeten.

Aus der Rede von Rigoberta Menchú bei der Verleihung des Nobelpreises, Oslo, 10. Dezember 1992.

1992 wurde Rigoberta Menchú aus Guatemala der Friedensnobelpreis verliehen. Sie ist die erste Indianerin, die einen Nobelpreis erhielt. Sie wurde damit für ihr Engagement für die Sache der Ureinwohner Guatemalas geehrt.

Rigoberta Menchú wurde 1959 in dem kleinen Bergdorf Chimel im Norden Guatemalas geboren. Der kleine Besitz der Familie reichte nicht aus, um alle zu ernähren. Die Familie arbeitete deshalb acht Monate im Jahr an der Küste in den Kaffee- oder Baumwollplantagen. Die Arbeiterinnen und Arbeiter hatten dort fast keine Rechte und mussten bis zu 15 Stunden täglich für einen Hungerlohn arbeiten.

Das Leben auf den Plantagen war hart. Die Menschen lebten in überfüllten Hütten ohne sauberes Wasser und Toiletten. Kinder mussten bereits sehr jung anfangen zu arbeiten, weil sie sonst keine Nahrung erhielten. Rigoberta Menchú begann im Alter von acht Jahren, auf den Plantagen zu arbeiten. Sie konnte keine Schule besuchen. Zwei ihrer Brüder starben auf den Plantagen, einer an Unterernährung, der andere wurde durch Schädlingsbekämpfungsmittel vergiftet.

Seit die spanischen Eroberer im 16. Jahrhundert ihr Land in Besitz genommen hatten, verschlechterte sich die Lebenssituation der indianischen Bevölkerung in Guatemala. Die Dorfgemeinschaften mussten an die spanischen Kolonialherren weit höhere Abgaben bezahlen, als an ihre indianischen Herren zuvor. Zudem betrieben die Spanier eine neue Form der Landwirtschaft. Grossgrundbesitzer bauten auf *Haziendas und Plantagen Kaffee, Kakao und weitere Produkte an, die nach Europa exportiert wurden. Die Indianerinnen und Indianer dienten ihnen als billige und rechtlose Arbeitskräfte.

Auch nach der Unabhängigkeit Guatemalas von Spanien im Jahr 1821 änderte sich an der Situation der indianischen Bevölkerung kaum etwas. Als die vom Militär geführte Regierung und die reichen Grossgrundbesitzer in den 1970er Jahren damit begannen, Land von indianischen Dorfgemeinschaften mit Gewalt in ihren Besitz zu bringen, engagierten sich Rigobertas Eltern in der Bauernbewegung, die sich dagegen wehrte. Sie bezahlten ihren Einsatz mit dem Leben, ebenso wie Rigobertas Bruder.

Rigoberta selbst war ebenfalls aktiv in der Widerstandsbewegung der indianischen Bauern und Bäuerinnen. Nach dem Tod ihrer Mutter floh sie nach Mexiko. Dort diktierte sie 1983 einer Wissenschaftlerin ihre *Autobiografie «Ich, Rigoberta Menchú». Dieses Buch lenkte erstmals internationale Aufmerksamkeit auf den Konflikt zwischen den Indianern und der Militärregierung in Guatemala.

Die Hoffnung der Indios: Alejandro Toledo

3

Alejandro Toledo, peruanischer Staatspräsident von 2001 bis 2006. Fotografie von Jochen Zick, 2003.

4 **Indio-Präsident**

Spiegel: Als Sie gegen Ihren Amtsvorgänger Fujimori antraten, taten Sie das als «*Cholo», als Kandidat der Indios. Konnten Sie deren Los verbessern?

Toledo: Ja, aber es gibt noch viel zu tun. Im ersten Jahr habe ich 20 Prozent des Militärhaushalts eingespart, um insbesondere die Armut der *indigenen Bevölkerung zu bekämpfen. Derzeit versuchen wir das *Indio-Idiom Quechua als zweite offizielle Sprache in den Schulen einzuführen. Ausserdem wird eine Verwaltungshochschule für die indigenen Völker eingerichtet. Ich kann doch meine Herkunft nicht vergessen!

Aus einem Interview mit Alejandro Toledo im «Spiegel» vom 13. Oktober 2003 (leicht vereinfacht).

2001 wurde Alejandro Toledo zum peruanischen Staatspräsidenten gewählt. Zum ersten Mal erreichte damit ein Indio dieses höchste Amt. Allerdings kann man Toledo nicht als typischen Indio bezeichnen. Er ist in der Stadt aufgewachsen und gehört zur peruanischen Oberschicht. Dennoch galt er für Millionen Indios als Hoffnungsträger.

Alejandro Toledo stammt aus einfachsten Verhältnissen. Er wurde 1946 in einem peruanischen Dorf geboren. Die Familie war mit 16 Kindern sehr gross. Die Eltern verdienten als Landarbeiter nur wenig Geld. Als Alejandro fünf Jahre alt war, zog die Familie in die Industriestadt Chimbote, in der Hoffnung auf eine bessere Zukunft. Hier fand der Vater Arbeit auf dem Bau, und die Mutter verkaufte Fische auf dem Markt. Dennoch war die Familie auf den Zusatzverdienst der Kinder angewiesen. Der kleine Alejandro arbeitete deshalb neben der Schule als Schuhputzer. Im Gegensatz zu Rigoberta Menchú wuchs er in der Stadt auf. Er lernte nie die alte Indio-Sprache Quechua, die auf dem Land überall gesprochen wird.

Toledo war ein interessierter Schüler. Dank seiner guten Leistungen erhielt er ein Stipendium, das es ihm erlaubte, in den USA zu studieren. Nach dem Abschluss seines Studiums arbeitete Toledo für verschiedene internationale Organisationen und Universitäten und veröffentlichte mehrere wissenschaftliche Bücher. In Peru kandidierte er mehrmals erfolglos für das Amt des Staatspräsidenten.

Toledo ist mit der belgischen Wissenschaftlerin Eliane Karp verheiratet, die im Gegensatz zu ihm auch Quechua spricht. Im Wahlkampf um die Präsidentschaft 2001 setzte sie diese Fähigkeit gezielt ein, um die Indios für ihren Mann zu gewinnen. Dank seiner *Popularität unter den Indios und den Cholos konnte Alejandro Toledo die Wahl schliesslich für sich entscheiden. Cholos oder Mestizen sind Mischlinge zwischen Indios und Weissen und bilden den grössten Teil der peruanischen Bevölkerung. Sie leben nicht nur auf dem Land, sondern immer mehr auch in den ständig wachsenden grossen Städten an der Küste. Trotzdem fühlen sie sich als Vertreter der indianischen Urbevölkerung.

2006 endete Toledos Präsidentschaft. Er wurde durch den neu gewählten Präsidenten Alan García abgelöst. Während Toledos Amtszeit wuchs zwar die Wirtschaft Perus stetig, die Lage der armen Bevölkerungsschichten wurde aber kaum besser. Zudem verstrickten sich der Präsident und seine Frau in zahlreiche Skandale. Die beiden sorgten immer wieder dafür, dass enge Parteifreunde zu gut bezahlten Posten und Ämtern kamen. Auch kamen Fälle von Wahlbetrug ans Tageslicht. Toledo unterschied sich so kaum von seinen Vorgängern, denen jeweils ähnlicher Machtmissbrauch vorgeworfen wurde.

Diagramm: Bevölkerungsgruppen in Lateinamerika

5

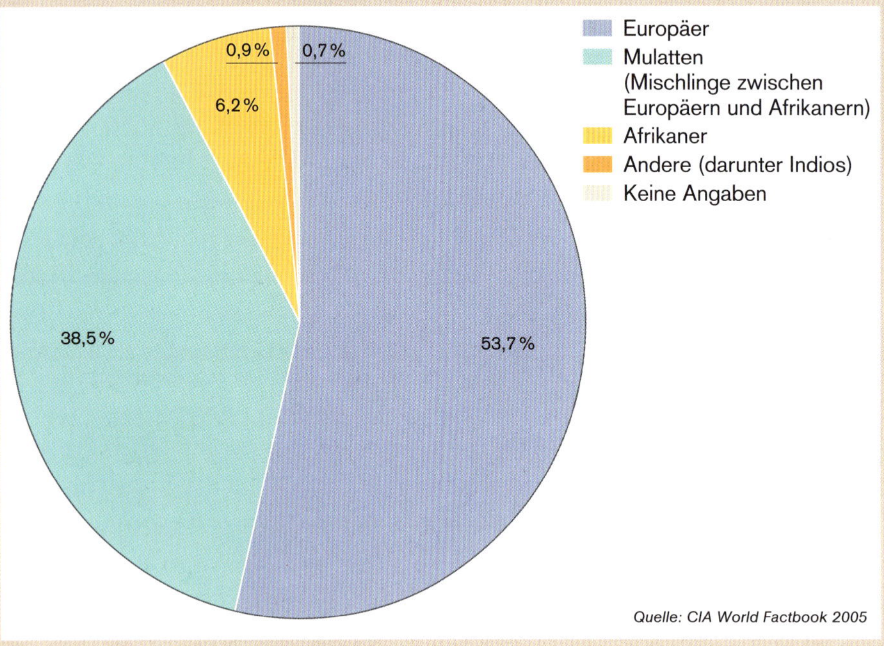

Bevölkerungsgruppen in Brasilien. Schätzung, basierend auf einer Bevölkerungszählung im Jahr 2000.

Spuren der Kolonialherrschaft sind in Lateinamerika heute noch sichtbar. Zum Beispiel in der Zusammensetzung der Bevölkerung. Die verschiedenen Bevölkerungsgruppen in Lateinamerika gehen direkt auf die Kolonialzeit zurück. Ihre Anteile an der Gesamtbevölkerung kann man in einem *Diagramm grafisch darstellen. Die Abbildung 5 zeigt ein solches Diagramm für Brasilien. Die Kreisfläche stellt die gesamte Bevölkerung dar, die einzelnen Teile zeigen die verschiedenen Bevölkerungsgruppen. Hier lernst du, solche Diagramme zu lesen.

Kreisdiagramme sind beliebte Darstellungen. Man findet sie in Zeitungen und auch am Fernsehen. Wenn zum Beispiel in einem Land das Parlament neu gewählt wird, zeigen Kreisdiagramme die Anteile der verschiedenen Parteien. So sieht man rasch, welche Partei wie viele Sitze gewonnen hat.

Immer dann, wenn man die Anteile einzelner Gruppen an einem Ganzen darstellen möchte, greift man zum Kreisdiagramm. Man kann dabei an einen Kuchen denken, aus dem einzelne grosse und kleine Stücke herausgeschnitten und an verschiedene hungrige Mäuler verteilt werden.

Kreisdiagramme zeigen in unserem Beispiel die Anteile verschiedener Bevölkerungsgruppen an der Gesamtbevölkerung eines Landes. Auch hier sieht man auf den ersten Blick, welche Bevölkerungsgruppe die grösste ist. Allerdings darf man sich nicht täuschen lassen; die saubere Grafik und die detaillierten Zahlenangaben zeigen nur scheinbar klare Verhältnisse. Oft sind die Zahlen, aus denen Diagramme gezeichnet werden, alles andere als genau.

So ist es auch mit dem Diagramm in Abbildung 5. Brasilien ist ein so grosses Land, dass es unmöglich ist, jeden einzelnen Menschen zu zählen. Die Zahlen sind deshalb Schätzungen. Auch die Zugehörigkeit der Menschen zu den verschiedenen Bevölkerungsgruppen ist nicht so eindeutig. Ein wohlhabender und relativ hellhäutiger Mulatte bezeichnet sich selber vielleicht als Europäer, weil er sich dieser Gruppe zugehörig fühlt – auch wenn das statistisch nicht stimmt.

Anleitung

Diese Anleitung zeigt dir, wie du ein Diagramm lesen kannst. Du wirst dabei erkennen, dass viele Diagramme zur Geschichte ohne Vorkenntnisse nicht richtig gedeutet werden können.

1. Thema: Finde mit Hilfe von Titel und Legende das Thema des Diagramms heraus.
   Das Diagramm zeigt die prozentualen Anteile der Bevölkerungsgruppen in Brasilien im Jahr 2005.
2. Darstellung: Um was für ein Diagramm handelt es sich?
   Es handelt sich um ein Kreisdiagramm. Der ganze Kreis oder «Kuchen» stellt die Gesamtheit der Bevölkerung dar. Die einzelnen «Kuchenstücke» zeigen die Anteile der Bevölkerungsgruppen.

3. Informationen: Welche Informationen kannst du der Darstellung entnehmen?
   53,7 Prozent der Bevölkerung Brasiliens bestehen aus Europäern und Europäerinnen. Die zweite wichtige Bevölkerungsgruppe bilden die Mulattinnen und Mulatten, die Mischlinge zwischen Europäern und Afrikanern (38,5 Prozent). Weiter gibt es noch wenige Afrikanerinnen und Afrikaner (6,2 Prozent) und praktisch keine Indios.
4. Zuverlässigkeit: Die wichtigste Frage bei der Beurteilung von Diagrammen und Statistiken ist immer diejenige nach der Herkunft, den Urhebern und der Qualität der verwendeten Zahlen.
   Hier ist die Quelle das «CIA World Factbook», eine Sammlung von Daten über alle Länder der Erde, die vom US-Geheimdienst CIA zusammengestellt wird und im Internet abrufbar ist. Dort ist auch zu erfahren, wie die Zahlen zustande gekommen sind: Es handelt sich um eine Schätzung der CIA, ausgehend von einer Bevölkerungszählung im Jahr 2000.
5. Erklärung: Warum sind die Bevölkerungsgruppen so verteilt? Wie ist diese Verteilung entstanden?
   Dies geht aus der Grafik selber nicht hervor, dazu brauche ich zusätzliche Informationen. Ich erinnere mich, dass in Kapitel 3 dieses Buches ein Text zum Sklavenhandel steht, und lese dort nach. Die heutige Bevölkerung Brasiliens zeigt noch deutliche Spuren der Kolonialzeit. Die Urbevölkerung der Indios ist bis auf eine kleine Zahl ausgerottet. Die Mehrheit der Bevölkerung stellen heute die Nachfahren der Kolonisatoren aus Portugal und die Nachkommen aus Mischehen zwischen Europäern, Europäerinnen und Afrikanerinnen, Afrikanern. Die Afrikanerinnen und Afrikaner ihrerseits sind Nachkommen der afrikanischen Sklavinnen und Sklaven. Diese wurden ab dem 16. Jahrhundert von den Portugiesen aus Afrika nach Brasilien verschleppt, wo sie auf den neu entstandenen Zuckerrohrplantagen arbeiten mussten. Im 19. Jahrhundert, nachdem die Sklaverei abgeschafft worden war, kam es zu einer Vermischung eines Teils der europäischen Bevölkerung mit einem Teil der afrikanischen Bevölkerung. Diese Mulattinnen und Mulatten bilden heute die zweitgrösste Bevölkerungsgruppe Brasiliens.
6. Fragen: Was möchtest du zu dem Thema sonst noch wissen?
   *Wie kann überhaupt festgestellt werden, zu welcher *ethnischen Gruppe jemand gehört? Man hat wohl einfach die Angaben der befragten Menschen aus der Bevölkerungszählung oder aus Steuerregistern übernommen. Da die Zuordnung zu diesen Gruppen ja keineswegs klar ist – wann ist jemand noch ein Europäer oder eine Europäerin und wann bereits eine Mulattin oder ein Mulatte? – spielt es also eine erhebliche Rolle, zu welcher Gruppe sich jemand selber zugehörig fühlt. Je nachdem wird sie oder er eine andere Auskunft geben.*

Übe das vorgestellte Vorgehen im Umgang mit Diagrammen an der Darstellung unten. Benutze dazu auch den Text über die Eroberung des Inkareiches, dessen Kern im heutigen Peru lag, in Kapitel 3 dieses Buches.

6

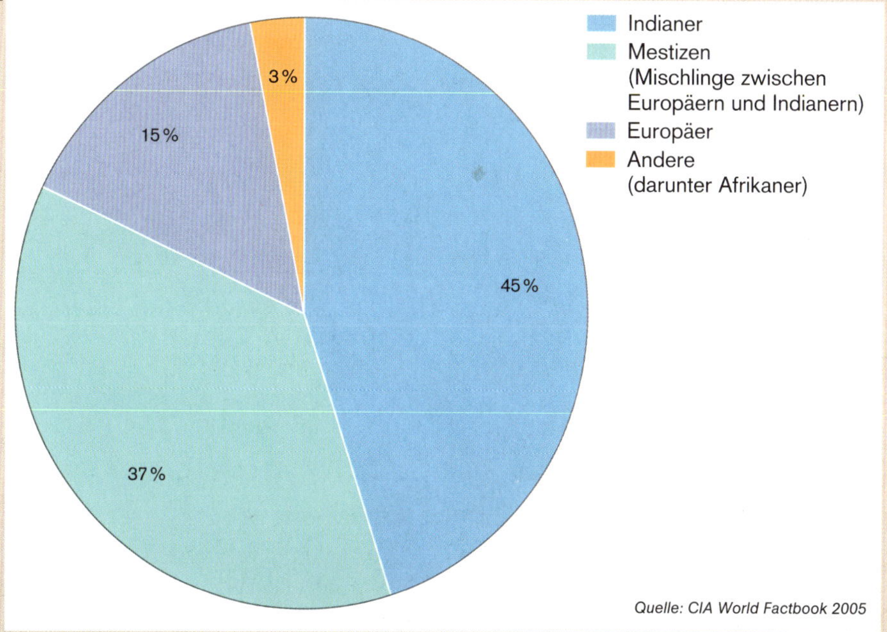

Bevölkerungsgruppen in Peru. Schätzung, basierend auf einer Bevölkerungszählung im Jahr 2000.

Spuren der Vergangenheit

Wo haben sich im Alltag der Menschen Spuren der Frühen Neuzeit erhalten?
Manche vertrauten Verhältnisse unseres Alltags, aber auch viele Probleme der heutigen Zeit gehen auf Entwicklungen jener Epoche zurück. In Lateinamerika haben die Europäer Gesellschaft und Wirtschaft stark verändert, ähnlich wie die Mogulherrscher in Indien. In China hingegen hinterliess fremder Einfluss nur spärliche Spuren. In Europa haben die Reformation und die Eroberungen durch die Türken neue politische Verhältnisse und neue religiöse Gemeinschaften geschaffen. Weltweit finden sich schliesslich bis ins 21. Jahrhundert Spuren des Wirtschaftssystems der Frühen Neuzeit.

Schau im Geo heft

LERNZIELE

1. Du kennst Entwicklungen der Frühen Neuzeit, die auch im 21. Jahrhundert noch wirksam sind.
2. Du kennst Auswirkungen der europäischen Kolonisation auf das Leben der Menschen in den ehemaligen Kolonien.
3. Du kennst Probleme im Zusammenleben verschiedener Glaubensgemeinschaften.
4. Du weisst, warum in China zu Beginn des 21. Jahrhunderts einige Städte nach westlichen Wirtschaftsvorstellungen organisiert sind.
5. Du kennst Hindernisse, die sich heute einem freien Welthandel in den Weg stellen, und weisst auch, wo die Ursachen dafür liegen.

ZEITLICHE ÜBERSICHT

1508	Beginn der spanischen Eroberungen in Mittel- und Lateinamerika
1510	Erster Sklaventransport von Afrika nach Lateinamerika
1517	Landung der Portugiesen an der Küste Chinas
1521	Beginn der Kolonisierung Brasiliens durch Portugal
1526	Beginn der Mogulherrschaft in Indien
1557	Übergabe der Halbinsel Macao von China an die Portugiesen
1699	Eintreffen der britischen Ostindien-Kompanie in China und Errichtung eines Handelsstützpunktes in Hongkong
1707	Ende der Mogulherrschaft in Indien
1997	Rückgabe Hongkongs an China und Einrichtung einer Sonderverwaltungszone
1999	Rückgabe Macaos an China und Einrichtung einer Sonderverwaltungszone

RÄUMLICHE ÜBERSICHT

7

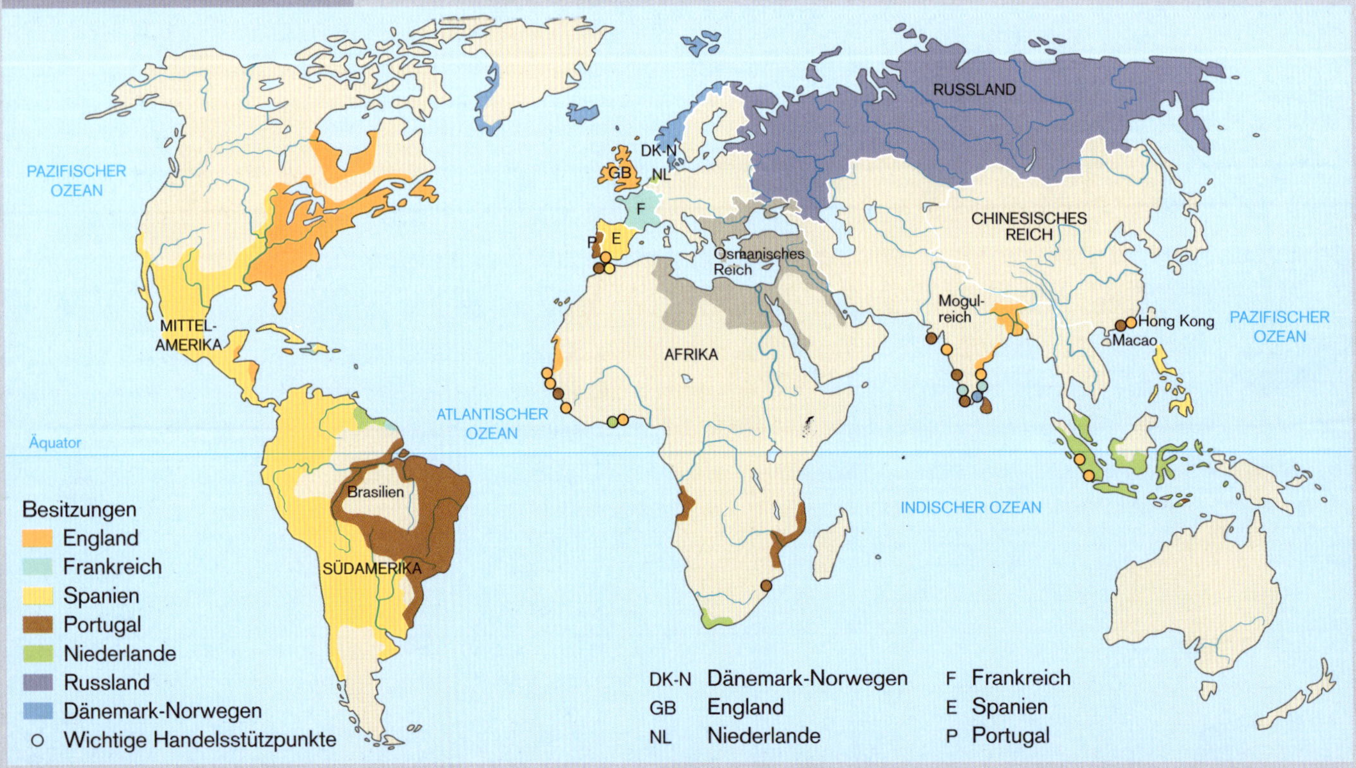

Besitzungen der europäischen Kolonialmächte um 1763.

8

Die Staaten Lateinamerikas 2005.

9

Indianerinnen und Indianer protestieren am 26. April 1999 gegen die Feierlichkeiten zum Gedenken an die Landung der Portugiesen in Brasilien im Jahr 1500. Die Regierung Brasiliens liess am Landeort des portugiesischen Eroberers Pedro Álvares Cabral ein riesiges Kreuz aufrichten. Die Landestelle liegt heute im Wohngebiet des Stammes der Pataxò-Indianer. Für diese war das grosse Kreuz ein Zeichen der Unterdrückung. Im Zuge der Kolonisation vertrieben die Portugiesen die indianische Urbevölkerung Brasiliens aus weiten Gebieten und rotteten sie beinahe aus. Fotografie von Thomas Höpker.

Bevölkerungsgruppen Lateinamerikas

Die Eroberung Lateinamerikas durch Portugal und Spanien veränderte die Zusammensetzung der Bevölkerung. Als neue Bevölkerungsgruppen kamen die Europäer und Europäerinnen und die Afrikanerinnen und Afrikaner auf den Kontinent. Die Europäer kamen als Kolonisatoren, die Afrikaner als Sklaven. In einigen Gebieten vermischten sich die Bevölkerungsgruppen rasch, in anderen blieben sie unter sich. Die indianische Bevölkerung und die Nachfahren der afrikanischen Sklavinnen und Sklaven haben dabei auch noch zu Beginn des 21. Jahrhunderts viel weniger Chancen auf ein erfolgreiches Leben als die Nachkommen der europäischen Kolonisatoren.

Indias und Indios

Im Laufe der spanischen Kolonialzeit wurden die indianischen Dorfgemeinschaften an vielen Orten durch grosse Landwirtschaftsbetriebe verdrängt. Solche von Weissen kontrollierten Obst- und Gemüseplantagen oder Viehzuchtbetriebe wurden vor allem in der Nähe von Städten angelegt. Hier war die Nachfrage nach frischen Lebensmitteln, Fleisch und Milchprodukten am grössten.

Im nördlichen Teil von Lateinamerika, in Mexiko und in den Kleinstaaten Mittelamerikas vermischten sich die verschiedenen Bevölkerungsgruppen allmählich. So bestand zu Beginn des 21. Jahrhunderts die Bevölkerung Mexikos zu einem grossen Teil aus Nachkommen eines weissen und eines indianischen Elternteils. Man nennt sie Mestizinnen und Mestizen.

Weitab von den Städten, zum Beispiel im Andenhochland von Peru, Bolivien und Ecuador überlebten viele indianische Gemeinschaften beinahe unbehelligt. Die Indias und Indios stellten hier die grosse Mehrheit der Bevölkerung. An anderen Orten wurden sie von den Grossgrundbesitzern weiter von ihrem Land verdrängt und verloren ihren Lebensraum. In Argentinien, Chile oder Uruguay ging diese Entwicklung so weit, dass die Urbevölkerung mit ihrer Lebensweise fast vollständig ausgerottet wurde. Auch in Brasilien überlebte nur ein Bruchteil der ursprünglichen indianischen Bevölkerung.

Im 20. Jahrhundert zogen viele Indias und Indios vom Land in die Städte und kehrten der traditionellen Lebensweise endgültig den Rücken. In den Städten bilden sie die unterste

10

Indias auf dem Markt von La Paz, Bolivien. Fotografie von Stefan Schneiter, 1988.

11 Zur Landreform in Venezuela

[...] insgesamt haben bereits mehrere zehntausend Familien Land bekommen, vor allem in der Region südlich des Sees von Maracaibo. Die Grossgrundbesitzer reagierten mit bewaffneter Gewalt, dort gab es bereits 25 Tote.

Die Ländereien, die verteilt wurden, waren Ländereien, die sich Grossgrundbesitzer widerrechtlich angeeignet hatten und es wurde mit Landvermessungen und *topografischen Karten nachgewiesen, dass sie nicht ihnen gehörten. Zum Teil legten sie sogar Besitztitel aus anderen Bundesstaaten vor. In Venezuela herrscht ein unglaubliches Chaos in der Registrierung des Grundbesitzes.

In der Gegend von Barlovento, in der Region Miranda zum Beispiel, wird Kakao sehr guter Qualität für den Export angebaut. In Miranda hat eine Grossgrundbesitzerfamilie spanischer Abstammung, Gonzalez Raya, die Grundstücksgrenzen im halben Staat verfälscht und das ganze Land in Barlovento gehört ihnen. Als ein unabhängiger Landvermessungsspezialist vor einigen Jahren dies herausfand und die Unregelmässigkeiten im Landbesitz dieser Familie öffentlich machte, wurde er von der Regierung Caldera verfolgt, sein Haus wurde durchsucht, er wurde festgenommen und aus dem Bundesstaat ausgewiesen. Solche Unregelmässigkeiten im Landbesitz herrschen im ganzen Land.

Elsa Castro, venezolanische Parlamentsabgeordnete, in einem Interview für die Action Solidarité Tiers Monde ASTM. In: Dario N. Azzellini: *Ich folge nicht einem Mann, Interview mit der venezolanischen Abgeordneten Elsa Castro.* Lateinamerika Nachrichten, Nr. 342, Dezember 2002.

soziale Gruppe der Kleinhandwerker, Strassenhändler, Autowäscher, Marktfrauen, *Prostituierten oder Parkwächter. Die Kinderarbeit ist bei ihnen weitverbreitet, denn nur wenn alle Familienmitglieder mitarbeiten, reicht der geringe Verdienst zum Überleben.

Seit den 1990er Jahren kämpft die indianische Bevölkerung mit steigendem Erfolg für eine Verbesserung ihrer Lage. Verschiedene Gruppen versuchen, das Leben in den indianischen Dorfgemeinschaften zu verbessern und so die Abwanderung in die Städte aufzuhalten. Wichtigstes Anliegen ist dabei die Rückgabe von Land an die indianischen Dörfer, das ihnen durch weisse Grossgrundbesitzer widerrechtlich abgenommen wurde.

Europäerinnen und Europäer

Die Nachfahren der spanischen Eroberer bilden, zusammen mit später Eingewanderten, auch noch zu Beginn des 21. Jahrhunderts die Oberschicht in den lateinamerikanischen Ländern. Sie kontrollieren vor allem die traditionelle Wirtschaft, also den Abbau von Rohstoffen und die Landwirtschaft. Vor allem in Mittelamerika arbeiten sie mit den mächtigen Importeuren aus den USA oder Europa zusammen, die ihre Produkte zu billigen Preisen kaufen. Mächtige Familien aus ihren Reihen bestimmten in vielen Ländern bis zur Mitte des 20. Jahrhunderts fast alleine über die Geschicke der Bevölkerung. Ein besonders extremes Beispiel war El Salvador. Hier sprach man von den «14 Familien» und meinte damit ganz einfach die einflussreiche Oberschicht des Landes.

Im Laufe des 20. Jahrhunderts ging der politische und wirtschaftliche Einfluss der alten europäischen Familien stark zurück. Einflussreich geblieben sind sie dennoch.

Afrikanerinnen und Afrikaner

Die dritte wichtige Bevölkerungsgruppe Lateinamerikas sind die Schwarzafrikanerinnen und -afrikaner. Sie stammen von den Sklavinnen und Sklaven ab, die in der Kolonialzeit auf die Plantagen und in die Minen verschleppt wurden. In Brasilien lebt zu Beginn des 21. Jahrhunderts die zahlenmässig grösste Bevölkerungsgruppe von Schwarzen ausserhalb Afrikas. Auch auf vielen Karibikinseln bilden die Schwarzen und

12 Wie in einem westafrikanischen Dorf

Die Geschichte der Afrikaner in Honduras ist eine ganz andere als die ihrer Schwestern und Brüder in den Nachbarländern Nicaragua oder Costa Rica. Sie nennen sich Garífunas, stammen ursprünglich aus Westafrika, wurden von den Engländern auf die Karibikinsel St. Vincent deportiert, vermischten sich dort mit den heute ausgestorbenen Caribe-Indianern und wurden schliesslich im Jahre 1797 auf die honduranische Insel Roatán gebracht. Von dort aus besiedelten sie [...] die Küste und gründeten hier ihre Dörfer.

Die Einzigartigkeit der Küste von Honduras rührt denn auch genau von diesen Dörfern her. Ein Spaziergang am Strand von Tela vier Kilometer nach Osten entspricht, symbolisch gesehen, einer 8000 Kilometer langen Fahrt über den Atlantik. Plötzlich befindet sich der Reisende gleichsam mitten in einem westafrikanischen Dorf [...].

Nur am Wochenende weicht das ruhige Dorfleben einem Ausflugstourismus der «Weissen» aus Tela. Sie kommen dann in Scharen in die Dörfer, um in den aus Holz und Stroh aufgebauten Strandkneipen das hervorragende Essen zu geniessen und sich später am Abend zu betrinken. Diese Wochenendbesuche scheinen inzwischen eine der Haupteinnahmequellen für die Garífunas zu sein.

Christoph Grandt: *Honduras. Reise durch ein faszinierendes Land.* Veröffentlicht in der Zeitung «Central America Weekly», Managua, August 1998. www.christoph-grandt.com/honduras.html, besucht im April 2006.

13 Probleme der Garífunas

Die Garífunas von Honduras haben sich entlang der Küste niedergelassen und bilden heute 46 Gemeinden mit rund 200 000 Menschen. [...]

Die Gemeinschaft der Garífunas wurde durch die wechselnden Regierungen isoliert und kaum beachtet. Dies führte zu verschiedenen Problemen:

- [...] Rodung der Wälder im Einzugsgebiet der Flüsse, [...] Zerstörung der Wasserversorgung und Zerstörung der Umwelt.
  Aneignung von Land der Garífunas durch Fremde, hohe Ansteckungsrate mit *AIDS, Zunahme von Gewalt und Straftaten, Verlust der kulturellen Werte, Drogen- und Alkoholprobleme, hohe Rate an alleinerziehenden Müttern, Zerstörung der Familienstrukturen, Benachteiligung der Frauen, feindselige Behandlung der Gemeindevorsteher der Garífunas durch die lokalen Behörden, wenn sie sich für ihre Rechte wehren. [...]
- In den letzten zehn Jahren hat der Verlust der Kokosnussbäume durch die Krankheit «Amarrillamiento Letal» eine grundlegende Veränderung in der Ernährung der Garífunas bewirkt. Zudem ist die Landwirtschaft beeinträchtigt durch die herrschende Rechtsunsicherheit [...]. Es gibt eine hohe Abwanderung bis in die USA.

Aus dem Bericht des Steuerungskomitees Honduras der *UN-Unterkommission zur Förderung und zum Schutz der Menschenrechte an den UN-Hochkommissar für Menschenrechte, 2004. www.ohchr.org, besucht im August 2005.

die Mulattinnen und Mulatten die Bevölkerungsmehrheit. Die Garífunas an der Küste von Honduras konnten sogar Teile ihrer afrikanischen Lebensweise erhalten.

In Brasilien ist fast die Hälfte der Bevölkerung schwarz. Wegen ihrer Hautfarbe wird diese grösste Bevölkerungsgruppe aber stark benachteiligt. Im Durchschnitt verdienen Schwarze 50 Prozent weniger als Weisse und stellen 63 Prozent der Armen. Besonders schlimm ist ihre Situation in den Grossstädten. Hier leben sie in den Armenvierteln, aus denen es für sie kein Entrinnen gibt. In diesen Vierteln beherrschen die Drogenbanden das Terrain. Sie versprechen den Jugendlichen Verdienst im Drogenhandel, weisen ihnen damit aber den Weg in die Kriminalität. Die Karriere beginnt als Kurier oder Aufpasser, später folgt vielleicht der Aufstieg zum Drogenhändler. Für viele Jugendliche in den Elendsvierteln gibt es nur eine Hoffnung, diesem Leben zu entrinnen: den Fussball. Der ehemalige brasilianische Fussballstar Pelé ist das Vorbild für viele – aber nur wenige schaffen eine ähnliche Karriere wie er. «Reich und schwarz – das muss Pelé sein», ist denn auch ein geflügeltes Wort unter Brasiliens schwarzer Bevölkerung. Dennoch: viele Spieler im brasilianischen Fussball stammen aus den Armenvierteln. Die Fussballkarriere hat ihnen einen Weg aus dem Elend geebnet. Mittlerweile versuchen Entwicklungshilfeorganisationen, Kinder und Jugendliche in Schulzentren, in denen auch Fussball gespielt wird, auszubilden. Fussball fördert das Selbstvertrauen und gibt den Schülerinnen und Schülern ein neues Zusammengehörigkeitsgefühl. Genauso wichtig ist aber die Schule. Denn ohne eine gute Ausbildung gibt es kaum Chancen auf eine bessere Zukunft.

AUFGABEN

1 *Fasse den Text über die Bevölkerungsgruppen in einigen Sätzen zusammen.*

2 *Betrachte Bild 10: Was unterscheidet diese Marktszene von einer in Europa?*

3 *Nenne Gründe, warum viele Garífunas bis in die USA auswandern.*

4 *Wie könnte sich das Leben der Indias und Indios, der Afrikanerinnen und Afrikaner in den nächsten 20 Jahren verändern? Nenne verschiedene Möglichkeiten.*

14

Die Besiedlung Brasiliens im 16. Jahrhundert, am Ende des 17. Jahrhunderts und 1977.

Siedlung und Landnutzung in Lateinamerika

Die Spanier und die Portugiesen gründeten an den Küsten Lateinamerikas neue Städte nach europäischem Muster. Rund um die Städte entstanden grosse Landwirtschaftsbetriebe. Sie versorgen die Stadtbevölkerung mit Fleisch, Früchten und Gemüse. Auf grossen Plantagen gedeihen seither Bananen und Kaffee für den Export. Die indianische Bevölkerung wurde von den ertragreichen Böden verdrängt und muss sich mit kleinen Betrieben auf schlechtem Land begnügen.

Grosse und kleine Landwirtschaftsbetriebe

Die Situation der Landwirtschaft in den Staaten Lateinamerikas ist auch zu Beginn des 21. Jahrhunderts noch von der Kolonialzeit geprägt. Grosse Landwirtschaftsbetriebe – *Latifundien genannt – und Kleinstbetriebe – Minifundien genannt – sind die wichtigsten Besitzformen. Das Wort Latifundie bedeutet «grosser Landbesitz». Latifundien entstanden in der Kolonialzeit und gehörten meist den Nachfahren der europäischen Kolonisatoren. Das Wort Minifundie bezeichnet das Gegenteil von Latifundie: nämlich «kleiner Landbesitz». Minfundien befinden sich im Besitz von Indios, Mestizen oder Afrikanern und sind so klein, dass sie einer Familie kaum zum Überleben reichen. So müssen die Familien als Tagelöhner auf den Latifundien arbeiten oder in die Städte ausweichen. Mittelgrosse Bauernhöfe wie in Europa gibt es kaum.

Die ungerechte Verteilung des Bodenbesitzes ist einer der Hauptgründe für soziale Ungerechtigkeit in Lateinamerika. In vielen Ländern sind die meisten Bauernbetriebe Minifundien. Diesen steht gesamthaft oft weniger Land zur Verfügung als den wenigen Latifundien.

In Argentinien und in Peru zum Beispiel belegten noch 1970 Latifundien über zwei Drittel des nutzbaren Agrarlandes. Solche Verhältnisse haben sich bis Anfang des 21. Jahrhunderts dank verschiedener Landreformen zwar teilweise verbessert, viele Familien auf den Minifundien leben aber kaum besser als zuvor. Dies einerseits deshalb, weil die Bevölkerung auf dem Lande stark gewachsen ist. Andererseits versuchen manche Grossgrundbesitzer, gewaltsam ihren Landbesitz wieder zu vergrössern. Für viele Menschen bleibt deshalb nur die Abwanderung in die Städte.

15

Ein kleiner Bauernhof in Kolumbien. Das ziegelgedeckte kleine Backsteinhaus der Familie wird durch behelfsmässige Anbauten für die Tiere ergänzt. Fotografie von Stefan Schneiter, 1988.

16

Nach spanischem Vorbild: Kinder spielen auf der Plaza Vieja, dem alten Platz im Zentrum der Altstadt von Havanna, Kuba. Fotografie von David Alan Havey, 1998.

Städte

Die lateinamerikanischen Städte zeigen noch heute Spuren ihrer Gründer, der spanischen und portugiesischen Kolonialherren. Vor allem in den ehemaligen spanischen Kolonien findet sich ein dichtes Netz von Städten verschiedener Grösse – von der kleinen Provinzstadt bis zur grossen Hafenstadt. In Brasilien, das von Portugal kolonisiert wurde, ist das Netz weniger dicht.

Die grössten Städte Lateinamerikas liegen nicht in den Zentren der Landwirtschaft im Landesinnern. Sie wurden vielmehr als Hafenstädte an der Küste gegründet und dienten dem Handel mit den Mutterländern Spanien und Portugal. Deshalb konzentrieren sich die grossen Städte Lateinamerikas entlang den Küsten.

Die Spanier bauten die neuen Städte nach dem Muster der spanischen Stadt – egal, ob vorher bereits Siedlungen von Indianern bestanden hatten. Dieses stets ähnliche Muster ist in den Altstädten noch sichtbar: eine schachbrettartige Stadtanlage mit einem oder mehreren Plätzen. Den wichtigsten Platz nannten die Spanier «Plaza de Armas». Er erhielt seinen Namen, weil er auch als Waffen- oder Paradeplatz diente. Hier errichteten sie die Hauptkirche und die wichtigsten oder vornehmsten Gebäude der Stadt. Auch in Brasilien wurden die Städte ähnlich gebaut.

Ausserhalb der kolonialen Altstadtviertel wuchsen die Städte seit der Mitte des 20. Jahrhunderts stark. Oft bildeten sich sogar zwei Stadtkerne: die spanische oder portugiesische Altstadt und die nach dem Zweiten Weltkrieg entstandene moderne Stadt nach amerikanischem Vorbild. Hier entstanden die modernen Geschäftshäuser und Einkaufsstrassen. An den Stadträndern siedeln sich die Zuzügerinnen und Zuzüger vom Land an. Wer es sich leisten kann, baut einfache Häuser aus Backsteinen, die mit Wellblech gedeckt sind. Die Ärmsten hingegen können sich nur einfachste Behausungen aus Abfallmaterial leisten. Diese Slums wachsen ständig weiter an, weil der Zustrom aus den ländlichen Gebieten nicht abreisst.

AUFGABEN

5 *Nenne einen Grund für die Entstehung von Latifundien und Minifundien in Lateinamerika.*

6 *Wiederhole die wichtigen Merkmale einer kastilischen Stadt aus Kapitel 1. Wo findest du Elemente davon in der Abbildung 16?*

7 *Erkläre anhand der Abbildung 14 die Lage der Städte in Lateinamerika.*

17

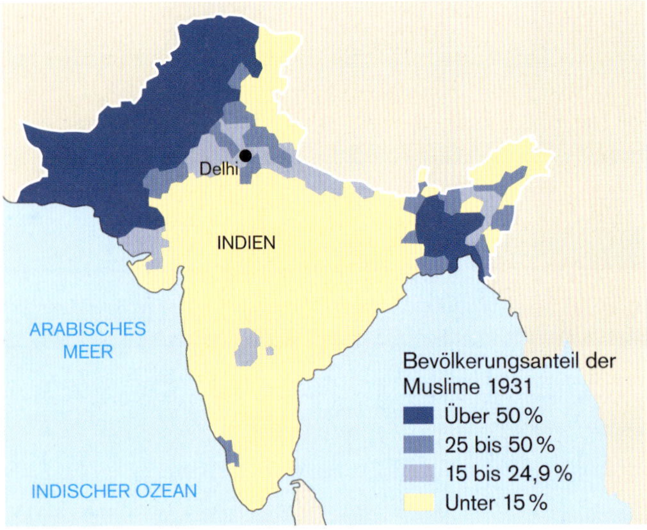

Bevölkerungsanteil der Muslime vor der Teilung Indiens (Zahlen von 1931).

18

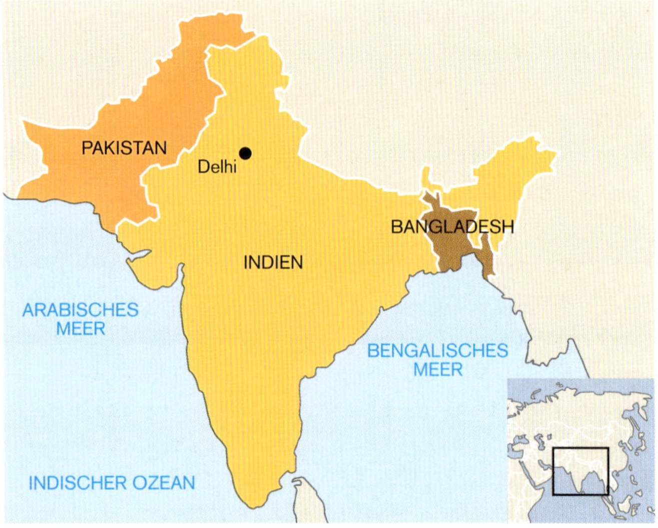

Indien nach den beiden Teilungen. 1947 wurden die vorwiegend muslimischen Gebiete im Nordwesten und im Osten Indiens zum neuen Staat Pakistan. 1971 erlangte Ostpakistan die Unabhängigkeit und gab sich den Namen Bangladesch.

Hindus und Muslime in Indien

Wie in den Ländern Lateinamerikas leben auch in Indien verschiedene Bevölkerungsgruppen. Die grössten sind die Hindus und die Muslime. Sie unterscheiden sich allerdings vorwiegend durch ihren Glauben voneinander und weniger durch ihre Herkunft. Zwischen Hindus und Muslimen kam und kommt es in Indien immer wieder zu blutigen Auseinandersetzungen, die neben religiösen auch soziale Hintergründe haben.

Hindus

Die Hindus machen zu Beginn des 21. Jahrhunderts den grössten Teil der indischen Bevölkerung aus – rund 83 Prozent. Besonders hoch ist ihr Anteil im Süden und im Nordosten – dort, wo die Herrschaft der muslimischen Moguln erst im 18. Jahrhundert wirksam wurde. Hier bilden sie eine Mehrheit von teilweise über 90 Prozent.

Der Hinduismus kennt keine Gründerfigur. Es gibt auch keine einheitliche Lehre, die alleingültig ist. Dennoch ist der Hinduismus eine Religion, die das Leben der Menschen noch Anfang des 21. Jahrhunderts stark prägt. Zu seinen Besonderheiten gehört die hierarchische Gliederung der Gesellschaft in Kasten. Die Zugehörigkeit zu einer Kaste wird allein durch die Geburt bestimmt. Da es eine soziale Rangfolge der Kasten gibt, wird zumindest ein Teil der Lebenschancen und der Lebensgestaltung von Hindus von der Zugehörigkeit zu einer bestimmten Kaste bestimmt. Das Kastensystem hat zwar mittlerweile stark an Bedeutung verloren, spielt aber vor allem auf dem Land immer noch eine Rolle.

Zu Beginn des 16. Jahrhunderts spaltete sich der Sikhismus vom Hinduismus ab. Die Sikhs stellen zu Beginn des 21. Jahrhunderts rund zwei Prozent der indischen Bevölkerung und leben vorwiegend im Nordwesten Indiens. Trotz europäischer Mission gehören nur etwa zwei Prozent der Bevölkerung Indiens christlichen Religionsgemeinschaften an.

Muslime

Die meisten indischen Muslime sind Nachkommen der zum Islam bekehrten Hindus, der «Hindustani». Viele Hindustani stammten aus niederen Kasten. Sie konnten mit dem Übertritt zum Islam aus dem hinduistischen Kastensystem ausbrechen. Allerdings war auch die islamische Gesellschaft nicht einheitlich. Die Nachkommen der Eroberer gehörten einer höheren Gesellschaftsschicht an als die neu zum Islam übergetretenen Hindustani. Auch hier war ein Aufstieg in diese oberste Schicht kaum möglich, aber immerhin herrschte innerhalb der grossen Gruppe der Hindustani keine starre Kastenordnung mehr. Dazu kam, dass Muslime im Mogulreich bessere Aufstiegschancen hatten als Hindus und keine Steuern bezahlen mussten.

Die Muslime stellen zu Beginn des 21. Jahrhunderts rund zwölf Prozent der indischen Bevölkerung. Indien ist nach

19 Wie Menschen aus Indien die Teilung von 1947 erlebten

Harjit Singhs, Sikh: Ich kann es nicht erklären, aber eines Tages zog unser ganzes Dorf los zu einem nahe gelegenen Muslimdorf, um zu töten. Wir wurden einfach wahnsinnig. Und es hat mich 50 Jahre der Reue und schlaflose Nächte gekostet – ich kann die Gesichter derjenigen nicht vergessen, die wir getötet haben.

Nazir Hussain, Muslim in Pakistan: Noch immer kann ich nicht verstehen, was in jener Zeit mit mir und den anderen Jungen aus dem Dorf geschehen ist. Es war eine Sache von zwei Tagen; wir wurden fortgetragen von dieser Welle des ungezügelten Hasses [...] Ich kann mich noch nicht einmal daran erinnern, wie viele Menschen ich wirklich getötet habe. Es war eine Phase, ein Bewusstseinszustand, über den wir keine Kontrolle hatten. Wir wussten noch nicht einmal, was wir gerade taten.

Rajinder Singh, Sikh: Jeder war mit Kummer geschlagen. Des einen Mutter war gestorben, des anderen Vater war gegangen, jemandes Tochter war verschleppt worden. [...]
Wir sahen eine Zugladung von Hindus; sie wurden getötet; und in Dera Baba Nanak eine Zugladung von Muslims, die aus der Richtung von Ludhiana kamen; sie wurden getötet [...] Sie töteten gegenseitig ihre Leute [...] Als wir in Dera Baba Nanak ankamen, sagten sie uns, ihr seid nach Hause gekommen. Aber wir dachten, unser Zuhause war da drüben. Wir haben es hinter uns gelassen. Wie kann das hier unser Zuhause sein?

Mischa Ehrhardt: Das Trauma der Teilung. *Zeltzeugen-Aussagen über die Geburtswehen von Indien und Pakistan.* In «Der Überblick» 4/2000. Copyright: Mischa Ehrhardt, Frankfurt.

Indonesien das Land mit den meisten Muslimen. Sie sind zahlreicher als die Einwohner aller arabischen Staaten zusammen.

Konflikte

Die Mogule brachten die Herrschaft des Islam nach Indien. Bis zur Regentschaft Akbars um die Mitte des 16. Jahrhunderts wurden die Hindus und andere Glaubensgemeinschaften stark benachteiligt. Zwar verminderte Akbar diese Benachteiligung. Der Islam blieb aber bis ins 18. Jahrhundert bestimmend. Als die Macht der Moguln schwand, konnten sie die Vorrangstellung der islamischen Kultur nicht mehr aufrechterhalten. Die Muslime verloren so ihre Vorrechte.

Unter der britischen Kolonialherrschaft vertieften sich die Gegensätze zwischen Hindus und Muslimen. Sie waren schliesslich so gross geworden, dass gleichzeitig mit der Unabhängigkeit von Grossbritannien 1947 auch die Teilung Indiens vollzogen wurde. Die überwiegend muslimischen Provinzen im Nordwesten und Osten bildeten den neuen Staat Pakistan. Die übrigen, vorwiegend hinduistischen Provinzen verblieben beim Staat Indien.

Die Teilung verlief chaotisch und war begleitet von den schlimmsten Massakern der indischen Geschichte. Muslimische Minderheiten flüchteten von Indien nach Pakistan, Hindus und Sikhs von Pakistan nach Indien. Tausende wurden auf der Flucht ermordet. Diese Erfahrung prägte und prägt das Zusammenleben der verbliebenen Muslimminderheit mit den Hindus in Indien. Immer wieder kam es zu Gewaltausbrüchen, zum Beispiel 1992 in Ayodhya, 1993 in Mumbai (Bombay) und 2002 in Gugrom. Stets starben bei solchen Auseinandersetzungen mehrere hundert Menschen. Auch der Konflikt um die Region Kaschmir ist ungelöst. Bis heute streiten sich Indien und Pakistan um dieses Gebiet.

Die Auseinandersetzungen zwischen den Religionsgemeinschaften in Indien haben auch wirtschaftliche Ursachen. In Krisenzeiten kommt es regelmässig zu erbitterten Kämpfen um Arbeitsplätze. Verschärfend wirkt sich aus, dass Muslime als Saisonarbeitskräfte in den islamischen Golfstaaten viel Geld verdienen können. Die Heimkehrer erregen dann den Neid vieler gut gestellter Hindus, die traditionell die Oberschicht bilden. Diese fürchten um ihre Stellung und ihr Prestige. Oft liefern dann religiöse Konflikte nur den Vorwand, um Mitglieder der anderen Glaubensgemeinschaft zu berauben und ihre wirtschaftlichen Grundlagen zu zerstören.

AUFGABEN

8 *Welche verschiedenen Religionsgemeinschaften leben in Indien?*
9 *Welche Gründe führten 1947 zur Teilung Indiens?*
10 *Wie ging die Teilung vor sich? Vergleiche dazu auch die Karten 17 und 18.*
11 *Wie erlebten die Menschen die Teilung? Wie sprechen sie später über ihr damaliges Handeln?*

20

Geschäfts- und Wohnhäuser aus der portugiesischen Kolonialzeit im Zentrum von Macao. Fotografie von Hiroji Kubota, 1996.

21

Die Fassade einer im 18. Jahrhundert abgebrannten Kirche aus der portugiesischen Kolonialzeit im Zentrum von Macao. Fotografie von Bruno Barbey, 1987.

Macao und Hongkong in China

Das riesige und abgeschlossene China bewahrte seine Unabhängigkeit und Eigenart vor europäischen Einflüssen. Portugiesen und Engländer errichteten jedoch ab dem 16. Jahrhundert die Handelsplätze Macao und Hongkong an der Südküste. Im 19. Jahrhundert wurden diese Städte massiv ausgebaut. Sie blieben bis ans Ende des 20. Jahrhunderts unter europäischer Kontrolle und bildeten anschliessend spezielle Verwaltungszonen innerhalb Chinas.

Macao

Ende des 13. Jahrhunderts wurde die Halbinsel Macao erstmals von Chinesen besiedelt. Es waren Flüchtlinge, die vor den Mongolen hierher flüchteten. 1516 landeten die ersten Portugiesen auf einer Handels- und Entdeckungsfahrt an der Küste der Halbinsel.

1557 erlaubten die chinesischen Behörden den Portugiesen die Errichtung einer Ansiedlung mit eigener portugiesischer Lokalverwaltung. Die Portugiesen nutzten die rasch wachsende Stadt Macao als Handelsposten und Zwischenstation auf dem Weg von Portugal nach Japan.

Da den Chinesen der direkte Handel mit Japan verboten war, tauschten sie die Waren über das portugiesische Macao aus. Die Portugiesen bauten den Standort zur Hafenstadt und schliesslich zum Zentrum ihres Kolonialreiches in ganz Asien aus. In Macao residierte ab 1680 der *Gouverneur von Portugal für die asiatischen Kolonien. Die Stadt stand jedoch unter chinesischer Herrschaft, die Portugiesen zahlten Steuern an China.

1849 versuchten die Portugiesen erstmals, die vollständige Gewalt über Macao zu erringen. Die chinesische Regierung duldete dies nicht und konnte sich gegen die Portugiesen durchsetzen. 1887 erlangte Portugal von China immerhin das Recht auf dauerhafte Besetzung. Erst 1985 wurde zwischen der Volksrepublik China und Portugal ein Vertrag geschlossen, der die Rückgabe Macaos unter die ständige Verwaltung Chinas auf das Jahr 1999 festlegte. Macao wurde nach der Rückgabe zu einer chinesischen Sonderverwaltungszone. Nach dem Motto «ein Land – zwei Systeme» gilt hier das Wirtschaftssystem Chinas nicht. Macao geniesst *Autonomie, mit Ausnahme der Verteidigung und der Aussenpolitik. Diese

22

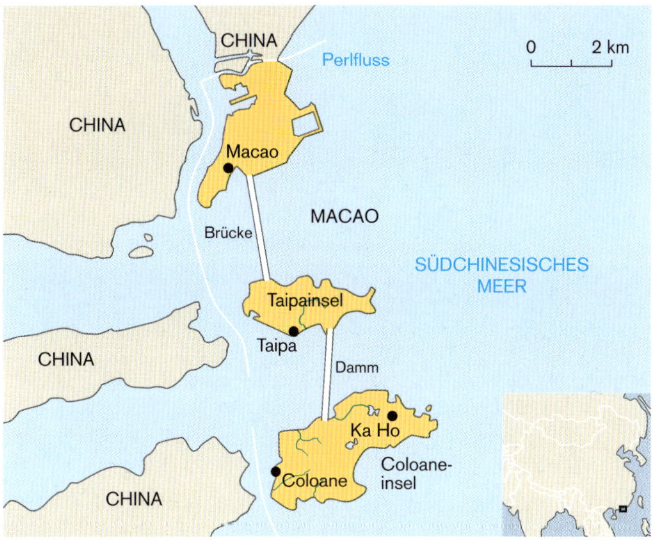

Die Lage von Macao mit den beiden Inseln Taipa und Coloane.

23

Die Lage von Hongkong mit den zugehörigen Inseln.

werden von Peking bestimmt. So gelten zu Beginn des 21. Jahrhunderts in Macao auch zwei Amtssprachen: Chinesisch und Portugiesisch.

Die ursprüngliche Handels- und Verwaltungsstadt bleibt auch nach der Rückgabe an China vor allem ein Zentrum des Glücksspiels. Die wirtschaftliche Bedeutung hat Macao bereits im 19. Jahrhundert an das nahe Hongkong verloren.

Hongkong

Im Jahr 1517, praktisch zur gleichen Zeit wie in Macao also, landeten Portugiesen auch an der Küste Hongkongs. Sie wollten von hier aus Handelsbeziehungen zum chinesischen Süden aufbauen, was aber nicht gelang. So blieb Macao der einzige portugiesische Vorposten auf chinesischem Festland.

1699 gelangte die englische Ostindien-Kompanie, die «British East India Company», zum ersten Mal nach China. Hongkong war von da an der Ausgangspunkt britischer Handelsreisen, bis im Jahr 1711 ein fester Handelsstützpunkt in Guangzhou (Kanton) gegründet wurde.

Chinesische Exportprodukte waren in Europa sehr gefragt. Allerdings verhinderte die chinesische Regierung den Import von britischen Industrieprodukten. Unter einem Vorwand besetzten die Engländer 1841 Hongkong. Ein Jahr später musste China die Stadt an England abtreten. Hongkong wurde zur britischen Kronkolonie. 1898 pachteten die Engländer Hongkong und weitere Gebiete auf 99 Jahre, um die Versorgung der Kronkolonie mit Wasser und Nahrungsmitteln zu gewährleisten und um das Gebiet militärisch abzusichern.

Am 1. Juli 1997 übernahm die Volksrepublik China wieder die Herrschaft über Hongkong. Die Stadt wurde zur Sonderverwaltungszone, ähnlich wie Macao.

AUFGABEN

12 *Schildere die Gründung von Macao und Hongkong.*

13 *Beschreibe die Beziehungen zwischen Portugal, England und China.*

14 *Suche in der Abbildung 7 auf Seite 180 Macao und Hongkong. Wo liegen diese ehemaligen Handelsniederlassungen? Welche Gründe hatte diese Lage? Nimm zur Beantwortung auch die Abbildungen 22 und 23 zu Hilfe.*

15 *Vergleiche die Bauten auf den Abbildungen 20 und 21 mit den Stadtbildern aus Südamerika. Welche Gemeinsamkeiten siehst du?*

24

Die räumliche Verteilung der Religionen in Europa um 1650. Im Südosten Europas hat sich im Zuge der türkischen Eroberungen der islamische Glaube ausgebreitet.

Verschiedene Religionen in Europa

Die christliche Urkirche hatte sich 1054 in zwei Kirchen getrennt: die katholische und die *orthodoxe. Abgesehen von dieser ersten grossen Glaubensspaltung in Europa zeigt die heutige Verteilung der Glaubensbekenntnisse zahlreiche Spuren politischer Auseinandersetzungen der Frühen Neuzeit. In Ost- und Südosteuropa lebten die Christen mehrheitlich nach den Regeln der orthodoxen Kirchen. Bis zur Reformation bekannten sich die Menschen in West- und Mitteleuropa zum katholischen Glauben. Die Reformation und der Dreissigjährige Krieg teilten West- und Mitteleuropa dann in reformierte und katholische Gebiete. Ein Resultat der Eroberungsfeldzüge der Türken im 17. und 18. Jahrhundert ist schliesslich der muslimische Glaube in Südosteuropa.

Katholische Christen

Mit den Eroberungen durch Spanien und Portugal verbreitete sich die katholische Kirche über die ganze Welt. Weltweit bilden die Katholiken Anfang des 21. Jahrhunderts die grösste Glaubensgemeinschaft. Auch in Europa bekennt sich ein Grossteil der Bevölkerung zum Katholizismus.

An der Spitze der römisch-katholischen Kirche steht der Papst. Er ist die höchste Autorität in Fragen der Lehre und der Kirchenordnung. Unter dem Papst kommen in hierarchischer Reihenfolge die Kardinäle, Erzbischöfe und Bischöfe. Die katholische Kirche ist regional organisiert, in Kirchenprovinzen mit Bistümern. Die Bistümer eines Staates oder mehrerer Staaten sind in Bischofskonferenzen organisiert. Die Bischöfe sind Leiter der Ortskirchen, ihre Mitarbeiter sind die Priester, Diakone, Laientheologinnen und -theologen.

Die Gläubigen selbst sind in der Schweiz in Kirchgemeinden und Pfarreien zusammengeschlossen. Sie sind an der Wahl der Pfarrer beteiligt, besolden ihr Personal, unterhalten ihre Liegenschaften und gestalten ihr Gemeindeleben. Die Kirchgemeinden der Schweiz sind kantonal in Landeskirchen organisiert. Jede Landeskirche hat ein Parlament, die sogenannte Synode, und eine Leitung, den Kirchen- oder Synodalrat.

In der katholischen Kirche sind seit dem *zweiten Vatikanischen Konzil (1962–1965) Reformen eingeleitet worden, die eine stärkere Mitwirkung der Gläubigen ermöglichen. Auch wird der Gottesdienst heute in der Landessprache abgehalten und nicht mehr in Latein.

Wegen des Zölibats, des Verbots der *Frauenordination und der veränderten Lebensbedingungen leidet die katholische Kirche unter Priestermangel.

Orthodoxe Christen

Im Gegensatz zu den katholischen sind die orthodoxen Christen in verschiedenen nationalen Kirchen organisiert. Die ältesten Kirchen entstanden in der Antike im damaligen Herrschaftsbereich des oströmischen Reiches. Missionare brach-

25

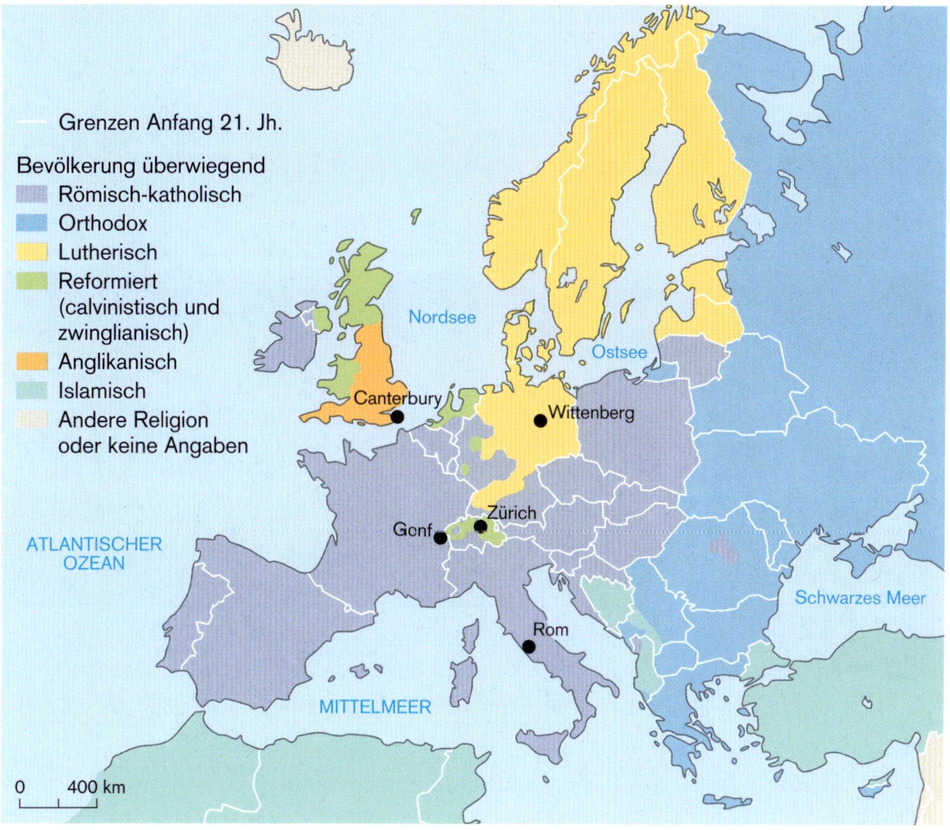

Die räumliche Verteilung der Religionen in Europa Anfang des 21. Jahrhunderts.

ten im Mittelalter den orthodoxen Glauben nach Osteuropa und Russland. Im Ersten und Zweiten Weltkrieg wanderten viele Bewohner osteuropäischer Staaten nach Westeuropa und gründeten hier neue Gemeinden.

Die orthodoxen Kirchen sind heute Landeskirchen. An ihrer Spitze steht der Patriarch oder Erzbischof als Leiter. Die Landeskirchen sind wie in der katholischen Kirche in Bistümern organisiert. Auch Verheiratete dürfen Priester werden.

Evangelische Christen

Im Gegensatz zur römisch-katholischen Kirche sind die evangelischen Kirchen nicht einheitlich organisiert und besitzen kein gemeinsames Oberhaupt. In jenen Territorien, wo die Landesherren zur Reformation übergetreten waren, sind noch heute evangelische Mehrheiten zu finden. Dies sind neben den noch heute bestehenden Staaten Dänemark, Schweden und Norwegen vor allem die Gebiete einiger ehemaliger deutscher Fürstentümer und Königshäuser sowie einige Schweizer Kantone.

In England hat sich die anglikanische Kirche bis heute gehalten. Sie geht ebenfalls auf die Reformation zurück. Sie zeigt, was eine protestantische Kirche einst ausmachte, nämlich die Verbindung von Landesherrschaft und Kirchenherrschaft. Noch heute ist die englische Königin auch Oberhaupt der anglikanischen Kirche.

Es existieren nach wie vor verschiedene Glaubensrichtungen. In Norddeutschland, Skandinavien und den USA ist die lutherische Kirche verbreitet. Sie geht direkt auf die Glaubenssätze Martin Luthers zurück. In der Schweiz, in den Niederlanden und auch in Teilen des Vereinigten Königreichs leben die Reformierten nach den Lehren Zwinglis oder Calvins. Diese Form des evangelischen Christentums nennt sich evangelisch-reformierte Kirche.

In der Schweiz sind die reformierten Kirchen kantonal organisiert. Die Kirchgemeinden wählen ihre Pfarrer selber und organisieren ihr Gemeindeleben. Auf kantonaler Ebene lenken die Synode und der Kirchenrat als oberste Organe die Geschicke der Landeskirche. Somit sind in der Schweiz katholische und reformierte Kirchgemeinden ganz ähnlich organisiert. Auf nationaler Ebene sind die kantonalen reformierten Kirchen nur lose im Schweizerischen Evangelischen Kirchenbund zusammengeschlossen.

Das Verhältnis zwischen Kirche und Staat ist kantonal geregelt. Die reformierten Kirchen waren in Bern, Zürich, in der Waadt, in Neuenburg und in Genf noch bis Ende des 19. Jahrhunderts eigentliche Staatskirchen. Während in Genf seit 1907 und in Neuenburg seit 1943 Kirche und Staat getrennt sind, ist die Verbindung in den Kantonen Bern, Zürich und Waadt nach wie vor sehr eng.

Im Gegensatz zur katholischen Kirche stehen in den meisten reformierten Kirchen auch priesterliche Ämter Männern und Frauen gleichermassen offen.

Ökumene

Bis zum Ende des Zweiten Weltkrieges vermischten sich die christlichen Konfessionen in Europa kaum. Zwar hatten die

26

Papst Benedikt XVI. besucht den XX. Weltjugendtag in Köln 2005. Die Jugendlichen in verschiedenen Nationaltrachten, die ihn umringen, zeigen die weltweite Verbreitung der katholischen Kirche.

27

Katherine Young, die erste Pfarrerin einer anglikanischen Kirche, predigt 1997 in der Kirche St. Paul in Belfast. Die Zulassung von Frauen zum Priesteramt wird in der anglikanischen Kirche unterschiedlich gehandhabt. Es gibt Länder, wo sie nicht zugelassen sind, andere haben die volle Gleichberechtigung der Geschlechter eingeführt. In manchen Landeskirchen können Frauen auch das Bischofsamt ausüben.

Feindseligkeiten, die noch das 19. Jahrhundert stark geprägt hatten, abgenommen. Dennoch blieben Unterschiede bestehen. Mischehen waren selten und auch politisch bestimmte die Konfession noch oft das Wahlverhalten.

Nach 1945 wichen die konfessionellen Gegensätze aber immer mehr dem Bewusstsein der gemeinsamen christlichen Werte. Es entstand eine ökumenische Bewegung, die als Ziel eine möglichst grosse Annäherung der Konfessionen und Kirchen verfolgt. Dem 1948 gegründeten Ökumenischen Rat der Kirchen traten die protestantischen Kirchen sowie die griechisch-orthodoxe und die russisch-orthodoxe Kirche neben zahlreichen anderen christlichen Kirchen bei. Die römisch-katholische Kirche ist nicht Mitglied, denn sie versteht sich als die einzige rechtmässige christliche Kirche.

Dennoch arbeitet die katholische Kirche in vielen Bereichen, vor allem in der Entwicklungshilfe, eng mit den anderen christlichen Kirchen zusammen. Ein wichtiger Erfolg der ökumenischen Bewegung ist die Möglichkeit ökumenischer Trauungen. So ist es möglich, dass gemischt-konfessionelle Ehen von beiden Kirchen den Segen bekommen. Dies ist eine Entwicklung, die noch im frühen 20. Jahrhundert undenkbar gewesen wäre.

Juden

Seit der Zerstörung des Königreichs Juda durch den römischen Kaiser im 2. Jahrhundert nach Christus zerstreute sich das Volk der Judäer oder Juden in andere Gebiete des Römischen Reiches.

Da den Juden Landbesitz verboten war, konnten sie im christlichen Europa keine landwirtschaftliche Existenz aufbauen. Gleichzeitig galt für Christen das Verbot, Geld gegen Zinsen auszuleihen. So betätigten sich viele Juden als Händler und Bankiers. Sie trugen damit wesentlich zum wirtschaftlichen Aufschwung der Städte im 13. Jahrhundert bei.

Im 14. Jahrhundert begann unter dem Eindruck der Pestzüge um 1350 eine überaus düstere Epoche. Die Juden wurden aus vielen Städten vertrieben oder in mehreren *Pogromen sogar ermordet. Man verleumdete sie als Urheber der Seuche. Wichtiger war aber, dass viele christliche Handelsleute der Konkurrenz jüdischer Kaufleute überdrüssig waren. Den Höhepunkt dieser Entwicklung bildete die Vertreibung aller Juden aus Spanien und dem Mittelmeerraum im Jahr 1492.

Viele Jüdinnen und Juden zogen nach Osteuropa. In Polen und Russland bildeten sich neue jüdische Gemeinden. Als auch dort im 18. Jahrhundert Verfolgungen und Pogrome um sich griffen, wanderten viele wieder nach Westeuropa zurück. In Deutschland und Österreich fanden diese Flüchtlinge eine neue Heimat. Viele der süddeutschen Landesfürsten, aber auch der preussische König waren aus wirtschaftlichen Gründen interessiert an der Ansiedlung von Jüdinnen und Juden.

Die heutige Präsenz von Menschen jüdischen Glaubens in Europa ist allerdings kaum mehr von dieser Zeit geprägt. Seit der *Schoah ist das traditionelle jüdische Leben in Europa fast ausgelöscht. Zwar bildeten sich wieder neue Gemeinden, einen Aufschwung hat die jüdische Gemeindebildung aber

28

Jüdische Gläubige in einer Synagoge in Moskau, 1987. Fotografie: Novosti.

29

Muslimische Gläubige beim Freitagsgebet in der türkischen Hauptstadt Istanbul. Fotografie: Abbas.

erst durch die Zuwanderung russischer Jüdinnen und Juden seit den 1990er Jahren genommen.

In der Schweiz entschied die Tagsatzung 1678, dass Juden im Gebiet der Eidgenossenschaft nicht mehr geduldet würden. Nur in den Aargauer Gemeinden Endingen und Lengnau konnten jüdische Gemeinden weiter bestehen. Die Schweizer Juden erhielten erst 1866 das Recht auf freie Niederlassung und erst 1874 die volle Gleichstellung mit den christlichen Schweizer Bürgern.

Muslime

Unter den Nachfolgern Mohammeds, den Kalifen, breitete sich der Islam im 7. Jahrhundert sehr schnell aus. Diese Verbreitung gründete im Wesentlichen auf militärischen Eroberungen. Im 8. Jahrhundert entstand das islamisch-maurische Reich in Spanien; im 10. Jahrhundert eroberten Muslime den Norden Indiens. Bis zum Ende des 15. Jahrhunderts eroberten christliche Heere alle islamischen Gebiete in Spanien zurück und setzten das Christentum durch. Dagegen dehnte sich nun das osmanische Reich nach Nordwesten aus.

Nachdem die osmanischen Kalifen im 14. und 15. Jahrhundert Serbien und das Byzantinische Reich erobert hatten, brachten sie auch den grössten Teil Ungarns und Gebiete an der adriatischen Küste unter ihre Kontrolle. 1529 drangen sie bis vor die Tore Wiens vor. Bis zum Ende des 17. Jahrhunderts blieb die Grenze zwischen osmanischem Einflussbereich und den angrenzenden christlichen Staaten nahezu unverändert, es kam aber immer wieder zu kriegerischen Auseinandersetzungen. Erst Ende des 17. Jahrhunderts gelang es christlichen Heerführern, die Osmanen zurückzudrängen. Bis zum Ende des 19. Jahrhunderts jedoch gehörten der Balkan und Griechenland zum Osmanischen Reich. Die muslimischen Bevölkerungsgruppen in Bosnien und Albanien sind Zeichen dieser langen Herrschaft. Diese Herrschaft zeichnete sich – im Gegensatz zu heute – durch ein meist friedliches Nebeneinander von Muslimen, Christen und Juden aus.

Die *Migration von Muslimen aus der Türkei, aus dem Kosovo, aus Bosnien und Albanien nach Mitteleuropa bekam erst nach dem Zweiten Weltkrieg ein grösseres Gewicht, als der Bedarf an Arbeitskräften in den *Industriestaaten anstieg.

AUFGABEN

16 *Nenne für jede Religion in Europa zwei wichtige Merkmale.*

17 *Vergleiche die Verteilung der Religionen in Europa im 17. Jahrhundert (Abbildung 24) und heute (Abbildung 25). Wo sind alte Grenzen noch zu erkennen? Was hat sich seit dem 17. Jahrhundert verändert? Nenne Gründe.*

18 *Suche im Atlas eine Karte zu den Religionen der Welt. Erkläre deren Verteilung vor dem Hintergrund der Eroberungen und der Kolonisation anderer Kontinente durch europäische Staaten.*

19 *Wie zeigen sich heute Unterschiede zwischen Menschen verschiedener Religionen? Spielen sie überhaupt noch eine Rolle?*

30

London gegen Ende des 19. Jahrhunderts. Die blühende Wirtschaft und das gewaltige Kolonialreich haben London zur grössten Stadt jener Zeit gemacht. Rund 6 Millionen Einwohner drängen sich, wie hier in der Fleet Street, in Londons Strassen und Gassen.

Folgen für die Weltwirtschaft

Der Merkantilismus, der in der Frühen Neuzeit vor allem von den Staaten Europas angewendet wurde, hat sich mit der Kolonialherrschaft auf die ganze Welt ausgedehnt. Die heutige Weltwirtschaft hat sich von diesem System eigentlich losgesagt – einige Spuren sind jedoch geblieben. Bei der Untersuchung der aktuellen Probleme lateinamerikanischer Staaten entdeckten Wissenschaftler, dass viele der Abhängigkeiten aus der Kolonialzeit noch heute in ähnlicher Form bestehen.

Die Entwicklung der Weltwirtschaft

Im 19. Jahrhundert wurde das System des Merkantilismus allmählich vom *liberalen Wirtschaftssystem abgelöst. Die bestimmende Rolle spielte dabei England mit seinem Handelszentrum London. Als einziger Staat hob England seine Importzölle auf und verfolgte eine Politik des Freihandels. Dies geschah allerdings aus einer Position der Stärke heraus, denn der Inselstaat verfügte damals über die leistungsfähigste Industrie der Welt. Alle anderen Staaten hielten denn auch an Importzöllen fest, um ihre eigene Industrie gegen billigere englische Importe zu schützen. Nach dem Ende des Zweiten Weltkrieges 1945 drängten die USA und England auf eine allgemeine Aufhebung der staatlichen Importzölle. Im Handelsabkommen *GATT von 1947 und seit 1994 in der Welthandelsorganisation *WTO vereinbarten 148 Staaten den Abbau von Zollschranken und die Schaffung eines freien Handels.

Heute spricht man im Zusammenhang mit der Weltwirtschaft von der *Globalisierung. Der Begriff bedeutet einerseits, dass mehr Güter international gehandelt werden als noch vor 20 oder 30 Jahren. Andererseits steht er dafür, dass immer mehr Firmen nicht mehr nur in einem Land produzieren, sondern mit verschiedenen Zweigwerken über die ganze Welt verteilt sind, also global produzieren.

Ein neuer Merkantilismus?

So scheint es, als habe das alte System des Merkantilismus ausgedient. Dies stimmt jedoch nicht ganz. Viele Staaten greifen immer noch zu Massnahmen, die an die Zeit des Merkantilismus erinnern, wenn der eigenen Wirtschaft Nachteile drohen. Westeuropa, die USA und Japan haben nur teilweise Interesse an einem völlig freien Welthandel. Sie versuchen, die Vorteile des weltweit zunehmenden Handels für ihre Exporte zu nutzen, ohne billige Nahrungsmittel und Fertigwaren aus

31 Die Aufgaben der Schweizer Bauern

Art. 1 Zweck

Der Bund sorgt dafür, dass die Landwirtschaft [...] einen wesentlichen Beitrag leistet zur:

a. sicheren Versorgung der Bevölkerung;
b. Erhaltung der natürlichen Lebensgrundlagen;
c. Pflege der Kulturlandschaft;
d. dezentralen Besiedelung des Landes.

Art. 17 Einfuhrzölle

Bei der Festsetzung der Einfuhrzölle sind die Versorgungslage im Inland und die Absatzmöglichkeiten für gleichartige inländische Erzeugnisse zu berücksichtigen.

Auszug aus dem Schweizer Landwirtschaftsgesetz von 1998.

32 Aus dem Leben einer Bergbauernfamilie

Der 52-jährige Martin Herrmann und seine Frau Christine, 46, sind Bergbauern. Sie werden vom Staat dafür bezahlt, dass sie im Sommer auf die Alp gehen. Und sie sorgen, wie es in der Verfassung heisst, für die «dezentrale Besiedlung des Landes». Bergbauern stehen unter dem besonderen Schutz der Verfassung. Hermanns Milchbetrieb in Lauenen bei Gstaad im Berner Oberland umfasst 21 Hektaren, zehn Kühe, sechs Rinder, drei Kälber, sieben Mutterschafe, ein Pferd, dazu einen Kleintraktor «Wiesel». [...]

Herrmann hat sich nie einen andern Beruf vorstellen können. Bauern sei immer das Logischste gewesen «wie nur öppis». Für beide ist es völlig selbstverständlich, Direktzahlungen zu beziehen für die Landschaftspflege. «Wenns keine Bauern hätte, gäbe es hier kein einziges Tier mehr», sagt Christine Herrmann. «Dann müssten die Wanderer in den Tierpark gehen, um Kühe oder Schafe anzuschauen.»

Christoph Schilling: *Aus dem Leben einer Bergbauernfamilie.* Aus dem Beobachter Nr. 20, 2005.

Ländern des Südens importieren zu müssen. Solche Importe stellen eine Gefahr für die eigene Industrie dar und gefährden Arbeitsplätze. So werden Importbeschränkungen erlassen und Zölle erhoben – zum Nachteil der *Länder des Südens, die ihre billiger produzierten Waren nicht exportieren können.

Allerdings sind sich die meisten Regierungen der Industriestaaten bewusst, dass sie mit Zollschranken und Handelshemmnissen die fortschreitende Globalisierung langfristig nicht stoppen können – es sei denn, sie verbieten ihren Firmen, im billigeren Ausland zu produzieren. So bekennen sich grundsätzlich alle Regierungen zu einem möglichst freien Handel, haben aber immer wieder Mühe, Abkommen zuzustimmen, die ihrer nationalen Landwirtschaft und Industrie schaden könnten. Man nennt diese Haltung *Protektionismus. Protektionistische Massnahmen erinnern an die Zeit des Merkantilismus.

Zum Beispiel die Schweiz

Regelmässig treffen sich die Delegationen der WTO-Staaten, um neue Vereinbarungen zum Abbau von Zöllen und Handelshemmnissen zu beschliessen. Auch die Schweiz gehört zur WTO und kommt seit einigen Jahren unter Druck, die hohen Importzölle und Importbeschränkungen für landwirtschaftliche Produkte zu senken. Wie viele andere Staaten auch hat die Schweiz zum Schutz der einheimischen Bauern solche Barrieren gegen billigere Produkte aus anderen Staaten errichtet. Anfangs des 21. Jahrhunderts ist sie bereit, gemeinsam mit der *EU die Schutzzölle abzubauen. Allerdings unterstützt sie die Landwirte nach wie vor durch Steuergelder, was von der WTO kritisiert wird, weil so die ausländische Konkurrenz benachteiligt werde.

Erklärungen für die Abhängigkeit

Wissenschaftler entwickelten eine Theorie der andauernden Abhängigkeit. Sie wurde zuerst für Lateinamerika besprochen. Sie besagt, dass die inneren Machtverhältnisse in diesen Ländern nach wie vor geprägt sind von der Herrschaft einer schmalen Schicht von Reichen europäischer Abstammung, die sich seit der Kolonialzeit an der Macht halten konnten. Diese Oberschicht besetzt alle wichtigen Posten in Politik, Armee und Wirtschaft und nutzt diese zu ihrem eigenen Vorteil.

Geschäftsleute und Politiker in Europa und den USA haben in der Oberschicht ihre treuen Verbündeten. Mit ihrer Unterstützung gestalten die Industriestaaten die Beziehungen zu den Staaten Lateinamerikas nach ihren Vorteilen. Sie importieren billige Rohstoffe, die sie zu teuren Fertigprodukten ver-

33

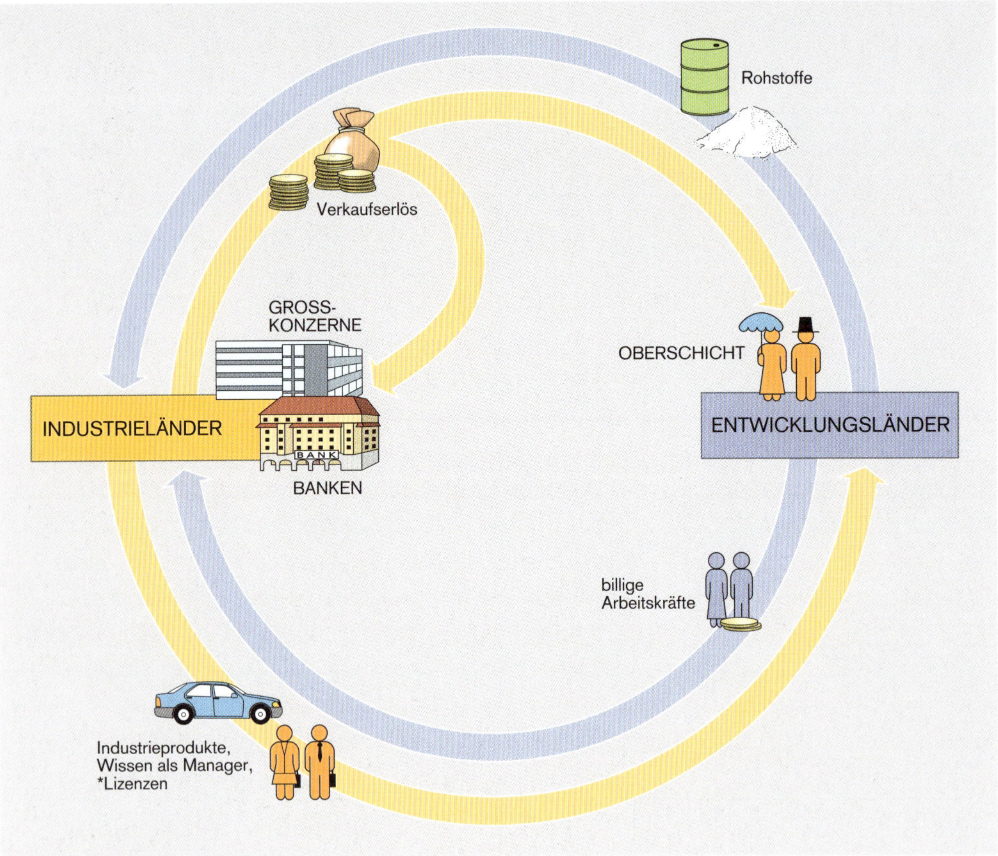

Die Idee der Abhängigkeit, grafisch dargestellt. Die Pfeile bezeichnen den Austausch von Gütern, Personal und Geld.

arbeiten und wieder nach Lateinamerika exportieren. Daneben profitieren Firmen aus Europa und den USA auch von den niedrigen Löhnen in Lateinamerika. Sie unterhalten dort zwar Fabriken, deren Gewinne aber nicht in den Aufbau neuer lokaler Arbeitsplätze investiert werden. Vielmehr fliessen sie zum einen in die Taschen der örtlichen Oberschicht, zum anderen in die Konzernzentralen in Europa und den USA. Diese Beziehungen gleichen exakt jenen während der Kolonialzeit. Obwohl die Staaten Lateinamerikas politisch längst unabhängig geworden sind, verbleiben sie wirtschaftlich in einer ähnlichen Abhängigkeit wie zur Kolonialzeit.

Die Theorie der Abhängigkeit wurde auch auf afrikanische *Entwicklungsländer ausgedehnt und gilt heute als eine von verschiedenen Erklärungsmöglichkeiten für die grossen wirtschaftlichen, sozialen und politischen Probleme in Lateinamerika und Afrika. Ihre Kritiker sagen, dass sie den Einfluss der Industriestaaten zu stark betone. Sie beachte zu wenig, dass die Entwicklungsländer ja die Möglichkeit hätten, aus eigener Kraft zumindest ihre inneren Verhältnisse zu verbessern.

AUFGABEN

20 *Wo liegen die Unterschiede zwischen dem freien Welthandel und dem Merkantilismus?*

21 *Suche Argumente, die für und gegen Zölle auf Importe von landwirtschaftlichen Produkten in die Schweiz sprechen.*

22 *Frage einen Bauern oder eine Bäuerin aus der Umgebung, was er oder sie zu einem offenen Markt in der Landwirtschaft denkt.*

23 *Erkläre die Theorie der Abhängigkeit mit eigenen Worten, indem du die Abbildung 33 benutzt.*

24 *Erkläre den Zusammenhang zwischen den inneren Verhältnissen in den Ländern Lateinamerikas und der Rolle der ehemaligen Kolonialstaaten und der Industriestaaten.*

25 *Skizziere eine Möglichkeit, wie diese Abhängigkeit durchbrochen werden könnte.*

Porträts von Jugendlichen

Portfolioauftrag

Du hast in den vorangegangenen Kapiteln viel über das Leben der Menschen in der Frühen Neuzeit erfahren. Du hast über die Vielfalt von Wohn- und Lebensformen gelesen. Du hast von den wichtigen Entwicklungen jener Zeit erfahren. Du hast aber auch gesehen, wie sich fremde Menschen begegneten und welche Folgen für sie aus diesen Begegnungen oder Eroberungen entstanden. Was aber bedeuteten diese Entwicklungen für die einzelnen Menschen damals? Und was ist heute in ihrem Leben anders geworden, was gleich geblieben?

Aufgabe

Erstelle ein Porträt eines 14-jährigen Jungen oder eines gleichaltrigen Mädchens aus einer der beschriebenen Regionen der Welt: aus Lateinamerika, Indien, China oder Europa. Du kannst wählen, ob er oder sie im 21. Jahrhundert leben soll oder in der Zeit vor 1800. Natürlich leben oder lebten diese Jugendlichen nicht wirklich. Du erfindest sie. Aber du erfindest sie so, dass sie wirklich leben oder gelebt haben könnten.

Die Informationen, die du zum Porträt brauchst, findest du in den vorangegangenen Kapiteln dieses Buches.

Vorgehen

1. Mache zunächst eine Zeichnung deines Jungen oder Mädchens. Achte dabei darauf, dass die Kleidung zur Herkunft und Lebenszeit passt.
2. Unter diese Zeichnung schreibst du einen Steckbrief. Das heisst, du notierst in Stichworten die wichtigen Merkmale des Lebens deiner Figur: wie sie heisst, in welchem Jahr sie geboren wurde, in welcher Region der Erde sie lebt, wer ihre Eltern sind und was diese arbeiten, ob sie reich oder arm sind, wie viele Geschwister deine Figur hat und in welchem Land, in welcher Stadt oder in welchem Dorf sie wohnt. Notiere auch, wie die Familie wohnt und was sie isst.
3. Schreibe nun in mindestens drei Sätzen dazu, was diese Figur bewegt: was ihr an ihrem Leben gefällt und was sie betrübt. Schreibe anschliessend in einem Satz, was sie sich für die Zukunft wünscht.

Hinweis

- Vielleicht brauchst du zusätzliche Informationen zu deinem Porträt. Dafür kannst du neben dem Textbuch auch einen Geschichts- oder Geografieatlas, ein Lexikon, weitere Bücher aus der Bibliothek oder auch das Internet benutzen.

Rassismus

Unter Rassismus verstehen wir eine Haltung, die Menschen ungerecht behandelt, demütigt oder sogar an Leib und Leben bedroht, weil sie bestimmte körperliche Merkmale aufweisen, einer bestimmten Bevölkerungsgruppe oder Religion angehören. Die Ursprünge des Rassismus liegen im Mittelalter und in der Frühen Neuzeit. Sie gründen auf mehreren Entwicklungen: der Benachteiligung und Verfolgung der Mauren und der Juden in Spanien und ihrer Vertreibung, der spanischen Kolonialherrschaft und dem vermeintlich wissenschaftlichen Denken in der Aufklärung.

34

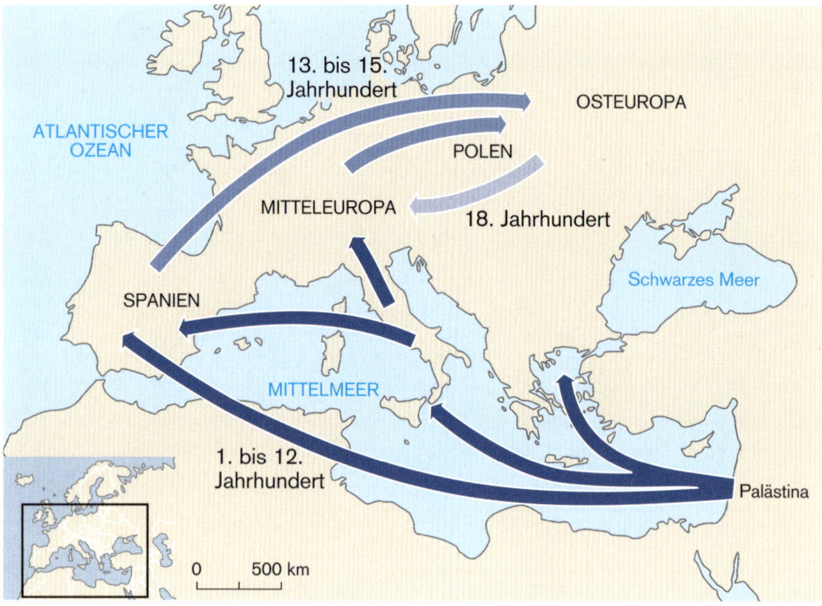

Exodus: Wanderungen der Juden bis Ende des 18. Jahrhunderts. Im 1. Jahrhundert n. Chr. wurde die jüdische Bevölkerung aus ihrer Heimat, der römischen Provinz Palästina, vertrieben. Die Auswandernden gründeten neue Gemeinschaften rund ums Mittelmeer und in den Handelsstädten am Rhein. Im 14. Jahrhundert wurden die Juden in den Städten Mitteleuropas verfolgt und ermordet. Im 15. Jahrhundert wurden sie auch aus Spanien vertrieben. Viele wandten sich nach Osteuropa, wo sie zunächst willkommen waren. Im 17. und 18. Jahrhundert kam es in Russland wieder zur Unterdrückung und Verfolgung der Juden. Viele wanderten jetzt zurück nach Mitteleuropa. Doch blieben Polen und der Westen Russlands der Schwerpunkt des Judentums in Europa.

Verfolgung der Mauren und Juden

Die spanischen Könige erklärten die Rückeroberung Südspaniens zum Glaubenskrieg. Mauren und Juden galten als Bedrohung für die katholische Einheit Spaniens. Immer wieder kam es im 14. Jahrhundert zu Verfolgungen und Pogromen. Mauren und Juden konnten sich vor Tod oder Vertreibung nur retten, indem sie zum Christentum übertraten. Viele taten dies und wurden so zu «Conversos». Die traditionellen Christen beobachteten sie aber argwöhnisch. Sie warfen ihnen bald vor, sie hätten nur zum Schein *konvertiert und würden heimlich nach wie vor ihren ursprünglichen Glauben ausüben. Zudem fühlten sich viele «altchristliche» Kaufleute durch die erfolgreichen ehemals jüdischen Händler und Kaufleute bedrängt. Da es den Conversos nun auch erlaubt war, politische und kirchliche Ämter auszuüben, steigerte sich dieser Neid zu neuem Hass.

Nach einem Massenmord an Conversos in Toledo erliess der Kommandant der Stadtfestung den Erlass über die «Blutreinheit». Dieser bestimmte, dass von allen öffentlichen Ämtern ausgeschlossen wurde, wer bis zur dritten Generation auch nur einen einzigen maurischen oder jüdischen Vorfahren hatte. Diese Regel verbreitete sich in Spanien rasch, obwohl sie von den spanischen Königen und vom Papst abgelehnt wurde. Die Zugehörigkeit zur «altchristlichen» spanischen «raza» entschied also letzlich über Leben und Tod – oder doch zumindest über Wohlstand und Karriere eines Menschen. Damit war der Schritt von der Verfolgung und Unterdrückung einer religiösen Gruppe zur Unterdrückung einer «*Rasse» getan worden. Die Mauren und Juden wurden nicht wegen ihrer Handlungen verfolgt, sondern wegen ihrer Zugehörigkeit zu einer «Rasse».

Nachdem die katholischen Könige 1492 das letzte maurische Kalifat in Granada erobert hatten, wurden die verbliebenen nicht konvertierten Mauren und Juden aus Spanien ausgewiesen.

Unterdrückung der Afrikaner und Indios

In den neuen spanischen Kolonialreichen wurde das Prinzip der «Blutreinheit» ebenfalls angewandt. Es wurde zur Grundlage der spanischen Kolonialgesellschaft. Hatte es sich in Europa vorwiegend gegen die Juden gerichtet, bildete es nun die Rechtfertigung für die Unterdrückung und Versklavung der Indios, Mischlinge und aus Afrika verschleppten Sklavinnen und Sklaven.

Spanien schuf so eine klar gegliederte Gesellschaft des Unrechts, die auf rassistischen Vorstellungen gründete. Die oberste Stufe der Gesellschaft nahmen die wohlhabenden Weissen ein, gefolgt von den weniger wohlhabenden Weissen.

35 Zu Voltaires Meinung über Juden und Afrikaner

Ein Intellektueller kann aufgrund der von ihm vertretenen Theorie ein Rassist sein, ohne dadurch die Entwicklung von Vorurteilen in der Bevölkerung oder die tatsächliche Diskriminierung bestimmter Gruppen zu fördern. Schaut man sich die verstreuten Aussagen über Juden und Schwarze in seinem umfangreichen Werk an, kann man Voltaire ohne weiteres als den ersten konsequenten modernen Rassisten bezeichnen. [...] Er verwarf die orthodoxe biblische Darstellung des Ursprungs der Menschen und behauptete, die menschlichen Rassen seien unterschiedliche Arten, die sich getrennt entwickelt und auf Dauer ungleiche Fähigkeiten ausgebildet hätten. Seine Meinung von der schwarzen beziehungsweise afrikanischen «Spezies» lässt sich nur als äusserst abfällig und verächtlich beschreiben. [...] Er stand nicht nur dem Judaismus, sondern auch den Juden ablehnend gegenüber. Ja, man kann sagen, dass er den [...] rassischen Antisemitismus des späten 19. Jahrhunderts vorwegnahm, indem er den Juden [...] eine Reihe von unwandelbaren negativen Merkmalen zuschrieb.

George M. Frederickson, Historiker: *Rassismus. Ein historischer Abriss.* Hamburg: Hamburger Edition, 2004.

36 Sinae, geboren 1983 in Zürich: Ich kann es nicht verstecken, dass ich Ausländerin bin

Ich bin in Korea nicht zu Hause, weil ich die Sprache und Kultur nicht gut kenne, und ich bin hier nicht zu Hause, weil ich asiatisch aussehe. Das ist schon ein unangenehmes Gefühl, nicht zu wissen, wohin man gehört. [...]

Als ich zwölf, dreizehn war, da wurde ich von anderen Jugendlichen angemacht: «Hei du, friss deinen Reis, geh nach Hause» und ähnliche Bemerkungen. Das war schlimm, solche Sachen zu hören, das verletzt schon. [...]

Früher, wenn ich so angemacht wurde, fühlte ich mich schlecht. Ich wollte immer allen erklären, dass es nicht so ist, wie sie meinen. Aber ich habe gemerkt, dass viele Leute das gar nicht wissen wollen, es interessiert sie nicht. Das hat mich sehr beschäftigt und ich habe auch viel geweint deswegen. Aber was soll ich machen?

aus: Eva Burkard, Genny Russo: *«global_kids.ch». Die Kinder der *Immigranten in der Schweiz.* Zürich: Limmat Verlag, 2004.

Dann kamen die Mischlinge und auf der untersten Stufe standen die rechtlosen schwarzen Sklaven und die Indios. Die Stellung innerhalb der Gesellschaft hing wesentlich von der Hautfarbe ab.

Je heller ihre Hautfarbe, desto höher standen Mischlinge in der Gesellschaftspyramide. Wenn nach der dritten Generation Mischlinge praktisch hellhäutig waren, galten sie als «weiss» und konnten nun in die oberen Gesellschaftsschichten aufsteigen.

«Wissenschaftliche» Konstruktionen

Die Kolonialherren bedienten sich seit dem 18. Jahrhundert auch neuer Theorien zur Rechtfertigung ihres ungerechten Systems. Im Zuge der Aufklärung dachten Wissenschaftler, dass es auf der Welt nicht nur verschiedene Grossgruppen oder eben «Rassen» von Pflanzen und Tieren, sondern auch von Menschen gebe, die sich in ihrem Aussehen unterscheiden. Weitergehende Theorien besagten, dass sich die verschiedenen menschlichen «Rassen» auch in ihren geistigen Fähigkeiten unterscheiden würden. Es gebe höher stehende und minderwertige «Rassen», von denen die untersten lediglich zur Sklavenarbeit bestimmt seien. Die Gelehrten lieferten so eine willkommene Begründung des ungerechten Kolonialsystems in Lateinamerika.

Andere Aufklärer kamen zum Schluss, dass zwischen den menschlichen «Rassen» keine Unterschiede herrschten. Heutige Wissenschaftler sind sich darüber einig, dass das Aussehen von Menschen nichts mit ihren Fähigkeiten zu tun hat. Die biologischen Unterschiede zwischen verschieden aussehenden Menschengruppen sind sehr gering. Unterschiedliche Lebensweisen erklären sich vielmehr aus den verschiedenen Lebensräumen und Kulturen.

Auch gegenüber den Juden konnten oder wollten die Forscher der Aufklärung die herrschenden Ungerechtigkeiten nicht beseitigen. Zwar widersprach die Idee der Aufklärung der Benachteiligung der Juden. Manche Aufklärer setzten sich denn auch für ihre volle Gleichberechtigung auf allen Gebieten ein. Anderen galt das Judentum hingegen als Beispiel für eine veraltete und isolierte Lebensart. So sah der Aufklärer Voltaire die Juden als gesellschaftlich isolierte Anhänger des finsteren Mittelalters mitten im aufgeklärten Europa. Juden konnten in den Augen vieler Aufklärer nur zur Gleichberechtigung gelangen, indem sie ihre Religion und Tradition aufgaben und sich in die christliche aufgeklärte Gesellschaft *integrierten. Genau dies taten die Juden später in Deutschland, was – ähnlich wie im Spanien des 15. Jahrhunderts – wiederum Anlass zu Hass und Verfolgung gab. Erneut warf man ihnen vor, sie würden sich nur scheinbar anpassen.

Gleichheit – aber nicht für die Frauen

Die Aufklärer entwarfen ein neues Menschenbild: Gleichberechtigt sollten die Menschen im Umgang miteinander sein und frei in ihren Entscheidungen. Regeln und Einschränkungen dieser Freiheit sollten in einem Gesellschaftsvertrag von allen demokratisch bestimmt werden. Doch Gleichheit und Freiheit galten nicht für beide Geschlechter. Sie galten nur für die Männer. Die Frauen waren nach der Aufklärung sogar noch schlechter gestellt als vorher.

37

«Jean-Jacques Rousseau oder Der natürliche Mensch».
So lautet der Titel dieses 1785 von Augustin Claude Le Grand angefertigten Stichs.

Die «Natur der Frau»

Die Aufklärer und ihre neuen Ideen beeinflussten die politische Entwicklung in Europa massgeblich. Der englische Philosoph John Locke meinte, alle Menschen seien von Natur aus frei und gleichberechtigt. Der Genfer Schriftsteller Jean-Jacques Rousseau forderte in seinem Buch «Der Gesellschaftsvertrag» überdies die Schaffung von demokratischen Staaten, in denen die Macht bei der Bevölkerung und nicht mehr beim Adel liegen sollte. Die neuen Ideen führten im 19. Jahrhundert in vielen europäischen Staaten tatsächlich zur Einführung der Demokratie und zur Abschaffung von Standesvorrechten.

Allerdings galten diese neuen Rechte und Freiheiten nur für die Männer. In Europa erlangten die Frauen erst zu Beginn des 20. Jahrhunderts allmählich die politische Gleichberechtigung. Den Anfang machte 1906 Finnland, den Schluss bildete 1971 die Schweiz. Die Gleichberechtigung von Mann und Frau in Ehe und Familie wurde sogar noch später eingeführt, in der Schweiz zum Beispiel erst 1988.

Warum schlossen die Aufklärer die Frauen nicht in ihre Forderungen nach einer gleichberechtigten Gesellschaft ein? Wissenschaftler veröffentlichten Theorien, die Frauen als eigene Wesen beschrieben, die sich stark von Männern unterschieden. Sie beschrieben die Frauen als schwächer als die Männer. Frauen sollten auch nicht dieselben Tätigkeiten wie die Männer ausüben, weil sie ihnen von der Natur nicht zugedacht seien. Männer sollten die Familie ernähren und den Staat demokratisch führen. Die Frauen sollten hingegen nicht an die Öffentlichkeit treten, sondern sich um Haus und Familie kümmern.

John Locke und Jean-Jacques Rousseau waren ebenfalls dieser Meinung. Allerdings war ihnen bewusst, dass sie eigentlich den Frauen dieselben Rechte zugestehen sollten wie den Männern. Schliesslich traten immer mehr gebildete Frauen für ihre politische Gleichberechtigung ein und begründeten dies mit den Ideen der Aufklärung.

Aus dieser Zwickmühle retteten sich die Aufklärer mit der Feststellung, dass die Verschiedenartigkeit der Geschlechter zwar nach verschiedenen Wirkungskreisen von Männern und Frauen verlange. Diese seien aber beide gleich wichtig für die Gesellschaft. Weil aber Gesetze und Regeln ausschliesslich in

38 Frauen äussern sich zur Gleichberechtigung der Geschlechter

Mir ist nie eingefallen zu glauben: das weibliche Geschlecht bilde hinsichtlich seiner geistigen Fähigkeiten eine untergeordnete Klasse. Und noch weniger: es fehle ihm an jenen intellektuellen Kräften, die den Mann zieren und ihn zum Herrn der Welt machen. [...] Solche Urteile machen mich jedesmal für den gesunden Verstand desjenigen besorgt, der sie ausspricht.

Anna Rothpletz-von Meiss (1786–1841), Schriftstellerin. Zitiert nach: Verein Frauenstadtrundgang Aarau (Hrsg): *Was Männer wollten und Frauen taten.* Baden: Baden-Verlag, 1998.

Die Natur hat uns dazu bestimmt, an Eurer Arbeit und an Eurem Ruhm teilzuhaben. Wenn sie Euch mehr Muskelkraft verliehen hat, so machte sie uns dafür in Bezug auf die in uns wohnenden sittlichen Kräfte Euch durchaus ebenbürtig.

Etta Palm, die 1790 in Paris lebte und sich für die Gleichberechtigung der Frauen einsetzte. Zitiert nach: Jean-Paul Bertaud: *Alltagsleben während der französischen Revolution.* Freiburg i. Br.: Ploetz, 1989.

39 Über die politischen Rechte der Geschlechter

Es ist entsetzlich und widerspricht den Gesetzen der Natur, wenn eine Frau sich die Stellung eines Mannes anmasst. [...] Seit wann ist es den Frauen gestattet, ihrem Geschlecht abzuschwören und sich zu Männern zu erklären? Seit wann ist es üblich, dass die Frauen die ihnen zugewiesenen Aufgaben in Haushalt und Kindererziehung vernachlässigen, um auf öffentlichen Plätzen die Rednertribüne zu besteigen? Hat uns Männern die Natur etwa einen Busen gegeben, damit wir unsere Kinder stillen können? [...]

A. Chaumette, französischer Revolutionär, in einer Rede um 1790. Zitiert nach: Paul Bertaud: *Alltagsleben während der französischen Revolution.* Freiburg i. Br.: Ploetz, 1989.

Das Gesetz soll den Gemeinwillen zum Ausdruck bringen; alle Bürgerinnen und Bürger müssen entweder persönlich oder mittels Repräsentanten zu seiner Entstehung beitragen; das Gesetz muss für alle gleich sein; da alle Bürgerinnen und Bürger vor dem Gesetz gleich sind, müssen sie, je nach ihren Fähigkeiten, auch gleichen Zugang zu sämtlichen Ämtern und Würden, öffentlichen Einrichtungen und Stellen haben, wobei es ausser ihrer Tugendhaftigkeit und ihren Begabungen kein anderes Auswahlkriterium geben darf.

Aus der *Erklärung der Frauen- und Bürgerinnenrechte,* 1791 verfasst von Olympe de Gouges. Zitiert nach: Paul Bertaud: *Alltagsleben während der französischen Revolution.* Freiburg i. Br.: Ploetz, 1989.

Parlament und Regierung diskutiert und erlassen wurden, war den Männern dann doch die bestimmende Stellung zugedacht. Sie nutzten sie, um im wirtschaftlichen, rechtlichen und anderen gesellschaftlichen Bereichen die Frauen den Männern unterzuordnen. Der Wirkungskreis der Frauen sollte ja im privaten Bereich liegen.

Eigentlich verfuhren die Aufklärer mit den Frauen also ähnlich wie mit den Indianern und afrikanischen Sklaven in Südamerika oder mit den Juden in Europa. Sie behaupteten, dass diese aus biologischen Gründen unfähig seien, politische Rechte auszuüben.

Die Stellung der Frauen

An der Rolle der Frauen in der Gesellschaft änderte sich nach der Aufklärung also nichts. Im Gegenteil: Die Frauen besassen im 19. und 20. Jahrhundert sogar weniger Rechte als im *Ancien Régime – wenn man sie mit denjenigen der Männer vergleicht. Während diese sich Schritt für Schritt neue politische Rechte erkämpften, gingen die Frauen stets leer aus. Sie sollten sich auf Haus und Familie beschränken – und standen auch hier unter der Vorherrschaft ihrer Ehemänner. Die Aufklärung hatte damit den Frauen kaum eine Verbesserung ihrer Lage gebracht.

Nach wie vor unterstanden alle verheirateten Frauen der Gewalt ihrer Ehemänner. Diese vertraten die Familie und damit auch die Ehefrau alleine in der Öffentlichkeit. Sie entschieden alleine über die Verwendung des Familienvermögens, über die Laufbahn der Kinder, über den Wohnort der Familie. Unverheiratete oder verwitwete Frauen bekamen einen Vormund – entweder ein Verwandter oder ein von den Behörden bestimmter Mann. Dieser hatte dieselben Rechte wie der Ehemann. Die Frau konnte also weder die Erbschaft noch ihr Vermögen ohne dessen Zustimmung verwenden.

Dies änderte sich erst zu Beginn des 20. Jahrhunderts allmählich, vor allem dank den Anstrengungen der Frauen selbst. In allen europäischen Ländern organisierten sie sich und kämpften für ihre Rechte.

Die Mission der Jesuiten in Lateinamerika

Der Jesuitenorden gründete in Südamerika zahlreiche Missionssiedlungen. In ihnen lebten Indios unter der Aufsicht von Padres. Zweck dieser Siedlungen war einerseits die Bekehrung der Indios zum Christentum und ihre Gewöhnung an Arbeit, andererseits aber auch die Sicherung der Grenzen des spanischen Einflussgebietes gegen die Portugiesen. Im heutigen Paraguay, an der Grenze zu Brasilien, gründeten die Jesuiten besonders viele Niederlassungen.

40

Die Missionszentren der Jesuiten in Südamerika.

Die ersten Jesuiten kamen 1588 von Brasilien aus ins Gebiet des heutigen Paraguay. Sie hatten von der spanischen Krone den Auftrag erhalten, die Grenzregion vor Angriffen der portugiesischen Sklavenjäger aus São Paulo zu schützen.

Sie bauten vom 16. bis zum 18. Jahrhundert etwa 70 befestigte Siedlungen, die sie «Reduktionen» nannten. Das Wort ist vom spanischen Wort «reducir» abgeleitet, was so viel wie «zusammenführen» bedeutet. Zusammengeführt wurden hier die zum Teil als Jäger und Sammler lebenden Indianerinnen und Indianer vom Volk der Guaraní. So waren sie vor Sklavenjägern geschützt und konnten von den Jesuiten-Padres zum Christentum bekehrt werden. Da die Reduktionen in einem lockeren Verbund zusammengehalten wurden, sprach man vom «Jesuitenstaat in Paraguay». Von Paraguay aus wurden auch weitere Siedlungen in anderen Gebieten gegründet.

Leben in der Gemeinschaft

Jede Reduktion war ähnlich aufgebaut. Um einen zentralen Hauptplatz, der von einer grossen Kirche mit Pfarrhof und Schule dominiert wurde, gruppierten sich in rechtwinklig angelegten Gassen die Wohnhäuser der Indianer. Die ersten Siedlungen umfassten etwa 2000 Bewohnerinnen und Bewohner, im 18. Jahrhundert gab es auch Siedlungen mit über 8000 Menschen.

An der Spitze jeder Siedlung standen zwei Jesuiten-Padres. Sie waren nicht nur Pfarrer, sondern beaufsichtigten die gesamte Siedlung. Unter ihrer Aufsicht besorgten die Einwohner der Reduktionen das Gemeindeleben selbstständig. Es gab einen Gemeinderat, dessen Mitglieder aus dem Kreis der Häuptlinge gewählt wurden. Die Gemeindegenossen unterhielten gemeinsam die Kirche, legten auch gemeinsam Vorräte für Notzeiten an und bezahlten gemeinsam die Steuern. Die Gemeinschaft versorgte auch die Alten, Witwen und Waisen. Für sie wurden grosse Gebäude errichtet. In jeder Reduktion stand auch ein *Hospital. Alle Tätigkeiten für die Gemeinschaft galten als gleichwertig. Um den Schutz der Siedlungen an der Grenze zu Brasilien zu gewährleisten, mussten alle Einwohner Militärdienst leisten.

41

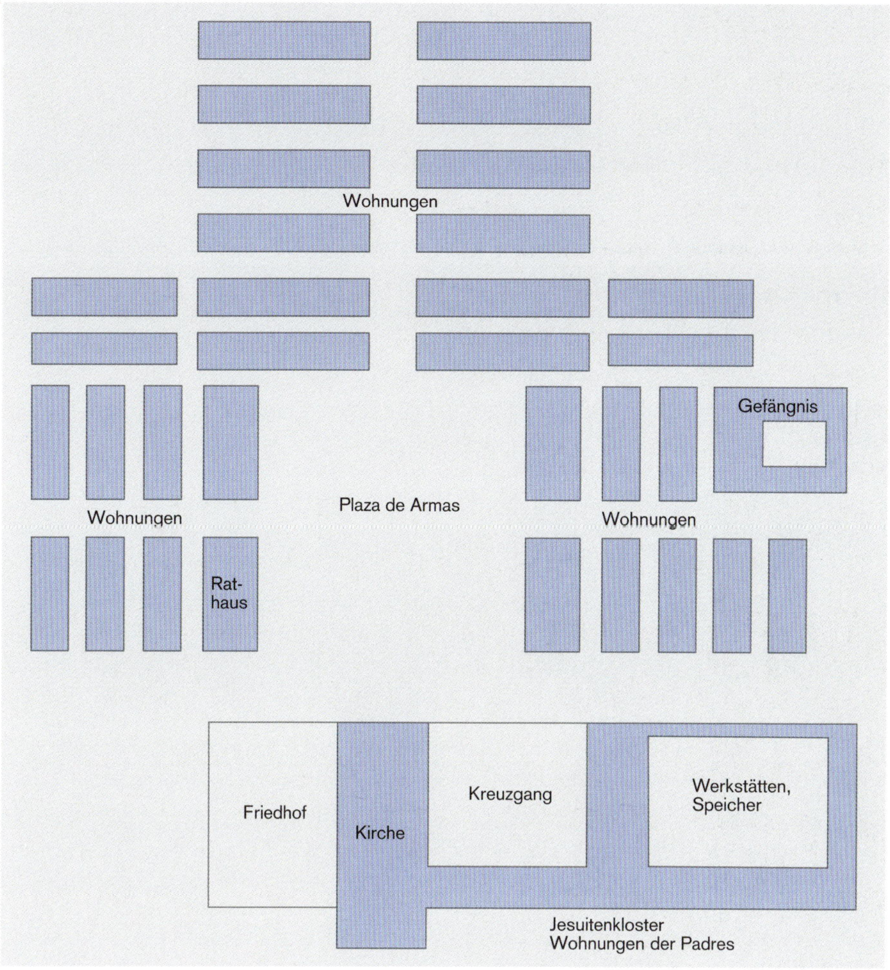

Plan einer Jesuiten-Reduktion. Grundriss der bedeutenden Jesuitenstadt San Ignacio Miní in Argentinien. Die Stadt wurde 1610 gegründet. Zur Blütezeit um 1730 wohnten rund 4000 Menschen hier. Sie ist seit langem verlassen und zerfallen. Ihre Ruinen gehören seit 1984 zum UNESCO-Weltkulturerbe.

Alle Bewohner besassen gleiche Rechte und Pflichten. Jede Familie erhielt ein Stück Ackerland, eine Wohnung und Werkzeug für den Ackerbau. Auch alle übrigen lebensnotwendigen Güter wurden durch die Gemeinde an die Familien verteilt. Privaten Grundbesitz gab es nicht. Ein grosser Teil des Ackerlandes und der Gemüse- und Obstgärten wurde gemeinschaftlich bewirtschaftet. Die gemeinschaftliche Viehhaltung versorgte die Menschen mit Fleisch, Leder und Fett. So hatten die Jesuiten die Gewohnheiten und Gebräuche der Guaraní übernommen und für ihre Zwecke nutzbar gemacht.

Die Erziehung der Kinder lag ganz in der Hand der Padres. Die Kinder wurden täglich gemeinsam in der Schule unterrichtet, abends schliefen sie zu Hause. Ziel der Erziehung war ein Lebenswandel nach den Vorstellungen der spanischen Kolonialherren. Neben dem kirchlichen Unterricht wurde den besonders Begabten auch Rechnen, Lesen und Schreiben beigebracht. Dank dieses Schulsystems war die Guaraní-Sprache lange die einzige indianische Umgangssprache in Südamerika, die auch geschrieben wurde.

Das Ende der Siedlungen

Die ertragreichen Jesuiten-Reduktionen erregten immer wieder den Neid der spanischen Verwaltung, aber auch der spanischen Grundbesitzer und Händler in der Region. Zudem geriet der Jesuitenorden in Spanien und selbst beim Papst in den Verdacht, allzu selbstherrlich zu handeln und sich nicht mehr an die Anordnungen von König und Kirche zu halten. So wurde der Orden aus Spanien und auch aus den Kolonien vertrieben. 1767 wurden alle Jesuiten in Lateinamerika verhaftet und ausgewiesen. Die Reduktionen kamen unter die Verwaltung spanischer Beamter. Die meisten Indios verliessen daraufhin die Siedlungen, die allmählich zerfielen. Viele Guaraní-Indianer leben aber bis ins 21. Jahrhundert nach den Regeln der Jesuiten-Siedlungen und nach ihren alten Traditionen.

Glossar

Im Glossar erklärte Wörter sind im Text, wenn sie das erste Mal vorkommen, mit einem Asterisk (*Sternchen) markiert. Ein Pfeil (→) verweist auf einen anderen Eintrag im Glossar. Im Glossar wird aus Gründen der Lesbarkeit und Verständlichkeit darauf verzichtet, neben der männlichen jeweils auch die weibliche Form aufzuführen. Die Ausführungen beziehen sich selbstverständlich immer auch auf weibliche Personen.

A

Abdankung *die*, **abdanken**: förmlicher Verzicht auf ein öffentliches Amt oder ein Amt mit Erbfolge. Als Abdankung wird vor allem der Thronverzicht eines Kaisers oder Königs bezeichnet. In der Schweiz ist eine Abdankung eine Trauerfeier.

Ablasshandel *der*: Handel mit Ablassbriefen. Der Ablasshandel erreichte seine Blüte am Anfang des 16. Jahrhunderts. Bei einem Ablass wird einem Katholiken die Strafe für Sünden aufgrund von guten Werken wie Gebeten, → Almosen oder Pilgerfahrten teilweise oder ganz erlassen.

Absolutismus *der*, **absolutistisch**: Regierungsform, in der alle Regierungsgewalt allein in der Hand des Königs liegt, ohne Mitwirkung oder Zustimmung anderer Personen und Personengruppen (z. B. des Adels).

Agrarjahr *das*: Landwirtschaftsjahr.

Aids *das* (Abkürzung für Acquired Immune Deficiency Syndrome, zu Deutsch: erworbenes Immundefektsyndrom): Aids ist eine Virusinfektionserkrankung, bei der ein Virus, nämlich das HIV («human immunodeficiency virus», «menschliches Immunschwächevirus»), Zellen des Abwehrsystems befällt. Dadurch wird die Immunabwehr geschwächt, und Krankheiten können vermehrt auftreten. Aids kann durch Sperma, Blut oder Blutprodukte sowie von der infizierten Mutter auf das neugeborene Kind übertragen werden.

Akkordarbeit *die*: Arbeit im Akkord. Bezahlt wird pro Stück oder pro erbrachte, zählbare Leistung. Leute, die im Akkord arbeiten, arbeiten daher möglichst schnell.

Almosen *das*: Gabe an Arme. In vielen Religionen (Judentum, Christentum, Islam) werden Almosen als religiöse Verpflichtung oder als Gebot der Nächstenliebe gesehen. Sie kommen entweder Armen zu oder Mönchen, die ohne Besitz leben.

Alphabetisierung *die*: Vermittlung der Lese- und Schreibfähigkeit.

Anatomie *die*, **anatomisch**: der Bau des (menschlichen) Körpers oder eines Organismus.

Ancien Régime *das* (französisch: alte Regierungsform): Bezeichnung für die von Fürsten bestimmte Herrschaftsform des 17. und 18. Jahrhunderts. Die Französische → Revolution brachte 1789 dann eine «neue» Regierungsform, die → Demokratie.

Anonymität *die*, **anonym**: Unbekanntheit des Namens, Namenlosigkeit.

antiautoritär: zwangfreie Form der Erziehung. Gegenteil von → autoritär.

Antisemitismus *der*, **antisemitisch**: feindliche Ablehnung und Bekämpfung der Menschen jüdischer Religion aus rassistischen, religiösen oder sozialen Gründen.

Ära *die*: Zeitalter; längerer Abschnitt in der zeitlichen Betrachtung der Geschichte.

Astronomie *die*: Wissenschaft der Stern- und Himmelskunde.

Aussteuer *die*: Heiratsgut, Brautausstattung; in dieser Verwendung gleichbedeutend mit Mitgift. Sie besteht vor allem aus Tisch- und Bettwäsche, aber auch aus Möbeln, Silberbesteck und manchmal auch Geld. Die Aussteuer wird der Braut bei ihrer Heirat von ihren Eltern mitgegeben und dient zur Einrichtung des neuen Hauses, aber auch zur Steigerung des Ansehens der Frau und zur Sicherung ihrer wirtschaftlichen Unabhängigkeit.

Autobiografie *die*: Niederschreiben des eigenen Lebens oder einzelner Lebensspannen. Zur literarischen Gattung der Selbstdarstellung gehören auch → Memoiren, Tagebücher, Briefe und Reiseberichte.

Autonomie *die*, **autonom**: Eigenständigkeit, Recht und Möglichkeit, selber Entscheidungen zu treffen.

Autorität *die*, **autoritär**: keinen Widerspruch duldend, Gehorsam fordernd.

Ayllu *das*: Bezeichnung für eine Dorfgemeinschaft im Inkareich.

Azurit *der*: Schmuckstein; blaues, durchscheinendes Mineral, das in Kupfererzlagerstätten gefunden wird.

B

Barbar *der* (griechisch: der Stammelnde, der unverständlich Redende): bei den Griechen und Römern der Antike Bezeichnung für Ausländer, Angehörige eines fremden Volkes; heute Bezeichnung für einen rohen, empfindungslosen, ungebildeten Menschen.

Beichte *die*: Bekenntnis der eigenen Sünden vor einem Geistlichen oder im Gottesdienst. Die Sünder zeigen Reue und erhalten darum die Vergebung ihrer Sünden (Absolution). In der katholischen Kirche wird die Beichte geheim, im Beichtstuhl oder in einem Aussprachezimmer einem Priester (Beichtvater) vorgetragen.

Bill of Rights *die:* 1688 wurde in der Glorreichen → Revolution, der «Glorious Revolution», der → absolutistische König Jakob II. abgesetzt. Glorreich wurde sie genannt, weil sie ohne Blutvergiessen verlief. Das neue Königspaar, Wilhelm III. und Maria II., musste sich zur Einhaltung gewisser Rechte des → Parlaments verpflichten. Diese Rechte wurden 1689 in der Bill of Rights, der Erklärung der Rechte, niedergeschrieben. Die Bill of Rights wird als bedeutender Schritt auf dem Weg hin zu unseren heutigen Staaten gesehen.

Bischof *der* (griechisch «epískopos», der Aufseher): oberster geistiger Würdenträger eines kirchlichen Gebietes. In der katholischen Kirche wird der Bischof vom Papst ernannt. Der Bischof gilt als Nachfolger der Apostel und als Gesandter Jesu Christi. An feierlichen Gottesdiensten trägt der Bischof seine Amtstracht, zu der der Bischofsring, das Brustkreuz, der Stab und die Mitra (Bischofsmütze) gehören.

Börse *die:* Markt für Wertpapiere oder Waren und Rohstoffe.

Brache *die:* unbebautes Ackerland, Schonzeit für den Ackerboden. Damit sich der Acker erholt und seine Fruchtbarkeit erhalten bleibt, wurde der Acker meist für ein Jahr nicht bestellt.

Buddha *der:* Ehrentitel des indischen Prinzen Siddhartha Gantama (um 500 v. Chr.), Begründer der buddhistischen Lehre (Buddhismus).

Byzantinisches Reich *das:* Oströmisches Reich. Es entstand 395 bei der Teilung des Römischen Reiches. Hauptstadt war Konstantinopel (Byzanz, heute Istanbul). Das Byzantinische Reich endete um 1453, als die osmanischen Türken Konstantinopel eroberten.

C

Cholo *der:* In manchen Ländern Lateinamerikas bezeichnet man Mischlinge zwischen Indianern und Europäern als Cholos. In Peru fühlen sich die meisten Cholos als Angehörige der indianischen Bevölkerungsgruppe.

Chuño *der:* → gefriergetrocknete Bitterkartoffel.

Coca *das:* getrocknete Blätter des Cocastrauches, der vor allem an den Osthängen der Anden Südamerikas wächst.

Collage *die:* Klebebild, das aus verschiedenen Dingen zusammengefügt ist.

Christianisierung *die:* Bekehrung zum Christentum.

D

Dämon *der* (griechisch «daímōn», göttliches Wesen, Schicksal, Verhängnis): im Altertum und bei Naturvölkern: übermenschliches Wesen, das teils als gut, oft aber als böse erachtet wird. Ein Dämon kann Macht über jemanden ergreifen und dessen Willen bestimmen.

Demokratie *die,* **demokratisch:** Das Wort Demokratie kommt aus dem Griechischen und bedeutet ursprünglich «Volksherrschaft». Heute wird «Demokratie» meist als Bezeichnung für Regierungsformen gebraucht, deren Herrschaftsgrundlage aus dem Volk abgeleitet wird.

Deportation *die,* **deportieren:** zwangsweise Verschickung, Verschleppung, Verbannung oder Umsiedlung von politischen Gegnern, Bevölkerungsgruppen oder Verbrechern an einen Ort, wo diese nicht mehr als Störung oder Gefährdung erscheinen.

Desertion *die,* **desertieren:** Fahnenflucht; das Flüchten oder Fernbleiben eines Soldaten von militärischen Verpflichtungen in Kriegs- und Friedenszeiten.

Diagramm *das:* zeichnerische Darstellung von Zahlen oder anderen Informationen. Im Gegensatz zu Tabellen oder Texten sieht man in einem guten Diagramm die wichtigsten Informationen auf einen Blick.

Diktator *der:* Ein Diktator bestimmt allein, was im Staat geschieht. Er «diktiert» den Menschen in seinem Staat, was sie zu tun oder zu lassen haben.

diplomatisch: kunstvoll verhandelnd; politisch: die Beziehungen zwischen Staaten pflegend, mit dem Ziel, die aussenpolitischen Interessen eines Staates zu sichern.

Dirne *die:* ältere Bezeichnung für → Prostituierte.

Dynastie *die:* Herrschergeschlecht, Herrscherhaus.

E

Ellipse *die:* spezielle geschlossene Kurve von ovaler Form in der Geometrie.

Emigrant *der:* Auswanderer. Emigranten verlassen ihre Heimat entweder freiwillig oder erzwungenermassen aus wirtschaftlichen, religiösen, politischen oder anderen individuellen Gründen. (→ Migration, → Immigrant)

Encomendero *der:* spanischer Landverwalter in Lateinamerika, der die Abgabe für den König einzog und kostenlose Arbeit von den Dorfbewohnern verlangte.

Entwicklungsland *das:* Land, das viele arme Menschen und ein noch wenig entwickeltes Wirtschaftssystem aufweist. Viele Entwicklungsländer befinden sich in den Tropen oder Subtropen und werden deshalb auch → Länder des Südens genannt.

Epos *das* (griechisch: das Gesagte, die Rede): Erzählung, Heldendichtung. Ein Epos ist eine längere Versdichtung, die geschichtliche oder → mythische Geschehnisse in rhythmischer Form darstellt.

ethnische Gruppe *die,* **Ethnie** *die:* Menschengruppe mit einheitlicher Kultur und Sprache.

Europäische Union (EU) *die:* die EU ist ein Zusammenschluss → demokratischer europäischer Länder für die wirtschaftliche und politische Zusammenarbeit. Gegründet wurde sie 1992 durch den Vertrag von Maastricht. Die EU beruht auf drei Säulen: 1. Prinzip der Supranationalität: das Gemeinschaftsrecht geht nationalem Recht vor. 2. Gemeinsame Aussen- und Sicherheitspolitik. 3. Zusammenarbeit in den Bereichen → Justiz und Inneres.

F

Fachwerkbau *der:* eine Bauweise, bei der die Wände eines Hauses durch eine Konstruktion von Holzbalken getragen werden. Die Zwischenräume werden mit einem lehmverschmierten Rutengeflecht oder mit Steinen ausgefüllt.

Faden *der:* Längeneinheit, die insbesondere in der englischsprachigen Schifffahrt für Tiefenangaben in Gebrauch war. 1 Faden entspricht 1,83 Meter.

Falkenglöckchen *das*: kleines Glöckchen, das man den Jagdfalken an den Beinen befestigte.

Finanzen *die* (Plural): Geldangelegenheiten; in der Umgangssprache auch allgemein die wirtschaftliche und materielle Lage einer Person, eines Haushalts oder einer Organisation.

Fort *das* (lateinisch «fortis», stark, fest): kleine bis mittlere, geschlossene Befestigungsanlage zur Verteidigung von Hafeneinfahrten, Verkehrswegen – vor allem in Grenznähe – und anderen militärisch wichtigen Geländepunkten. Ein Fort kann auch als Aussenwerk einer grossen Festung gebaut werden.

Frauenordination *die:* die einer Frau erteilte Weihe zum geistlichen Amt in einer Religionsgemeinschaft.

Fresko *das:* bestimmte Art der Wandmalerei. Bei der Technik des Freskos wird mit Wasserfarben ohne jegliches Bindemittel auf den frischen, noch feuchten Verputz gemalt. Die Farbe hält sehr gut auf der Wand, da der Verputz beim Austrocknen an der Oberfläche eine harte Schicht bildet.

Frontispiz *das* (lateinisch «frontispicium», Vorderansicht): 1. Giebeldreieck über einem Gebäudevorsprung. 2. Bei Büchern: Verzierung des Titelblatts, früher häufig ein Kupferstich.

Frühe Neuzeit *die:* Der Begriff meint die Zeitspanne von den Entdeckungen bis zur Französischen → Revolution, also etwa die Zeit vom Ende des 15. Jahrhunderts bis zum Ende des 18. Jahrhunderts.

Fundamentalismus *der,* **Fundamentalist** *der:* Mit Fundamentalismus wird eine geistige Haltung bezeichnet, die die eigene Überzeugung als einzig richtige ansieht und keine → Toleranz gegen Andersdenkende duldet.

G

GATT das (Abkürzung für General Agreement on Tariffs and Trade, deutsch: Allgemeines Zoll- und Handelsabkommen): Abkommen unter den → WTO-Mitgliedern, das zum Ziel hat, Zölle und Handelshemmnisse abzubauen.

Gefriertrocknung *die:* Heute werden bei diesem industriellen Verfahren temperaturempfindliche, wasserhaltige Lebensmittel tiefgefroren. Dann wird ihnen unter Vakuum Wasser entzogen. Die ursprüngliche Qualität der Lebensmittel bleibt so weitgehend erhalten. Bei Wasserzugabe quellen gefriergetrocknete Lebensmittel auf und nehmen ihre alte Form wieder an.

Globalisierung *die:* Als Globalisierung bezeichnet man das weltweite Zusammenwirken der nationalen Märkte und Gesellschaften, das durch Entwicklungen im Bereich des Informationen- und Warentransportes begünstigt wird.

Gouverneur *der:* Leiter eines zivilen oder militärischen Bereichs, der sich auf ein mehr oder weniger begrenztes Gebiet bezieht.

Gulden *der:* Goldmünze, die vom 14. bis ins 19. Jahrhundert besonders in Deutschland verbreitet war.

H

Halbedelstein *der:* mineralischer oder natürlicher Schmuckstein.

Handelsfaktorei *die:* grössere Handelsniederlassung, besonders in Kolonien, in der die Waren aus dem Hinterland für den Export gesammelt wurden.

Hazienda *die:* grosser Bauernbetrieb in Lateinamerika, der während der spanischen Kolonialzeit meist mithilfe von Sklaven bewirtschaftet wurde. Die grössten Haziendas nennt man auch → Latifundien. Sie befinden sich meist im Besitz von Grossgrundbesitzern europäischer Abstammung.

Heimarbeiter *der:* Arme → Kleinbauern suchten seit dem 16. Jahrhundert nach zusätzlichen Beschäftigungen. Sie strickten, schnitzten, spannen und webten zu Hause (Heimarbeit), meist für einen Auftraggeber.

Hellebardier *der:* Träger einer Hellebarde, einer Waffe, die aus einer langen Stange und einem darauf angesetzten Metallspitz besteht. Der Metallspitz hat die Form einer Axtklinge.

Hierarchie *die,* **hierarchisch**: Rangordnung.

Hindu *der,* **hinduistisch**: Das Wort «Hindu» bedeutete ursprünglich «Inder», abgeleitet vom Namen des Flusses Indus. Das änderte sich mit der → islamischen Eroberung Indiens zu Beginn des 8. Jahrhunderts. Die Muslime, die in Indien sesshaft wurden, benutzten das Wort nur für die nicht-muslimischen Einwohnerinnen und Einwohner des Landes. Zum Islam bekehrte Inder nannte man «Hindustani». So bekam der Begriff Hindu eine religiöse Bedeutung.

historisch: die Geschichte betreffend.

Hochverrat *der:* Vorhaben, die → Verfassung oder das Gebiet eines Staates gewaltsam anzugreifen.

Hospital *das:* Spital, Krankenhaus, Armenhaus.

I

Immigrant *der:* Einwanderer; Gegenteil von → Emigrant. (→ Migration)

indigen: einheimisch, eingeboren.

Indio-Idiom *das:* Indio-Mundart.

Industriestaat *der:* Staat mit einer technisch und wirtschaftlich hoch entwickelten Gesellschaft, die von der Industrialisierung seit Jahrzehnten stark geprägt ist. Die Herstellung der meisten Güter erfolgt maschinell in Fabriken.

Infant *der* (lateinisch «infans», kleines Kind): in Spanien und Portugal Titel für die Prinzen des Königshauses.

Initiant *der:* jemand, der etwas veranlasst oder in Gang bringt.

Inquisition *die* (lateinisch «inquisitio», (gerichtliche) Untersuchung): die seit dem Mittelalter betriebene Verfolgung von Ketzern, Hexen und Andersgläubigen durch kirchliche Institutionen, meist mit staatlicher Hilfe.

integrieren: in ein übergeordnetes Ganzes aufnehmen.

investieren: Gelder langfristig in Sachgütern anlegen.

irrational: mit dem Verstand (lateinisch: «ratio») nicht fassbar, nicht logisch begründbar; unvernünftig.

islamische Eroberer *die* (Plural): kriegerische Volksgruppen (hier aus Zentralasien), die den islamischen Glauben angenommen hatten.

J

Jesuit *der:* Der Orden der «Gesellschaft Jesu» wurde 1534 vom Spanier Ignatius von Loyola (1491–1556) gegründet. Ziel des Ordens war es, im Dienste der Päpste die katholische Kirche gegen die Bewegungen der → Reformation zu stärken. Im Gegensatz zu vielen anderen Orden leben die Jesuiten nicht in Klöstern, sondern arbeiten bis heute als Priester, Lehrer, Professoren und vor allem auch als → Missionare in den Kolonien.

Justiz *die* (lateinisch «iustitia», Gerechtigkeit, Recht): Rechtswesen, Rechtspflege; Rechtsprechung.

K

Kalif *der:* Kalifen galten als Nachfolger Mohammeds. Sie herrschten ähnlich den Fürsten Europas über eine Bevölkerungsgruppe oder ein Gebiet. Ein Kalif entschied sowohl über religiöse als auch über politische Angelegenheiten.

Karavelle *die:* Küstenschiff, das gegen den Wind kreuzen konnte und so einen bedeutenden Beitrag in der Geschichte der Seefahrt und der Entdeckung der Welt leistete.

Kardinal *der:* höchster Würdenträger nach dem Papst. Kardinäle sind die engsten Mitarbeiter des Papstes und werden auch von ihm ernannt.

Kazike *der:* Häuptling bei den Indianern Süd- und Mittelamerikas. In Mexiko und Guatemala: Titel eines indianischen Ortsvorstehers.

Klavichord *das* (lateinisch «clavis», Taste, und griechisch «chorde», Saite): Das Klavichord ist ein Tasteninstrument, das im 14. Jahrhundert entwickelt wurde. Jede Taste hat an ihrem hinteren Ende einen Metallstift. Drückt man die Taste, schlägt dieser Metallstift die quer zur Taste verlaufende Saite von unten an und bringt sie so zum Schwingen und zum Tönen.

Kleinbauer *der:* Bauer mit kleinem Hof und eigenem Land oder Pachtland, von dem er sich nur knapp ernähren konnte. Er hatte im Dorf meist nur ein beschränktes Mitbestimmungsrecht.

Kleine Eiszeit *die:* Periode der Klimaverschlechterung in Europa von 1400 bis etwa 1900. Es herrschten kühle, feuchte Sommer und kalte, schneereiche Winter vor. Die Gletscher stiessen vor, und im Meer fand sich vermehrt Treibeis. Die Folgen davon waren Missernten, Viehsterben, Hungersnöte, Epidemien und ein Bevölkerungsrückgang in Europa.

Kleriker *der:* Amtsträger (hier) in der katholischen Kirche, egal ob er Papst oder einfacher Priester ist. Auch in der → orthodoxen oder anglikanischen Kirche nennt man die Angehörigen der Geistlichkeit Kleriker. Den Stand der Kleriker nennt man Klerus.

Kokon *der:* Gehäuse, welches die Larven verschiedener Insekten, besonders die Raupen der Schmetterlinge, anfertigen, um sich darin zu verpuppen.

Konfession *die*, **konfessionell:** 1. Glaubensbekenntnis. 2. christliche Glaubensgemeinschaft; die verschiedenen christlichen Kirchen (Katholiken, → Protestanten usw.)

konfiszieren: etwas (gerichtlich oder von Staats wegen) beschlagnahmen, einziehen.

konservieren (lateinisch «conservare», bewahren, erhalten): haltbar machen, z. B. Lebensmittel (Gemüse einmachen, Früchte trocknen, Milch pasteurisieren). Aber auch altes Brauchtum bewahren, ohne es zu verändern.

konvertieren (lateinisch «convertere», umkehren): zu einer anderen Glaubensgemeinschaft übertreten.

Konzil *das* (lateinisch: Zusammenkunft, Versammlung): Versammlung von Bischöfen oder anderen kirchlichen Würdenträgern zur Beratung und Entscheidung über theologische und (gesamt-)kirchliche Fragen.

korrupt: bestechlich; Korruption: heimliche Zahlung von Geldern, um sich unrechtmässig Vorteile zu verschaffen, geheime Absprachen zum gegenseitigen Vorteil und zum Ausschalten anderer Beteiligter.

kosmische Kraft *die:* Kraft aus dem Kosmos. Kosmos: Weltall, Universum.

Kosmograf *der:* Verfasser einer Kosmografie. Eine Kosmografie ist eine Beschreibung der Welt. Im Mittelalter wurde der Begriff Kosmografie auch für die Geografie benutzt.

L

Länder des Südens *die:* → Entwicklungsländer.

Lapislazuli *der:* blauer Schmuckstein mit goldenen Einlagerungen.

Latifundium *das:* Latifundium ist ein Fachbegriff für einen grossen landwirtschaftlichen Betrieb. Latifundien in Lateinamerika können so gross sein wie ein kleiner Schweizer Kanton.

Legua *die:* Wegemass, Bezeichnung der → Meile in Spanien, Portugal und mehreren süd- und mittelamerikanischen Staaten. Je nach Land misst eine Legua zwischen 4,2 und 6,7 km.

liberales Wirtschaftssystem *das:* ein im 19. Jahrhundert geprägtes Wirtschaftssystem, in dem Freiheit, Selbstbestimmung und Selbstverantwortung betont und staatliche Eingriffe auf ein Minimum beschränkt werden.

Lizenz *die:* (behördliche) Erlaubnis, Genehmigung.

Loyalität *die:* Treue gegenüber dem Gesetz, dem Herrscher und der Regierung; Treue gegenüber dem Vorgesetzten, Vertragstreue; allgemein auch Anständigkeit und Respekt gegenüber anderen.

M

Malachit *der:* grünes Mineral, verwendet als Schmuckstein und zur Herstellung von Vasen.

Manufaktur *die:* Betrieb, in dem vor der Industrialisierung Waren in Handarbeit in grösseren Mengen hergestellt wurden.

Meile *die:* altes Mass für Distanzen, heute noch in den USA und in Grossbritannien in Gebrauch. Eine Landmeile entspricht 1,609 km, eine Seemeile 1,852 km.

Memoiren *die* (Plural): literarische Darstellung der eigenen Lebenserinnerungen, bei der auch politische und zeitgeschichtliche Ereignisse und Erinnerungen an bekannte Zeitgenossen erwähnt werden.

Meridian *der:* senkrecht auf dem Äquator stehender und vom Nord- zum Südpol verlaufender Halbkreis.

Merkantilismus *der:* Wirtschaftspolitik, die den Aussenhandel und damit die gewerbliche Produktion förderte und gleichzeitig die Importe mit Zöllen belastete, um das Geld im Land zu halten. So sollte der Reichtum die Macht des Staates vergrössern; im Zeitalter des → Absolutismus angewendet.

Meseta *die:* Hochland in Kastilien, Spanien.

Migration *die* (lateinisch «migratio», [Aus]wanderung): Abwanderung einer oder mehrer Personen in eine andere Gegend oder ein anderes Land. (→ Emigrant, → Immigrant)

Mindmap *die:* Gedankenkarte; grafische Darstellung, die Beziehungen zwischen verschiedenen Begriffen aufzeigt.

Ming-Dynastie *die* (chinesisch «ming», die Helle): chinesische → Dynastie von 1368 bis 1644.

Ming-Kaiser *der:* chinesischer Herrscher, der aus der → Ming-Dynastie stammt. Die Ming-Kaiser regierten über Teile Chinas zwischen 1368 und 1644.

Miniatur *die:* im Mittelalter Bildschmuck in Büchern, beispielsweise verzierte Initialen. Später auch kleines Bild auf Gebrauchs- oder Ziergegenständen (Miniaturmalerei).

Minister *der* (lateinisch: Diener, Gehilfe): Mitglied der Regierung eines Staates oder Landes, das einen bestimmten Bereich der Staatsverwaltung leitet (Innenminister, Finanzminister usw.).

Mission *die,* **Missionar** *der:* Sendung, Auftrag; im christlichen Sinn: Gewinnung von Anhängerinnen und Anhängern für das Christentum.

Mittelstand *der:* gesellschaftliche Schicht in der Mitte zwischen der armen Unterschicht und der reichen Oberschicht. Zum Mittelstand gehören beispielsweise die Handwerker.

Modell *das:* 1. vereinfachtes Abbild der Wirklichkeit. 2. Vorbild, das der Nachahmung dient.

Mogulreich *das:* Reich eines islamischen Herrscherhauses in Indien mit dem Mogul (Grossfürst) an der Spitze; Beginn 1526, Höhepunkt 1556–1606, Zerfall 1606–1857.

Mutterland *das:* ein Staat, der Kolonien besitzt, die von ihm abhängig sind.

mythisch: einem Mythos entstammend, einen Mythos betreffend; legendär, sagenhaft. Mythos (griechisch «mýthos», Fabel, Sage, Rede, Erzählung): Erzählung, Sage, Überlieferung über die Götter, die Entstehung der Welt und die Erschaffung des Menschen oder die Vorgeschichte eines Volkes.

N

Náhuatl-Fassung *die:* Náhuatl ist die Sprache der Azteken und deren Nachkommen, der Nahua. Heute ist das Náhuatl die am weitesten verbreitete → indigene Sprache in Mexiko.

Navigation *die:* Massnahmen zur Bestimmung des Standortes und zur Einhaltung eines gewählten Kurses in der Seefahrt.

O

orthodox (von griechisch «Orthodoxie», richtige Lehre): oft benutzt als Oberbegriff für die christlichen Religionen in Osteuropa, die sich im Mittelalter von der katholischen Religion abgespaltet haben. Es gibt je nach Region unterschiedliche Ausprägungen, zum Beispiel griechisch-orthodoxe, russisch-orthodoxe, serbisch-orthodoxe Kirchen.

Osmanisches Reich *das:* Grossreich von 1291–1922. Auf dem Höhepunkt seiner Macht (16. Jahrhundert) erstreckte sich das Reich über drei Kontinente, von Ungarn im Norden bis nach Aden im Süden und von Algerien im Westen bis zur iranischen Grenze im Osten. Den Mittelpunkt bildete das Gebiet der heutigen Türkei.

P

Pädagoge *der:* Erzieher, Lehrer oder Erziehungswissenschaftler.

Page *der:* ein Junge, der einem jungen Adligen dient.

Parlament *das:* Das Wort Parlament kommt aus dem Französischen («parler» = sprechen) und bedeutet Volksvertretung. Das Parlament ist wichtiger Bestandteil der → Demokratie. Das Parlament ist für die Gesetzgebung und den Staatshaushalt zuständig.

Pazifismus *der:* die Ablehnung von kriegerischen Handlungen und das Bestreben, einen Krieg zu vermeiden und den Frieden unter allen Umständen zu erhalten.

Pergament *das:* enthaarte und geglättete Tierhaut, die als Schreibmaterial dient.

Philosoph *der* (griechisch «philósophos», Freund der Weisheit): jemand, der sich mit Philosophie beschäftigt, der sich mit Fragen nach dem Sinn des Lebens, nach dem Wesen der Welt und des Universums und der Stellung des Menschen darin und nach dem Ursprung des Denkens beschäftigt.

Pietät *die* (lateinisch «pietatis», Pflichtgefühl, Frömmigkeit, Barmherzigkeit): Respekt gegenüber den Gefühlen sowie den sittlichen und religiösen Wertvorstellungen anderer, Rücksichtnahme, Ehrfurcht.

Plantage *die:* landwirtschaftlicher Grossbetrieb, der auf die Produktion eines einzigen Produktes spezialisiert ist. Dieses Produkt wird vor allem für den Export angebaut. In Lateinamerika wurden die Plantagen in der spanischen Kolonialzeit eingeführt. Bis heute werden in der Plantagenwirtschaft vor allem Kaffee, Bananen und Zuckerrohr angebaut. Die meisten grossen Plantagen sind bis heute im Besitz von Grossgrundbesitzern europäischer Abstammung oder gehören internationalen Firmen. Man nennt solche grossen Plantagen auch → Latifundien.

Plastik *die:* ein dreidimensionales Werk der Bildhauerkunst.

Pogrom *das:* Der Begriff bezeichnet gewaltsame Ausschreitungen gegen Angehörige religiöser, → ethnischer oder nationaler Minderheiten. Solche Ausschreitungen können zu Plünderungen und Massenmorden führen. Der Begriff stammt aus der russischen Sprache und bedeutet «Verwüstung», «Zerstörung» oder «Krawall».

Polospiel *das:* Beim Polo oder Pferdepolo sitzen die Spieler auf Pferden und versuchen mit Holzschlägern einen harten Ball ins gegnerische Tor zu schlagen. Es spielen zwei Mannschaften mit je vier Spielern.

Popularität *die:* Beliebtheit bei einem grossen Teil der Bevölkerung.

Pro Juventute *die:* Die Stiftung Pro Juventute (lateinisch: für die Jugend) wurde 1912 gegründet und setzt sich für die Bedürfnisse und die Rechte von Kindern und Jugendlichen in der Schweiz ein.

promovieren: die Doktorwürde erlangen.

Prostituierte *die,* **Prostitution** *die:* (von lateinisch pro-stituere aus pro und statuere, nach vorn stellen, zur Schau stellen, preisgeben) Hingabe des eigenen Körpers zu sexuellen Zwecken gegen Entgelt; Prostituierte können Männer und Frauen sein.

Protektionismus *der:* Massnahmen, mit denen ein Staat versucht, ausländische Anbieter auf dem Inlandsmarkt zu benachteiligen. Ziel dieser Handelspolitik ist es in der Regel, bestimmte Produkte oder Branchen eines Landes zu fördern oder die eigene Volkswirtschaft generell anzukurbeln.

Protestanten *die* (Plural), **protestantisch:** Oberbegriff für die evangelischen Christen in der Schweiz und in Deutschland.

Prozession *die:* feierlicher (kirchlicher) Umzug.

Puna-Zone *die:* die über 3500 Meter über Meer gelegene Hochfläche der südamerikanischen Anden, besonders in Bolivien und Peru. Das Klima ist kalt und trocken und die Vegetation steppen- oder wüstenartig.

Q

Quetzalfeder *die:* Der Quetzal ist ein etwa taubengrosser Vogel, der in Südamerika lebt. Bei den alten Indianern wurden seine schönen Federn als Schmuck verwendet und waren oft nur für Herrscher bestimmt.

R

radikal: grundsätzlich; in der Politik bezeichnet «radikal» eine extreme und kompromisslose Einstellung.

Rah *die:* Rundholz, das waagerecht am Mast eines Segelschiffes angebracht ist und das Segel trägt.

Rasse *die* (in Bezug auf Menschen): Bezeichnung für eine Gruppe von Menschen mit bestimmten körperlichen Merkmalen; ideologisch besetzter Begriff, der dazu benutzt wird, Menschen in Klassen einzuteilen, auszugrenzen, zu benachteiligen und zu unterdrücken. Aufgrund der körperlichen Merkmale seien einzelne «Rassen» anderen kulturell überlegen. Es ist erwiesen, dass diese Denkweise falsch ist.

Reformation *die* (lateinisch «reformatio», Umgestaltung, Erneuerung): religiöse Erneuerungsbewegung, die im 16. Jahrhundert von Martin Luther ausgelöst wurde. Martin Luther wollte die Kirche erneuern, verschiedene innerkirchliche Missstände beheben, wie etwa den → Ablasshandel und die mangelnde theologische Bildung der Priester, damit die Kirche wieder mehr nach dem Evangelium handle. In der Folge spaltete sich die Kirche, es bildeten sich die evangelischen Kirchen und Gemeinschaften aus (lutherische Kirchen, reformierte Kirchen) und der → Protestantismus wurde zu einer neuen christlichen → Konfession.

Reichstag *der:* Versammlung der Reichsstände des Heiligen Römischen Reiches. Neben dem Kaiser waren Fürsten und die Vertreter der Reichsstädte anwesend. Reichstage wurden 1495 mittels eines Vertrages zwischen dem Kaiser und den Ständen zu einem festen Bestandteil der Reichsverfassung.

Republik *die* (von lateinisch «res publica», öffentliche Angelegenheit, Sache des Volkes): Staatsform, bei der die Regierenden, die die Ansichten der allgemeinen Öffentlichkeit vertreten, von den Bürgern oder ihren Vertretern auf Zeit gewählt werden. Staatsoberhaupt ist der Präsident.

Revolution *die:* meist gewaltsamer Umsturz der bestehenden politischen und sozialen Ordnung.

Ritual *das:* religiöser Brauch; das Vorgehen nach festgelegter Ordnung.

Ritus *der:* gottesdienstlicher (Fest-)Brauch.

S

Salon *der:* grösserer, beeindruckend eingerichteter Raum, der als Empfangs- oder Gesellschaftszimmer benutzt wird.

sanitäre Installation *die:* Anlagen für die Hygiene und Gesundheit des Menschen, insbesondere die Wasserversorgung und Abwasserentsorgung, beispielsweise in Badezimmer und WC.

Sanskrit *das:* Sprache der ältesten indischen Literatur.

Schoah *die* (hebräisch): Sturm, plötzlicher Untergang, Verderben, Katastrophe; in Israel offizieller Begriff für den Völkermord an den Juden währen der nationalsozialistischen Diktatur. Der häufiger verwendete englische Begriff «Holocaust» hat sich in Israel nicht durchgesetzt.

Seefahrtsmonopol *das:* ein Monopol ist eine Form des Marktes, bei der das Angebot in einer Hand (Person, Unternehmen, Staat) vereinigt ist. Bei einem Seefahrtsmonopol beherrscht und kontrolliert ein Staat sämtliche Seefahrtsvorgänge in einem bestimmten Gebiet.

Sektion *die* (lateinisch «sectio» das Schneiden, der Abschnitt): Öffnung und Zergliederung einer Leiche zu Lehr- und Forschungszwecken oder zur Feststellung der Todesursache.

Sippe *die:* Eine Sippe besteht aus Menschen, die derselben Familie angehören. Dazu gehören auch entfernte Verwandte und Freunde. Wesentlich ist, dass sich Angehörige einer Sippe zusammengehörig und füreinander verantwortlich fühlen.

Sittengesetz *das:* Moralgesetz. Das Sittengesetz ist die oberste Norm über das sittliche Verhalten der Menschen. Es fordert sittlich gutes und verbietet sittlich schlechtes Handeln.

Skulptur *die:* Werk der Bildhauerkunst. → Plastik.

Söldner *der:* Berufssoldat, der gegen Bezahlung (Sold) in den Heeren der Könige und Kaiser kämpfte.

Statthalter *der:* Vertreter der Regierung oder des Staatsoberhauptes in einem Teil des Landes.

Statue *die:* Standbild, in der Regel von einem Bildhauer geschaffen.

Struktur *die:* Gefüge, Aufbau einer Sache oder eines Systems.

Sultanat *das:* Würde und Herrschaftsgebiet eines Sultans. Sultan (arabisch: Macht, Herrscher): alter, in der islamischen Welt häufiger Herrschertitel.

T

Tagelöhner *der:* Arbeiter, der vom Arbeitgeber nicht fest angestellt ist, sondern von Tag zu Tag entlöhnt wird.

Tang-Dynastie *die:* chinesische → Dynastie um 618 bis 907, die zu einer politischen, kulturellen und wirtschaftlichen Blütezeit Chinas führte. Der Begriff wird auch für spätere Dynastien verwendet, nämlich für die Späteren Tang um 923 bis 936 und die Südlichen Tang um 937 bis 975.

Toleranz *die:* Nachsicht; Fähigkeit, jegliche Form des anders Seins oder anders Handelns unangetastet bestehen zu lassen und zu ertragen.

Topografie *die:* Teilgebiet der Kartografie, das sich mit der Vermessung, Darstellung und Beschreibung der Erdoberfläche befasst. Eine topografische Karte ist eine Abbildung der Erdoberfläche und umfasst meist das Relief und den Verlauf von Gewässern.

Tradition *die,* **traditionell**: Übernahme und Weitergabe von Sitte, Brauchtum und Wissen.

traktieren: schlagen, quälen, misshandeln.

Tribut *der:* Abgabe, unter anderem von besiegten Völkern an den Sieger.

U

UN *die* (Abkürzung für United Nations, Vereinte Nationen): Zusammenschluss von 192 Staaten der Erde zur Sicherung des Weltfriedens, zur Einhaltung des Völkerrechts, zum Schutz der Menschenrechte und zur Förderung der internationalen Zusammenarbeit.

universales Reich *das:* umfassendes, weltweites Reich.

V

verdingen: Lohnarbeit annehmen; für ein geringes Entgelt bei einem Bauern arbeiten.

Verfassung *die:* schriftliche Grundlage jedes modernen Staates, in der die grundlegenden Rechte und Pflichten der Bürger und der Regierungsorgane festgehalten sind; Gesamtheit der Regeln über die Staatsform, die Leitung des Staates, die Bildung und die Aufgaben der Behörden und die Regelung von Konflikten.

Vielvölkerreich *das:* Verbund von Staaten, in dem mehrere Völker leben.

vogelfrei: Der Begriff stammt aus dem Mittelalter und bezeichnet ursprünglich jemanden, der den Vögeln zum Frass freigegeben, also ausgestossen und nach seinem Tod nicht beerdigt wird. Geächtet, rechtlos.

Vorderer Orient *der:* Naher Osten, Nahost. Früher meinte man damit die Länder des Osmanischen Reiches. Heute umfasst der Vordere Orient die arabischen Staaten Vorderasiens (Westasiens) sowie Israel und Ägypten. Zum Teil werden auch der Iran und die Türkei dazugezählt.

W

Wallfahrt *die:* wallfahren, eine Wallfahrt machen, pilgern, wandern; aus religiösen Motiven zu einer heiligen Stätte, Gräbern oder Gnadenbildern wandern.

WTO *die* (Abkürzung für World Trade Organization, Welthandelsorganisation): Sonderorganisation der UNO mit Sitz in Genf. Die WTO will den Welthandel durch verbindliche Regeln stärken und überwachen.

Z

Zankapfel *der:* Objekt des Streits, Zanks. Der Begriff geht auf eine griechische Sage zurück, in der Eris, die Göttin des Streites, nicht zur Hochzeit der Thetis eingeladen wurde. Aus Wut warf sie einen Apfel in die Menge der Hochzeitsgäste mit der Aufschrift «der Schönsten» und löste dadurch einen Streit zwischen Hera, Athene und Aphrodite aus.

zentralistisch: von einem Ort im Mittelpunkt aus bestimmt und organisiert.

Zentralperspektive *die:* ebene, bildliche Darstellung räumlicher Verhältnisse mit Hilfe der Zentralprojektion. Bei der Zentralprojektion gehen Strahlen von einem Punkt im Zentrum aus.

Zeremonie *die:* feierliche, in bestimmten festen Formen ablaufende Handlungen bei der Durchführung eines → Ritus.

Zivilisation *die:* Zustand der modernen bürgerlichen Gesellschaft; ihrem Selbstverständnis nach gekennzeichnet durch einen hohen Stand der gesellschaftlichen, wirtschaftlichen und technisch-wissenschaftlichen Entwicklung.

Zweites Vatikanisches Konzil *das:* → Konzil der katholischen Kirche in der Peterskirche im Vatikan, 1962 65, eröffnet durch Johannes XXIII. Ziele waren die Erneuerung der Lehre und des Lebens der Kirche, die Öffnung der katholischen Kirche zur modernen Welt und die Neubestimmung ihres Verhältnisses zu den anderen christlichen Kirchen und den nicht christlichen Religionen.

Bildnachweis

Die Zahlen bezeichnen das Kapitel und die Nummer der Abbildung.

Umschlag: RDB/Bettmann/Corbis, Zürich. «Entrance of Cortez into Mexico», Farblithographie, Mexiko, 1892
Illustrationen Portfolios: Brigitte Gubler, Zürich
Hinteres Vorsatz: Fine Art Photographic Library/Corbis. «Nova totius terrarum orbis geographica ac hydrographica tabula», Karte von Willem Janszoon Blaeu, 1635
1-0: «Markt in den Anden», Fotographie von Dominik Sauerländer, 1988
1-01: Dominik Sauerländer, Aarau
1-02: Det Kongelige Bibliotek, Kopenhagen
1-04: Markus Gyger, Bern
1-05: Diebold-Schilling-Chronik, ZHB Luzern
1-07: Generallandesarchiv, Karlsruhe (mit freundlicher Genehmigung des Landesarchivs Baden-Württemberg)
1-08: Ulrich Metz, Tübingen
1-09: Germanisches Nationalmuseum, Nürnberg
1-10: Germanisches Nationalmuseum, Nürnberg
1-11: Jörg Müller, Biel
1-12: Bildarchiv Preussischer Kulturbesitz, Berlin
1-13: Bildarchiv Preussischer Kulturbesitz, Berlin
1-14: Aus: Deutsches Leben in der Vergangenheit, Band II. Diederichs, Jena, 1908
1-16: Det Kongelige Bibliotek, Kopenhagen
1-17: Jörg Müller, Biel
1-18: Det Kongelige Bibliotek, Kopenhagen
1-20: Ministerio de Cultura. Archivo General, Simancas, Espagna
1-21: Felix Boller, Schönenwerd
1-22: Felix Boller, Schönenwerd
1-23: Jörg Müller, Biel
1-26: Jörg Müller, Biel
1-27: Gerhard Hepper, Bockelshausen
1-28: Aus: Fairbank, John King: China – A New History. Harvard University Press, Cambridge, 1992
1-29: Jörg Müller, Biel
1-30: Johannes Müller, Würzburg
1-31: Johannes Müller, Würzburg
1-32: Bildarchiv Steffens, Mainz/Bridgeman Art Library
1-34: Det Kongelige Bibliotek, Kopenhagen
1-35: Westfälisches Landesmuseum für Kunst und Kulturgeschichte, Münster
1-36: Bildarchiv Steffens, Mainz (Privatsammlung)
1-37: Artothek, Weilheim (Hans Hinz)
1-38: Artothek, Weilheim (Hans Hinz)
2-0: The Palace Museum, Beijing. «Die Paläste der Verbotenen Stadt», Detail aus der Bildrolle «Die Grosse Hochzeit des Kaisers Guangxu», 1889
2-01: Bildarchiv Steffens, Mainz/Bridgeman Art Library
2-02: Zentralbibliothek, Zürich
2-04: Prisma/Pixtal, Schlieren
2-05: National Central Library, Taipei City, Taiwan
2-06: Kabita Rump, Hannover
2-08: Dinodia, Bombay
2-13: Rijksmuseum, Amsterdam
2-14: Courtesy of Map Collection, Yale University Library, New Haven
2-16: Yurinkan Museum, Kyoto
2-18: Corbis/RDB, Zürich
2-19: The Palace Museum, Beijing
2-20: Corbis/RDB, Zürich
2-22: The Palace Museum, Beijing
2-24: China Stock (Dennis Cox, Ann Arbor)
2-25: Percival David Foundation, Foundation of Chinese Art, London
2-26: The Palace Museum, Beijing
2-27: agk-images, Berlin
2-31: Henri et Anne Stierlin, Genf
2-32: The Trustees of Chester Beatty Library, Dublin
2-33: The Trustees of Chester Beatty Library, Dublin
2-34: Henri et Anne Stierlin, Genf
2-35: Freer Gallery of Art, Smithsonian Institution, Washington, D.C.
2-36: Bildarchiv Steffens, Mainz/Bridgeman Art Library
2-37: Foto Design, Grenzach-Wyhlen
2-38: Bildarchiv Steffens, Mainz (H. Stierlin)
2-39: Bildarchiv Steffens, Mainz/Bridgeman Art Library
2-40: Bildarchiv Steffens, Mainz/Bridgeman Art Library
2-41: Aus: Ziad, Zeenut: The Magnificent Mughals.
2-42: Los Angeles County Museum of Art (Gift of Diandra and Michael Douglas)
2-43: Bildarchiv Preussischer Kulturbesitz/SBB/Dietmar Katz, Berlin
2-44: Instituto Portoguês de Meseus, Lissabon
2-46: The Palace Museum, Beijing
2-47: Bildarchiv Steffens, Mainz/Bridgeman Art Library
2-48: Monika Jung, Berlin
2-49: Monika Jung, Berlin
2-50: Bildarchiv Steffens, Mainz (Private Collection)
2-51: The Trustees of Chester Beatty Library, Dublin
2-53: Aga Khan Trust for Culture, Geneva (formerly in the collection of Prince and Princess Sadruddin Aga Khan)
2-54: Freer Gallery of Art, Smithsonian Insitution, Washington, D.C.
3-0: agk-images, Berlin. «America», Kolorierter Kupferstich von Theodor de Bry, 1594
3-01: Aus: König, Hans-Joachim: Die Entdeckung und Eroberung Amerikas 1492–1550. Verlag Ploetz, Freiburg/Würzburg, 1992
3-02: Aus: König, Hans-Joachim: Die Entdeckung und Eroberung Amerikas 1492–1550. Verlag Ploetz, Freiburg/Würzburg, 1992
3-03: RDB/Bettmann/Corbis, Zürich
3-04: Det Kongelige Bibliotek, Kopenhagen
3-05: Bildarchiv Preussischer Kulturbesitz/Kunstbibliothek/SMB
3-06: Det Kongelige Bibliotek, Kopenhagen
3-07: Bildarchiv Preussischer Kulturbesitz/Kunstbibliothek/SMB (Knud Peterson)
3-14: Aus: Salentiny, Fernand: Die Gewürzroute. Die Entdeckung des Seewegs nach Asien. DuMont Buchverlag, Köln, 1991
3-16: Bibliothèque Nationale, Paris
3-18: Bildarchiv Preussischer Kulturbesitz, Berlin/Ibero-amerikanisches Institut/SPK
3-20: agk-images, Berlin
3-21: Amsterdams Historisch Museum, Amsterdam
3-23: Bildarchiv Steffens, Mainz (H. Stierlin)
3-25: Biblioteca Capitular y Colombina, Sevilla (Luis Serrano)
3-26: The Library of Congress, Washington, D.C.
3-31: Bildarchiv Steffens, Mainz/Bridgeman Art Library
3-33: By permission of the Houghton Library, Harvard University, Cambridge MA
3-35: William L. Clements Library, Graphic Division, University of Michigan, Michigan
3-36: William L. Clements Library, Graphic Division, University of Michigan, Michigan
3-37: Corbis/RDB, Zürich
3-38: agk-images, Berlin
3-39: Bildarchiv Preussischer Kulturbesitz/Kunstbibliothek/SMB (Knud Peterson)
3-41: The Library of Congress, Washington, D.C.
3-42: Graphic Press, Cheshire
3-44: Bildarchiv Preussischer Kulturbesitz/Kunstbibliothek/SMB (Knud Peterson)
3-45: Det Kongelige Bibliotek, Kopenhagen
3-47: Bildarchiv Preussischer Kulturbesitz/Kunstbibliothek/SMB
3-51: Corbis/RDB, Zürich
3-52: Staatsbibliothek, Bamberg (Gerald Raab)
3-54: Aus: König, Hans-Joachim: Die Entdeckung und Eroberung Amerikas 1492–1550. Verlag Ploetz, Freiburg/Würzburg, 1992
3-55: Det Kongelige Bibliotek, Kopenhagen
3-57: akg-images, Berlin
3-58: Arquivo de Fotografia de Lisboa, Lissabon
3-59: Bildarchiv Steffens, Mainz/Bridgeman Art Library
3-60: The Mariner's Museum, Newport News, Virginia
3-61: National Maritime Museum, London
3-62: The Mariner's Museum, Newport News, Virginia
3-64: Bildarchiv Steffens, Mainz/Bridgeman Art Library
3-67: National Maritime Museum, London
3-68: Bildarchiv Steffens, Mainz/Bridgeman Art Library
4-0: Bildarchiv Steffens, Mainz/Bridgeman Art Library. «Die Schule von Athen», Wandfresko im Vatikan von Raffael, 1511
4-01: Bildarchiv Steffens, Mainz/Bridgeman Art Library
4-02: Bildarchiv Steffens, Mainz/Bridgeman Art Library
4-03: Astrofoto, Sörth
4-04: Bayerische Staatsbibliothek, München
4-05: agk-image, Berlin (Erich Lessing)
4-06: Bayerische Staatsbibliothek, München
4-07: agk-images, Berlin
4-09: Bildarchiv Steffens, Mainz/Bridgeman Art Library
4-11: Bildarchiv Steffens, Mainz/Bridgeman Art Library.
4-13: Photo Scala, Florenz
4-14: IGF/Horst Pfingsttag, Schleitheim
4-15: Bildarchiv Steffens, Mainz/Bridgeman Art Library
4-16: Bildarchiv Preussischer Kulturbesitz/Kunstbibliothek/SMB (Jörg P. Anders)
4-19: Bildarchiv Steffens, Mainz/Bridgeman Art Library
4-20: Bildarchiv Steffens, Mainz/Bridgeman Art Library
4-21: © Biblioteca Ambrosiana, Mailand. Auth. No. F 137/06.
4-22: Bildagentur-online, Burgkunstadt (A. Jenny)
4-23: Ullstein-Bild/KPA, Berlin
4-25: Grazia Neri/Sestini Massimo, Roma
4-26: Bildagentur Huber/Gräfenhain, Garmisch-Partenkirchen
4-27: Ullstein-Bild, Berlin
4-28: Niedersächsische Staats- und Universitätsbibliothek, Göttingen
4-29: akg-images, Berlin
4-30: Zentralbibliothek, Zürich
4-32: Niedersächsische Staats- und Universitätsbibliothek, Göttingen
4-33: Bildarchiv Steffens, Mainz/Bridgeman Art Library
4-34: Bildarchiv Steffens, Mainz/Bridgeman Art Library
4-36: Deutscher Taschenbuchverlag, München
4-37: Bildarchiv Steffens, Mainz/Bridgeman Art Library
4-39: Artothek, Weilheim/IMAGNO/Austrian Archives

4-40: Bildarchiv Steffens, Mainz/Bridgeman Art Library
4-41: Photo Scala, Florenz
4-42: Benteli Verlag, Bern
4-43: Marcel Gassner, Chironico
4-45: Bildarchiv Steffens, Mainz/Bridgeman Art Library (Peter Willi)
4-46: akg-images, Berlin
4-47: Thames & Hudson Ltd., London
4-48: Ullstein-Bild/KPA, Berlin
4-49: Photo Scala, Florenz
4-50: RDB/SI, Zürich (Charles Seiler)
4-51: IGF, Schleitheim (Horst Pfingsttag)
4-52: akg-images/Pirozzi, Berlin
4-53: akg-images, Berlin
4-54: akg-images, Berlin
4-55: Westermann Schulbuchverlag GmbH, Braunschweig
4-56: akg-images, Berlin
5-0: Bibliothèque publique et universitaire – Centre d'Iconographie Genevoise, «Reformierter Taufgottesdienst in Lyon», Gemälde von einem anonymen Maler, 16. Jahrhundert
5-01: Biblioteca Apostolica Vaticana, Vatikan
5-02: akg-images, Berlin/British Library
5-05: Stadt Osnabrück, Osnabrück (Dr. Sven Jürgensen)
5-06: Staatsarchiv, Zürich
5-07: Universität Basel, Öffentliche Bibliothek, Handschriftenabteilung, Basel
5-08: Universitätsbibliothek, Bielefeld
5-12: The Walter Art Gallery, Baltimore
5-15: akg-images, Berlin
5-17: Zentralbibliothek, Zürich
5-19: AMAeschlimann/Genève tourisme, Genf
5-22: akg-images, Berlin
5-23: akg-images, Berlin
5-24: Aus: Das waren Zeiten. Geschichte Sekundarstufe I, Band 2. C.C. Buchner, Bamberg
5-28: Bildarchiv Steffens, Mainz/Bridgeman Art Library
5-29: Corbis/RDB, Zürich
5-31: Bildarchiv Steffens, Mainz/Bridgeman Art Library
5-33: Deutsches Museum, Plakatsammlung, München
5-34: Bildarchiv Steffens, Mainz/Bridgeman Art Library
5-35: Deutsches Museum, Porträtsammlung, München
5-37: Bildarchiv Steffens, Mainz/Bridgeman Art Library
5-39: akg-images, Berlin
5-40: akg-images, Berlin
5-44: Bildarchiv Steffens, Mainz/Bridgeman Art Library
5-45: Bildarchiv Steffens, Mainz/Bridgeman Art Library
5-49: Keystone-Archive, Zürich (Urs Flüeler)
5-50: Historisches Museum, Baden (Gilbert Projer)
5-51: Schweizerische Landesbibliothek/SLB, Bern
5-52: Schweizerische Landesbibliothek/SLB, Bern
5-53: Zentralbibliothek, Zürich
5-55: akg-images, Berlin
5-57: Reuters, Zürich (Radu Sigheti)
5-59: RDB/SI (Heiner Schmitt)
5-61: Bildarchiv Steffens, Mainz/Bridgeman Art Library (Lotte Meitner-Graf)
5-63: Keystone-Archive/AP Photo, Zürich (Vadim Ghirda)
6-0: Magnum Photos, Paris. «Prozession in Salvador de Bahia», Fotografie von Abbas, 1996
6-01: Magnum Photos, Paris
6-03: Keystone, Hamburg
6-09: Magnum Photos, Paris
6-10: Stefan Schneiter, Adliswil
6-15: Stefan Schneiter, Adliswil
6-16: Magnum Photos, Paris
6-20: Magnum Photos, Paris
6-21: Magnum Photos, Paris
6-26: Keystone, Hamburg
6-27: Magnum Photos, Paris
6-28: Keystone/RIA, Hamburg
6-29: Magnum Photos, Paris
6-30: Dukas/Roger Viollet, Zürich
6-37: Kunstsammlungen der Veste Coburg, Coburg

Nova totius terrarum orbis geographica ac hydrographica tabula. Der Autor dieser prächtigen Karte, Willem Janszoon Blaeu, wurde 1571 in den Niederlanden geboren. Nach seiner Ausbildung in Astronomie und Kartografie beim bekannten dänischen Astronomen Tycho Brahe liess er sich in Amsterdam nieder, wo er mit dem Sammeln und Zeichnen von Karten begann. 1599 gründete er einen Verlag und fasste den Plan, einen Atlas zusammenzustellen, in dem das kartografische Wissen seiner Zeit gesammelt sein sollte. Als Blaeu im Jahr 1638 starb, war der Atlas noch nicht fertig. Sein Sohn Joan führte die Arbeit 1655 zu Ende, als der letzte der sechs Bände des Werkes erschien.

Die abgebildete Karte stammt aus dem Jahr 1635. Die Karte bildet die gesamte damals bekannte Welt ab. Im Norden weist sie noch Lücken auf, im Süden wird eine unbekannte zusammenhängende Landmasse angedeutet, die «terra australis incognita». Dies entspricht der damaligen Idee einer Landverbindung zwischen Afrika und Asien.

An den Rändern der Karte befinden sich fantasievolle symbolische Darstellungen: Oben sind die sieben Planeten als antike Gottheiten, deren Namen sie tragen, dargestellt. Rechts finden sich die vier Jahreszeiten, links die vier Elemente. Unten zeichnete Blaeu die sieben Weltwunder, stellvertretend für die Kostbarkeiten der ganzen Welt.

LUNA
MERCURIUS
VENUS
P L A N E T
QUATUOR ELEMENTAE
IGNIS
AER
AQUA
TERRA
ZONA FRIGIDA
ZONA TEMPERATA
ZONA TORRIDA
ZONA TORRIDA ZONA TEMPERATA
FRIGIDA ZONA
NOVA TOTIUS TERRARUM ORBIS GEOGR
Ulterius Septentrionem versus America omnino est incognita sitne aqua vel terra hoc loco incertum est.
plurimi tam ex rerum circumstantiis, conjectant Americam ab hac parte Septentrionali mari succinctam.
AMERICA
Anno Domini 1492 a Christophoro Columbo nomine Regis Castellae primum detecta, et ab Americo Vespucio nomen sortita 1499.
Fretum hoc Davis, ab inventore nomen habet qui an. 1585. 86. et 87.
Anian Regnum
Quivira Regnum
AMERICA SEPTENTRIONALIS
NOVA FRANCIA
Tropicus Cancri
Ilhas de Ladrones
MAR DEL
Linea Aequinoctialis
ZUR
Insulae Salomonis
Nova Guinea
Tropicus Capricorni
PACIFICUM
MARE
Fretum Magelanicum
Terra del Fuego
Fretum le Maire
AMERICA SEPTENTRIONALIS
TERRA AUSTRALIS
MA
GALL
MURUS BABYLONIAE
COLOSSUS
PYRAMIDES
MAUSO
S E P
M I R A B I L